电子技术基础

主 编 傅军栋 周 霞 徐 征

西南交通大学出版社
·成都·

内容简介

本书在总结编者多年的电子技术课程教学经验的基础上编写而成。

全书由两大部分组成，共计 13 章。模拟电子技术部分，主要介绍半导体二极管、三极管、集成运放、集成稳压电源和集成功放等元器件，同时也介绍了它们的相关电路，如放大电路、负反馈电路、运算电路、电源电路等。数字电子技术部分，介绍了组合逻辑电路和时序逻辑电路两大类，主要包括逻辑门电路的设计和分析方法以及计算机系统中常用的寄存器和计数器等。

本书可用作高等学校非电工类需掌握电子技术基础理论的本科专业、高职高专学校工科电工类专业及中等职业学校电工类专业基础课教材；也可供其他相关专业选用和从事电子技术工作的工程技术人员参考。

图书在版编目（CIP）数据

电子技术基础 / 傅军栋，周霞，徐征主编. —成都：
西南交通大学出版社，2021.9
ISBN 978-7-5643-8245-2

Ⅰ. ①电⋯ Ⅱ. ①傅⋯ ②周⋯ ③徐⋯ Ⅲ. ①电子技术－高等职业教育－教材 Ⅳ. ①TN

中国版本图书馆 CIP 数据核字（2021）第 183517 号

Dianzi Jishu Jichu

电子技术基础

主编	傅军栋 周 霞 徐 征
责任编辑	赵永铭
封面设计	曹天擎
出版发行	西南交通大学出版社 （四川省成都市金牛区二环路北一段 111 号 西南交通大学创新大厦 21 楼）
邮政编码	610031
发行部电话	028-87600564　028-87600533
网址	http://www.xnjdcbs.com
印刷	四川森林印务有限责任公司
成品尺寸	185 mm×260 mm
印张	19
字数	438 千
版次	2021 年 9 月第 1 版
印次	2021 年 9 月第 1 次
定价	49.80 元
书号	ISBN 978-7-5643-8245-2

课件咨询电话：028-81435775
图书如有印装质量问题　本社负责退换
版权所有　盗版必究　举报电话：028-87600562

前言

"电子技术基础"是需要掌握基本电子技术的工程类专业的基础课程。本书按照国家教育部工科相关课程教学的基本要求进行编写，总结编者多年来的教学实践经验。

本书分为模拟电子技术部分和数字电子技术两部分，从基本理论和分析方法入手，对电子技术中的重要概念、重要分析方法及较难理解的内容进行了详细地讲解，并提供了典型的例题。本书注重实用，力求通俗易懂、易于教学。

本书由傅军栋副教授、周霞讲师、徐征副教授主编，傅军栋副教授负责全书的组织和定稿，周霞讲师和徐征副教授协助编写工作。其中，傅军栋完成了第 1、2、3、4 章的编写，徐征完成了第 5、6、7、8 章的编写，周霞完成了第 9、10、11、12、13 章的编写，钟化兰和潘红英老师在百忙之中，参与了校稿，提出了宝贵的意见和建议。

本书的编写得到了华东交通大学的教材出版资助，也得到了电气与自动化工程学院的大力支持，在此表示衷心的感谢。

由于编写的时间仓促，书中难免有不妥之处，敬请读者批评指正。

编者

2021 年 7 月

Contents / 目 录

第 1 章 二极管及其应用电路

1.1 半导体基础知识 ·· 1
1.2 二极管的结构及参数 ·· 6
1.3 二极管的应用及分析方法 ······································ 9
1.4 稳压二极管 ·· 13
习 题 ·· 15

第 2 章 双极结型三极管及其放大电路

2.1 双极结型三极管 ·· 18
2.2 放大电路模型及主要性能指标 ······························ 27
2.3 基本共射极放大电路 ·· 30
2.4 共射极放大电路的改进 ······································· 41
2.5 共集电极放大电路 ··· 46
2.6 BJT 放大电路三种组态的比较 ····························· 50
2.7 多级放大电路 ··· 51
习 题 ·· 55

第 3 章 场效应管及其放大电路

3.1 场效应管的结构及工作原理 ································· 61
3.2 共源极放大电路 ·· 72
3.3 放大电路的频率响应 ·· 76
习 题 ·· 78

第 4 章　集成运算放大电路

- 4.1　集成运算放大电路概述 ·· 82
- 4.2　差分放大电路 ·· 87
- 4.3　功率放大电路 ·· 91
- 4.4　集成运算放大器的性能指标及使用 ·· 98
- 习　题 ·· 102

第 5 章　放大电路的反馈及应用

- 5.1　反馈的基本概念与判别方法 ··· 106
- 5.2　反馈放大电路的方框图表示及其一般表达式 ··· 113
- 5.3　基本运算电路 ··· 116
- 5.4　有源滤波电路 ··· 127
- 5.5　正弦波发生电路 ·· 129
- 5.6　电压比较电路 ··· 133
- 习　题 ·· 137

第 6 章　直流稳压电源

- 6.1　概　述 ··· 144
- 6.2　整　流 ··· 144
- 6.3　滤波电路 ··· 150
- 6.4　稳压电路 ··· 153
- 习　题 ·· 157

第 7 章　逻辑代数基础

- 7.1　数字信号与数字电路 ··· 160
- 7.2　数制和数制的转换 ·· 162
- 7.3　二进制代码 ··· 165
- 7.4　逻辑代数的基本逻辑运算 ··· 168
- 7.5　逻辑代数的基本定律和规则 ··· 172
- 7.6　逻辑函数及其表示方法 ·· 174
- 7.7　逻辑函数的化简 ·· 179
- 习　题 ·· 186

第 8 章 逻辑门电路

- 8.1 逻辑门电路简介 ……………………………………………………………………………… 189
- 8.2 基本 CMOS 逻辑门电路 …………………………………………………………………… 190
- 8.3 其他类型的 CMOS 逻辑门电路 …………………………………………………………… 194
- 8.4 CMOS 逻辑门电路的主要参数 …………………………………………………………… 198
- 8.5 TTL 逻辑门电路 …………………………………………………………………………… 201
- 8.6 集成电路使用注意事项 …………………………………………………………………… 203
- 习　题 …………………………………………………………………………………………… 204

第 9 章 组合逻辑电路

- 9.1 组合逻辑电路概述 ………………………………………………………………………… 207
- 9.2 组合逻辑电路的分析 ……………………………………………………………………… 207
- 9.3 组合逻辑电路的设计 ……………………………………………………………………… 209
- 9.4 若干常用的组合逻辑电路 ………………………………………………………………… 211
- 9.5 组合逻辑电路中的竞争—冒险 …………………………………………………………… 228
- 习　题 …………………………………………………………………………………………… 231

第 10 章 触发器

- 10.1 基本 RS 触发器 …………………………………………………………………………… 233
- 10.2 同步触发器 ………………………………………………………………………………… 235
- 10.3 主从触发器 ………………………………………………………………………………… 237
- 10.4 边沿触发器 ………………………………………………………………………………… 240
- 10.5 触发器的逻辑功能 ………………………………………………………………………… 241
- 习　题 …………………………………………………………………………………………… 245

第 11 章 时序逻辑电路

- 11.1 时序逻辑电路的基本概念 ………………………………………………………………… 249
- 11.2 时序逻辑电路的分析 ……………………………………………………………………… 251
- 11.3 同步时序逻辑电路的设计 ………………………………………………………………… 256
- 11.4 计数器 ……………………………………………………………………………………… 258
- 11.5 寄存器和移位寄存器 ……………………………………………………………………… 263
- 11.6 555 定时器及其应用 ……………………………………………………………………… 266
- 习　题 …………………………………………………………………………………………… 272

第 12 章　半导体存储器

12.1　概　述 …………………………………………………………………………………… 277
12.2　只读存储器 ………………………………………………………………………………… 277
12.3　随机存取存储器 …………………………………………………………………………… 279
习　　题 ………………………………………………………………………………………… 283

第 13 章　数模和模数转换器

13.1　概　述 …………………………………………………………………………………… 284
13.2　数模转换器 ………………………………………………………………………………… 285
13.3　模数转换器 ………………………………………………………………………………… 288
习　　题 ………………………………………………………………………………………… 294

参考文献 ……………………………………………………………………………………… 295

第 1 章　二极管及其应用电路

【主要内容】

半导体器件是现代电子技术的重要组成部分,它具有体积小、质量小、使用寿命长等优点。本章将讨论半导体的基础知识,二极管的工作原理、特性曲线和主要参数以及基本电路的分析与应用;在此基础上,对稳压二极管也作了简要的介绍。

1.1　半导体基础知识

半导体的导电性能介于导体与绝缘体之间。常用的半导体材料有硅(Si)、锗(Ge)、砷化镓(GaAs)等。其中硅是目前最常用的一种半导体材料,砷化镓及其化合物一般用在较特殊的场合,如超高速器件和光电器件中。

1.1.1　本征半导体

纯净半导体的单晶体称为本征半导体。常用的半导体材料硅(Si)和锗(Ge)均为四价元素,原子核最外层的四个电子称为价电子。在常温下,半导体价电子既不像导体那么容易挣脱原子核的束缚,也不像绝缘体那样被原子核束缚得那么紧,因而其导电性介于二者之间。相邻的两个原子的一对最外层的价电子出现在相邻原子所属的轨道上形成共价键结构,如图 1.1.1 所示。

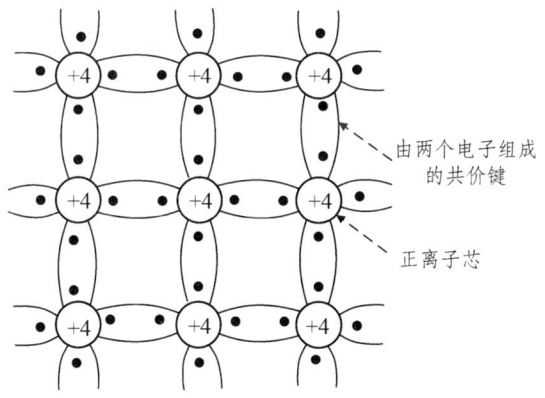

图 1.1.1　本征半导体结构示意图

在 $T=0$ K 时,这些被束缚的价电子对半导体内的传导电流没有贡献。但是,在室温($T=300$ K)时,被束缚的价电子有可能获得足够的能量而挣脱共价键的束缚,成为自由电子，与此同时，在共价键中留下一个空位置，称为空穴，如图 1.1.2 所示。这种现象称为本征激发。空穴的出现是半导体区别于导体的一个重要特征。

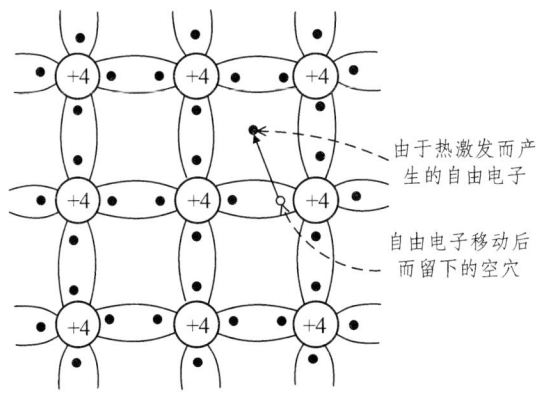

图 1.1.2　由于本征激发产生的空穴-电子对

本征半导体有两种载流子，即自由电子和空穴均参与导电，这是半导体导电的特殊性质。在外电场的作用下，本征半导体中一方面有自由电子定向移动形成的电子电流；另一方面由于空穴的存在，价电子将按一定的方向依次填补空穴，也就是说空穴也会定向移动，形成空穴电流。由于自由电子和空穴所带电荷极性不同，而它们的运动方向相反，故本征半导体中的电流是两个电流之和。

1.1.2　杂质半导体

在室温下，半导体的导电性与温度密切相关，因此实际的半导体器件常常在本征半导体中加入一定浓度的杂质原子。按掺入的杂质元素不同，可形成 N 型半导体和 P 型半导体。

1. N 型半导体

为在半导体内产生更多的自由电子，在纯净的硅晶体中掺入五价元素（如磷、砷、锑等），就形成了 N 型半导体。杂质原子的最外层有五个价电子，所以除了与其周围硅原子形成共价键外，还多出一个电子，这种杂质原子称为施主原子，如图 1.1.3 所示。N 型半导体中，自由电子的浓度大于空穴的浓度，故称自由电子为多数载流子，简称为多子，空穴为少数载流子，简称为少子。N 型半导体主要靠自由电子导电，掺入的杂质越多，多子的浓度就越高，导电性能也就越强。

2. P 型半导体

为在半导体内产生更多的空穴，在纯净的硅晶体中掺入三价元素（如硼、铟、铝等），就形成 P 型半导体。杂质原子的最外层有 3 个价电子，当它们与周围的硅原子形成共价键时，就产生了一个"空位"。当硅原子的外层电子填补此空位时，共价键中便产生一个空穴。杂质原子中的空位吸收电子，故称之为受主原子，如图 1.1.4 所示。在 P 型半导体中，空穴为多子，自由电子为少子，主要靠空穴导电。

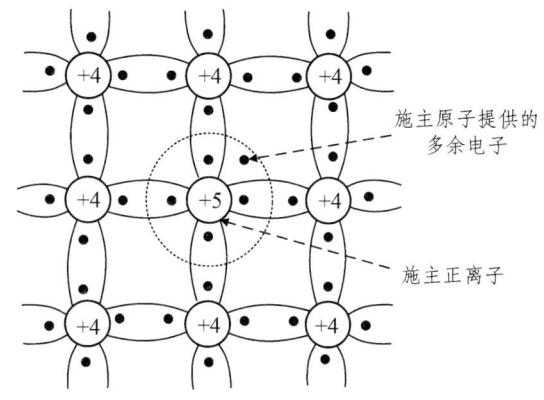

图 1.1.3 N 型半导体

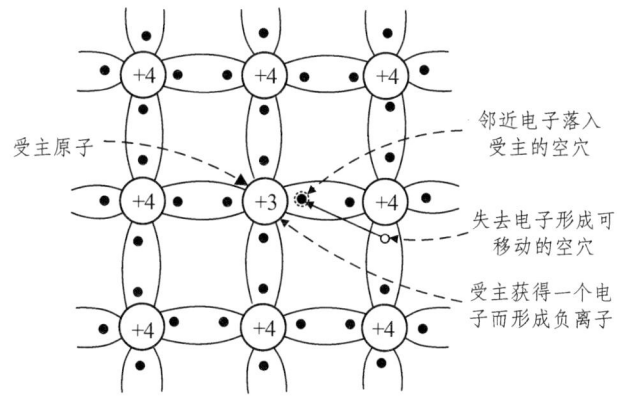

图 1.1.4 P 型半导体

杂质半导体多子的浓度约等于所掺杂质原子的浓度，因而它受温度的影响很小；而少子是本征激发形成的，尽管其浓度很低，却对温度非常敏感，这将影响半导体器件的性能。

1.1.3 PN 结

采用掺杂工艺将 P 型半导体与 N 型半导体制作在同一块硅片上，在它们的交界面就形成 PN 结。在外加电压时 PN 结会显示它的基本特性：单向导电性。

1. PN 结的形成

物质总是从浓度高的地方向浓度低的地方运动，这种由于浓度差而产生的运动称为扩散运动。当把 P 型半导体和 N 型半导体制作在一起时，在它们的交界面，两种载流子的浓度差很大，因而 P 区的空穴必然向 N 区扩散，与此同时，N 区的自由电子也必然向 P 区扩散，如图 1.1.5 所示。

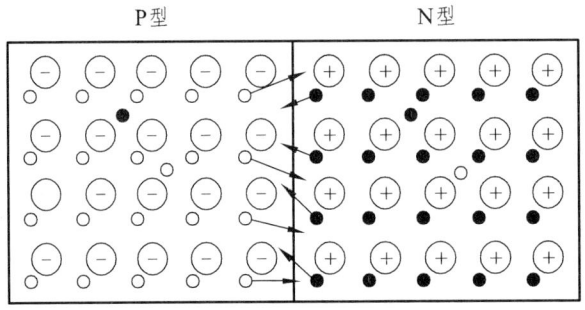

图 1.1.5　载流子的扩散

图 1.1.5 中 P 区标有负号的小圆图表示除空穴外的负离子，N 区标有正号的小圆圈表示除自由电子外的正离子。由于扩散到 P 区的自由电子与空穴复合，而扩散到 N 区的空穴与自由电子复合，所以在交界面附近多子的浓度下降，P 区出现负离子区，N 区出现正离子区，形成一个很薄的空间电荷区，这就是 PN 结，也称为耗尽区。如图 1.1.6 所示。

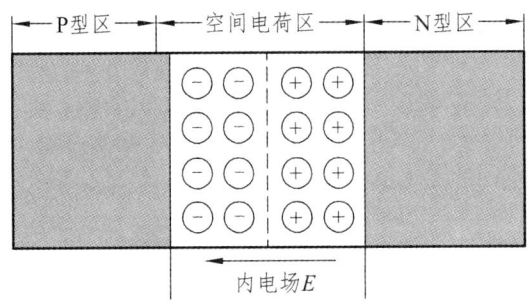

图 1.1.6　PN 结的形成

出现了空间电荷区以后，由于正负离子之间的相互作用，在空间电荷区中形成了一个电场，其方向是从带正电的 N 区指向带负电的 P 区，称为内电场。这个内电场阻止载流子的扩散运动。在内电场作用下，少子产生漂移运动，空穴从 N 区向 P 区运动，自由电子从 P 区向 N 区运动。在无外电场和其他激发作用下，参与扩散运动的多子数目等于参与漂移运动的少子数目，达到动态平衡，PN 结的宽度保持稳定。

2. PN 结的单向导电性

如果在 PN 结的两端外加电压，将破坏原来的平衡状态，扩散电流不再等于漂移电流。当外加电压极性不同时，PN 结表现出截然不同的导电性能，呈现单向导电性。

（1）PN 结正偏。

当电源的正极接到 PN 结的 P 端，电源的负极接到 PN 结的 N 端时，称 PN 结外加正向电压，也称正向接法或正向偏置。如图 1.1.7 所示，此时外电场将多数载流子推向空间电荷区，使其变窄，削弱了内电场，破坏了原来的平衡，使扩散运动加剧，漂移运动减弱。当电源电压足够大，扩散运动将形成正向电流，使 PN 结导通。PN 结导通时的结压降只有零点几伏，且呈现低阻状态，所以在它所在的回路中通常需要串联一个电阻，以限制回路的电流，防止 PN 结因正向电流过大而损坏。

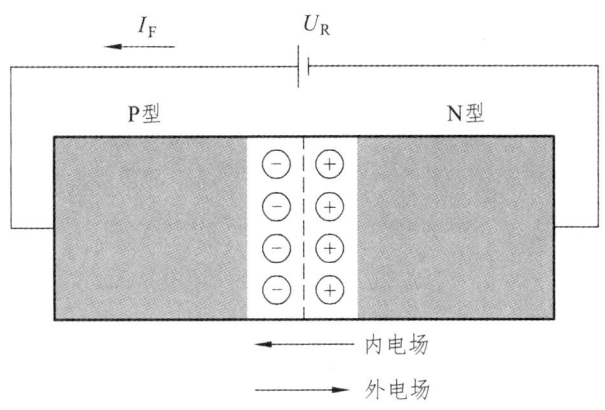

图 1.1.7 PN 结加正向电压

（2）PN 结反偏。

当电源的正极接到 PN 结的 N 端，电源的负极接到 PN 结的 P 端时，称 PN 结外加反向电压，也称反向接法或反向偏置。如图 1.1.8 所示，外加电压形成的外电场方向与 PN 结内电场方向相同。在这种外电场的作用下，P 区中的空穴和 N 区中的电子都将进一步离开 PN 结，使耗尽区厚度加宽，阻碍了多数载流子的扩散运动，促进了漂移运动。漂移电流的方向与扩散电流相反，在外电路上表现为一个由 N 区流入 P 区的反向电流 I_R。由于少数载流子的浓度很低，数量很少，所以 I_R 是很微弱的，硅管一般为微安数量级。电流 I_R 也称为反向饱和电流。由于 I_R 很小，可认为此时 PN 结是不导电的，称为 PN 结截止。

总之，PN 结加正向电压时，PN 结导通；加反向电压时，PN 结截止，这就是 PN 结的单向导电性。

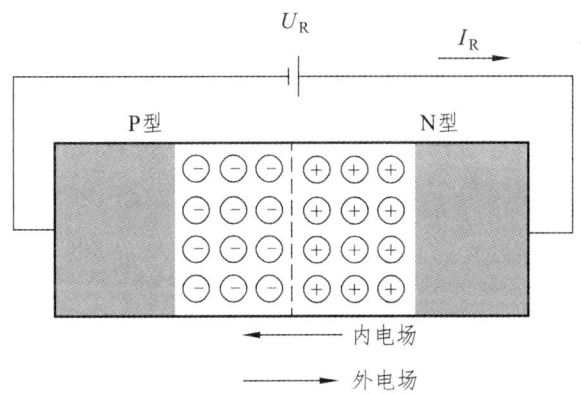

图 1.1.8 PN 结加反向电压

（3）PN 结的电容效应。

在一定条件，PN 结具有电容效应。PN 结的电容效应直接影响半导体器件的高频特性和开关特性。根据产生原因不同分为势垒电容 C_b 和扩散电容 C_d。C_b 与 C_d 一般都很小，结面积小的为 1pF 左右，结面积大的为几十至几百皮法。PN 结对于低频信号往往会呈现出很大的容抗，其作用可忽略不计，但是在高频信号作用时，必须考虑 PN 结电容的影响。

3. PN 结的伏安特性

现以硅结型二极管的 PN 结为例,来说明它的伏安特性。在硅二极管 PN 结的两端,施加正、反向电压时,通过管子的电流如图 1.1.9 所示。其中 $u_D>0$ 的部分称为正向特性,$u_D<0$ 的部分称为反向特性。

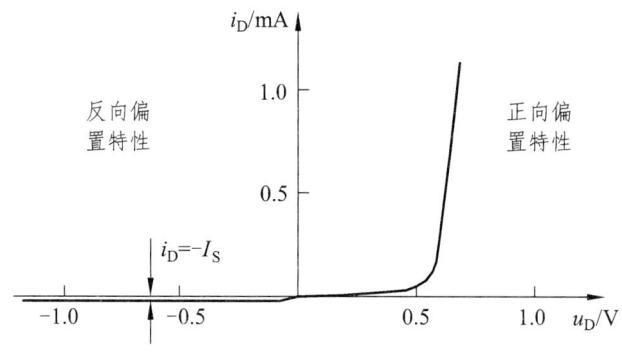

图 1.1.9　硅二极管 PN 结的伏安特性

根据半导体物理的理论分析,PN 结所加端电压 u_D 与流过它的电流 i_D 的关系如下:

$$i_D = I_S(e^{\frac{u_D}{U_T}} - 1) \tag{1.1.1}$$

式中,i_D 为通过 PN 结的电流;u_D 为 PN 结两端的外加电压;I_S 为反向饱和电流,对于分立器件,I_S 的典型值为 $10^{-14} \sim 10^{-8}$A,对于集成电路中的二极管 PN 结则更小;U_T 为温度的电压当量,常温下即 $T=300$ K 时,$U_T \approx 26$ mV。

由式(1.1.1)可知,当 PN 结外加正向电压,且 $u_D \gg U_T$ 时,$i_D = I_S e^{\frac{u_D}{U_T}}$,即 i_D 随 u_D 按指数规律变化;当 PN 结外加反向电压,且 $|u_D| \gg U_T$,时,$i_D \approx -I_S$。

1.2　二极管的结构及参数

1.2.1　二极管的几种常见结构

将 PN 结用外壳封装起来,加上电极引线就构成了半导体二极管,简称二极管。由 P 区引出的电极为阳极,由 N 区引出的电极为阴极。二极管的几种常见结构如图 1.2.1(a)~(c)所示,二极管的代表符号如图 1.2.1(d)所示。

图 1.2.1(a)所示的点接触型二极管结电容较小,一般在 1 pF 以下,工作频率可达 100 MHz 以上,适用于高频电路和数字电路。例如 2AP1 是点接触型锗二极管,最大整流电流为 16 mA,最高工作频率为 150 MHz。

图 1.2.1(b)所示的面接触型二极管结面积大,能够流过较大的电流,但其结电容大,只能在较低频率下工作,一般仅作为整流管,不宜用于高频电路中。如 2CP1 为面接触型硅二极管,最大整流电流为 400 mA,最高工作频率只有 3 kHz。

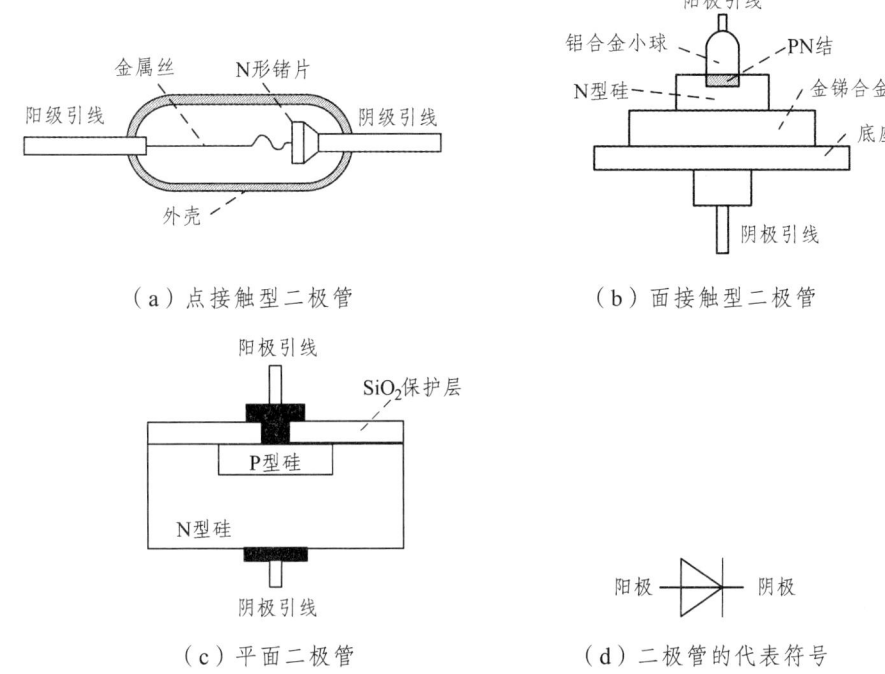

(a) 点接触型二极管　　(b) 面接触型二极管

(c) 平面二极管　　(d) 二极管的代表符号

图 1.2.1　二极管的几种常见结构及符号

图 1.2.1 (c) 所示的平面二极管是采用扩散法制成的。结面积较大的可用于大功率整流，结面积小的可作为脉冲数字电路中的开关管。

1.2.2　二极管的伏安特性

由于二极管存在半导体体电阻和引线电阻，所以当外加正向电压且流过电流相同的情况下，二极管的端电压大于 PN 结上的压降。同时，由于二极管表面漏电流的存在，使得外加反向电压时的反向电流增大。

在近似分析时，仍然用 PN 结的电流方程式 (1.1.1) 来描述二极管的伏安特性。图 1.2.2 (a) 和 (b) 分别是硅材料二极管和锗材料二极管的伏安特性曲线，两者在局部细节上还是有些差别的。

1. 正向特性

图 1.2.2 (b) 的第①段为正向特性。在正向特性的起始部分，由于正向电压较小，外电场还不足以克服 PN 结的内电场，因而这时的正向电流几乎为零，二极管呈现出一个大电阻。硅管的开启电压 U_{th}（又称死区电压）约为 0.5 V，锗管的 U_{th} 约为 0.1 V，当正向电压大于 U_{th} 时，内电场大为削弱，电流迅速增长，二极管正向导通。二极管导通后，曲线较垂直陡峭，管子呈现的正向电阻很小。通常认为，硅管正向导通压降 U_{on} 为 0.6 ~ 0.8 V，锗管正向导通压降 U_{on} 为 0.1 ~ 0.3 V，见表 1.2.1。

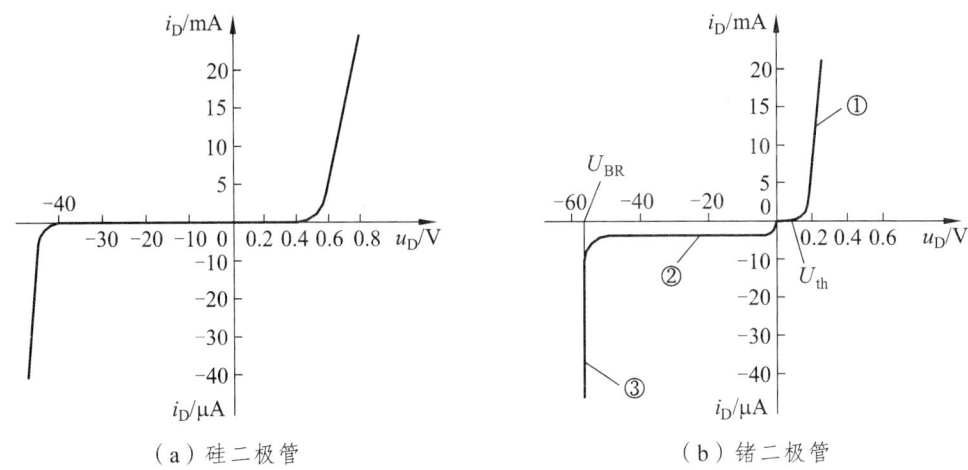

（a）硅二极管　　　　　　　　　（b）锗二极管

图 1.2.2　实际二极管的伏安特性曲线

2. 反向特性

少数载流子在反向电压作用下很容易通过 PN 结，形成反向饱和电流。由于少数载流子的数目很少，反向电流很小，如图 1.2.2（b）的第②段所示。对比图 1.2.2（a）和（b）的反向特性部分，可以看出，一般硅管的反向电流比锗管小得多，见表 1.2.1。

表 1.2.1　硅（Si）、锗（Ge）二极管参数比较

材料	开启电压 U_{th}/V	导通压降 U_{on}/V	反向饱和电流 I_S/mA
硅（Si）	≈0.5	0.6～0.8	<0.1
锗（Ge）	≈0.1	0.1～0.3	十几

3. 反向击穿特性

当反向电压增加到一定值（U_{BR}）时，反向电流将急剧增加，对应于图 1.2.2（b）的第③段，这个现象就称为 PN 结的反向击穿。发生击穿所需的反向电压 U_{BR} 称为反向击穿电压，反向击穿电压的大小与 PN 结制造参数有关。

4. 温度对二极管伏安特性的影响

在环境温度升高时，二极管的正向特性曲线将左移，反向特性曲线将下移，如图 1.2.3 虚线所示。在室温附近，若正向电流不变，则温度每升高 1 ℃，正向压降减小 2～2.5 mV；温度每升高 10 ℃，反向电流 I_S 约增大一倍。可见，二极管的特性对温度很敏感。

1.2.3　二极管的主要参数

1. 最大整流电流 I_F

I_F 是二极管长期运行时允许通过的最大正向平均电流，其值与 PN 结面积及外部散热条件等有关。在规定散热条件下，二极管正向平均电流若超过此值，则将因 PN 结温升过高而烧坏。例如 2AP1 最大整流电流为 16 mA。

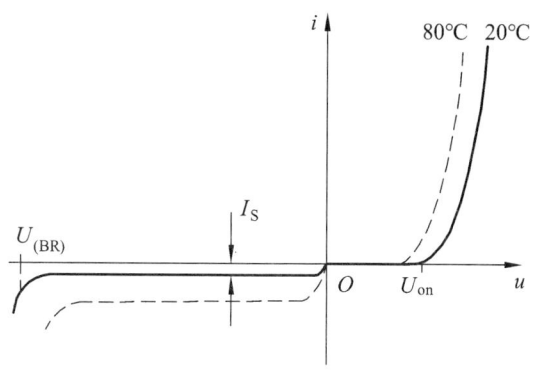

图 1.2.3　温度对二极管伏安特性的影响

2. 反向击穿电压 U_{BR}

U_{BR} 指管子反向击穿时的电压值。击穿时，反向电流剧增，二极管的单向导电性被破坏，甚至因过热而烧坏。一般手册上给出的最高反向工作电压约为击穿电压的一半，以确保管子安全运行。例如 2AP1 最高反向工作电压规定为 20 V，而反向击穿电压实际上大于 40 V。

3. 反向电流 I_R

I_R 是二极管未击穿时的反向电流。I_R 越小，二极管的单向导电性越好，I_R 对温度非常敏感。

4. 极间电容 C_j

PN 结存在势垒电容 C_b 和扩散电容 C_d，极间电容 C_j 是反映二极管中 PN 结电容效应的参数，$C_j=C_b+C_d$。在高频或开关状态运用时，必须考虑极间电容的影响。

5. 最高工作频率 f_M

f_M 是二极管工作的上限截止频率。二极管工作频率超过此值时，由于结电容的作用，二极管将不能很好地体现单向导电性。

二极管的参数是正确使用二极管的依据，一般半导体器件手册中都给出不同型号管子的参数。在使用时，应特别注意二极管工作条件不要超过最大整流电流和最高反向工作电压，否则管子会损坏。由于制造工艺所限，半导体器件参数具有分散性，同一型号管子的参数值也会有相当大的差距，手册上往往给出的是参数的上限值、下限值。此外，使用时应特别注意手册上每个参数的测试条件，当使用条件与测试条件不同时，参数也会发生变化。

1.3　二极管的应用及分析方法

1.3.1　二极管的几种等效模型

二极管的伏安特性具有非线性，为了便于分析，在一定的条件下，用线性元件所构成的电路来近似模拟二极管的特性。

1. 理想模型

图 1.3.1 表示理想二极管的伏安特性。由图 1.3.1（a）可见，理想二极管的伏安特性曲线在正向偏置时，是一条与纵轴重合的垂线，表明管压降为 0 V；而当二极管处于反向偏置时，它是一条与横轴重合的水平线，认为此时的电阻为无穷大，电流为零。图中的虚线表示实际二极管的伏安特性。图 1.3.1（b）为理想二极管的代表符号（注意三角形是实心的）。图 1.3.1（c）和图 1.3.1（d）分别为二极管正偏和反偏时的电路模型。在实际电路中，当电源电压远比二极管的正向管压降大时，利用此模型来近似分析是可行的。

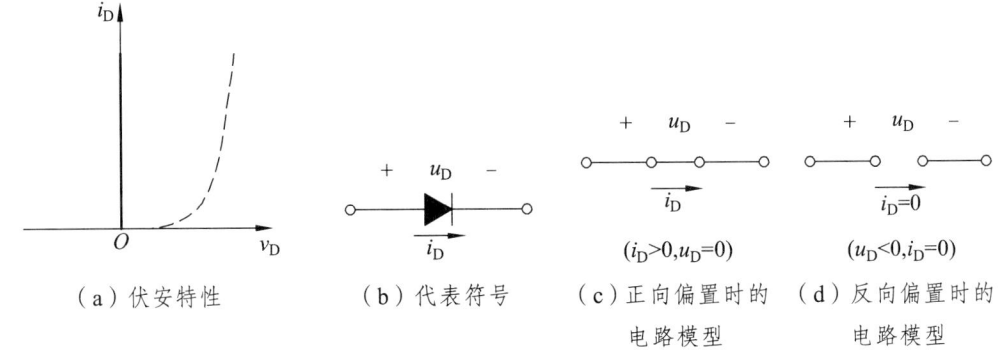

（a）伏安特性　　（b）代表符号　　（c）正向偏置时的电路模型　　（d）反向偏置时的电路模型

图 1.3.1　理想模型

2. 恒压降模型

这个模型如图 1.3.2 所示，其基本思想是当二极管导通后，认为其管压降是恒定的，且不随电流变化，在图 1.3.2（a）中以垂线表示，其横轴对应的电压典型值为 0.7 V（硅管）或 0.2 V（锗管）。图 1.3.2（b）是二极管恒压降电路模型。该模型提供了合理的近似，应用较为广泛。

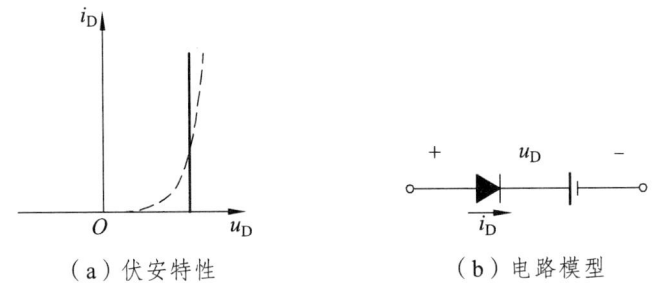

（a）伏安特性　　（b）电路模型

图 1.3.2　恒压降模型

1.3.2　二极管的应用及分析举例

在电子技术中，利用二极管的单向导电性，可以构成许多二极管应用电路，如整流电路、限幅电路、开关电路等。

例 1.3.1 如图 1.3.3 所示，已知 u_s 是为正弦波，试利用二极管理想模型定性地绘出 u_o 的波形。

解：由于 u_s 的值有正有负，当 u_s 为正半周时，二极管正向偏置，根据理想模型特性，此时二极管导通，且导通压降为 0 V，所以 $u_o = u_s$。

当 u_s 为负半周时，二极管反向偏置，此时二极管截止，电阻 R 中无电流流过，$u_o = 0$，波形如图 1.3.3（b）所示。该电路称为半波整流电路。

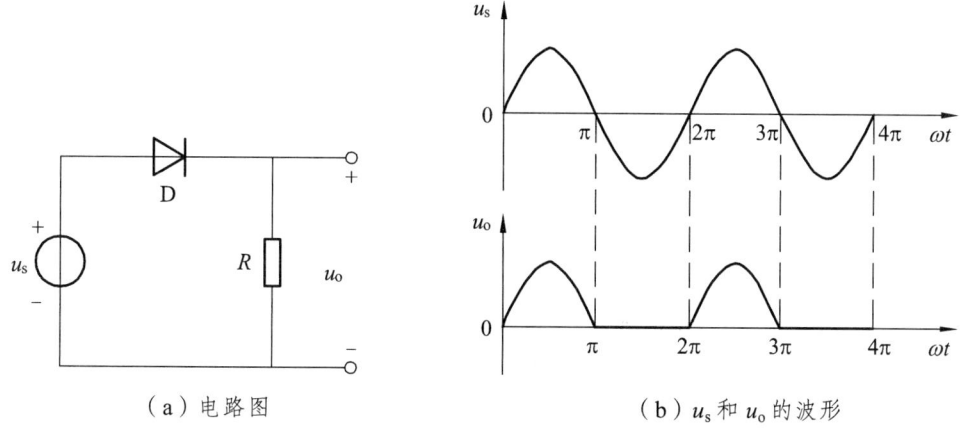

图 1.3.3　例 1.3.1 的电路图

例 1.3.2　在图 1.3.4 所示电路中，已知二极管为硅管，电阻 $R=10$ kΩ。试分析电压源 U 分别为 30 V 和 6 V 时的回路电流 I。

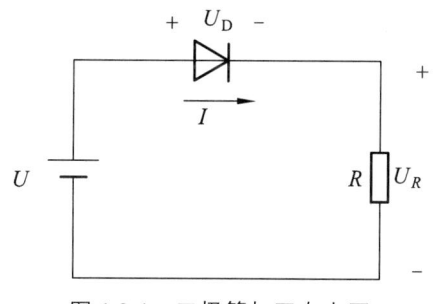

图 1.3.4　二极管加正向电压

解：图示电路中二极管为硅管，其导通电压 U_{on} 为 0.6～0.8 V。

（1）当 $U=30$ V 时，电源电压几十倍于 U_{on}，可以采用理想模型，则电阻 R 上电压 U_R 约等于电压源电压 U，回路电流 $I \approx U/R = 3$ mA。

（2）当 $U=6$ V 时，电源电压几倍于 U_{on}，可以采用恒压降模型。对于硅管，可取 $U_D = U_{on} = 0.7$ V。回路电流 I 为

$$I \approx \frac{U - U_{on}}{R} = 0.53 \text{ mA}$$

例 1.3.3　某限幅电路如图 1.3.5（a）所示，$R=1$ kΩ，$U_{REF}=3$ V，U_{on} 约为 0.7 V，当 $u_i = 6\sin\omega t$ V 时，绘出相应的输出电压 u_o 的波形。

解： U_{on} 约为 0.7 V，采用恒压降模型。当 $u_i \leq U_{REF}+U_{on}$ 时，二极管处于截止状态，电路中电流为 0，所以 $u_o=u_i$；当 $u_i > U_{REF}+U_{on}$ 时，二极管处于导通状态，导通电压等于 0.7 V，所以 $u_o=U_{REF}+U_{on}=3.7$ V，波形如图 1.3.5（b）所示。

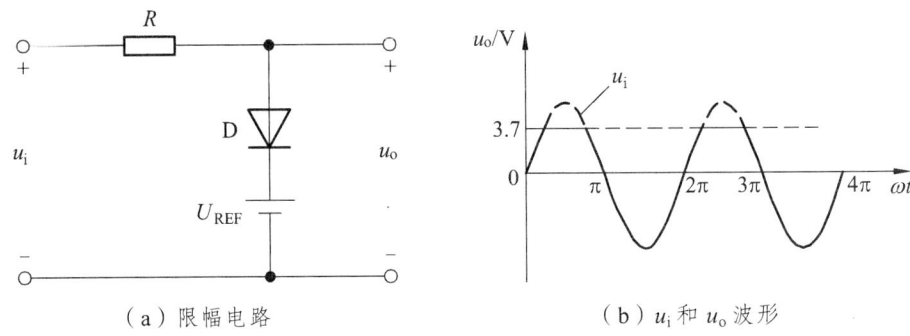

（a）限幅电路　　　　　　　（b）u_i 和 u_o 波形

图 1.3.5　例 1.3.3 的电路

例 1.3.4 二极管开关电路如图 1.3.6 所示，假设图中二极管为理想二极管，当 u_{i1} 和 u_{i2} 分别为 0 V 或 5 V 时，求输出电压 u_o。

解： 二极管为理想模型时的电路如图 1.3.6（b）所示。先假设两二极管均截止（断开），4.7 kΩ 电阻中无电流流过，两二极管阳极电位为 5 V。当 $u_{i1}=0$ V、$u_{i2}=5$ V 时，得 $u_{D1}=5$ V>0，$u_{D2}=0$ V，表明 D_1 假设错误，所以 D_1 导通；D_2 的偏置电压为 0 V，假设成立，即 D_2 截止。D_1 导通时，$u_o=0$ V，此时 D_2 的阴极电位为 5 V，阳极为 0 V，仍为截止状态，可以得到结论 D_1 导通，D_2 截止。同样的方法，判断其他几种组合，结果见表 1.3.1。

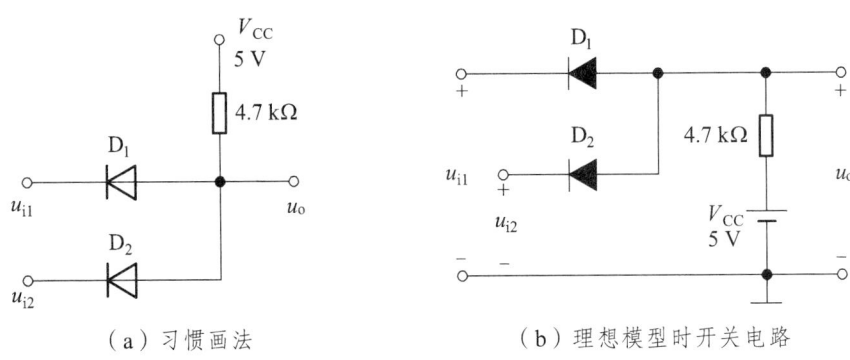

（a）习惯画法　　　　　　　（b）理想模型时开关电路

图 1.3.6　开关电路

表 1.3.1　例 1.3.4 二极管工作状态分析表

u_{i1}/V	u_{i2}/V	二极管工作状态		u_o/V
		D_1	D_2	
0	0	导通	导通	0
0	5	导通	截止	0
5	0	截止	导通	0
5	5	截止	截止	5

由上表可见，在输入电压 u_{i1} 和 u_{i2} 中，只要有一个为 0 V，则输出为 0 V；只有当两个输入电压均为 5 V 时，输出才为 5 V，这种关系在数字电路中称为与逻辑。

1.4 稳压二极管

稳压二极管是一种硅材料制成的面接触型晶体二极管，简称稳压管，又称齐纳二极管。稳压管在反向击穿时，在一定的电流范围内（或者说在一定的功率损耗范围内），端电压几乎不变，表现出稳压特性，广泛用于稳压电源与限幅电路之中。

1.4.1 稳压管的伏安特性

稳压管的杂质浓度比较高，空间电荷区内的电荷密度也大，容易形成强电场。当反向电压加到某一定值时，反向电流急增，产生反向击穿，特性如图 1.4.1（b）所示。

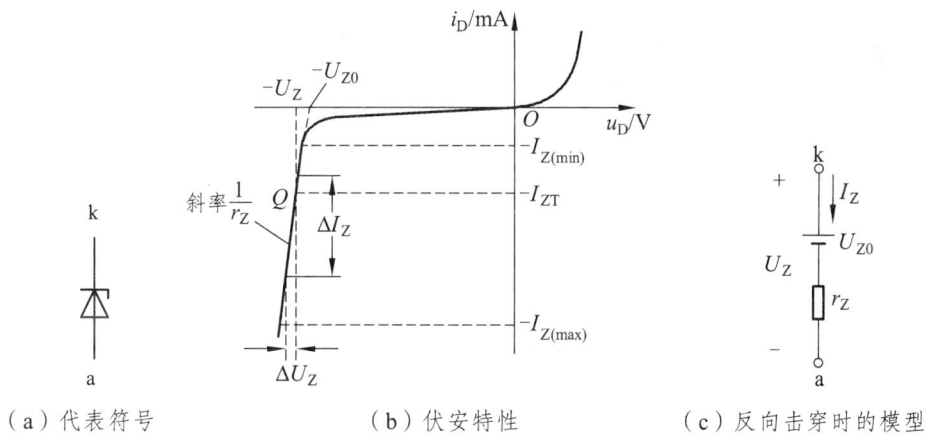

（a）代表符号　　　　　（b）伏安特性　　　　　（c）反向击穿时的模型

图 1.4.1　稳压管的代表符号与伏安特性

图中的 U_Z 表示反向击穿电压，即稳压管的稳定电压。稳压管的稳压作用在于电流增量 ΔI_Z 很大时电压变化 ΔU_Z 很小。曲线越陡，动态电阻 $r_Z = \Delta U_Z / \Delta I_Z$ 越小，说明稳压管的稳压性能越好。

$I_{Z(min)}$ 和 $I_{Z(max)}$ 为稳压管工作在正常稳压状态的最小工作电流和最大工作电流。反向电流小于 $I_{Z(min)}$ 时，稳压管进入反向特性的转弯段，稳压特性消失；反向电流大于 $I_{Z(max)}$ 时，稳压管可能被烧毁。根据稳压管的反向击穿特性，得到如图 1.4.1（c）所示的等效模型。由于稳压管正常工作时，都处于反向击穿状态，所以图 1.4.1（c）中稳压管的电压、电流参考方向与普通二极管标法不同。当稳压值 U_Z 较大时，可以忽略 r_Z 的影响，即 $r_Z=0$，U_Z 为恒定值。

1.4.2 稳压管的主要参数

（1）稳定电压 U_Z：U_Z 是在规定电流下稳压管的反向击穿电压。由于半导体器件参数的分散性，同一型号的稳压管的 U_Z 存在一定差别。例如，型号为 2CW11 的稳压管的稳定电压为 3.2～4.5 V。但就某一只管子而言，U_Z 应为确定值。

（2）稳定电流 I_Z：I_Z 是稳压管工作在稳压状态时的参考电流，电流低于此值时稳压效果变坏，甚至根本不稳压，故也常将 I_Z 记作 I_{Zmin}。

（3）额定功耗 P_{ZM}：P_{ZM} 等于稳压管的稳定电压 U_Z 与最大稳定电流 I_{ZM} 的乘积。稳压管的功耗超过此值时，会因结温升过高而损坏。对于一只具体的稳压管，可以通过其 P_{ZM} 的值，求出 I_{ZM} 的值。只要不超过稳压管的额定功率，电流愈大，稳压效果愈好。

（4）动态电阻 r_Z：r_Z 是稳压管工作在稳压区时，端电压变化量与其电流变化量之比，即 $r_Z=\Delta U_Z/\Delta I_Z$。$r_Z$ 愈小，电流变化时 U_Z 的变化愈小，即稳压管的稳压特性愈好。对于不同型号的管子，r_Z 将不同，从几欧姆到几十欧姆。对于同一只管子，工作电流愈大，r_Z 愈小。

（5）温度系数 α：α 表示温度每变化 1 ℃ 稳压值的变化量，即 $\alpha=\Delta U_Z/\Delta T$。稳定电压小于 4 V 的管子具有负温度系数（属于齐纳击穿），即温度升高时稳定电压值下降；稳定电压大于 7 V 的管子具有正温度系数（属于雪崩击穿），即温度升高时稳定电压值上升；而稳定电压在 4～7 V 之间的管子，温度系数非常小，近似为零（齐纳击穿和雪崩击穿均有）。

由于温度对半导体导电性能有影响，所以温度也将影响 U_Z 的值。影响程度由温度系数衡量，一般不超过每摄氏度（℃）$\pm 10\times 10^{-4}$ 的范围。表 1.4.1 列出了几种典型的稳压管的主要参数。

表 1.4.1　几种典型的稳压管的主要参数

型号	稳定电压 U_Z/V	稳定电流 I_Z/mA	最大稳定电流 I_{ZM}/mA	耗散功率 P_{ZM}/W	动态电阻 r_Z/Ω	温度系数 C_{TV}（10^{-4}/℃）
2CW52	3.2～4.5	10	55	0.25	<70	≥-8
2CW107	8.5～9.5	5	100	1		8
2DW232*	6.0～6.5	10	30	0.20	≤10	±0.05

*：2DW232 为具有温度补偿的稳压管。

稳压管在直流稳压电源中获得广泛应用。图 1.4.2 为一简单稳压电路，U_I 为待稳定的直流电源电压，一般是由整流滤波电路提供。D_Z 为稳压管，R 为限流电阻，它的作用是将稳压管的工作电流限定在合适的范围内（$I_{Zmin}< I_Z< I_{Zmax}$）。负载 R 与稳压管两端并联，因而称为并联式稳压电路。当电源电压 U_I 产生波动或负载电阻 R 在一定范围内发生变化时，由于稳压管的稳压作用，负载上的电压 U_O 将基本保持不变，达到稳压目的。

例 1.4.1　在图 1.4.2 所示稳压管稳压电路中，已知稳压管的稳定电压 $U_Z=6$ V，最小稳定电流 $I_{Zmin}=5$ mA，最大稳定电流 $I_{Zmax}=25$ mA；负载电阻 $R_L=600$ Ω。求解限流电阻 R 的取值范围。

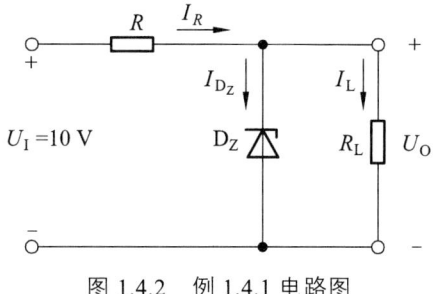

图 1.4.2 例 1.4.1 电路图

解：由图 1.4.2 可知，R 上电流 I_R 等于稳压管中电流 I_{DZ} 和负载电流 I_L 之和，即 $I_R = I_{DZ} + I_L$，其中 $I_{DZ} = (5 \sim 25)$ mA，$I_L = U_Z/R_L = (6/600)$ A $= 0.01$ A $= 10$ mA，所以 $I_R = (15 \sim 35)$ mA。R 上电压 $U_R = U_O - U_Z = (10-6)$ V $= 4$ V，则

$$R_{max} = \frac{U_R}{I_{R\min}} = \left(\frac{4}{15 \times 10^{-3}}\right) \Omega \approx 267\ \Omega$$

$$R_{min} = \frac{U_R}{I_{R\max}} = \left(\frac{4}{35 \times 10^{-3}}\right) \Omega \approx 114\ \Omega$$

所以，限流电阻 R 的取值范围为 $114 \sim 267\ \Omega$。

习 题

1.1 判断下列说法是否正确，用"√"和"×"表示并将结果填入空内。
（1）在 P 型半导体中如果掺入足够量的五价元素，可将其改型为 N 型半导体。（　　）
（2）因为 P 型半导体的多子是空穴，所以它带正电。（　　）
（3）PN 结在无光照、无外加电压时，结电流为零。（　　）

1.2 选择正确答案填入空内。
（1）在本征半导体中加入（　　）元素可形成 N 型半导体，加入（　　）元素可形成 P 型半导体。

  A. 五价　　　　　　B. 四价　　　　　　C. 三价

（2）PN 结加正向电压时，空间电荷区将（　　）。

  A. 变窄　　　　　　B. 基本不变　　　　C. 变宽

1.3 二极管电路如题 1.3 图所示，设二极管是理想的。试判断图中二极管是导通还是截止，并求输出电压 U_o 的值。

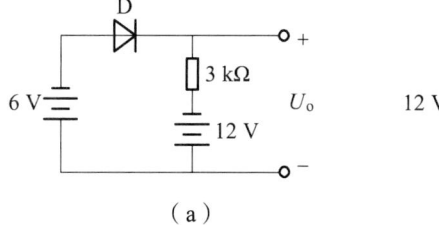
（a）

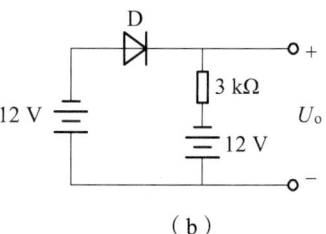
（b）

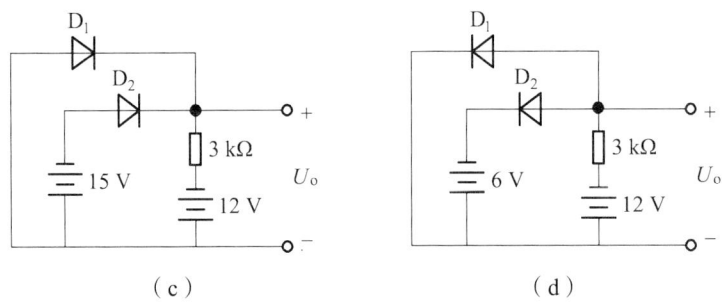

（c） （d）

题 1.3 图

1.4 电路如题 1.4 图所示，设二极管是理想的。已知 $u_i = 10\sin\omega t\ V$，试画出 u_i 与 u_o 的波形。

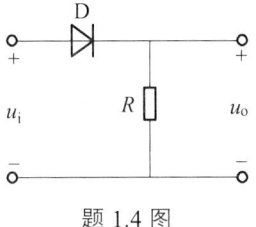

题 1.4 图

1.5 电路如题 1.5 图所示，二极管导通电压 $U_{on} = 0.7\ V$。已知 $u_i = 8\sin\omega t\ V$，试画出 u_i 与 u_o 的波形，并标出幅值。

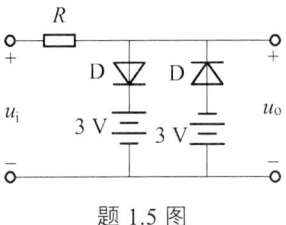

题 1.5 图

1.6 已知题 1.6 图所示电路中稳压管的稳定电压 $U_Z = 6\ V$，稳定电流的最小值 $I_{Zmin} = 5\ mA$，最大功耗 $P_{ZM} = 150\ mW$。试求题 1.6 图所示电路中电阻 R 的取值范围。

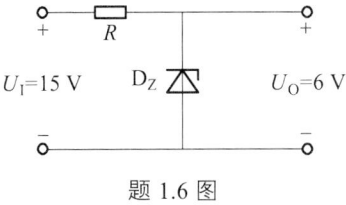

题 1.6 图

1.7 已知题 1.7 图所示电路中稳压管的稳定电压 $U_Z = 6\ V$，稳定电流的最小值 $I_{Zmin} = 5\ mA$，最大稳定电流 $I_{Zmax} = 25\ mA$。

（1）分别计算 U_I 为 10 V、15 V、35 V 三种情况下的输出电压 U_O 的值；

（2）若 $U_I = 35\ V$ 时负载开路，则会出现什么现象？为什么？

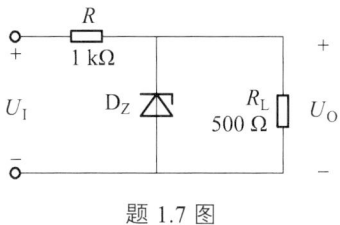

题 1.7 图

1.8 电路如题 1.8 图（a）、（b）所示，稳压管的稳定电压 $U_Z = 3$ V，R 取值合适，u_I 的波形如图（c）所示。试分别画出 u_{O1} 和 u_{O2} 的波形。

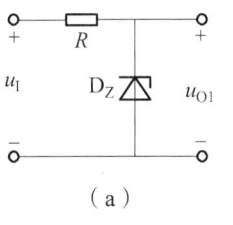 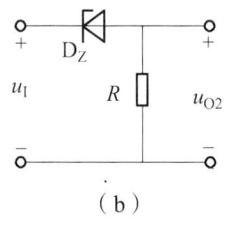 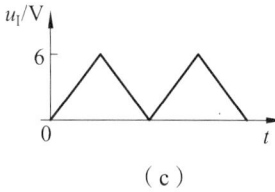

（a） （b） （c）

题 1.8 图

第 2 章　双极结型三极管及其放大电路

【主要内容】

双极结型三极管（Bipolar Junction Transistor，BJT）俗称半导体三极管，它体积小、质量小、耗电少、寿命长、可靠性高，广泛用于广播、电视、通信、雷达、计算机、自控装置、电子仪器、家用电器等领域。

本章将首先介绍 BJT 的物理结构、工作原理、伏安特性曲线和主要参数。接着分别用图解法和小信号模型分析法讨论共射极、共集电极两种组态放大电路的性能和特点。

2.1　双极结型三极管

BJT 因有自由电子和空穴两种极性的载流子同时参与导电而得名。它的种类很多，按照所用的半导体材料分，有硅管和锗管；按照工作频率分，有低频管和高频管；按照功率分，有小、中、大功率管等。常见的 BJT 外形如图 2.1.1 所示。

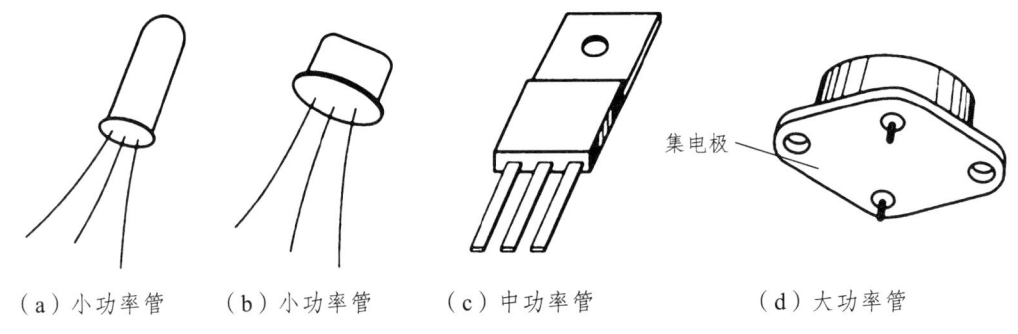

（a）小功率管　　（b）小功率管　　（c）中功率管　　（d）大功率管

图 2.1.1　晶体管的几种常见外形

2.1.1　晶体管的结构及类型

BJT 的结构示意图如图 2.1.2（a）、（b）所示。在一个硅（或锗）片上形成三个杂质半导体区域：一个 P 区夹在两个 N 区中间，或者一个 N 区夹在两个 P 区中间。根据这两种不同的结构，BJT 分为两种类型：NPN 型和 PNP 型。从三个杂质半导体区域各自引出一个电极，分别称为发射极 e、集电极 c、基极 b，它们对应的杂质半导体区域分别称为发射区、集电区和基区。这三个区域的特点是：基区宽度很薄（微米数量级），掺杂浓度很低；发射区和集电区是同类型的杂质半导体，但发射区比集电区掺杂浓度高很多，而集电结面积大于发射结面积，因此它们不是电气对称的。BJT 的外特性与这三个区域的特点密切相关。

三个杂质半导体区域之间形成了两个离得很近的 PN 结,发射区与基区间的 PN 结称为发射结,集电区与基区间的 PN 结称为集电结。图 2.1.2（c）、(d) 分别是 NPN 型和 PNP 型 BJT 的电路符号,其中发射极上的箭头表示发射结外加正偏电压时,发射极电流的实际方向。

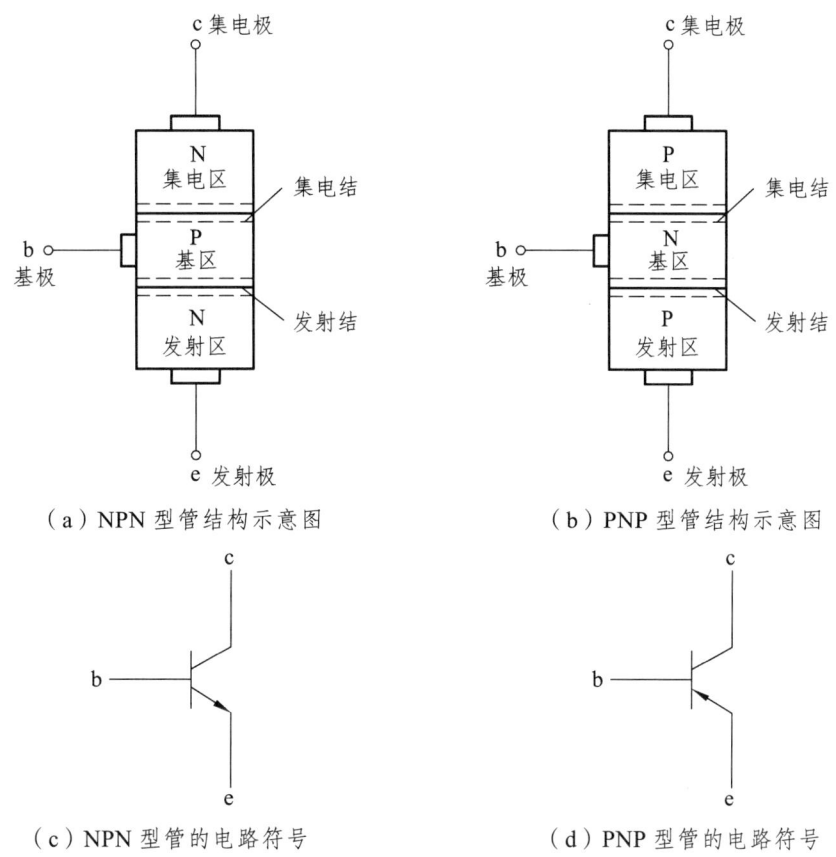

图 2.1.2　两种类型 BJT 的结构示意图及其电路符号

本章主要讨论 NPN 型 BJT 及其电路,但结论对 PNP 型 BJT 同样适用,只不过两者所需的直流电源电压的极性相反,产生的电流方向也相反。

2.1.2　放大状态下 BJT 的工作原理

BJT 有 3 个电极,在放大电路中也有 3 种连接方式:共基极、共发射极（简称共射极）和共集电极,即分别把基极、发射极、集电极作为输入和输出端口的共同端,如图 2.1.3 所示。

需要说明的是,无论是哪种连接方式,BJT 放大的条件和电流分配关系都相同。BJT 内部含有两个背靠背互有影响的 PN 结。当这两个 PN 结的偏置条件（正偏或反偏）不同时,BJT 将呈现四种工作状态:放大、饱和、截止与倒置。下面讨论 BJT 在放大状态下的工作原理。

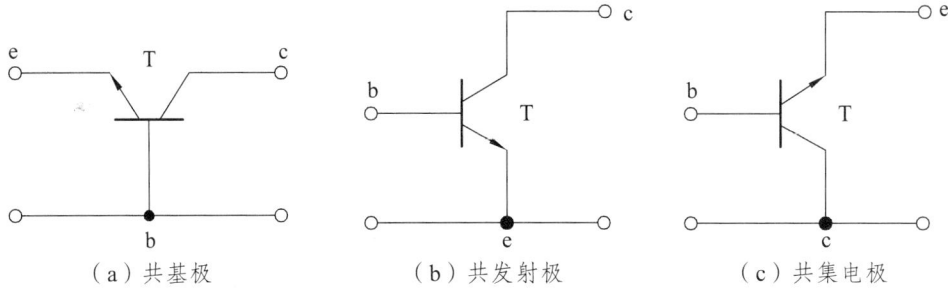

（a）共基极　　　　　（b）共发射极　　　　　（c）共集电极

图 2.1.3　BJT 的三种连接方式

1. BJT 内部载流子的传输过程

BJT 的电流放大作用是由其内部载流子的定向运动（由发射区向集电区）体现出来的。为保证内部载流子能发生这样的定向运动，实现电流放大作用，则要求无论是 NPN 型还是 PNP 型的 BJT，都应将它们的发射结加正向偏置电压，集电结加反向偏置电压。

下面以 NPN 型管为例，分析在两组偏置电压的共同作用下，BJT 内部载流子的传输过程。

（1）发射区向基区扩散载流子，形成发射极电流 I_E。

图 2.1.4 所示为一个处于放大状态的 NPN 型 BJT 的内部载流子的传输过程。由于发射结外加正向电压，发射区的多子电子将不断通过发射结扩散到基区，形成发射结电子扩散电流 I_{EN}，其方向与电子扩散方向相反。同时，基区的多子空穴也要扩散到发射区，形成空穴扩散电流 I_{EP}，其方向与 I_{EN} 相同。I_{EN} 和 I_{EP} 一起构成受发射结正向电压 U_{BE} 控制的发射结电流，也就是发射极电流 I_E，即

$$I_E = I_{EN} + I_{EP} = I_{ES}(e^{U_{BE}/U_T} - 1) \approx I_{ES} e^{U_{BE}/V_T} \tag{2.1.1}$$

式中，I_{ES} 为发射结的反向饱和电流，其值与温度、发射区及基区的掺杂浓度有关，还与发射结的面积成比例。I_{ES} 的典型值在 $10^{-15} \sim 10^{-12}$A。对于某些特殊的 BJT，I_{ES} 的值也可能超出这一范围。

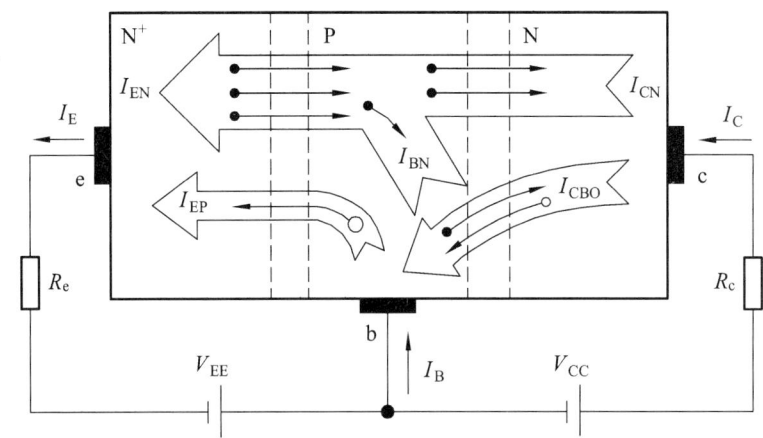

图 2.1.4　放大状态下 BJT 中载流子的传输过程

式（2.1.1）说明发射极电流 I_E 与发射结正偏电压 U_{BE} 呈指数关系。由于基区掺杂浓度很低，I_{EP} 很小，可以认为

$$I_E = I_{EN} + I_{EP} \approx I_{EN} \quad (2.1.2)$$

（2）载流子在基区扩散与复合，形成复合电流 I_{BN}。

由发射区扩散到基区的载流子电子在发射结边界附近浓度最高，离发射结越远浓度越低，形成了一定的浓度梯度。浓度差使扩散到基区的电子继续向集电结方向扩散。在扩散过程中，有一部分电子与基区的空穴复合，形成基区复合电流 I_{BN}。由于基区很薄，掺杂浓度又低，因此电子与空穴复合的机会少，I_{BN} 很小，大多数电子都能扩散到集电结边界。基区被复合掉的空穴由电源 V_{EE} 从基区拉走电子来补充。

（3）集电区收集载流子，形成集电极电流 I_C。

由于集电结上外加反偏电压，空间电荷区的内电场被加强，对基区扩散到集电结边缘的载流子电子有很强的吸引力，使载流子电子很快漂移过集电结，被集电区收集。由此形成的集电极电流中受发射结正向电压 U_{BE} 控制的电流 I_{CN}，其方向与电子漂移的方向相反。显然，有 $I_{CN}=I_{EN}-I_{BN}$。与此同时，基区自身的少子电子和集电区的少子空穴也要在集电结反偏电压作用下产生漂移运动，形成集电结反向饱和电流 I_{CBO}，其方向与 I_{CN} 方向一致。I_{CN} 和 I_{CBO} 一起构成集电极电流 I_C，即

$$I_C = I_{CN} + I_{CBO} \quad (2.1.3)$$

I_{CBO} 不受发射结电压控制，对放大没有贡献。它的大小取决于基区和集电区的少子浓度，数值很小，但它受温度影响很大，容易使 BJT 工作不稳定。

由图 2.1.4 和式（2.1.2）、式（2.1.3）可得，BJT 的基极电流为

$$I_B = I_{EP} + I_{BN} - I_{CBO} = I_{EP} + I_{EN} - I_{CN} - I_{CBO} = I_E - I_C \quad (2.1.4)$$

2. 晶体管的电流分配关系

从载流子的传输过程可知，由于 BJT 结构上的特点，确保了在发射结正偏电压、集电结反偏电压的共同作用下，由发射区扩散到基区的载流子绝大部分能够被集电区收集，形成电流 I_{CN}，而另一小部分在基区被复合，形成电流 I_{BN}。通常把 I_{CN} 与发射极电流 I_E 的比定义为 BJT 共基极直流电流放大系数 $\bar{\alpha}$，即

$$\bar{\alpha} = \frac{I_{CN}}{I_E} \quad (2.1.5)$$

它表达了 I_E 转化为 I_{CN} 的能力。显然 $\bar{\alpha}<1$，但接近于 1，一般在 0.98 以上。将式（2.1.5）代入式（2.1.3），则得

$$I_C = \bar{\alpha} I_E + I_{CBO} \quad (2.1.6)$$

当 I_{CBO} 很小时，有

$$I_C \approx \bar{\alpha} I_E \quad (2.1.7)$$

式（2.1.7）描述了 BJT 在共基极连接时（见图 2.1.4），输出电流 I_C 受输入电流 I_E 控制的电流分配关系。

由于 $I_E=I_C+I_B$，将它代入式（2.1.6），整理后可得 BJT 在共射极连接时输出电流 I_E 受输入电流 I_B 控制的电流分配关系，即

$$I_C = \frac{\overline{\alpha}}{1-\overline{\alpha}}I_B + \frac{1}{1-\overline{\alpha}}I_{CBO} = \overline{\beta}I_B + I_{CEO} \quad (2.1.8)$$

其中

$$\overline{\beta} = \frac{\overline{\alpha}}{1-\overline{\alpha}} \quad (2.1.9)$$

$$I_{CEO} = \frac{1}{1-\overline{\alpha}}I_{CBO} = (1+\overline{\beta})I_{CBO} \quad (2.1.10)$$

式中，$\overline{\beta}$ 称为共射极直流电流放大系数；I_{CEO} 是集电极与发射极之间的反向饱和电流，常称为穿透电流。I_{CEO} 的数值一般很小，当它可忽略时，式（2.1.10）可简化为

$$I_C \approx \overline{\beta}I_B \quad (2.1.11)$$

由式（2.1.4）、式（2.1.11）可得 BJT 在共集电极连接时输出电流 I_E 受输入电流 I_B 控制的电流分配关系，即

$$I_E = I_B + I_C = (1+\overline{\beta})I_B \quad (2.1.12)$$

上述电流分配关系说明，无论采用哪种连接方式，BJT 在发射结正偏、集电结反偏，而且 $\overline{\alpha}$ 或 $\overline{\beta}$ 保持不变时，输出电流 I_C（或 I_E）正比于输入电流 I_E（或 I_B）。只要能控制输入电流，就能控制输出电流，所以常将 BJT 称为电流控制器件。实质上由式（2.1.1）可知，I_E 是受正向发射结电压 U_{BE} 控制的，因此 I_C 和 I_B 也是受正向发射结电压 U_{BE} 控制的。这体现了 BJT 的正向受控特性。利用这一特性，可以把微弱的电信号加以放大。

2.1.3 BJT 的共射极伏安特性曲线

BJT 的伏安特性曲线能直观地描述各极电流与各极间电压之间的关系。由图 2.1.5 可见，可以把 BJT 视为一个二端口网络，其中一个端口是输入端口，端口变量是输入电流和输入电压；另一个端口是输出端口，端口变量是输出电流和输出电压。要完整地描述 BJT 的伏安特性，必须选用两组特性曲线。工程上最常用的是 BJT 的输入特性和输出特性曲线。

BJT 在不同组态时具有不同的端电压和电流，它们的伏安特性曲线也就各不相同，这里着重讨论共射极连接时的伏安特性曲线。BJT 连接成共射极形式时，输入电压为 u_{BE}，输入电流为 i_B，输出电压为 u_{CE}，输出电流为 i_C，如图 2.1.5 所示。

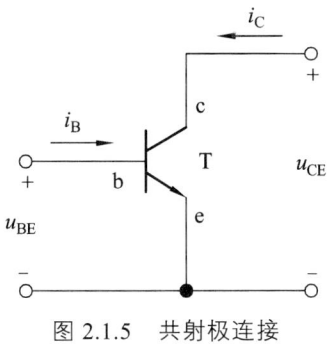

图 2.1.5　共射极连接

1. 输入特性曲线

输入特性曲线描述管压降 u_{CE} 一定的情况下，基极电流 i_B 与发射结压降 u_{BE} 之间的函数关系，即

$$i_B = f(u_{BE})\big|_{u_{CE}=常数} \qquad (2.1.13)$$

因为发射结正偏，BJT 的输入特性曲线与半导体二极管的正向伏安特性曲线相似。随着 u_{CE} 的增加，特性曲线向右移动。也就是说，当保持 u_{BE} 不变时，随着 u_{CE} 的增加，i_B 将减小。或者说，当保持 i_B 不变时，随着 u_{CE} 的增加，u_{BE} 将增大。

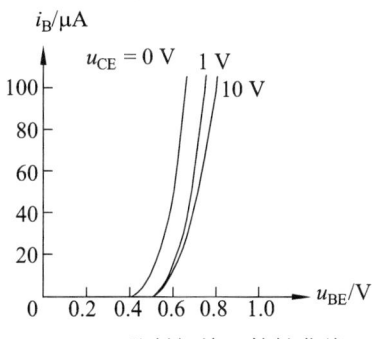

图 2.1.6　共射极输入特性曲线

当 $u_{CE}=0$ V 时，相当于集电极与发射极短路，即发射结与集电结并联。此时，输入特性曲线与 PN 结的伏安特性相类似，呈指数关系，如图 2.1.6 中标注 $u_{CE}=0$ V 的那条曲线。当 u_{CE} 增大时，曲线将右移，如图 2.1.6 中标注 1 V 和 10 V 的曲线。这是因为，由发射区注入基区的非平衡少子有一部分越过基区和集电结形成集电极电流 i_C，使得在基区参与复合运动的非平衡少子随 u_{CE} 的增大（即集电结反向电压的增大）而减小。因此，要获得同样的 i_B 就必须加大 u_{BE} 使发射区向基区注入更多的电子。

实际上，对于确定的 u_{BE}，当 u_{CE} 增大到一定值以后，集电结的电场已足够强，可以将发射区注入基区的绝大部分非平衡少子都收集到集电区。因而再增大 u_{CE}，i_C 也不可能明显增大了，也就是说 i_B 已基本不变。因此，u_{CE} 超过一定数值后，曲线不再明显右移而基本重合。对于小功率管，可以用 u_{CE} 大于 1 V 的任何一条曲线来近似 u_{CE} 大于 1 V 的所有曲线。

2. 输出特性曲线

输出特性曲线描述基极电流 i_B 为常量时，集电极电流 i_C 与管压降 u_{CE} 之间的函数关系，即

$$i_C = f(u_{CE})\big|_{I_B=\text{常数}} \qquad (2.1.14)$$

图 2.1.7 是 NPN 型硅 BJT 共射极连接时的输出特性曲线。由图可以看到 BJT 的三个工作区域：放大区、饱和区和截止区（图中的截止区范围有所夸大，实际上对硅管而言，$i_B=0$ 的那条曲线几乎与横轴重合）。

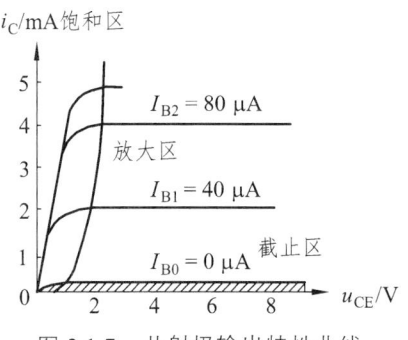

图 2.1.7　共射极输出特性曲线

（1）放大区。

BJT 工作在放大区时，发射结正偏电压大于开启电压，集电结反偏。在放大区域内，BJT 输出特性曲线的特点是各条曲线几乎与横坐标轴平行，但随着 u_{CE} 的增加，各条曲线略向上倾斜。在理想情况下，当 i_B 按等差变化时，输出特性是一族横轴的等距离平行线，i_C 几乎仅仅决定于 i_B，而与 u_{CE} 无关，表现出 i_B 对 i_C 的控制作用 $I_C = \overline{\beta} I_B$，$\Delta i_C = \beta \Delta i_B$。

（2）饱和区。

一般称 BJT 的发射结和集电结均处于正向偏置的区域为饱和区，在该区域内，有 $u_{CE} \leqslant u_{BE}$，因而集电结内电场被削弱，集电结收集载流子的能力减弱。这时即使 i_B 增加，i_C 也增加不多或者基本不变，说明 i_C 不再服从 βi_B 的电流分配关系了。该区域内的 u_{CE} 很小，称为 BJT 的饱和压降 u_{CES}，u_{CES} 很小，约为 0.3 V。

（3）截止区。

截止区是指集电结反向偏置，发射结上偏置电压小于 PN 结的开启电压，发射极电流 $i_E=0$ 时所对应的区域，此时 $i_B=I_{CBO}$。但对于小功率管而言，工程上常把 $i_B=0$ 的那条输出特性曲线以下的区域称为截止区。因为 $i_B=0$ 时，虽有 $i_C=I_{CEO}$，但小功率管的 I_{CEO} 通常很小，可以忽略它的影响。

例 2.1.1　现已测得某电路中几只 NPN 型晶体管三个极的直流电位如表 2.1.1 所示，各晶体管 b-e 间开启电压 U_{on} 均为 0.5 V。试分别说明各管子的工作状态。

解：在电子电路中，可以通过测试晶体管各极的直流电位来判断晶体管的工作状态。对于 NPN 型管，当 b-e 间电压 $u_{BE} < U_{on}$ 时，管子截止；当 $u_{BE} > U_{on}$ 且管压降 $u_{CE} \geqslant u_{BE}$（或 $u_C \geqslant u_B$）时，管子处于放大状态；当 $u_{BE} \geqslant u_{on}$ 且管压降 $u_{CE} < u_{BE}$（或 $u_C < u_B$）时，管子处

于饱和状态。

硅管的 U_{on} 约为 0.5 V，锗管的 U_{on} 约为 0.1 V。对于 PNP 型管，读者可类比 NPN 型管总结规律。

表 2.1.1 例 2.1.1 中各晶体管电极直流电位

晶体管	T_1	T_2	T_3	T_4
基极直流电位 U_B/V	0.7	1	−1	0
发射极直流电位 U_E/V	0	0.3	−1.7	0
集电极直流电位 U_C/V	5	0.7	0	15
工作状态				

根据上述规律可知，T_1 处于放大状态，因为 $U_{BE}=0.7$ V 且 $U_{CE}=5$ V，$U_{CE}>U_{BE}$。T_2 处于饱和状态，因为 $U_{BE}=0.7$ V，且 $U_{CE}=U_C-U_E=0.4$ V，$U_{CE}<U_{BE}$。T_3 处于放大状态，因为 $U_{BE}=U_B-U_E=0.7$ V，且 $U_{CE}=U_C-U_E=1.7$ V，$U_{CE}>U_{BE}$。T_4 处于截止状态，因为 $U_{BE}=0$ V $<U_{on}$。将分析结果填入表 2.1.2。

表 2.1.2 例 2.1.1 中各晶体管的工作状态

晶体管	T_1	T_2	T_3	T_4
工作状态	放大	饱和	放大	截止

2.1.4 晶体管的主要参数

BJT 的参数可用来表征其性能的优劣和适应范围，是合理选择和正确使用 BJT 的依据。这里只介绍在近似分析中最主要的参数，它们均可在半导体器件手册中查到。

1. 共射直流电流放大系数 $\overline{\beta}$

$$\overline{\beta} \approx \frac{I_C - I_{CEO}}{I_B} \quad (2.1.15)$$

当 $I_C \gg I_{CEO}$ 时，

$$\overline{\beta} \approx \frac{I_C}{I_B} \quad (2.1.16)$$

2. 共射交流电流放大系数 β

$$\beta = \frac{\Delta i_C}{\Delta i_B}\bigg|_{u_{CE}=常数} \quad (2.1.17)$$

β 与 $\overline{\beta}$ 的含义不同，β 反映静态（直流工作状态）时的电流放大特性，$\overline{\beta}$ 反映动态（交流工作状态）时的电流放大特性。但在 BJT 输出特性曲线比较平坦时，且各条曲线间距离相等的条件下，可认为 $\beta \approx \overline{\beta}$，故可混用。由于制造工艺的分散性，即使是同型号的 BJT，

其 β 值也有差异，通常为 50～200。一般分立元件放大电路中取 $\beta=30～80$ 的 BJT 为宜。集成电路中，由于制造工艺和电路功能的不同，有些 BJT 的 β 值可能小于 10，如横向 PNP 型管，有些则可能高达数千，如超 β 管。

3. 特征频率 f_T

由于晶体管中 PN 结结电容的存在，晶体管的交流电流放大系数是所加信号频率的函数。信号频率高到一定程度时，集电极电流与基极电流之比不但数值下降，且产生相移，使共射电流放大系数的数值下降到 1 的信号频率称为特征频率 f_T。

4. 最大集电极耗散功率 P_{CM}

P_{CM} 决定于晶体管的温升。当硅管的温度大于 150 ℃、锗管的温度大于 70 ℃ 时，管子特性明显变坏，甚至烧坏。对于确定型号的晶体管，P_{CM} 是一个确定值，即 $P_{CM}=i_C u_{CE}=$ 常数，在输出特性坐标平面中为双曲线中的一条，如图 2.1.8 所示。曲线右上方为过损耗区。

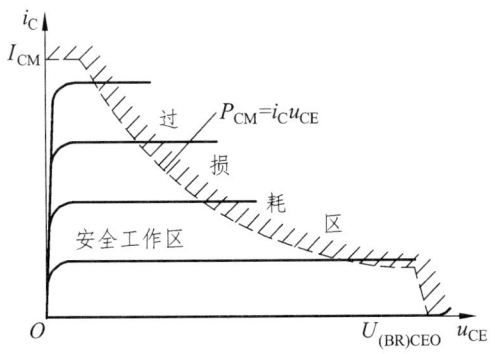

图 2.1.8　晶体管的极限参数

对于大功率管的 P_{CM}，应特别注意测试条件，如对散热片的规格要求。当散热条件不满足要求时，允许的最大功耗将小于 P_{CM}。

5. 最大集电极电流 I_{CM}

i_C 在相当大的范围内 β 值基本不变，但当 i_C 的数值大到一定程度时 β 值将减小，使 β 值明显减小的 i_C 即为 I_{CM}。对于合金型小功率管，定义当 $u_{CE}=1$ V 时的 i_C 为 I_{CM}。由于 $P_{CM}=i_C u_{CE}$，此时的 i_C 即为 I_{CM}。

6. 极间反向击穿电压

晶体管的某一电极开路时，另外两个电极间所允许加的最高反向电压称为极间反向击穿电压，超过此值时管子会发生击穿现象。$U_{(BR)CBO}$ 是发射极开路时集电极-基极间的反向击穿电压，这是集电结所允许加的最高反向电压。$U_{(BR)CEO}$ 是基极开路时集电极-发射极间的反向击穿电压，此时集电结承受反向电压。$U_{(BR)EBO}$ 是集电极开路时发射极-基极间的反向击穿电压，这是发射结所允许加的最高反向电压。

在组成晶体管电路时，通常根据需求选择管子的型号。例如用于组成音频放大电路，则应选低频管；用于组成宽频带放大电路，则应选高频管或超高频管；用于组成数字电路,则应选开关管;若管子温升较高或反向电流要求小,则应选用硅管;若要求 b-e 间导通电压低,则应选用锗管。而且,为防止晶体管在使用中损坏,必须使之工作在图 2.1.8 所示的安全区。

例 2.1.2 在一个单管放大电路中,电源电压为 30 V,已知三只管子的参数如表 2.1.3 所示,请选用一只管子,并简述理由。

表 2.1.3 例 2.1.2 的晶体管参数表

晶体管参数	T_1	T_2	T_3
$I_{CBO}/\mu A$	0.01	0.1	0.05
U_{CEO}/V	50	50	20
β	15	100	100

解:T_1 管虽然 I_{CBO} 很小,即温度稳定性好,但 β 很小,放大能力差,故不宜选用。T_3 管虽然 I_{CBO} 较小且 β 较大,但因 U_{CEO} 仅为 20 V,小于工作电源电压 30 V,在工作过程中有可能被击穿,故不能选用。T_2 管的 I_{CBO} 较小,β 较大,且 U_{CEO} 大于电源电压,所以 T_2 最合适。

2.2 放大电路模型及主要性能指标

信号放大是最基本的模拟信号处理功能,它是通过放大电路实现的,大多数模拟电子系统中都应用了不同类型的放大电路。放大电路也是构成其他模拟电路,如滤波、振荡、稳压等功能电路的基本单元电路。所以,放大电路是模拟电子技术的核心电路。

根据实际所关注的输入信号形式和输出信号形式的不同,放大电路可分为四种类型,即电压放大、电流放大、互阻放大和互导放大。根据双口网络的端口特性,建立四种不同类型的放大电路模型,本书主要介绍电压放大电路模型,如图 2.2.1 所示。

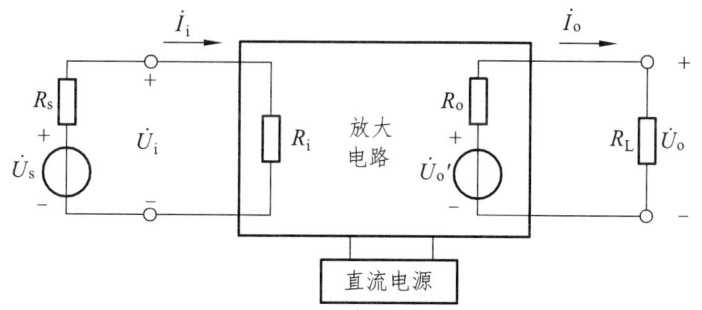

图 2.2.1 电压放大电路模型

放大电路的性能指标是衡量它的品质优劣的标准,并决定其适用范围。这里主要讨论放大电路的输入电阻、输出电阻、增益、频率响应和非线性失真等几项主要的性能指标。

(1) 放大倍数。

如图 2.2.1 所示放大电路中的电压、电流和电压放大倍数通常都是按正弦量定义的,所以用相量表示。$\dot{U}_s$ 为信号源电压，$\dot{U}_i$、$\dot{I}_i$ 分别是输入电压和输入电流，$\dot{U}_o$、$\dot{I}_o$ 分别是输出电压和输出电流。

电压放大倍数 $\dot{A}_u$ 是输出电压 $\dot{U}_o$ 与输入电压 $\dot{U}_i$ 的变化量之比，用来表示将输入信号放大了多少倍，即

$$\dot{A}_u = \dot{U}_o / \dot{U}_i \tag{2.2.1}$$

需要说明的是，放大倍数的定义是建立在信号基本不失真的前提之上，即当输出波形也是正弦波，没有明显失真的情况下，讨论放大倍数才有意义。这点同样适用于其他各项性能指标。

在工程上还有另外一种表示电压放大倍数的方法，即

$$A_u(\mathrm{dB}) = 20 \lg |\dot{A}_u| \tag{2.2.2}$$

这样计算出的电压放大倍数称为增益，单位是分贝。它和电压放大倍数的关系是：当 $A_u>1$ 时，其电压增益大于 0 dB，表示有收益；如果 $A_u=1$，输出与输入相等，则为 0 dB，表示没有收益；而当 $A_u<1$ 时，则分贝数为负数，表示信号被衰减。而且采用分贝表示后，多级放大电路的增益运算由乘法变成了加法，方便了计算。

（2）输入电阻。

从放大电路输入端看进去的等效电阻称为放大电路的输入电阻 R_i，如图 2.2.2 所示。

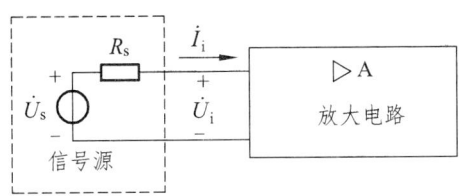

图 2.2.2　输入电阻的定义

R_i 的大小等于放大电路的输入电压 $\dot{U}_i$ 与输入电流 $\dot{I}_i$ 之比，即

$$R_i = \dot{U}_i / \dot{I}_i \tag{2.2.3}$$

输入电阻是表明放大电路从信号源吸取电流大小的参数。R_i 越大，放大电路从信号源吸取的电流越小，反之则越大。

（3）输出电阻。

放大电路的输出电阻 R_o 反映电路驱动负载的能力，是放大电路输出端看进去的等效电阻。在图 2.2.3 中，R_o 越小，负载阻值变化对输出电压的影响也越小，当 $R_o=0$ 时，放大电路的输出端变成一个理想受控电压源，输出电压的大小与负载的变化无关，电路的带负载能力最强。所以从提高电路带负载能力的角度，通常希望放大电路的输出电阻 R_o 越小越好。

R_o 的定义见图 2.2.3 和式（2.2.4）。

$$R_o = \Delta \dot{U}_o / \Delta \dot{I}_o \tag{2.2.4}$$

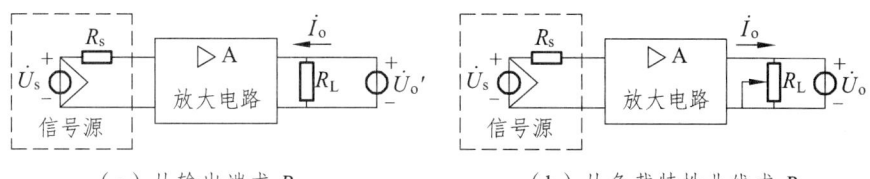

（a）从输出端求 R_o　　　　　　（b）从负载特性曲线求 R_o

图 2.2.3　输出电阻的定义

图 2.2.3（a）是从输出端加假想电源求 R_o，（b）是通过放大电路负载特性曲线求 R_o。根据图 2.2.3（a）所示电路，输出电阻 R_o 的定义式

$$R_o = \left.\frac{\dot{U}_o}{\dot{I}_o}\right|_{R_L=\infty, U_s=0} \tag{2.2.5}$$

根据图 2.2.3（b），在带 R_L 时，测得 $\dot{U}_o$，$\dot{I}_o$，开路时输出为 $\dot{U}_o'$，0。根据式（2.2.5）有

$$R_o = \frac{\Delta \dot{U}_o}{\Delta \dot{I}_o} = \frac{\dot{U}_o' - \dot{U}_o}{0 - \dot{I}_o} = \frac{\dot{U}_o' - \dot{U}_o}{\dot{U}_o / R_L} = \left(\frac{\dot{U}_o'}{\dot{U}_o} - 1\right) R_L \tag{2.2.6}$$

（4）通频带。

由于实际电路中存在一些电抗元件，比如电路中的电容、半导体器件的极间电容、导线之间的分布电容和分布电感等，会对不同频率下的电路输出、输入关系产生影响，所以放大电路会对不同频率的信号有不同的放大倍数。

以常见的阻容耦合放大电路为例，当频率升高或降低超过一定界限后，电抗性元件的作用开始呈现，放大倍数都将减小，而在中间一段频率范围内，因各种电抗性元件的作用可以忽略不计，放大倍数表现为一个定值。如图 2.2.4 所示，通常将放大倍数在高频和低频段分别下降至比中频段电压放大倍数的 0.707 倍（即下降 3 dB）处对应的频率定义为放大电路的上限频率 f_H 和下限频率 f_L，两个频率之间的范围称为放大电路的通频带，用符号 BW 表示，即 $BW = f_H - f_L$。

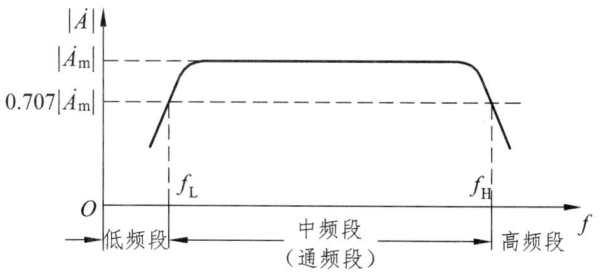

图 2.2.4　通频带的定义

通频带的宽度（带宽）是放大电路的一项重要指标，它的宽窄反映了放大电路对不同频率信号的放大能力。在选用或设计放大电路时，要使电路的通频带覆盖输入信号的频谱范围。

2.3 基本共射极放大电路

2.3.1 基本共射极放大电路的工作原理

1. 基本共射极放大电路的组成

基本共发射极放大电路如图 2.3.1 所示,它由晶体管 T,直流电源 V_{CC},基极电阻 R_b,集电极电阻 R_c,负载电阻 R_L,耦合电容 C_1 和 C_2 等元件组成。被放大的信号 u_i 从晶体管的基极送入,放大后的信号 u_o 从晶体管的集电极送出。发射极是输入回路和输出回路的公共端。

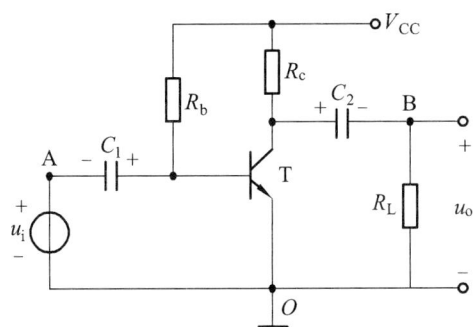

图 2.3.1 基本共射放大电路

晶体管 T 是放大电路的核心部分,作为放大元件它必须工作在放大区,它具有能量转换和电流控制的能力,当微弱的输入信号 u_i 使晶体管基极电流 i_B 产生微小变化时,就会使集电极电流 i_C 产生较大的变化。

V_{CC} 是集电极直流电源,为信号的功率放大提供能量。R_c 是集电极负载电阻,集电极电流 i_C 通过 R_c,将电流的变化转换为集电极电压的变化,然后传送到放大电路的输出端。基极偏置电阻 R_b 的作用是为晶体管的发射结提供正向偏置电压,同时给晶体管提供一个静态基极电流 I_B。输入电容 C_1 保证信号加载到发射结,将信号和直流电压耦合起来,在传送信号的同时保证发射结正偏。输出电容 C_2 可以隔离直流,将交流信号输送给负载。

2. 直流通路与交流通路

通常,在放大电路中,直流电源的作用和交流信号的作用总是共存的,即静态电流、电压和动态电流、电压总是共存的。但是由于电容、电感等电抗元件的存在,直流量所流经的通路与交流信号所流经的通路不完全相同。因此,为了研究问题方便起见,常把直流电源对电路的作用和输入信号对电路的作用区分开来,分成直流通路和交流通路。

直流通路是在直流电源作用下直流电流流经的通路,也就是静态电流流经的通路,用于研究电路的静态工作状态。要想获得直流通路,需要:① 将电容视为开路;② 将电感线圈视为短路(即忽略线圈电阻);③ 将信号源视为短路,但应保留其内阻。图 2.3.1 所示共射放大电路的直流通路如图 2.3.2(a)所示。

交流通路是输入信号作用下交流信号流经的通路,用于研究动态参数。要想获得直流通路，需要：① 将容量大的电容（如耦合电容）视为短路；② 将无内阻的直流电源（如 V_{CC}）视为短路。根据上述原则，图中基极电源 V_{BB} 和集电极电源 V_{CC} 的负极均接地。为了得到交流通路，应将直流电源 V_{BB} 和 V_{CC} 均短路，因而集电极电阻 R_c 并联在晶体管的集电极和发射极之间，如图 2.3.2（b）所示。

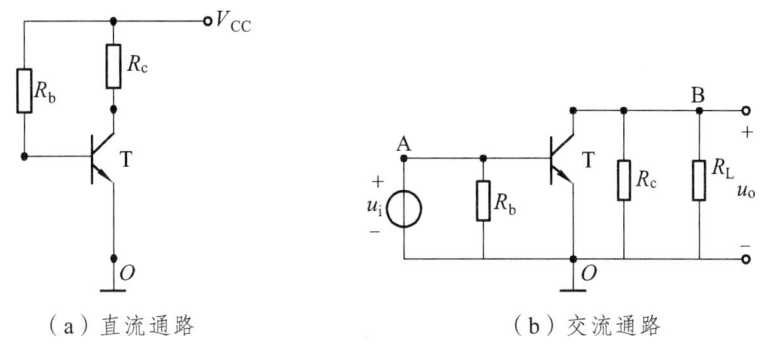

（a）直流通路　　　　　　　（b）交流通路

图 2.3.2　共射放大电路的直流通路和交流通路

例 2.3.1　电路中信号源与放大电路、放大电路与负载电阻均直接相连，称为直接耦合。共射极放大电路阻容耦合方式常用在分立元件电路中，图 2.3.3（a）所示的电路图称为直接耦合共射放大电路。请画出它的直流通路和交流通路。

解：将信号源 u_s 短路，得到的电路图就是直流通路，如图 2.3.3（b）所示。令 V_{CC} 短路，则 R_{b2} 和 R_L 接地，得到的电路图就是交流通路，如图 2.3.3（c）所示。

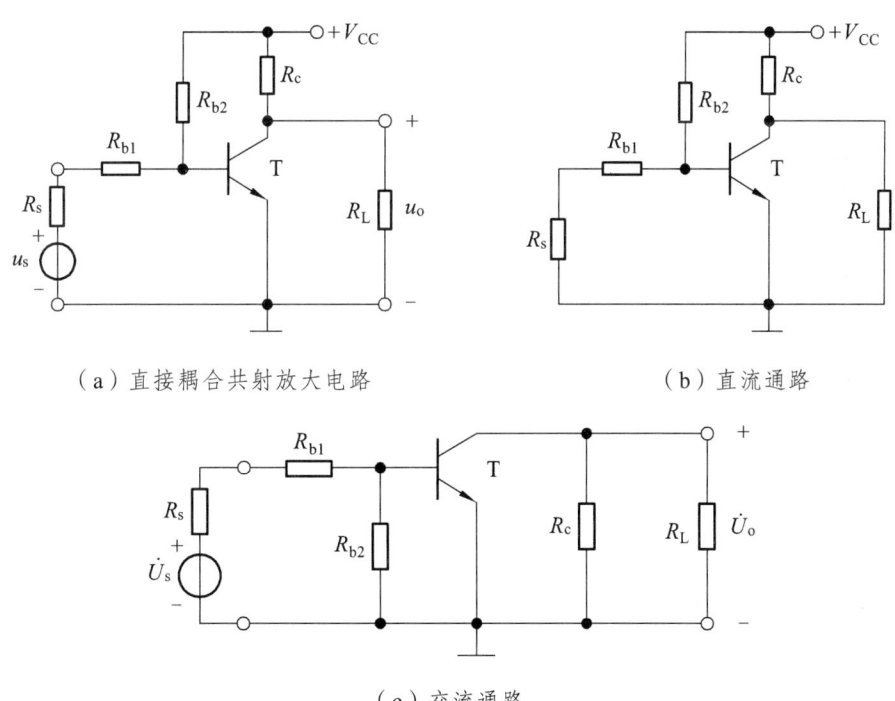

（a）直接耦合共射放大电路　　　　　　　（b）直流通路

（c）交流通路

图 2.3.3　直接耦合共射放大电路及其直流通路和交流通路

2.3.2 图解法分析及静态工作点估算

1. 静态工作的图解分析

基本共射极放大电路如图 2.3.4 所示，用虚线把电路分成三部分：输入回路、BJT、输出回路。

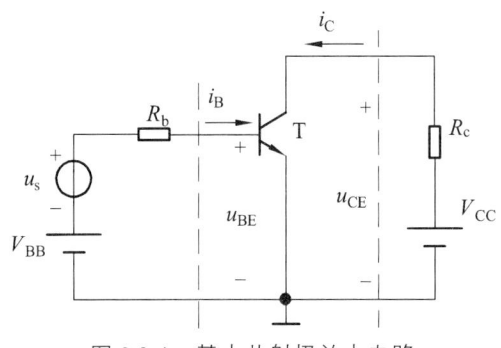

图 2.3.4 基本共射极放大电路

静态时，令图中 $u_s=0$，即得该电路的直流通路。在输入回路中，静态电流 I_B 和电压 U_{BE} 既应在 BJT 的输入特性曲线 $i_B = f(u_{BE})|_{u_{CE} \geqslant 1}$ 上，又应满足外电路（由 V_{EE}、R_b 组成）的回路方程 $u_{BE}=V_{BB}-i_B R_b$。显然，由此回路方程可作出一条斜率为 $-1/R_b$ 的直线，称其为输入直流负载线。为此，可在 BJT 的输入特性曲线图上作出这条输入直流负载线，即在横坐标轴上取一点（V_{BB}, 0），在纵坐标轴上取一点（0，V_{BB}/R_b），并连接这两点成直线，如图 2.3.5（a）所示。该直流负载线与输入特性曲线的交点就是所求的静态工作点 Q（Quiescent），其横坐标值为 U_{BEQ}，纵坐标值为 I_{BQ}。

与输入回路相似，在输出回路中，静态电流 I_C 和电压 U_{CE} 既应在 $i_B=I_{BQ}$ 的那条输出特性曲线上，又应满足外电路（由 V_{CC}、R_c 组成）的回路方程 $u_{CE}=V_{CC}-i_C R_c$。该方程也是一条直线，称为输出直流负载线，其斜率为 $-1/R_c$。在 BJT 的输出特性曲线图上作出这条直线，即连接横坐标轴上的点（V_{CC}, 0）和纵坐标轴上的点（0，V_{CC}/R_c）成直线，如图 2.3.5（b）所示。该直线与曲线 $i_C = f(u_{CE})|_{I_B = I_{BQ}}$ 的交点就是要求的静态工作点 Q，其横坐标值为 U_{CEQ}，纵坐标值为 I_{CQ}。

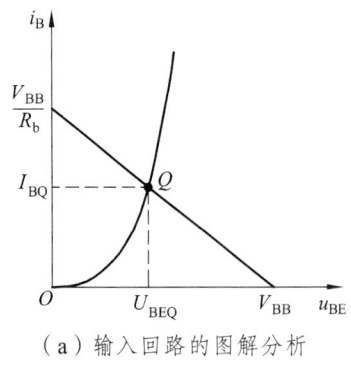
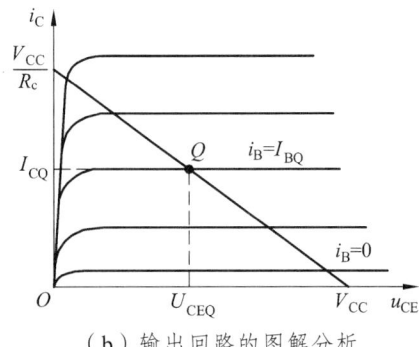

（a）输入回路的图解分析　　（b）输出回路的图解分析

图 2.3.5 静态工作点的图解分析

所以，静态工作点指的是点 $Q(I_{BQ}, U_{BEQ})$ 和 $Q(I_{CQ}, U_{CEQ})$。常将上述四个直流电量写成 I_{BQ}、I_{CQ}、U_{BEQ}、U_{CEQ}。

在 BJT 的放大电路中设置合适的静态工作点同样是必不可少的。因为将输入信号进行不失真地放大才有实际意义。为此，电路中的 BJT 必须始终工作在放大区域。如果没有直流电压和电流，图 2.3.4 中的 $V_{BB}=0$，当输入电压 u_s 的幅值小于发射结的开启电压 U_{th}（硅管 0.5 V、锗管 0.1 V）时，则在输入信号的整个周期内 BJT 始终是截止的，因而输出电压没有变化量。即使输入电压幅值足够大，BJT 也只能在输入信号正半周大于 U_{th} 的时间内导通，这必然使输出电压出现严重失真。

2. 静态工作点的估算

BJT 放大电路的静态工作点也可由它的直流通路用近似估算的方法求得。静态工作点的估算，是将 b-e 间电压 U_{BEQ} 取一个固定数值（即认为 b-e 间等效为直流恒压源），假设晶体管在静态时工作在放大状态，集电极电流 $I_{CQ}=\beta I_{BQ}$，然后利用 I_{CQ} 求出静态管压降 U_{CEQ}，最后验证是否工作在放大区。

例 2.3.2 设图 2.3.6（a）所示电路中的 $V_{BB}=4$ V，$V_{CC}=12$ V，$R_b=220$ kΩ，$R_c=5.1$ kΩ，$\beta=80$，$U_{BEQ}=0.7$ V。试求该电路中的电流 I_{BQ}、I_{CQ}、U_{CEQ} 并说明 BJT 的工作状态。

解：（1）将 u_s 短路，画出图 2.3.6（a）的直流通路，如图 2.3.6（b）所示。

（2）由基极-发射极回路求 I_{BQ}：

$$I_{BQ} = \frac{V_{BB} - U_{BEQ}}{R_b} = \frac{(4-0.7)\text{V}}{220 \times 10^3 \Omega} = 1.5 \times 10^{-5} \text{A} = 15 \text{ μA} \tag{2.3.1}$$

（3）假设 BJT 工作在放大区，由 BJT 的电流分配关系求得：

$$I_{CQ} = \beta I_{BQ} + I_{CEQ} \approx \beta I_{BQ} = 80 \times 15 \text{ μA} = 1.2 \text{ mA} \tag{2.3.2}$$

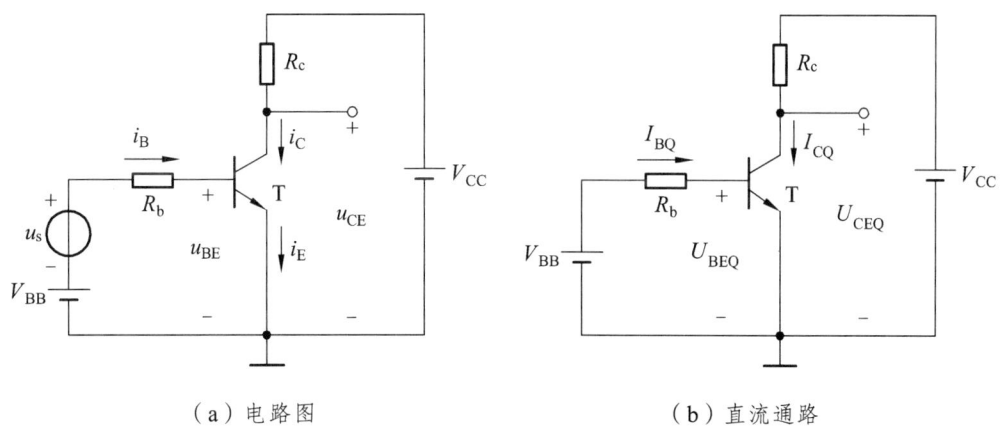

（a）电路图　　　　　　　　　（b）直流通路

图 2.3.6　例 2.3.2 电路图

（4）由集电极-发射极回路求 U_{CEQ}：

$$U_{CEQ} = V_{CC} - I_{CQ}R_c = 12\text{ V} - 1.2\text{ mA} \times 5.1\text{ k}\Omega \approx 5.9\text{ V} \qquad (2.3.3)$$

由 U_{BEQ}=0.7 V，U_{CEQ}≈5.9 V 知，该电路中的 BJT 发射结正偏、集电结反偏，工作于放大区，假设成立。

3．动态工作情况的图解分析

动态图解分析能够直观地显示出在输入信号作用下，BJT 放大电路中各电压及电流波形的幅值大小和相位关系，可较全面地了解电路的动态工作情况。动态图解分析是在静态分析的基础上进行的，其步骤如下。

（1）根据 u_s 的波形，在 BJT 的输入特性曲线图上画出 u_{BE}、i_B 的波形。

设图 2.3.7 中的输入信号 $u_s = U_{sm}\sin\omega t$。在 V_{BB} 及 u_s 共同作用下，输入回路方程变为 $u_{BE} = V_{BB} + u_s - i_B R_b$，相应的输入负载线是一组斜率为 $-\dfrac{1}{R_b}$ 且随 u_s 变化而平行移动的直线。图 2.3.8（a）中虚线①②是 $u_s = \pm U_{sm}$ 时的输入负载线。根据它们与输入特性曲线的相交点的移动，便可画出 u_{BE} 和 i_B 的波形。

（2）根据 i_B 的变化范围在输出特性曲线图上画出 i_C 和 u_{CE} 的波形。

由图 2.3.8（a）可见，加上输入信号 u_s 后，在静态工作点的基础上，基极电流 i_B 将随 u_s 的变化规律在 i_{B1} 和 i_{B2} 之间变化。而从图 2.3.8（b）可知，加上输入信号后，输出回路的方程仍为 $u_{CE} = V_{CC} - i_C R_c$，即输出负载线不变。因此，由 i_B 的变化范围及输出负载线可共同确定 i_C 和 u_{CE} 的变化范围，即在 Q' 和 Q'' 之间，由此便可画出 i_C 及 u_{CE} 的波形，如图 2.3.8（b）所示。u_{CE} 中的交流量 u_{ce} 就是输出电压 u_o，它是与 u_s 同频率的正弦波，但二者的相位相反，这是共射极放大电路的一个重要特点。

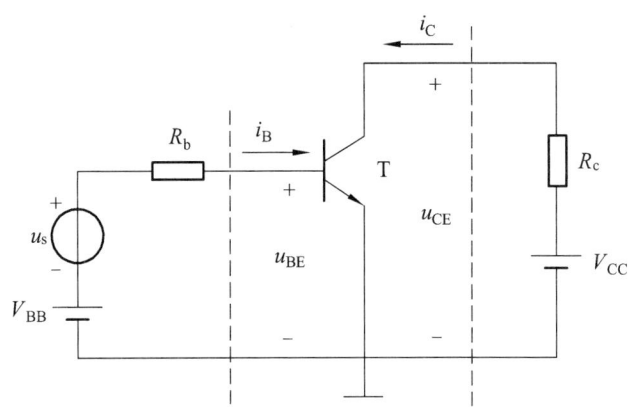

图 2.3.7　基本共射极放大电路

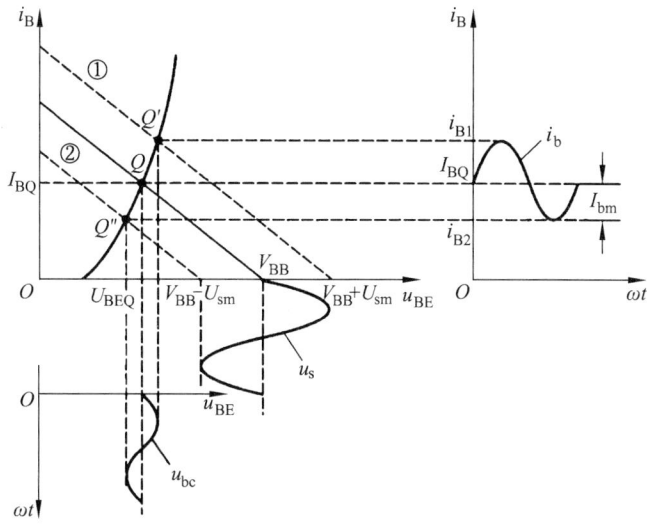

（a）由 u_s 在输入特性曲线上画 u_{BE} 及 i_B 的波形

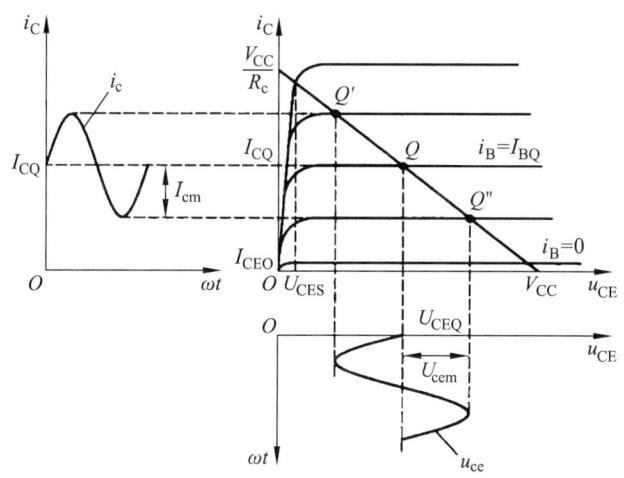

（b）由 i_B 在输出特性曲线上画 i_C 及 u_{CE} 的波形

图 2.3.8　动态工作情况的图解分析

由以上分析可知，只要在 BJT 放大电路中设置合适的静态工作点，并在输入回路加上一个能量较小的信号，利用发射结正向电压对各极电流的控制作用，就能将直流电源提供的能量按输入信号的变化规律转换为所需要的形式供给负载。因此，再次证明了放大作用实质上是放大器件的控制作用，放大器是一种能量控制部件。

4. 静态工作点对波形失真的影响

要使 BJT 放大电路能够不失真地放大输入信号，则必须设置合适的静态工作点 Q。对于小信号线性放大电路来说，为保证在交流信号的整个周期内，BJT 都处于放大区域内（不能进入截止区和饱和区）。

如果静态工作点 Q 过高，U_{BEQ}、I_{BQ} 过大，则 BJT 会在交流信号 u_{be} 正半周的峰值附近的部分时间内进入饱和区，引起 i_C、u_{CE} 及 u_{ce} 的波形失真，如图 2.3.9 所示。因 Q 点过高而产生的失真称为饱和失真。

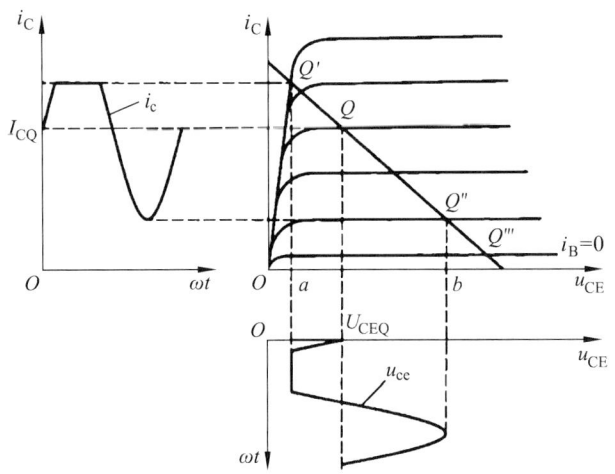

图 2.3.9　饱和失真的波形

如果 Q 点选择过低，U_{BEQ}、I_{BQ} 过小，则 BJT 会在交流信号 u_{be} 负半周的峰值附近的部分时间内进入截止区，使 i_B、i_C、u_{CE} 及 u_{ce} 的波形失真，如图 2.3.10 所示。因静态工作点 Q 偏低而产生的失真称为截止失真。

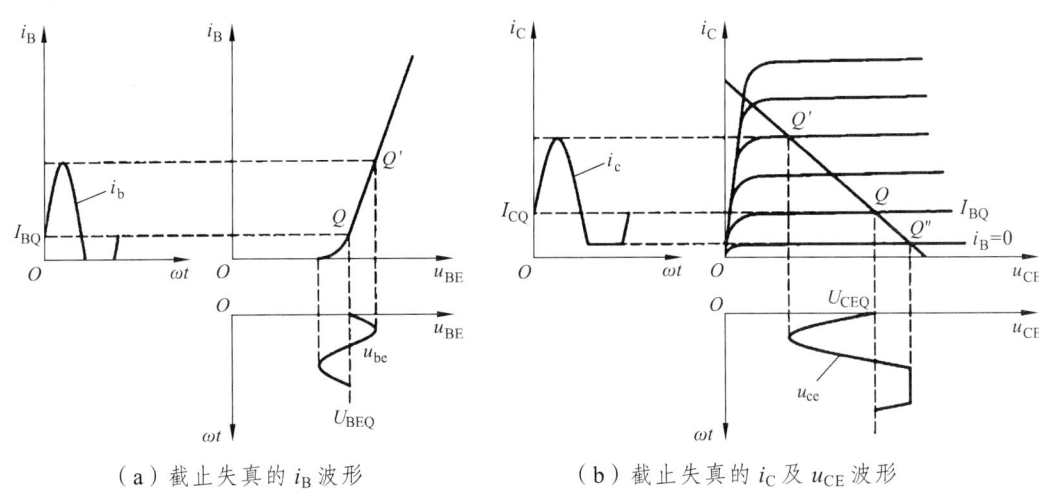

（a）截止失真的 i_B 波形　　　　　　（b）截止失真的 i_C 及 u_{CE} 波形

图 2.3.10　截止失真的波形

如果 Q 点的位置设置合理，但输入信号 u_s 的幅值过大时，输出信号 u_o 也会产生失真，而且饱和失真和截止失真可能会同时出现，这种失真称为大信号失真。

为了减小或避免 BJT 放大电路的非线性失真，必须合理地设置其静态工作点 Q。当输入信号 u_s 较大时，应把 Q 点设置在输出交流负载线的中点[见图 2.3.8（b）中线段 $Q'Q'''$ 的中点）]，这时可得到输出电压的最大动态范围。当 u_s 较小时，为了降低电路的功率损耗，在不产生截止失真和保证一定的电压增益的前提下，可把 Q 点选得低一些。

如果将晶体管的特性理想化，即认为在管压降总量 u_{CE} 最小值大于饱和管压降 U_{CES}（即管子不饱和），且基极电流总量 i_B 的最小值大于 0（即管子不截止）的情况下，非线性失真可忽略不计，那么就可以得出放大电路的最大不失真输出电压 U_{om}。对于图 2.3.7 所示的放大电路，从图 2.3.8（b）所示输出特性的图解分析可得最大不失真输出电压的峰值，其方法是以 U_{CEQ} 为中心，取"$V_{CC}-U_{CEQ}$"和"$U_{CEQ}-U_{CES}$"这两段距离中较小的数值，并除以 2，则得到其有效值 U_{om}。为了使 U_{om} 尽可能大，应将 Q 点设置在放大区内负载线的中点，即其横坐标值为（$V_{CC}+U_{CES}$）/2 的位置，此时的最大输出电压 $U_{om}=\dfrac{V_{CC}-U_{CEQ}}{2}$。

例 2.3.3 电路如图 2.3.11 所示，设 U_{BEQ}=0.7 V。（1）试从电路组成上说明它与图 2.3.7 所示电路的主要区别；（2）画出该电路的直流通路与交流通路；（3）估算静态电流 I_{BQ}，并用图解法确定 I_{CQ}、U_{CEQ}；（4）写出加上输入信号后电压 u_{BE} 的表达式；（5）作输出交流负载线。

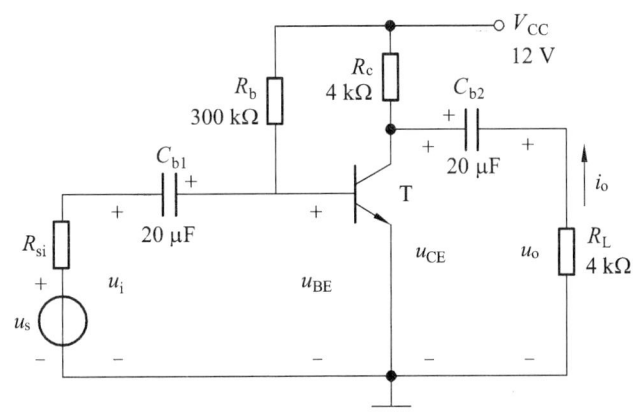

图 2.3.11　例 2.3.3 的电路图

解：（1）该电路与图 2.3.7 所示电路在组成上的主要区别如下：

① 图 2.3.7 所示电路只是一个原理电路，并不实用。因为电路中的正弦信号源没有接地（共同端），实际应用时可能会因干扰而不稳定。而图 2.3.11 中正弦信号源有一端接共同端。

② 图 2.3.11 中将基极直流电源与集电极直流电源 V_{CC} 合并，通过 R_b 提供基极偏置电流及偏置电压。

③ 图 2.3.11 的输入与输出回路中各接了一个大电容起连接作用，C_{b1} 连接信号源与放大电路，C_{b2} 连接放大电路与负载，故该电路为阻容耦合共射极放大电路。

（2）直流与交流通路。

由于电容有隔离直流的作用，即对直流相当于开路，因此，信号源 u_s 及其内阻 R_{si} 与负载电阻 R_L 对电路的静态工作点 Q 不产生影响。由此，可画出图 2.3.11 所示电路的直流通路，如图 2.3.12（a）所示。对一定频率范围内的交流信号而言，C_{b1}、C_{b2} 呈现的容抗很小，可近似认为短路。另外，电源 V_{CC} 的内阻很小，对交流信号也可视为短路。因此可画出图 2.3.11 所示电路的交流通路，如图 2.3.12（b）所示。

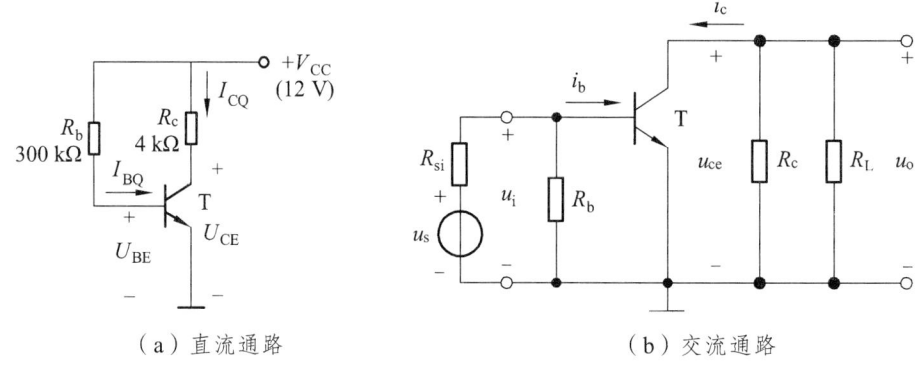

（a）直流通路　　　　　　　　　　（b）交流通路

图 2.3.12　图 2.3.11 所示电路的直流通路和交流通路

（3）估算法求 I_{BQ}，图解法求 I_{CQ} 及 U_{CEQ}。

由图 2.3.12（a）所示直流通路的输入回路求得 $I_{BQ}=\dfrac{V_{CC}-U_{BEQ}}{R_b}=\dfrac{(12-0.7)\text{V}}{300\text{ k}\Omega}\approx\dfrac{12\text{ V}}{300\text{ k}\Omega}=40\mu\text{A}$。由输出回路写出直流负载线方程 $U_{CE}=V_{CC}-i_C R_c=12-4i_C$，并在 BJT 的输出特性曲线图上作出该直流负载线，它与横坐标轴及纵坐标轴分别相交于 $M(12\text{ V}, 0\text{ mA})$ 和 $N(0\text{V}, 3\text{ mA})$ 两点，斜率为 $-1/R_c$，如图 2.3.13 所示。直流负载线与 $i_B=I_{BQ}=40\mu\text{A}$ 的那条输出特性曲线的交点即 Q 点，其纵坐标值为 $I_{CQ}=1.5\text{ mA}$，横坐标值为 $U_{CEQ}=6\text{ V}$。

（4）电压 u_{BE} 的表达式。

由图 2.3.13 可见，静态（$u_i=0$）时 $u_{BE}=U_{Cb1}=U_{BEQ}$，加上 u_s 后，由于 C_{b1} 对交流相当于短路，所以仍有 $U_{Cb1}=U_{BEQ}$，而 $u_{BE}=U_{Cb1}+u_i=U_{BEQ}+u_i$，即电压 u_{BE} 等于 U_{BEQ} 上叠加一个交流分量 $u_i(u_{be})$。

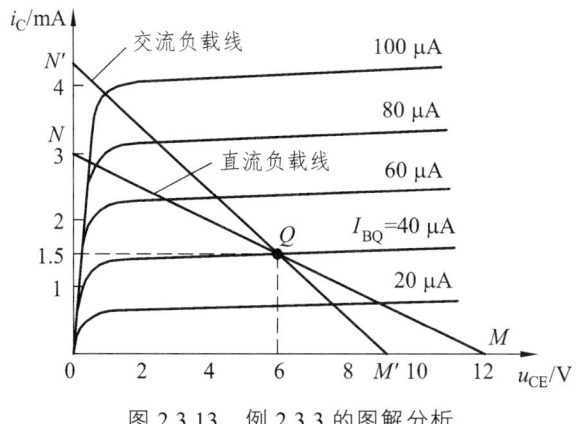

图 2.3.13　例 2.3.3 的图解分析

（5）画输出交流负载线。

图 2.3.11 中，由于电容 C_2 对直流相当于开路，对交流相当于短路，所以负载电阻 R_L 上只有交流电流 i_o 和电压 u_o，电容 C_2 上只有直流电压 U_{Cb2} 且 $U_{Cb2}=U_{CEQ}$。由此可知电压 $u_{CE}=U_{Cb2}+u_o=U_{CEQ}+u_o$。由图 2.3.12（b）所示的交流通路可见 $u_o=u_{ce}=-i_c(R_c//R_L)=-i_c R_L'$，

其中负号表示 u_{ce} 的实际方向与参考方向相反。于是 $u_{CE}=U_{CEQ}-i_c R_L'=U_{CEQ}-(i_C-I_{CQ})R_L'=U_{CEQ}+I_{CQ}R_L'-i_C R_L'$，显然这是一条直线，是动态时工作点移动的轨迹，称为输出交流负载线。它的一个特点是斜率为 $-1/R_L'$，另一个特点是它必然通过静态工作点 Q，因为当正弦信号的瞬时值 u_i 为零时，电路的状态相当于静态。根据这两个特点便可作出交流负载线，即过 Q 点作一条斜率为 $-1/R_L'$ 的直线，如图 2.3.13 中的直线 $M'N'$ 所示。

2.3.3 小信号模型及动态性能分析

BJT 是一个非线性器件，不能直接采用线性电路的分析方法来分析计算 BJT 放大电路。但在输入为低频小信号的条件下，可以把 BJT 在静态工作点附近小范围内的伏安特性曲线近似地用直线代替，这时可以用一个线性化的小信号模型代替 BJT，从而将 BJT 放大电路当作线性电路来分析。将 BJT 看成一个二端口网络，根据输入、输出端口的电压、电流关系式，求出相应的网络参数，从而得到它的等效模型。

在共射接法的放大电路中，在低频小信号作用下，将晶体管看成一个线性双口网络，如图 2.3.14（a）。利用网络的 H 参数来表示输入端口、输出端口的电压与电流的相互关系，可得出等效电路，称之为共射 H 参数等效模型。将 H 参数等效模型简化后，可以得到 BJT 的低频小信号模型，如图 2.3.14（b）所示。

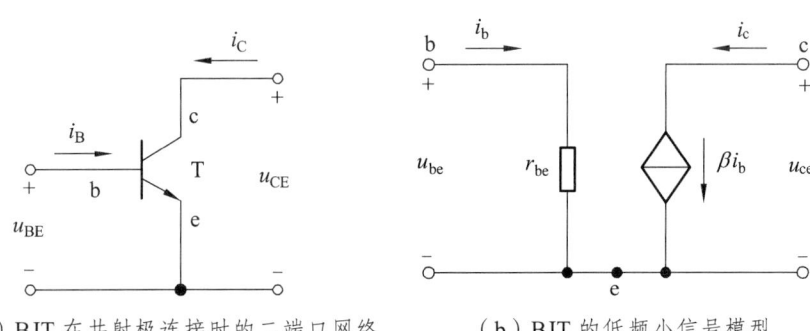

（a）BJT 在共射极连接时的二端口网络　（b）BJT 的低频小信号模型

图 2.3.14　BJT 的二端口网络及低频小信号模型

低频小功率管的 r_{be} 在常温下，可用下式估算：

$$r_{be} = 200+(1+\beta)\frac{26(\text{mV})}{I_{EQ}(\text{mA})} \quad (2.3.4)$$

特别需要指出的是：r_{be} 是交流（动态）电阻，只能用来计算 BJT 放大电路的交流性能指标，不能用来求静态工作点 Q 的值，但它的大小与静态电流 I_{EQ} 的大小有关。PNP 型与 NPN 型 BJT 的小信号模型是相同的。

例 2.3.4　设图 2.3.15 所示电路中 BJT 的 $\beta=40$，$U_{BEQ}=0.7\text{ V}$，其他元件参数如图所示。试求该电路的 A_u、R_i、R_o。若 R_L 开路，则 $\dot{A}_u$ 如何变化？

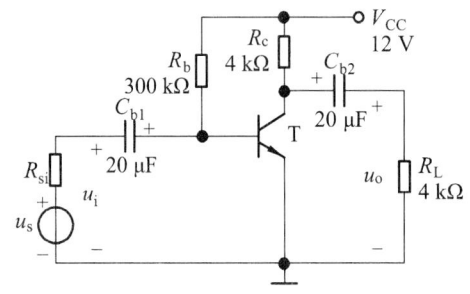
图 2.3.15　例 2.3.4 的电路图

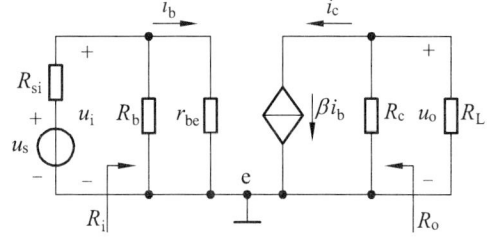
图 2.3.16　图 2.3.15 的小信号等效电路

解：（1）画出图 2.3.15 所示电路的交流通路，然后用 BJT 的小信号模型替换三极管，就可以得到低频小信号等效电路，也称为微变等效电路。如图 2.3.16 所示。

（2）估算 r_{be}：要估算 r_{be}，必须先求静态电流 I_{EQ}，即

$$I_{EQ} \approx \beta I_{BQ} = \beta \frac{V_{CC} - U_{BEQ}}{R_b} \approx \beta \frac{V_{CC}}{R_b} = 40 \times \frac{12 \text{ V}}{300 \text{ k}\Omega} = 1.6 \text{ mA}$$

$$r_{be} = r_{bb'} + (1 + \beta)\frac{U_T}{I_{EQ}} = 200 \text{ }\Omega + (1 + 40) \times \frac{26 \text{ mV}}{1.6 \text{ mA}} \approx 866 \text{ }\Omega = 0.866 \text{ k}\Omega$$

（3）求电压增益 A_u：

如图 2.3.16 所示，可以得

$$u_i = i_b r_{be}$$
$$u_o = -i_c(R_c // R_L) = -\beta i_b(R_c // R_L)$$

根据电压增益的定义

$$A_u = \frac{u_o}{u_i} = \frac{-\beta i_b(R_c // R_L)}{i_b r_{be}} = \frac{-\beta(R_c // R_L)}{r_{be}} = \frac{-40 \times \frac{4 \times 4}{4 + 4} \text{ k}\Omega}{0.866 \text{ k}\Omega} \approx -92.4$$

（4）计算输入电阻 R_i：

根据放大电路输入电阻的概念，可求得输入电阻 R_i：

$$R_i = \frac{u_i}{i_i} = R_b // r_{be} = \frac{1}{\frac{1}{300} + \frac{1}{0.866}} \text{ k}\Omega \approx 0.866 \text{ k}\Omega$$

（5）计算输出电阻 R_o：

在信号源短路（$u_s = 0$，但保留 R_{si}）和负载开路（$R_L = \infty$）的条件下，在放大电路的输出端加一测试电压 u_t，相应地产生一测试电流 i_t，画出求图 2.3.15 所示电路的输出电阻的等效电路，如图 2.3.17 所示。由该图可见，当令 $u_s = 0$ 时，$i_b = 0$，则受控电流 $\beta i_b = 0$，于是有：

$$i_t = \frac{u_t}{R_o}$$

从而求得输出电阻

$$R_o = \left.\frac{u_t}{i_t}\right|_{u_s=0, R_L=\infty} = R_c = 4\text{ k}\Omega$$

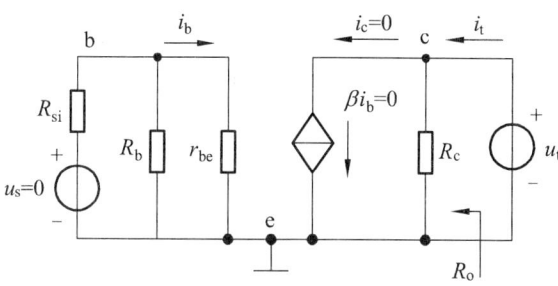

图 2.3.17　求基本共射极放大电路的输出电阻

（6）R_L 开路时，$A_u = \dfrac{-\beta R_c}{r_{be}} = \dfrac{-40 \times 4}{0.866} - 184.8$，$A_u$ 的大小增大了，相位不变。

2.4　共射极放大电路的改进

2.4.1　温度对静态工作点的影响

在实际应用中，环境温度的变化、直流电源电压的波动、元件参数的分散性及元件的老化等，都会造成静态工作点的不稳定，影响放大电路的正常工作。在引起 Q 点不稳定的诸因素中，尤以环境温度变化的影响最大。温度上升时，BJT 的反向饱和电流 I_{CBO}、穿透电流 I_{CEO} 及电流放大系数 β 或 α 都会增大，而发射结正向压降 U_{BE} 会减小。这些参数随温度的变化，都会使放大电路中的集电极静态电流 I_{CQ} 随温度升高而增加，从而使 Q 点随温度变化。要想使 I_{CQ} 基本稳定，只要在温度升高时电路能自动地减小基极电流 I_{BQ} 即可。前面介绍的两种基本共射极放大电路都没有这个功能，所以必须对其加以改进。

2.4.2　基极分压式射极偏置电路

1. 稳定静态工作点的原理

图 2.4.1(a)所示电路是分立元件电路中最常用的稳定静态工作点的共射极放大电路。它的基-射极偏置电路由 V_{CC}，基极电阻 R_{b1}、R_{b2} 和射极电阻 R_e 组成，常称为基极分压式射极偏置电路。它的直流通路如图 2.4.1（b）所示。

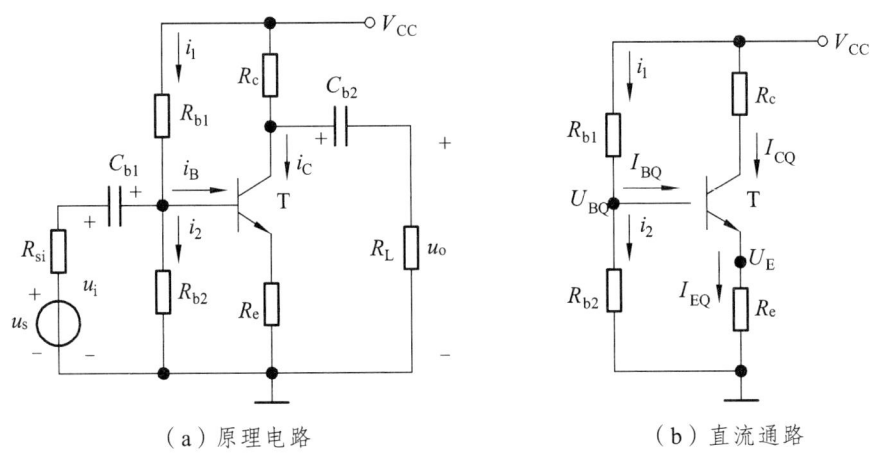

（a）原理电路　　　　　　　　（b）直流通路

图 2.4.1　基极分压式射极偏置电路

当 R_{b1}、R_{b2} 的阻值大小选择适当，能满足 $I_1 \gg I_{BQ}$，使 $I_2 \approx I_1$ 时，可认为基极直流电位基本上为一固定值，即 $U_{BQ} \approx \dfrac{R_{b2} V_{CC}}{R_{b1}+R_{b2}}$，仅与工作电源和电阻有关，与 BJT 无关。而电阻的温度稳定性远高于半导体器件的温度稳定性，所以 U_{BQ} 与环境温度几乎无关。在此条件下，当温度升高引起静态电流 I_{CQ}（$\approx I_{EQ}$）增加时，发射极直流电位 $U_{EQ}(=I_{EQ}R_e)$ 也增加。由于基极电位 U_{BQ} 基本固定不变，因此外加在发射结上的电压 $U_{BEQ}(=U_{BQ}-U_{EQ})$ 将自动减小，使 I_{BQ} 跟着减小，结果抑制了 I_{CQ} 的增加，使 I_{CQ} 基本维持不变，达到自动稳定静态工作点的目的。当温度降低时，各电量向相反方向变化，Q 点也能稳定。这种利用 I_{CQ} 的变化，通过电阻 R_e 取样反过来控制 U_{BEQ}，使 I_{BQ}、I_{CQ} 基本保持不变的自动调节作用称为负反馈控制作用。

为了增强图 2.4.1 所示电路稳定静态工作点的效果，同时兼顾其他指标，工程上一般取 $U_{BQ} \approx 1/3 V_{CC}$，$I_1 = (5 \sim 10) I_{BQ}$，这就要求偏置电阻应满足 $(1+\beta)R_e \approx 10 R_b$，其中 $R_b = R_{b1} // R_{b2}$。

2. 基极分压式射极偏置电路分析

（1）静态工作点的估算。

由图 2.4.1（b）所示直流通路求 Q 点的值。在 $I_1 \gg I_{BQ}$，的条件下有

$$U_{BQ} \approx \dfrac{R_{b2}}{R_{b1}+R_{b2}} V_{CC} \tag{2.4.1}$$

集电极电流：

$$I_{CQ} \approx I_{EQ} = \dfrac{U_{BQ}-U_{BEQ}}{R_e} \tag{2.4.2}$$

基极电流：

$$I_{BQ} = \dfrac{I_{CQ}}{\beta} \tag{2.4.3}$$

集电极-射极电压：

$$U_{CEQ} = V_{CC} - I_{CQ}(R_c+R_e) \tag{2.4.4}$$

（2）动态性能的分析。

画出图 2.4.1（a）电路的小信号等效电路如图 2.4.2 所示。由此图可求得电压增益 A_u、输入电阻 R_i 和输出电阻 R_o。

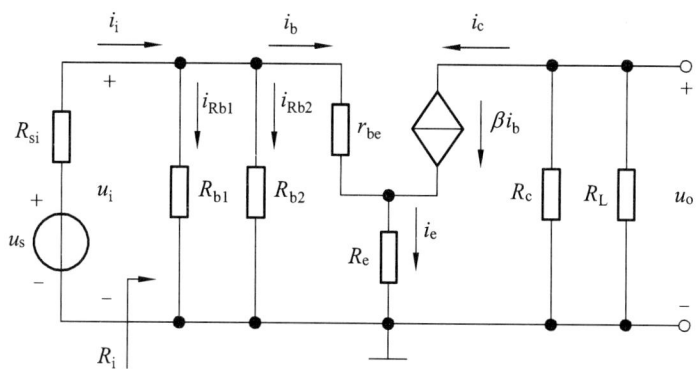

图 2.4.2　图 2.4.1（a）的小信号等效电路

① 估算 r_{be}：

$$r_{be} = r_{bb'} + (1+\beta)\frac{U_T}{I_{EQ}} \quad (2.4.5)$$

I_{EQ} 静态工作点的估算中已经求出，见式（2.4.2）。

② 电压增益 A_u：

因为有

$$u_o = -\beta i_b R_L' \text{（式中} R_L' = R_c // R_L\text{）}$$
$$u_i = i_b r_{be} + i_e R_e = i_b r_{be} + (1+\beta) i_b R_e$$

所以

$$A_u = \frac{u_o}{u_i} = \frac{-\beta R_L'}{r_{be} + (1+\beta)R_e} \quad (2.4.6)$$

式中负号表示该电路中输出电压与输入电压相位相反。

由式（2.4.6）可知，接入电阻 R_e 后，提高了静态工作点的稳定性，但电压增益也下降了，R_e 越大，A_u 下降越多。为了解决这个矛盾，通常在 R_e 两端并联一只大容量的电容 C_e（称为发射极旁路电容），它对一定频率范围内的交流信号可视为短路，因此对交流信号而言，发射极和"地"直接相连，则电压增益不会下降。此时有

$$A_u = \frac{-\beta R_L'}{r_{be}} \quad (2.4.7)$$

③ 输入电阻 R_i：

$$R_i = R_{b1} // R_{b2} // [r_{be} + (1+\beta)R_e] \quad (2.4.8)$$

④ 输出电阻 R_o：

令信号源短路（$u_s=0$，但保留 R_{si}），负载开路（$R_L=\infty$），在放大电路的输出端加一测试电压 u_t，相应地产生一测试电流 i_t，画出便于求解图 2.4.1（a）所示电路输出电阻的等效电路，如图 2.4.3 所示。

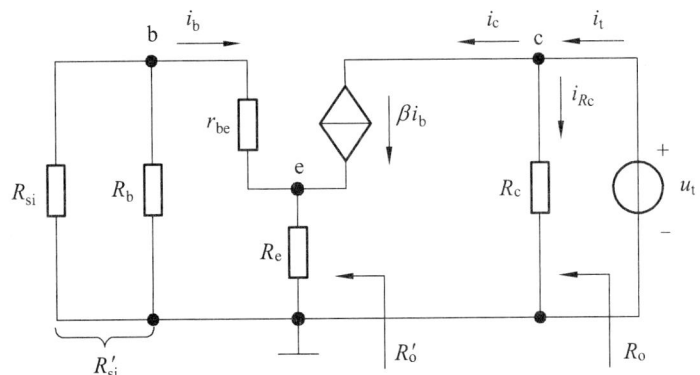

图 2.4.3　图 2.4.1（a）等效电路

先求出 R_o'，然后再与 R_c 并联，即可求得输出电阻 R_o。

在基极回路和集电极回路里，根据 KVL 可得

$$R_{si}' i_b + r_{be} i_b + R_e(i_b + \beta i_b) = 0$$

由此得

$$i_b = 0$$

则发射极电流 $i_c = 0$，所以 $R_o'=\infty$，则

$$R_o = R_c \tag{2.4.9}$$

例 2.4.1　已知图 2.4.1 所示电路中的 $V_{CC}=16$ V，$R_{b1}=56$ kΩ，$R_{b2}=20$ kΩ，$R_e=2$ kΩ，$R_c=3.3$ kΩ，$R_L=6.2$ kΩ，$R_{si}=500$ Ω，BJT 的 $\beta=80$，$U_{BEQ}=0.7$ V。设电容 C_{b1}、C_{b2} 对交流信号可视为短路。试：

（1）估算静态电流 I_{CQ}、I_{BQ} 和电压 U_{CEQ}；

（2）计算 A_u、R_i、$A_{us} = \dfrac{u_o}{u_s}$、$R_o$；

（3）若在 R_e 两端并联 50 μF 的电容 C_e，重复求解（1）、（2）。

解：（1）按式（2.4.1）～式（2.4.4）估算 I_{CQ}、I_{BQ} 和 U_{CEQ}，并设 $I_1 \gg I_{BQ}$。

$$U_{BQ} \approx \frac{R_{b2}}{R_{b1}+R_{b2}} V_{CC} = \frac{20 \text{ kΩ}}{(56+20) \text{ kΩ}} \times 16 \text{ V} \approx 4.21 \text{ V}$$

$$I_{CQ} \approx I_{EQ} = \frac{U_{BQ} - U_{BEQ}}{R_e} = \frac{(4.21-0.7) \text{ V}}{2 \text{ kΩ}} \approx 1.76 \text{ mA}$$

$$I_{BQ} = \frac{I_{CQ}}{\beta} = \frac{1.76 \text{ mA}}{80} \approx 22 \text{ μA}$$

$$U_{CEQ} = V_{CC} - I_{CQ}(R_c + R_e) = 16\text{ V} - 1.76\text{ mA} \times (3.3+2)\text{ k}\Omega \approx 6.67\text{ V}$$

（2）求 A_u、R_i、A_{us}、R_o。

① 先由式（2.4.5）求 r_{be}，再按式（2.4.6）求 A_u，即

$$r_{be} = r_{bb'} + (1+\beta)\frac{U_T}{I_{EQ}} = 200\text{ }\Omega + (1+80)\frac{26\text{ mV}}{1.76\text{ mA}} \approx 1.4\text{ k}\Omega$$

$$A_u = \frac{u_o}{u_i} = \frac{-\beta R_L'}{r_{be} + (1+\beta)R_e} = \frac{-80 \times \dfrac{3.3 \times 6.2}{3.3+6.2}\text{ k}\Omega}{(1.4+81\times 2)\text{ k}\Omega} \approx -1.05$$

② 由式（2.4.8）求 R_i，得

$$R_i = R_{b1} // R_{b2} // [r_{be} + (1+\beta)R_e] = \frac{1}{\dfrac{1}{56}+\dfrac{1}{20}+\dfrac{1}{1.4+81\times 2}}\text{ k}\Omega \approx 13.52\text{ k}\Omega$$

③ 源电压增益 A_{us}

$$A_{us} = \frac{u_o}{u_s} = \frac{u_o}{u_i} \cdot \frac{u_i}{u_s} = A_u \cdot \frac{R_i}{R_{si}+R_i} = -1.05 \times \frac{13.52\text{ k}\Omega}{(0.5+13.52)\text{ k}\Omega} \approx -1.01$$

④ 输出电阻 R_o：由式（2.4.9）得

$$R_o = R_c = 3.3\text{ k}\Omega$$

由于电容有隔离直流、传送交流的作用，因此，在 R_e 两端并联 50 μF 的电容 C_e 后，对静态工作点的值没有影响，对动态工作情况会产生影响，即 C_e 对电阻 R_e 上的交流信号有旁路作用。这种情况下的小信号等效电路如图 2.4.4 所示，代入式（2.4.7）求得电压增益：

$$A_u = \frac{-\beta R_L'}{r_{be}} = \frac{-80 \times \dfrac{3.3 \times 6.2}{3.3+6.2}\text{ k}\Omega}{1.4\text{ k}\Omega} \approx -123.07$$

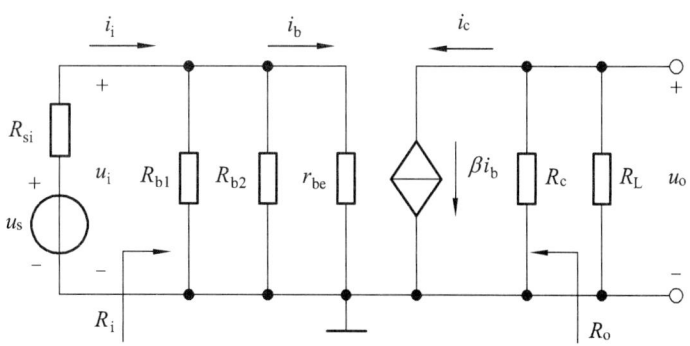

图 2.4.4　例 2.4.1 第（3）问的小信号等效电路

由此可见，在 R_e 两端并联大电容后，较好地解决了射极偏置电路中稳定静态工作点与提高电压增益的矛盾。

此时的 R_i 和 R_o 分别为

$$R_i = R_{b1} // R_{b2} // r_{be} = \frac{1}{\frac{1}{56} + \frac{1}{20} + \frac{1}{1.4}} \text{k}\Omega \approx 1.28 \text{ k}\Omega$$

$$R_o = R_c = 3.3 \text{ k}\Omega$$

显然，R_e 两端并联旁路电容 C_e 后，输入电阻 R_i 减小了。

2.5 共集电极放大电路

图 2.5.1（a）是共集电极放大电路的原理图，图 2.5.1（b）、（c）分别是它的直流通路和交流通路。由交流通路可见，负载电阻 R_L 接在 BJT 的发射极上，输入电压 u_i 加在基极和地（即集电极）之间，而输出电压 u_o 从发射极和集电极之间取出，所以集电极是输入、输出回路的共同端。由于 u_o 从发射极输出，所以共集电极电路又称为射极跟随器。

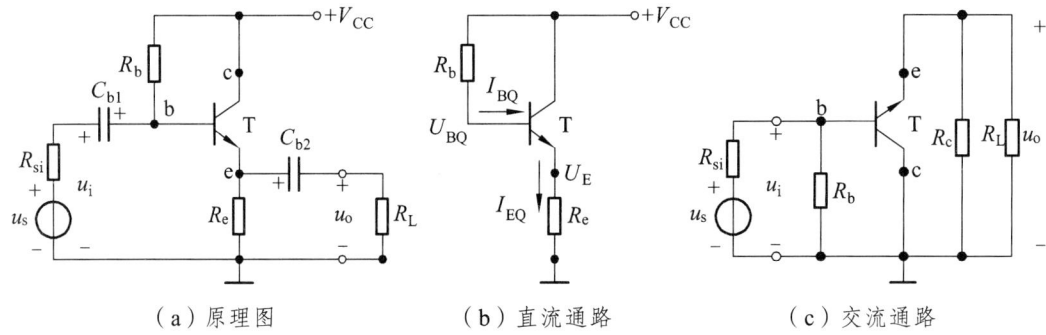

（a）原理图　　　　　　（b）直流通路　　　　　　（c）交流通路

图 2.5.1　共集电极放大电路

1. 静态分析

由图 2.5.1（b）可知，由于电阻 R_e 对静态工作点的自动调节（负反馈）作用，该电路的 Q 点也有较好的稳定性。

由直流通路的输入回路可得

$$I_{BQ} = \frac{V_{CC} - U_{BEQ}}{R_b + (1+\beta)R_e} \text{ 或 } I_{EQ} = \frac{V_{CC} - U_{BEQ}}{\frac{R_b}{(1+\beta)} + R_e} \quad (2.5.1)$$

由 BJT 的电流分配关系得

$$I_{CQ} = \beta I_{BQ} \approx I_{EQ} \quad (2.5.2)$$

由直流通路的输出回路得

$$U_{CEQ} = V_{CC} - I_{EQ} R_e \quad (2.5.3)$$

2. 动态分析

用 BJT 的小信号模型取代图 2.5.1（c）中的 BJT，即可得到共集电极放大电路的微变等效电路，如图 2.5.2 所示。

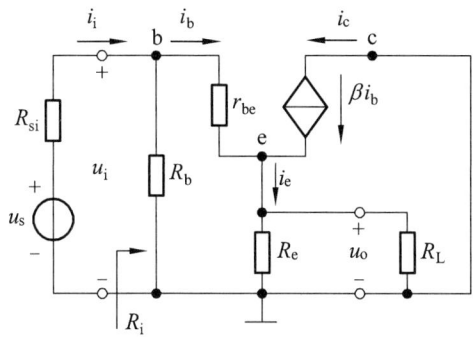

图 2.5.2　共集电极放大电路的微变等效电路

由图 2.5.2 可分别写出 u_i、u_o 的表达式：

$$u_i = i_b r_{be} + u_o = i_b [r_{be} + (1+\beta) R_L']$$
$$u_o = (1+\beta) i_b R_L'$$

则电压增益：

$$A_u = \frac{u_o}{u_i} = \frac{(1+\beta) i_b R_L'}{i_b [r_{be} + (1+\beta) R_L']} = \frac{(1+\beta) R_L'}{r_{be} + (1+\beta) R_L'} \quad (2.5.4)$$

式中 $R_L' = R_e // R_L$。

式（2.5.4）表明，共集电极放大电路的电压增益 $A_u < 1$，没有电压放大作用。输出电压 u_o 和输入电压 u_i 的相位相同。当 $(1+\beta) R_L' \gg r_{be}$ 时，$A_u \approx 1$，即输出电压 u_o 约等于输入电压 u_i，因此共集电极放大电路又称为射极电压跟随器。

根据输入电阻的定义求得 R_i 的表达式为

$$R_i = \frac{u_i}{i_i} = \frac{u_i}{\dfrac{u_i}{R_b} + \dfrac{u_i}{r_{be} + (1+\beta) R_L'}} = R_b // [r_{be} + (1+\beta) R_L'] \quad (2.5.5)$$

由式（2.5.5）可知，共集电极放大电路的输入电阻较高，而且和负载电阻 R_L 的大小有关。如果共集电极放大电路所接负载不是电阻 R_L，而是一级放大电路，则其输入电阻就与后一级放大电路的输入电阻有关。

计算输出电阻的等效电路如图 2.5.3 所示。根据定义，输出电阻表示为

$$R_o = \left. \frac{u_t}{i_t} \right|_{u_s=0, R_L=\infty}$$

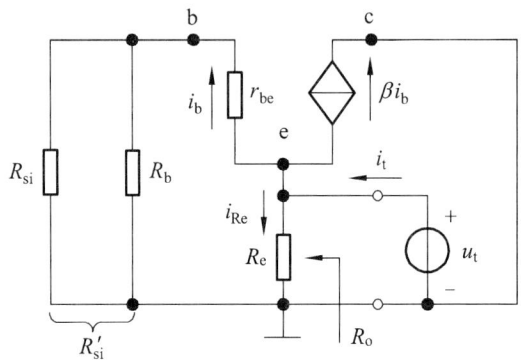

图 2.5.3 计算共集电极放大电路 R_o 的等效电路

在测试电压 u_t 的作用下,相应的测试电流为

$$i_t = i_b + \beta i_b + i_{R_e} = u_t(\frac{1}{R_{si}' + r_{be}} + \beta \frac{1}{R_{si}' + r_{be}} + \frac{1}{R_e})$$

式中 $R'_{si}=R_{si}// R_b$ 由此可得输出电阻 R_o:

$$R_o = R_e // \frac{R_{si}' + r_{be}}{1+\beta} \qquad (2.5.6)$$

式(2.5.6)说明,射极电压跟随器的输出电阻由射极电阻 R_e 与电阻 $(R'_{si}+r_{be})/(1+\beta)$ 两部分并联构成,这后一部分是基极回路的电阻 $(R'_{si}+r_{be})$ 折合到射极回路时的等效电阻。通常有 $R_e \gg \frac{R_{si}' + r_{be}}{1+\beta}$,所以

$$R_o \approx \frac{R_{si}' + r_{be}}{1+\beta} \qquad (2.5.7)$$

由 R_o 的表达式可知,射极电压跟随器的输出电阻与信号源内阻 R_{si} 有关。如果共集电极电路的输入信号来自前一级放大电路的输出,则其输出电阻就与前一级放大电路的输出电阻有关。

由于通常情况下信号源内阻 R_{si} 很小,且 $R'_{si}<R_{si}$,r_{be} 一般在几百欧至几千欧,而 β 值较大,所以共集电极放大电路的输出电阻很小,一般在几十欧至几百欧。为降低输出电阻,可选用 β 值较大的BJT。

以上分析说明,共集电极放大电路的特点是:电压增益小于1而接近于1,输出电压与输入电压同相。即共集电极放大电路没有电压放大作用,只有电压跟随作用;输入电阻高,输出电阻低。正是因为这些特点,使得共集电极放大电路在电子电路中应用极为广泛。例如利用它输入电阻高、从信号源吸取电流小的特点,将它作多级放大电路的输入级。利用它输出电阻小、带负载能力强的特点,又可将它作多级放大电路的输出级。同时利用它的输入电阻高、输出电阻低的特点,将它作为多级放大电路的中间级,可以隔离前后级之间的相互影响,在电路中起阻抗变换的作用,这时可称其为缓冲级。

例 2.5.1 电路如图 2.5.4 所示，已知 BJT 的 $\beta=50$，$U_{BEQ}=-0.7$ V，试求该电路的静态工作点 Q、A_u、R_i、R_o，并说明它属于什么组态。

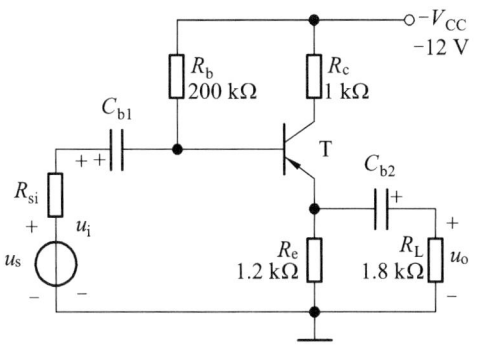

图 2.5.4 例 2.5.1 的电路图

解：该电路的直流通路和小信号等效电路分别如图 2.5.5（a）、（b）所示。由直流通路可知：

$$I_{BQ} = \frac{V_{CC}-U_{EBQ}}{R_b+(1+\beta)R_e} \approx \frac{12 \text{ V}}{(200+51\times 1.2) \text{ k}\Omega} \approx 0.046 \text{ mA} = 46 \text{ μA}$$

$$I_{CQ} = \beta I_{BQ} = 50\times 0.046 \text{ mA} = 2.30 \text{ mA}$$

$$U_{ECQ} = -U_{CEQ} = V_{CC} - I_{CQ}(R_c+R_e) = 12 \text{ V} - 2.30 \text{ mA} \times 2.2 \text{ k}\Omega = 6.94 \text{ V}$$

注意：对于 PNP 型管来说，直流电压的极性及直流电流的方向均与 NPN 型管相反。

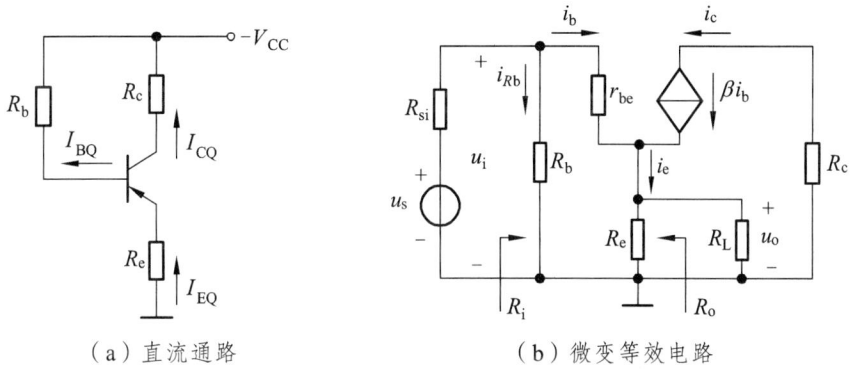

（a）直流通路　　　　　　（b）微变等效电路

图 2.5.5 图 2.5.4 所示电路的直流通路和微变等效电路

BJT 的输入电阻为

$$r_{be} = r_{bb'} + (1+\beta)\frac{U_T}{I_{EQ}} = 200 \Omega + (1+50)\frac{26 \text{ mV}}{2.30 \text{ mA}} \approx 777 \text{ }\Omega$$

由图 2.5.5（b）可见：

$$u_o = i_e(R_e /\!/ R_L) = (1+\beta)i_b(R_e /\!/ R_L)$$
$$u_i = i_b r_{be} + (1+\beta)i_b(R_e /\!/ R_L)$$

所以

$$A_u = \frac{u_o}{u_i} = \frac{(1+\beta)(R_e // R_L)}{r_{be} + (1+\beta)(R_e // R_L)}$$

$$= \frac{51 \times \frac{1.2 \times 1.8}{1.2+1.8} \text{ k}\Omega}{\left(0.777 + 51 \times \frac{1.2 \times 1.8}{1.2+1.8}\right) \text{k}\Omega} \approx 0.98$$

$$R_i = R_b // [r_{be} + (1+\beta)(R_e // R_L)]$$

$$= \frac{1}{\frac{1}{200} + \frac{1}{0.77 + 51 \times \frac{1.2 \times 1.8}{1.2+1.8}}} \text{ k}\Omega \approx 31.57 \text{ k}\Omega$$

$$R_o = R_e // \frac{r_{be} + R_{si} // R_b}{1+\beta} = \frac{1}{\frac{1}{1.2} + \frac{51}{0.777 + \frac{1 \times 200}{1+200}}} \text{ k}\Omega \approx 0.034 \text{ k}\Omega = 34 \text{ }\Omega$$

在此电路中,输入信号 u_i 由 BJT 的基极输入,输出信号 u_o 由发射极输出,集电极虽然没有直接与共同端连接,但它与 R_e 既在输入回路中,又在输出回路中,所以仍然是共集电极组态。电阻 R_c(阻值较小)主要是为了防止调试时不慎将 R_e 短路,造成电源电压 V_{CC} 全部加到 BJT 的集电极与发射极之间,使集电结和发射结过载被烧坏而接入的,称为限流电阻。

2.6 BJT 放大电路三种组态的比较

1. 三种组态的判别

判别 BJT 放大电路是何种组态时,一般看输入信号加在 BJT 的哪个电极,输出信号从哪个电极输出。共射极放大电路中,信号由基极输入,集电极输出;共集电极放大电路中,信号由基极输入,发射极输出;共基极电路中,信号由发射极输入,集电极输出。

2. 三种组态的特点及用途

共发射极放大电路既有电压放大作用又有电流放大作用,输出电压和输入电压相位相反。其输入电阻在三种组态中居中,输出电阻较大,适用于低频情况下,作多级放大电路的中间级。

共集电极放大电路无电压放大作用,电压增益小于 1 而接近于 1,输出电压和输入电压相位相同,即电压跟随作用,有电流放大作用。在三种组态中,共集电极放大电路的输入电阻最高,输出电阻最小,频带宽,可作多级放大电路的输入级或输出级或缓冲级。

共基极放大电路有电压放大作用,且输入电压和输出电压相位相同,没有电流放大作用,有电流跟随作用。在三种组态中,其输入电阻最小,输出电阻较大,高频特性比共射放大电路好,常用于高频或宽频带低输入阻抗的场合,在模拟集成电路中亦兼有电位移动的功能。

BJT 放大电路三种组态的主要性能如表 2.6.1 所示。

表 2.6.1　BJT 放大电路三种组态的主要性能

	共射极电路	共集电极电路	共基极电路
电路图	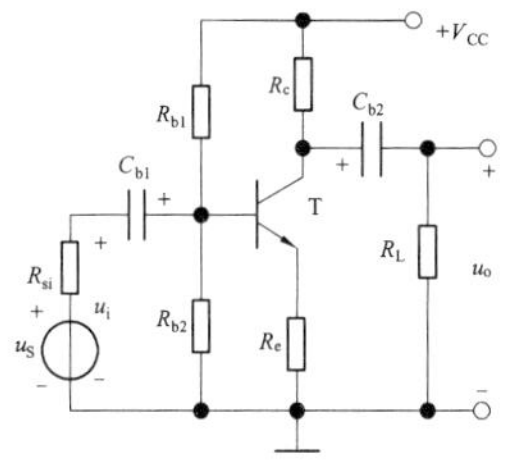	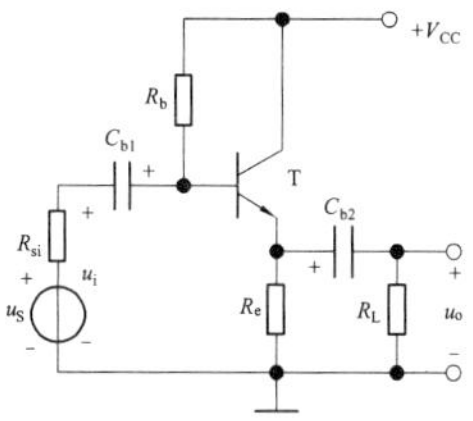	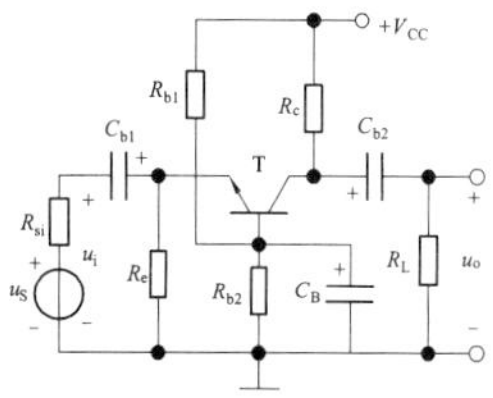
电压增益 A_u	$A_u = -\dfrac{\beta R'_L}{r_{be}+(1+\beta)R_e}$ $(R'_L = R_c // R_L)$	$A_u = \dfrac{(1+\beta)R'_L}{r_{be}+(1+\beta)R'_L}$ $(R'_L = R_e // R_L)$	$A_u = \dfrac{\beta R'_L}{r_{be}}$ $(R'_L = R_c // R_L)$
u_o 与 u_i 的相位关系	反相	同相	同相
最大电流增益 A_i	$A_i \approx \beta$	$A_i \approx 1+\beta$	$A_i \approx \alpha$
输入电阻	$R_i = R_{b1}//R_{b2}//[r_{be}+(1+\beta)R_e]$	$R_i = R_b//[r_{be}+(1+\beta)R'_L]$	$R_i = R_e // \dfrac{r_{be}}{1+\beta}$
输出电阻	$R_o = R_c$	$R_o = \dfrac{r_{be}+R'_{si}}{1+\beta}//R_e$ $(R'_{si} = R_{si}//R_b)$	$R_o = R_c$
用途	多级放大电路的中间级	输入级、缓冲级、输出级	高频或宽频带电路

2.7　多级放大电路

在实际应用中，常对放大电路的性能提出多方面的要求。例如，要求一个放大电路输入电阻大于 2 MΩ，电压放大倍数大于 2 000，输出电阻小于 100 Ω，等。仅靠前面所讲的任何一种放大电路都不可能同时满足上述要求，这时就可选用多个基本放大电路，将它们合理连接构成多级放大电路。

2.7.1　多级放大电路的耦合方式

组成多级放大电路的每一个基本放大电路称为一级，级与级之间的连接称为级间耦合。多级放大电路有 3 种常见的耦合方式：直接耦合、阻容耦合、变压器耦合。如图 2.7.1 所示，图 2.7.1（a）为阻容耦合；图 2.7.1（b）为直接耦合；图 2.7.1（c）为变压器耦合。

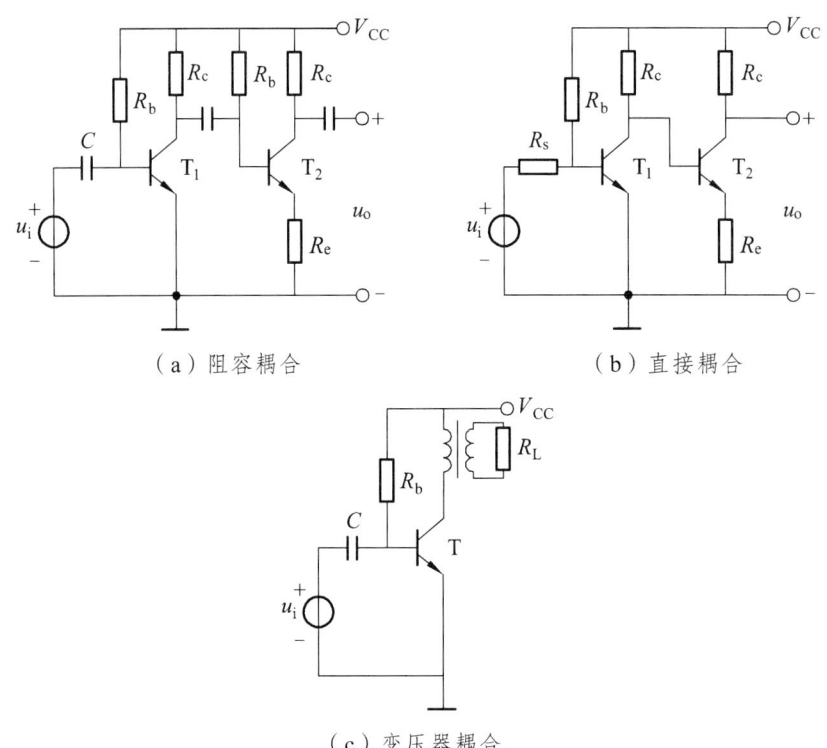

图 2.7.1 电路耦合形式

阻容耦合是一种最常用的级间耦合方式，其优点是电路简单，前后级电路静态工作点相互独立，互不影响，给电路的分析计算和调试带来很大方便。其缺点是不能传送频率很低、变化缓慢的信号，且由于电容的存在，不易于集成。

直接耦合是将前后级直接相连的一种耦合方式。由于在信号的传输通道上没有电抗性元件存在，所以第一个优点是不仅能够放大较高频率的交流信号，而且能放大频率很低的交流信号甚至变化缓慢的直流信号。该耦合方式具有很好的频率响应。直流耦合的另一个优点是可用于集成电路，集成电路内基本上都采用直接耦合方式。但采用直接耦合后，必须考虑和解决 3 个方面的问题即 Q 点相互影响问题、级间电位配置问题和工作点漂移问题。

变压器耦合电路，是利用变压器的"通交流，隔直流"的特点，把交流信号从前级送到后级。与阻容耦合电路相比，它还有一个可以实现阻抗变换的优点，可使级间达到阻抗匹配，获得最大功率增益。但由于变压器存在频率特性、体积、质量、价格等方面的问题，且集成电路目前已迅速发展起来，这种耦合方式在低频电子电路中已被淘汰。

2.7.2 多级放大电路的动态分析

一个 N 级放大电路的交流等效电路可用图 2.7.2 所示方框图表示。由图可知，放大电路中前级的输出电压就是后级的输入电压，即 $u_{o1}=u_{i2}$、$u_{o2}=u_{i3}$、$\cdots$、$u_{o(N-1)}=u_{iN}$，所以，

多级放大电路的电压放大倍数为

$$A_u = \frac{u_{o1}}{u_i} \cdot \frac{u_{o2}}{u_{i2}} \cdot \cdots \cdot \frac{u_o}{u_{iN}} = A_{u1} \cdot A_{u2} \cdot \cdots \cdot A_{uN}$$

（2.7.1）

即

$$A_u = \prod_{j=1}^{N} A_{uj}$$

式（2.7.1）表明，多级放大电路的电压放大倍数等于组成它的各级放大电路的电压放大倍数之积。对于第 1 级到第（N-1）级，每一级的放大倍数均应该是以后级输入电阻作为负载时的放大倍数。

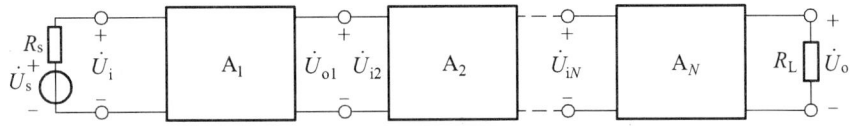

图 2.7.2 多级放大电路方框图

根据放大电路的输入电阻的定义，多级放大电路的输入电阻就是第 1 级的输入电阻，即 $R_i = R_{i1}$。根据放大电路的输出电阻的定义，多级放大电路的输出电阻就是最后一级的输出电阻，即 $R_o = R_{oN}$。

应当注意，当共集放大电路作为输入级（即第 1 级）时，它的输入电阻与其负载，即与第 2 级的输入电阻有关；而当共集放大电路作为输出级（即最后一级）时，它的输出电阻与其信号源内阻，即与倒数第 2 级的输出电阻有关。

例 2.7.1 已知图 2.7.3 所示电路中，$R_1=15\text{ k}\Omega$，$R_2=R_3=5\text{ k}\Omega$，$R_4=2.3\text{ k}\Omega$，$V_{CC}=12\text{ V}$，$R_5=100\text{ k}\Omega$，$R_6=R_L=5\text{k}\Omega$；晶体管的 β 均为 150，$r_{be1}=4\text{ k}\Omega$，$r_{be2}=2.2\text{ k}\Omega$，$U_{BEQ1}=U_{BEQ2}=0.7\text{ V}$。试估算电路的 Q 点、A_u、R_i 和 R_o。

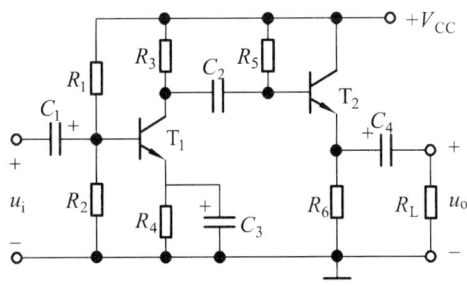

图 2.7.3 例 2.7.1 的电路图

解：（1）求解 Q 点：由于电路采用阻容耦合方式，所以每一级的 Q 点都可以按单管放大电路来求解。

第一级为典型的 Q 点稳定电路，根据参数取值可以认为

$$U_{BQ1} \approx \frac{R_1}{R_1+R_2} \cdot V_{CC} = \frac{5}{15+5} \times 12\text{ V} = 3\text{ V}$$

$$I_{EQ1} = \frac{U_{BQ1}-U_{BEQ1}}{R_4} \approx \frac{3-0.7}{2.3}\text{ mA} = 1\text{ mA}$$

$$I_{BQ1} = \frac{I_{EQ1}}{1+\beta_1} \approx \frac{1}{150}\text{mA} \approx 0.006\,7\text{ mA} = 6.7\,\mu\text{A}$$

$$U_{CEQ1} \approx V_{CC} - I_{EQ1}(R_3 + R_4) = [12 - 1\times(5+2.3)]\text{V} = 4.7\text{ V}$$

第二级为共集放大电路，根据其基极回路方程求出 I_{BQ2}，便可得到 I_{EQ2} 和 U_{CEQ2}。即

$$I_{BQ2} = \frac{V_{CC} - U_{BEQ2}}{R_5 + (1+\beta_2)R_6} = \frac{12-0.7}{100+151\times 5}\text{mA} \approx 0.013\text{ mA} = 13\,\mu\text{A}$$

$$I_{EQ2} = (1+\beta_2)I_{BQ2} \approx (1+150)\times 13\,\mu\text{A} = 1\,963\,\mu\text{A} \approx 2\text{ mA}$$

$$U_{CEQ2} \approx V_{CC} - I_{EQ2}R_6 \approx (12 - 2\times 5)\text{ V} = 2\text{ V}$$

（2）求解 A_u、R_i 和 R_o。

画出图 2.7.3 所示电路的交流等效电路如图 2.7.4 所示。

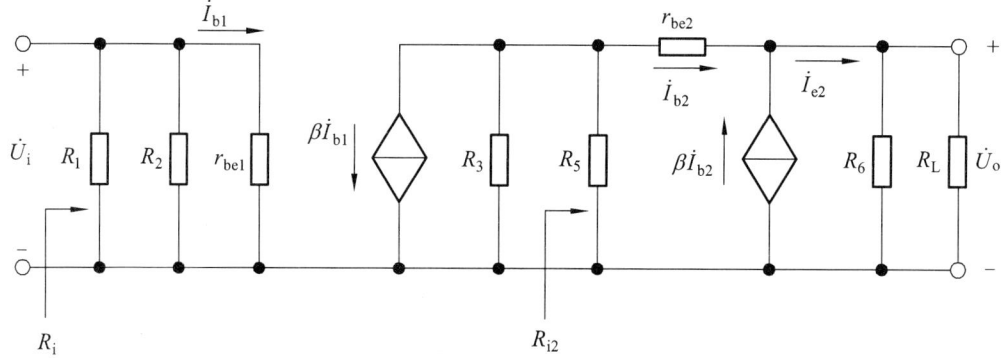

图 2.7.4　图 2.7.3 所示电路的交流等效电路

为了求出第 1 级的电压放大倍数 A_{u1}，首先应求出其负载电阻，即第 2 级的输入电阻：

$$R_{i2} = R_5 // \{r_{be2} + [(1+\beta_2)(R_6//R_L)]\} \approx 79\text{ k}\Omega$$

$$A_{u1} = -\frac{\beta_1(R_3//R_{i2})}{r_{be1}} \approx \frac{150\times \dfrac{5\times 79}{5+79}}{4} \approx -176$$

第 2 级的电压放大倍数应接近 1，根据电路可得：

$$A_{u2} = \frac{(1+\beta_2)(R_6//R_L)}{r_{be2}+(1+\beta_2)(R_6//R_L)} \approx \frac{151\times 2.5}{2.2+151\times 2.5} \approx 0.994$$

将 A_{u1} 与 A_{u2} 相乘，便可得出整个电路的电压放大倍数为

$$A_u = A_{u1} \cdot A_{u2} \approx -176\times 0.994 \approx -175$$

根据输入电阻的物理意义，可知

$$R_i = R_1 // R_2 // r_{be1} = \left(\frac{1}{1/15+1/5+1/4}\right)\text{k}\Omega \approx 1.94\text{ k}\Omega$$

电路的输出电阻 R_o 与第一级的输出电阻 R_3 有关

$$R_o = R_6 // \frac{r_{be2}+R_3//R_5}{1+\beta_2} \approx \frac{r_{be2}+R_3}{1+\beta_2} = \frac{2.2+5}{1+150}\text{k}\Omega \approx 0.047\,7\text{ k}\Omega \approx 48\text{ k}\Omega$$

习 题

2.1 填空题。

（1）晶体管工作在放大区时，b-e 间为（   ），b-c 间为（   ）；工作在饱和区时，b-e 间为（   ），b-c 间为（   ）。（a. 正向偏置，b. 反向偏置，c. 零偏置）

（2）工作在放大状态的晶体管，流过发射结的主要是（   ），流过集电结的主要是（   ）。（a. 扩散电流，b. 漂移电流）

（3）NPN 型和 PNP 型晶体管的区别是（   ）。（a. 由两种不同材料硅和锗制成的，b. 掺入的杂质元素不同，c. P 区和 N 区的位置不同）

2.2 在放大电路中，测得晶体管 A 和 B 的三个电极对地电位分别为：9 V, 3.6 V, 3 V 和 -9 V, -6 V, -6.2 V。试据此判别这两个晶体管的类型（是 NPN 管还是 PNP 管，是硅管还是锗管），并指出 e、b、c 三个电极。

2.3 已知两只晶体管的电流放大系数 β 分别为 50 和 100，现测得放大电路中这两只管子两个电极的电流如题 2.3 图所示。分别求另一电极的电流，标出其实际方向，并在圆圈中画出管子。

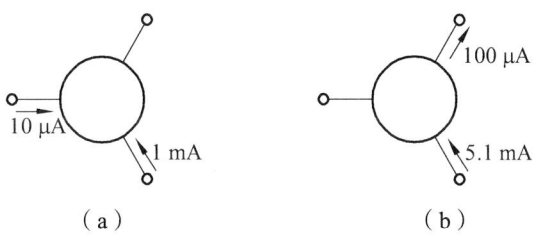

题 2.3 图

2.4 测量三极管三个电极对地电位如题 2.4 图所示，试判断三极管的工作状态。

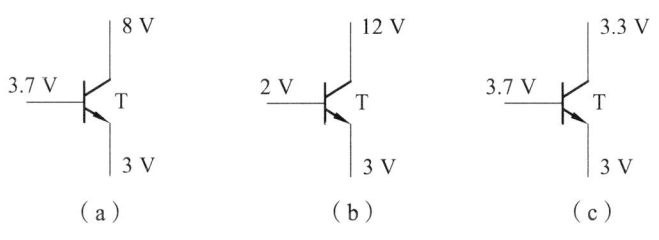

题 2.4 图

2.5 电路如题 2.5 图所示，试问 β 大于多少时晶体管饱和？

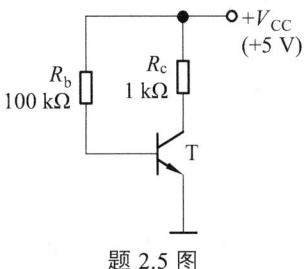

题 2.5 图

2.6 电路如题 2.6 图所示，已知晶体管 $\beta=120$，$U_{BE}=0.7$ V，饱和管压降 $U_{CES}=0.5$ V。在下列情况下，用直流电压表测晶体管的集电极电位，应分别为多少？

（1）正常情况；（2）R_{b1} 短路；（3）R_{b1} 开路；

（4）R_{b2} 开路；（5）R_{b2} 短路；（6）R_e 短路。

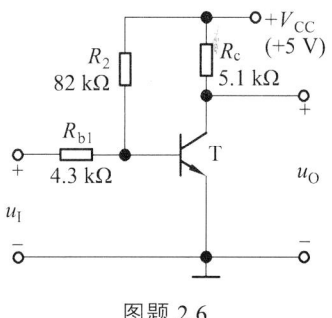

图题 2.6

2.7 在题 2.7 图所示电路中，$R_b=100\text{k}\Omega$，$\beta=20$。（1）试画出直流通路；（2）当 $R_L=3$ kΩ 时，求出电路的静态工作点 Q。

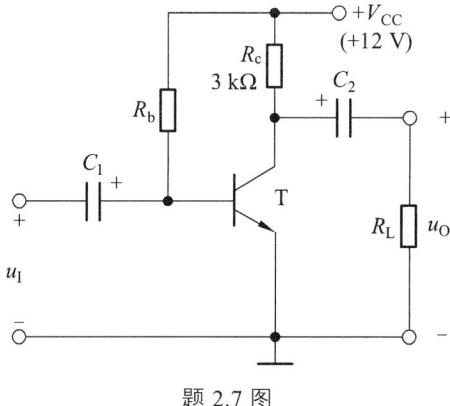

题 2.7 图

2.8 设电路中各电容容抗均忽略，请画出题 2.8 图所示电路的直流通路、交流通路和微变等效电路。

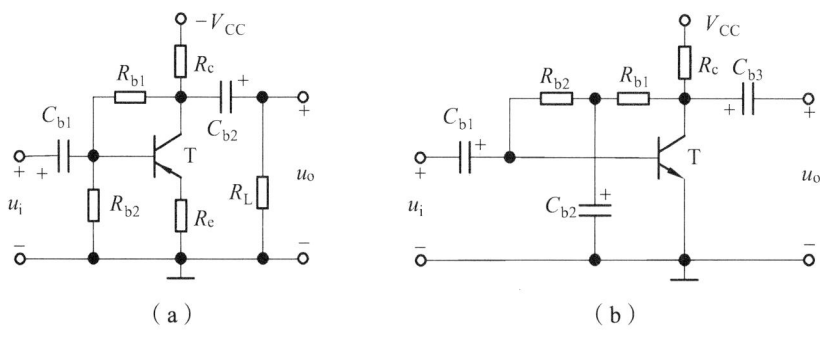

题 2.8 图

2.9 在题 2.9 图所示电路中，已知晶体管的 $\beta=80$，$r_{be}=1$ kΩ；静态时 $U_{BEQ}=0.7$ V，

$U_{CEQ}=4$ V,$I_{BQ}=20$ μA。该电路的电压增益 A_u、输入电阻 R_i、输出电阻 R_o。

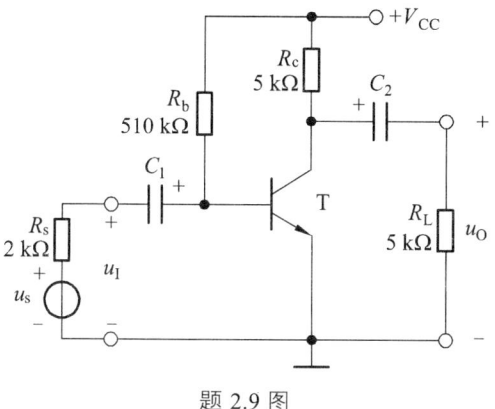

题 2.9 图

2.10 电路如题 2.10 图所示,晶体管的 $\beta=60$。(1)试求解 Q 点;(2)试求解电压增益 A_u、输入电阻 R_i、输出电阻 R_o。

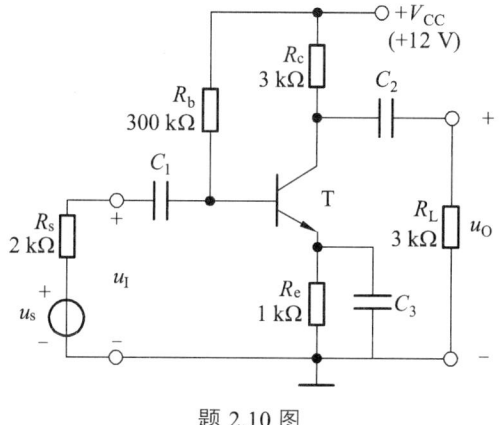

题 2.10 图

2.11 放大电路如题 2.11 图所示三极管的饱和压降 $U_{CES}\approx 0.5$ V,$\beta=50$,试求:(1)静态工作点;(2)电压放大倍数 A_u、A_{us},输入电阻 R_i 和输出电阻 R_o。

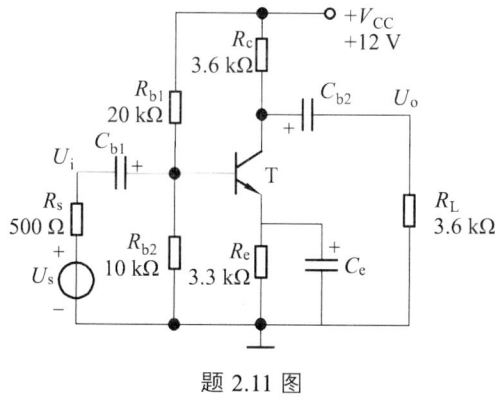

题 2.11 图

2.12 电路如题 2.12 图所示,晶体管的 $\beta=100$。试求:(1)电路的 Q 点;(2)$\dot{A}_u$、R_i

和 R_o；（3）若电容 C_e 开路，则将引起电路的哪些动态参数发生变化？如何变化？

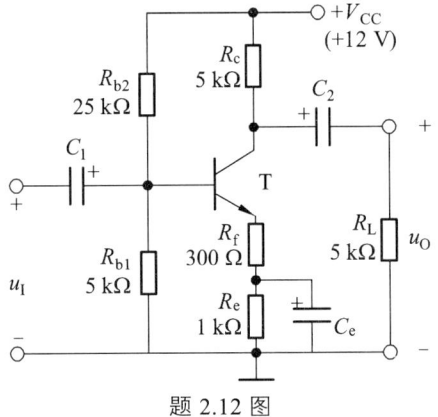

题 2.12 图

2.13 电路如题 2.13 图所示，晶体管的 $\beta=80$，$r_{be}=1\ \text{k}\Omega$。（1）求出 Q 点；（2）$R_L=3\text{k}\Omega$ 时求出 $\dot{A}_u$，R_i，R_o。

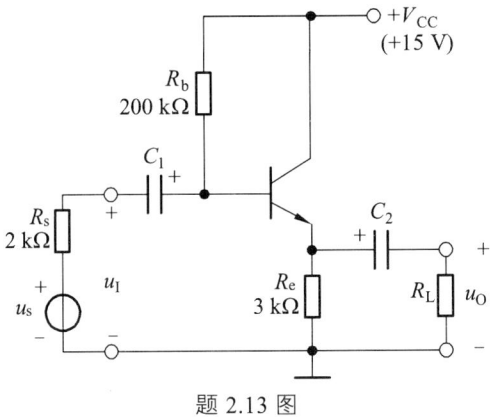

题 2.13 图

2.14 电路如题 2.14 图所示，设 $\beta=100$，试求：（1）Q 点；（2）电压增益 $A_{u1}=u_{o1}/u_s$ 和 $A_{u2}=u_{o2}/u_s$，（3）输入电阻 R_i，（4）输出电阻 R_{o1} 和 R_{o2}。

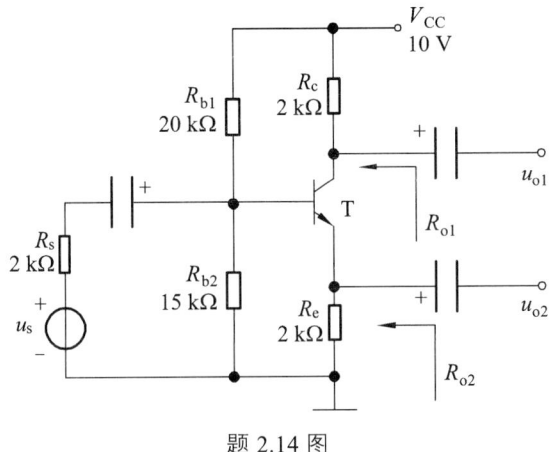

题 2.14 图

2.15 基本放大电路如题 2.15 图（a）、(b) 所示，图（a）点画线框内为电路Ⅰ，图（b）点画线框内为电路Ⅱ。由电路Ⅰ、Ⅱ组成的多级放大电路如图（c）、(d)、(e) 所示，它们均正常工作。试说明图（c）、(d)、(e) 所示电路中：(1) 哪些电路的输入电阻比较大；(2) 哪些电路的输出电阻比较小；(3) 哪个电路的 A_{us} 最大。

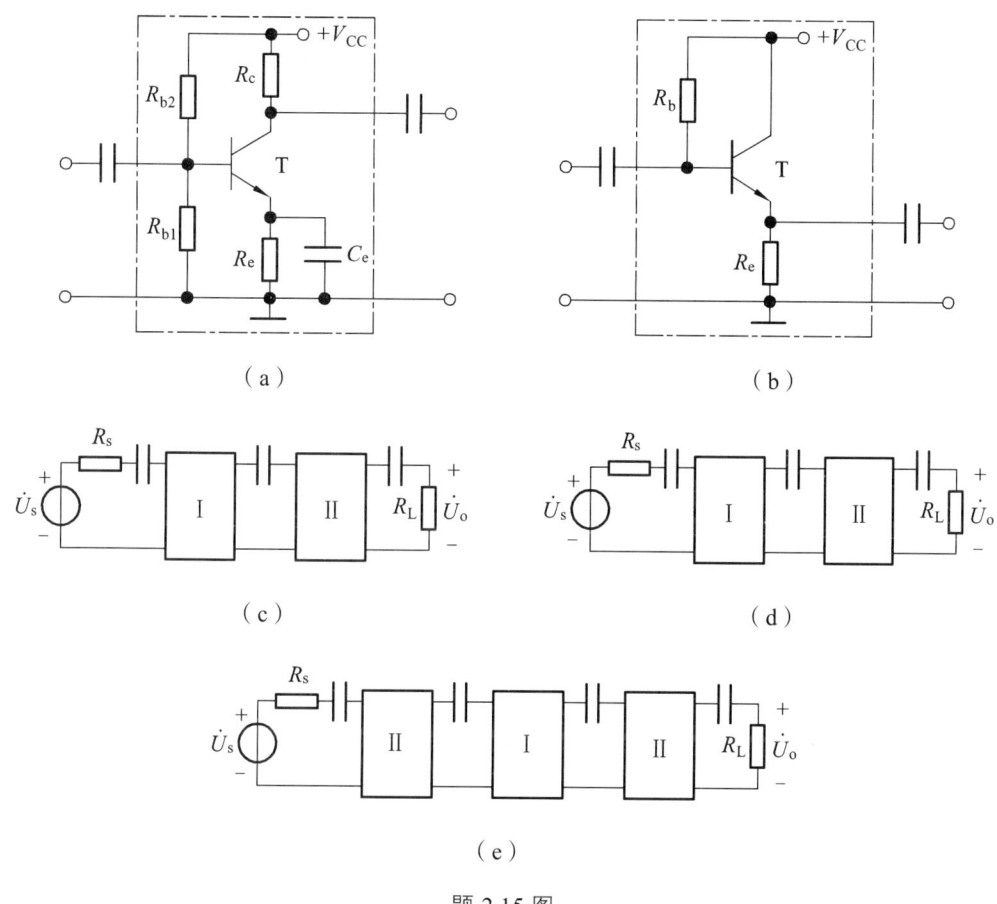

题 2.15 图

2.16 选择合适的答案填入空内。

(1) 直接耦合放大电路存在零点漂移的原因是（　　）。

　　A. 元件老化

　　B. 晶体管参数受温度影响

　　C. 放大倍数不够稳定

　　D. 电源电压不稳定

(2) 集成放大电路采用直接耦合方式的原因是（　　）。

　　A. 便于设计

　　B. 放大交流信号

　　C. 不易制作大容量电容

2.17 两级阻容耦合硅管放大电路如题 2.17 图所示，各元件参数均为已知，$\beta_1=\beta_2=50$，

$r_{be1}=2.2\ \text{k}\Omega$,$r_{be2}=1.4\ \text{k}\Omega$。(1)试画出微变等效电路;(2)试求出 A_u,R_i,R_o;(3)求出源信号电压放大倍数 A_{us}。

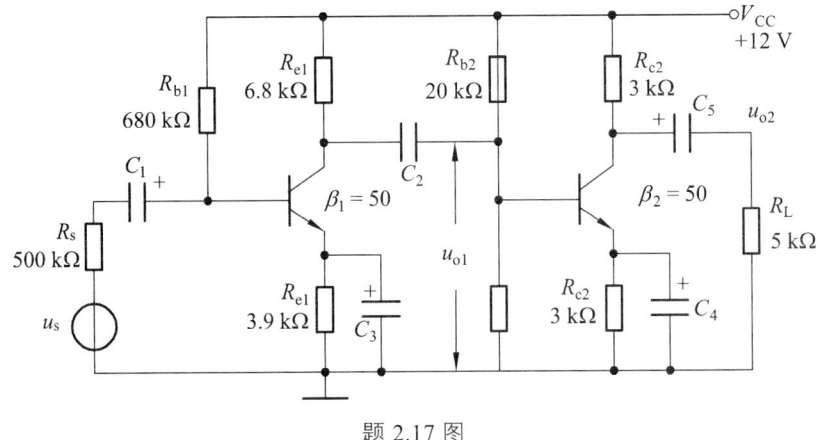

题 2.17 图

第 3 章　场效应管及其放大电路

【主要内容】

场效应管（Field Effect Transistor，FET）是利用输入回路的电场效应来控制输出回路电流的一种半导体器件。它仅靠半导体中的多数载流子导电，又称单极型晶体管。场效应相比双极型晶体管具有易于集成、噪声低、热稳定性好、抗辐射能力强、耗电省等优点。

FET 有金属-氧化物-半导体场效应管（Metal-Oxide-Semiconductor Field Effect Transistor，MOSFET，简称 MOS 管）和结型场效应管（Junction Field Effect Transistor，简称 JFET 管）两种主要类型。由于 JFET 的放大电路相对应用较少，本章将重点介绍 MOS 管的结构和工作原理，然后以共源极放大电路为例说明场效应管放大电路的工作原理及小信号模型分析法。

3.1　场效应管的结构及工作原理

3.1.1　绝缘栅型场效应管

绝缘栅型场效应管的栅极与源极，栅极与漏极之间均采用 SiO_2 绝缘层隔离，因此而得名，又因栅极为金属铝，故又称为金属-氧化物-半导体场效应管。它的栅-源间电阻可达 $10^{10}\Omega$ 以上，因为它的温度稳定性好、集成化工艺简单，广泛用于大规模和超大规模集成电路中。

MOS 管有 N 沟道和 P 沟道两类，每一类又分为增强型和耗尽型两种，凡栅-源电压 u_{GS} 为零时漏极电流也为零的管子均属于增强型管，凡栅-源电压 u_{GS} 为零时漏极电流不为零的管子均属于耗尽型管。因此，MOS 管的四种类型为：N 沟道增强型管、N 沟道耗尽型管、P 沟道增强型管和 P 沟道耗尽型管。下面分别讨论它们的工作原理及特性。

1. N 沟道增强型 MOS 管

N 沟道增强型 MOS 管的结构、简图和代表符号分别如图 3.1.1（a）、（b）和（c）所示。它以一块掺杂浓度较低、电阻率较高的 P 型硅半导体薄片作为衬底，利用扩散的方法在 P 型硅中形成两个高掺杂的 N^+ 区。然后在 P 型硅表面生长一层很薄的 SiO_2 绝缘层，并在 SiO_2 的表面及 N^+ 区的表面上分别安置三个铝电极——栅极 g、源极 s 和漏极 d，就成了 N 沟道增强型 MOS 管。

由于栅极与源极、漏极均无电接触，故称绝缘栅极，图 3.1.1（c）是 N 沟道增强型 MOSFET 的代表符号，箭头方向表示 P（衬底）指向 N（沟道）。图中垂直短画线代表沟道，短画线表明在未加适当栅压之前漏极与源极之间无导电沟道。

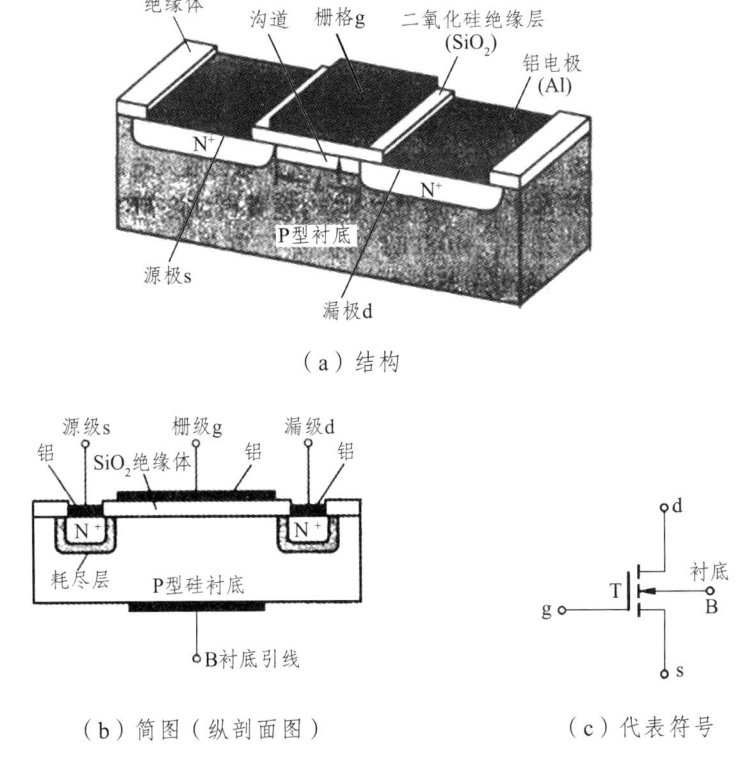

图 3.1.1 N 沟道增强型 MOS 管结构及符号

（1）工作原理。

当栅-源之间不加电压时，漏源之间是两只背向的 PN 结，不存在导电沟道，因此即使漏-源之间加电压，也不会有漏极电流。

① 当 $u_{DS}=0$ 且 $u_{GS}>0$ 时，由于 SiO_2 的存在，栅极电流为零。但是栅极金属层将聚集正电荷，它们排斥 P 型衬底靠近 SiO_2 一侧的空穴，使之剩下不能移动的负离子区，形成耗尽层，如图 3.1.2（a）所示。当 u_{GS} 增大时，耗尽层增宽，衬底的自由电子被吸引到耗尽层与绝缘层之间，形成一个 N 型薄层，称为反型层。这个反型层就构成了漏-源之间的导电沟道。由于它是栅源正电压感应产生的，所以也称感生沟道，使沟道刚刚形成的栅-源电压称为开启电压 $U_{GS(th)}$。u_{GS} 越大，反型层越厚，导电沟道电阻越小。这种在 $U_{GS}=0$ 时没有导电沟道，而必须依靠栅源电压的作用形成感生沟道的 FET 称为增强型 FET。

② 当 u_{GS} 是大于 $U_{GS(th)}$ 的某一个确定值时，讨论 u_{DS} 对漏极电流 i_D 的影响。

当 u_{GS} 为 0 V ~ $U_{GS(th)}$ 中某一确定值时，若 $u_{DS}=0$ V，则虽然存在由 u_{GS} 所确定的一定宽度的导电沟道，但由于漏-源间电压为零，多子不会产生定向移动，因而漏极电流 i_D 为零。

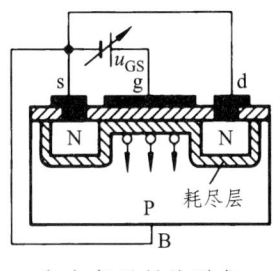
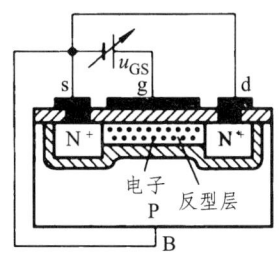

（a）耗尽层的形成　　　　　　（b）沟道的形成

图 3.1.2　$u_{DS}=0$ 时 u_{GS} 对导电沟道的影响

若 $u_{DS}>0$ V，则有电流 i_D 从漏极流向源极，从而使沟道中各点与栅极间的电压不再相等，而是沿沟道从源极到漏极逐渐增大，造成靠近漏极一边的耗尽层比靠近源极一边的宽，即靠近漏极一边的导电沟道比靠近源极一边的窄，如图 3.1.3（a）所示。

因为栅-漏电压 $u_{GD}=u_{GS}-u_{DS}$，所以当 u_{DS} 从零逐渐增大时，u_{GD} 逐渐减小，靠近漏极一边的导电沟道必将随之变窄。但是，只要栅-漏间不出现夹断区域，沟道电阻仍基本决定于栅-源电压 u_{GS}，因此，电流 i_D 将随 u_{DS} 的增大而线性增大，漏-源呈现电阻特性。而一旦 u_{DS} 的增大使 u_{GD} 等于 $U_{GS(th)}$，则漏极一边的耗尽层就会出现夹断区，如图 3.1.3（b）所示，称 $u_{GD}=U_{GS(th)}$ 为预夹断。

若 u_{DS} 继续增大，则 $u_{GD}<U_{GS(th)}$，耗尽层闭合部分将沿沟道方向延伸，即夹断区加长，如图 3.1.3（c）所示。这时，一方面自由电子从漏极向源极定向移动所受阻力加大（只能从夹断区的窄缝以较高速度通过），从而导致 i_D 减小；另一方面，随着 u_{DS} 的增大，使漏-源间的纵向电场增强，也必然导致 i_D 增大。实际上，上述 i_D 的两种变化趋势相抵消，u_{DS} 的增大几乎全部降落在夹断区，用于克服夹断区对 i_D 形成的阻力。因此，从外部看，在 $u_{GD}<U_{GS(off)}$ 的情况下，当 u_{DS} 增大时 i_D 几乎不变，即 i_D 大小几乎仅仅取决于 u_{GS}，这表现出了 i_D 的恒流特性。

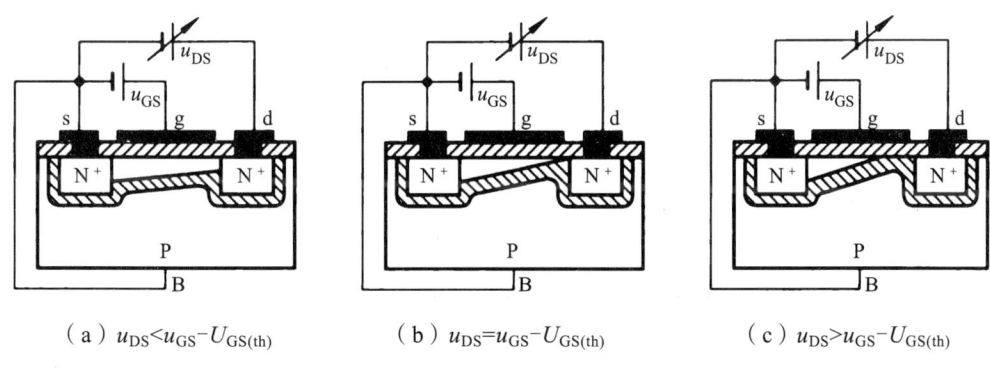

（a）$u_{DS}<u_{GS}-U_{GS(th)}$　　　（b）$u_{DS}=u_{GS}-U_{GS(th)}$　　　（c）$u_{DS}>u_{GS}-U_{GS(th)}$

图 3.1.3　u_{GS} 为大于 $U_{GS(th)}$ 的某一值时 u_{DS} 对 i_D 的影响

由于漏极电流受栅-源电压的控制，故称场效应管为电压控制元件。与晶体管用 β（$=\Delta i_C/\Delta i_B$）来描述动态情况下基极电流对集电极电流的控制作用相类似，场效应管用 g_m 来描述动态的栅-源电压对漏极电流的控制作用，g_m 称为低频跨导。

$$g_m = \left.\frac{\Delta i_D}{\Delta u_{GS}}\right|_{U_{DS}=常数} \quad (3.1.1)$$

由以上分析可知：

① 在 $u_{GS}>U_{GS(th)}$ 且 $u_{GD}=u_{GS}-u_{DS}>U_{GS(th)}$ 的情况下，即当栅-漏间未出现夹断时，对应于不同的 u_{GS}，d-s 间等效成不同阻值的电阻。

② 当 $u_{GS}>U_{GS(th)}$ 且 $u_{GD}=U_{GS(th)}$ 时，漏-源之间预夹断。

③ 当 $u_{GS}>U_{GS(th)}$ 且 $u_{GD}<U_{GS(th)}$ 时，i_D 几乎仅仅决定于 u_{GS}，而与 u_{DS} 无关。此时可以把 i_D 近似看成 u_{GS} 控制的电流源。

④ 当 $u_{GS}<U_{GS(th)}$ 时，管子截止，$i_D \approx 0$。

（2）伏安特性曲线。

① 输出特性曲线。

输出特性曲线描述当栅-源电压 u_{GS} 为常量时，漏极电流 i_D 与漏-源电压 u_{DS} 之间的函数关系，即

$$i_D = f(u_{DS})\big|_{U_{GS}=常数} \quad (3.1.2)$$

对应于一个 u_{GS}，就有一条曲线，因此输出特性曲线表现为一簇曲线，如图 3.1.4 所示。

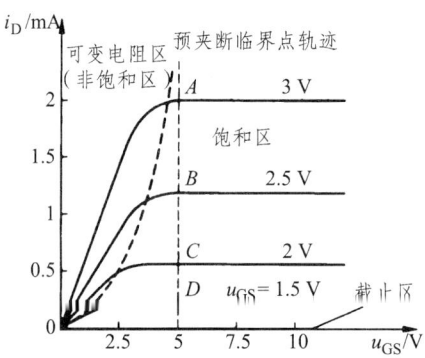

图 3.1.4　N 沟道增强型 MOS 管输出特性

根据输出特性曲线，可以将场效应管的工作状态分为三个区域：

（a）可变电阻区（也称非饱和区）：图中的虚线为预夹断轨迹，它是由各条曲线上使 $u_{DS}=u_{GS}-U_{GS(th)}$（即 $u_{GD}=U_{GS(th)}$）的点连接而成的。u_{GS} 越大，预夹断时的 u_{DS} 值也越大。预夹断轨道的左边区域称为可变电阻区，该区域中曲线近似为不同斜率的直线。当 u_{GS} 确定时，直线的斜率也唯一地被确定，直线斜率的倒数即为漏-源间等效电阻。因而在此区域中，可以通过改变 u_{GS} 的大小（即压控的方式）来改变漏-源等效电阻的阻值，也因此称之为可变电阻区。

（b）恒流区（也称饱和区）：图中预夹断轨迹的右边区域为恒流区。当 $u_{DS}>u_{GS}-U_{GS(th)}$（即 $u_{GD}<U_{GS(th)}$）时，各曲线近似为一簇横轴的平行线。当 u_{GS} 增大时，i_D 仅略有增大。因而可将 i_D 近似为电压 u_{GS} 控制的电流源，故将该区域也称为恒流区。利用场效应管作放

大管时，应使其工作在该区域。

（c）夹断区（也称截止区）：当 $u_{GS} \leq U_{GS(th)}$ 时，导电沟道没有形成反型层，$i_D \approx 0$，即图 3.1.4 中靠近横轴的部分，称为夹断区。一般将使 i_D 等于某一个很小电流（如 5 μA）时的 u_{GS} 定义为夹断电压 $U_{GS(th)}$。

② 转移特性曲线。

FET 是电压控制器件，由于栅极输入端基本上没有电流，故讨论它的输入特性是没有意义的。所谓转移特性是在漏源电压 u_{DS} 一定的条件下，栅源电压 u_{GS} 对漏极电流 i_D 的控制特性，即

$$i_D = f(u_{GS})\big|_{U_{DS}=\text{常数}} \tag{3.1.3}$$

由于输出特性与转移特性都是反映 FET 工作的同一物理过程，所以转移特性可以直接从输出特性上用作图法求出。当场效应管工作在恒流区时，由于输出特性曲线可近似为横轴的一组平行线，所以可以用一条转移特性曲线代替恒流区的所有曲线。在输出特性曲线的恒流区中作横轴的垂线，读出垂线与各曲线交点的坐标值，建立 u_{GS}、i_D 坐标系，连接各点所得曲线就是转移特性曲线。例如，在图 3.1.4 所示输出特性中，选取 $u_{DS}=5$ V 的一条垂直线，此垂直线与各条输出特性曲线的交点分别为 A、B、C、D。将上述各点相应的 i_D 及 u_{GS} 值画在 i_D-u_{GS} 的直角坐标系中，就可得到转移特性曲线，如图 3.1.5 所示。

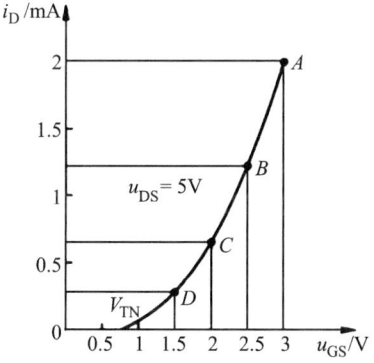

图 3.1.5　N 沟道增强型的转移特性曲线（根据图 3.1.4 绘制）

根据半导体物理中对场效应管内部载流子的分析可以得到饱和区中 i_D 的近似表达式为

$$i_D = I_{DO}\left(\frac{u_{GS}}{u_{GS(th)}} - 1\right)^2 \tag{3.1.4}$$

式中 I_{DO} 是 $u_{GS}=2U_{GS(th)}$ 时的 i_D。

当管子工作在可变电阻区时，对于不同的 U_{DS} 转移特性曲线将有很大差别。

2. N 沟道耗尽型 MOS 管

（1）工作原理。

如果在制造 MOS 管时，在 SiO_2 绝缘层中掺入大量正离子，即使 $u_{GS}=0$，在正离子作用下 P 型衬底表层也存在反型层，即漏-源之间存在导电沟道。只要在漏-源间加正向电压，

就会产生漏极电流,如图 3.1.6(a)所示。并且,u_{GS} 为正时,反型层变宽,沟道电阻变小,i_D 增大;反之,u_{GS} 为负时,反型层变窄,沟道电阻变大,i_D 减小。而当 u_{GS} 从零减小到一定值时,反型层消失,漏-源之间导电沟道消失,$i_D=0$。此时的 u_{GS} 称为夹断电压 $U_{GS(off)}$。N 沟道耗尽型 MOS 管的夹断电压为负值。N 沟道耗尽型 MOS 可以在正或负的栅源电压下工作,而且基本上无栅流,这是耗尽型 MOS 的重要特点之一。

耗尽型 MOS 管的符号见图 3.1.6(b)所示。注意与增强型符号的差别,表示沟道的不再是短画线。耗尽型 MOS 管在栅-源电压为零时,在正的 u_{DS} 作用下,也有较大的漏极电流 i_D 由漏极流向源极。

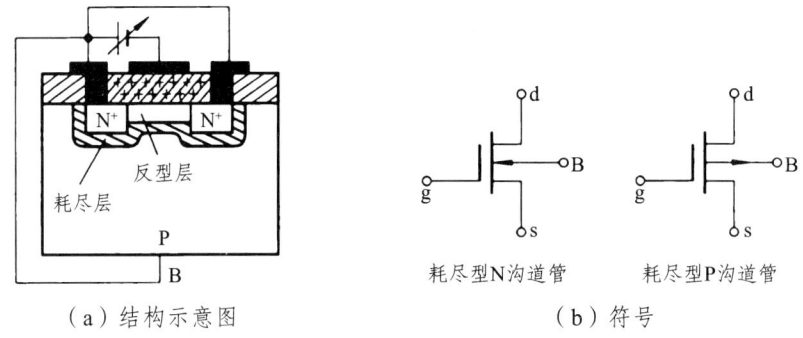

(a)结构示意图　　　　　　　(b)符号

图 3.1.6　N 沟道耗尽型 MOS 管结构示意图及符号

(2)伏安特性曲线。

N 沟道耗尽型 MOS 管的输出特性和转移特性曲线如图 3.1.7(a)、(b)所示。

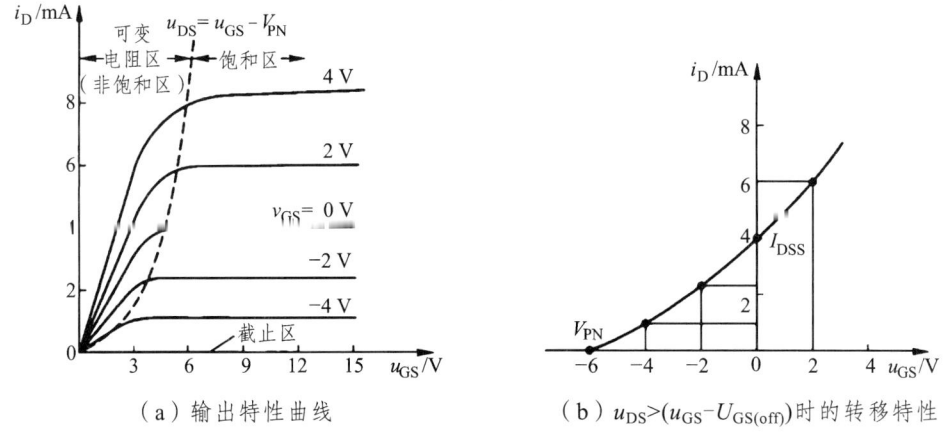

(a)输出特性曲线　　　　　　　(b)$u_{DS}>(u_{GS}-U_{GS(off)})$ 时的转移特性

图 3.1.7　N 沟道耗尽型 MOS 管特性曲线

耗尽型 MOS 管的工作区域同样可以分为截止区、可变电阻区和饱和区。所不同的是 N 沟道耗尽型 MOS 管的夹断电压 $U_{GS(off)}$ 为负值,而 N 沟道增强型 MOS 管的开启电压 $U_{GS(th)}$ 为正值。恒流区中 i_D 的近似表达式为

$$i_D = I_{DSS}\left(1-\frac{u_{GS}}{u_{GS(off)}}\right)^2 \qquad (3.1.5)$$

式中 I_{DSS} 为零栅压的漏极电流,称为饱和漏极电流。

3. P 沟道 MOS 管

与 N 沟道 MOS 管相似,P 沟道 MOS 管也有增强型和耗尽型两种。它们的电路符号如图 3.1.8（a）、（b）所示,除了代表衬底的 B 的箭头方向向外,其他部分均与 N 沟通 MOS 管相同,此处不再赘述。

（a）增强型电路符号　　　　（b）耗尽型电路符号

图 3.1.8　P 沟道 MOS 管电路符号

与 N 沟道 MOS 管相对应,P 沟道增强型 MOS 管的开启电压 $U_{GS(th)}<0$,当 $u_{GS}<U_{GS(th)}$ 时管子才导通,漏-源之间应加负电源电压;P 沟道耗尽型 MOS 管的夹断电压 $U_{GS(off)}>0$,u_{GS} 可在正负值的一定范围内实现对 i_D 的控制,漏-源之间也应加负电压。

3.1.2　结型场效应管

结型场效应管有 N 沟道和 P 沟道两种类型,都属于耗尽型场效应管。这里仅介绍 N 沟道结型场效应管。

1. N 沟道结型场效应管的结构

结型场效应管的结构与绝缘栅场效应管相似,工作机理也相同。结型场效应管的结构和符号如图 3.1.9 所示,它是在 N 型半导体硅片的两侧各制造一个 PN 结,形成两个 PN 结夹着一个 N 型沟道的结构。两个 P 区即为栅极,N 型硅的一端是漏极,另一端是源极。

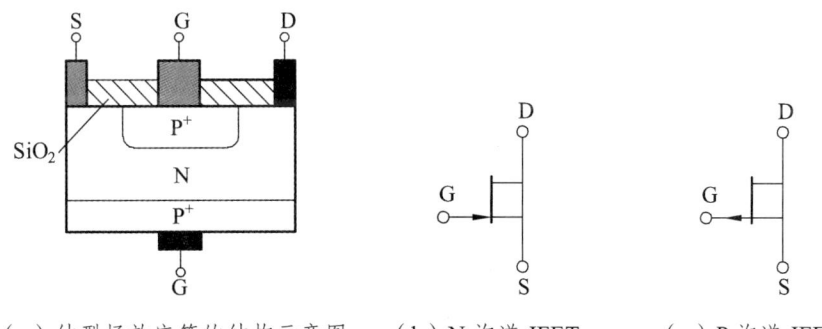

（a）结型场效应管的结构示意图　（b）N 沟道 JFET　（c）P 沟道 JFET

图 3.1.9　结型场效应管

2. 工作原理

结型场效应管的结构中因没有绝缘层,故其只能工作在反偏的条件下,即对于 N 沟道结型场效应管只能工作在负栅压区，P 沟道结型场效应管只能工作在正栅压区，否则将会出现栅流。现以 N 沟道为例说明其工作原理。

（1）栅源电压对沟道的控制作用。

当 $U_{GS}=0$ 时，在漏、源之间加有一定电压时，在漏-源间将形成多子的漂移运动，产生漏极电流 I_D。当 $U_{GS}<0$ 时，PN 结反偏，形成耗尽层，漏-源间的沟道将变窄，I_D 将减小，U_{GS} 继续减小，沟道继续变窄，I_D 继续减小直至为 0。当漏极电流为零时所对应的栅-源电压 U_{GS} 称为夹断电压 $U_{GS(off)}$。这一过程如图 3.1.10 所示。

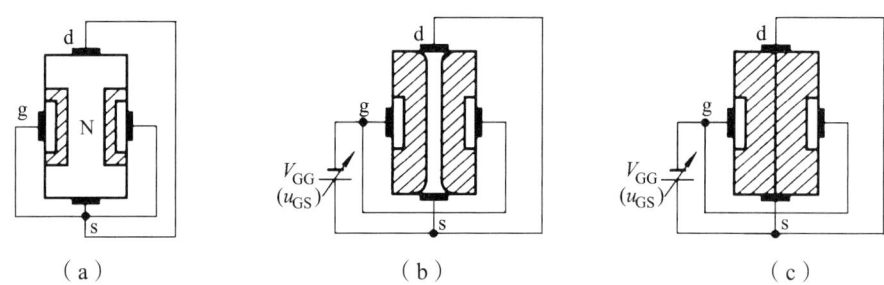

图 3.1.10　U_{GS} 对沟道的控制作用

（2）漏源电压对沟道的控制作用。

在栅极加有一定的电压，且 $U_{GS}>U_{GS(off)}$，若漏-源电压 U_{DS} 从零开始增加，则 $U_{GD}=U_{GS}-U_{DS}$ 将随之减小。使靠近漏极处的耗尽层加宽，沟道变窄，从左至右呈楔形分布，如图 3.1.11（a）所示。当 U_{DS} 增加到使 $U_{GD}=U_{GS}-U_{DS}=U_{GS(off)}$ 时，在紧靠漏极处出现预夹断，如图 3.1.11（b）所示。当 U_{DS} 继续增加，漏极处的夹断继续向源极方向生长延长，如图 3.1.11（c）所示。

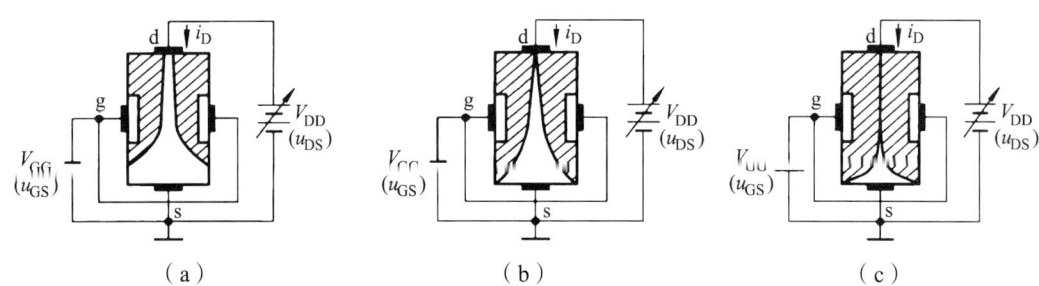

图 3.1.11　漏源电压对沟道的控制作用

（3）漏极输出特性曲线与转移特性曲线。

结型场效应管的特性曲线有两条，一是转移特性曲线，二是输出特性曲线。它与绝缘栅场效应管的特性曲线基本相同，只不过绝缘栅场效应管的栅压可正、可负，而结型场效应管的栅压只能是 P 沟道的为正、N 沟道的为负。结型场效应管在恒流区转移特性曲线可以近似表示为

$$I_D = I_{DSS}\left(1-\frac{U_{GS}}{U_P}\right)^2$$

式中 I_{DSS} 是 $U_{GS}=0V$ 时对应的 I_D，U_P 是夹断电压。

N 沟道结型场效应管的特性曲线如图 3.1.12 所示。

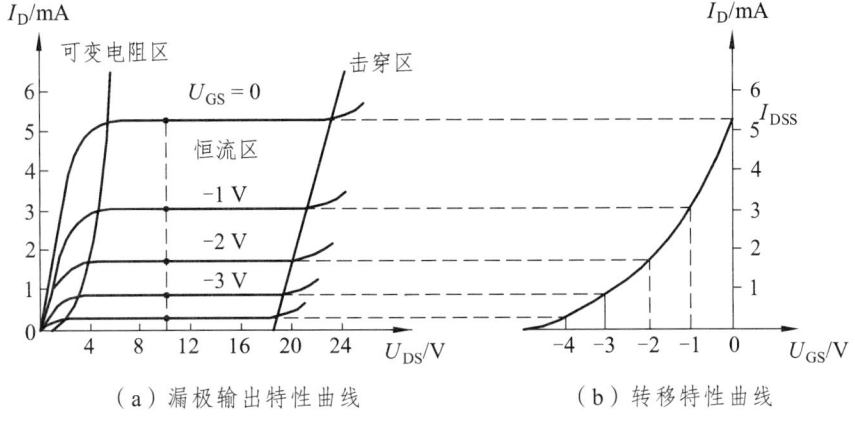

（a）漏极输出特性曲线　　　　　（b）转移特性曲线

图 3.1.12　N 沟道结型场效应管的特性曲线

3.1.3　场效应管的主要参数

1. 直流参数

（1）开启电压 $U_{GS(th)}$：$U_{GS(th)}$ 是在 U_{DS} 为一常量时，使 i_D 大于零所需的最小 $|u_{GS}|$ 值。$U_{GS(th)}$ 是增强型 MOS 管的参数。

（2）夹断电压 $U_{GS(off)}$：与 $U_{GS(th)}$ 相类似，$U_{GS(off)}$ 是在 U_{DS} 为常量情况下 i_D 为规定的微小电流（如 5 μA）时的 u_{GS}，它是耗尽型 MOS 管的参数。

（3）饱和漏极电流 I_{DSS}：对于耗尽型 MOS 管，在 $U_{GS}=0$ V 情况下产生预夹断时的漏极电流定义为 I_{DSS}。

（4）直流输入电阻 $R_{GS(DC)}$：$R_{GS(DC)}$ 等于栅-源电压与栅极电流之比。MOS 管的 $R_{GS(DC)}$ 通常大于 $10^9 \Omega$。

2. 交流参数

（1）低频跨导 g_m：g_m 数值的大小表示 u_{GS} 对 i_D 控制作用的强弱。在管子工作在恒流区且 U_{DS} 为常量的条件下，i_D 的微小变化量 Δi_D，与引起它变化的 Δu_{GS} 之比，称为低频跨导。即

$$g_m = \left.\frac{\Delta i_D}{\Delta u_{GS}}\right|_{U_{DS}=常数} \tag{3.1.6}$$

g_m 的单位是 S（西门子）或 mS。g_m 是转移特性曲线上某一点的切线的斜率，可通过对式（3.1.4）或式（3.1.5）求导而得。g_m 与切点的位置密切相关，由于转移特性曲线的非线性，因而 i_D 越大，g_m 也越大。

（2）极间电容：场效应管的三个极之间均存在极间电容。通常，栅-源电容 C_{gs} 和栅-

漏电容 C_{gd} 为 1~3 pF，而漏-源电容 C_{ds} 为 0.1~1 pF。在高频电路中，应考虑极间电容的影响。管子的最高工作频率 f_M 是综合考虑了三个电容的影响而确定的工作频率的上限值。

3. 极限参数

（1）最大漏极电流 I_{DM}：I_{DM} 是管子正常工作时漏极电流的上限值。

（2）击穿电压：管子进入恒流区后，使 i_D 骤然增大的 u_{DS} 称为漏-源击穿电压 $U_{(BR)DS}$，u_{DS} 超过此值会使管子损坏。使绝缘层击穿的 u_{GS} 为栅-源击穿电压 $U_{(BR)GS}$。

（3）最大耗散功率 P_{DM}：P_{DM} 决定于管子允许的温升。P_{DM} 确定后，便可在管子的输出特性上画出临界最大功耗线；再根据 I_{DM} 和 $U_{(BR)DS}$，便可得到管子的安全工作区。

对于 MOS 管，栅-衬之间的电容容量很小，只要有少量的感应电荷就可产生很高的电压。而由于 $U_{(BR)GS}$ 很大，感应电荷难于释放，以至于感应电荷所产生的高压会使很薄的绝缘层击穿，造成管子的损坏。因此，无论是在存放还是在工作电路中，都应为栅-源之间提供直流通路，避免栅极悬空；同时，在焊接时要将电烙铁良好接地。

3.1.4　场效应管与晶体管的比较

场效应管的栅极 g、源极 s、漏极 d 对应于晶体管的基极 b、发射极 e、集电极 c，它们的作用相类似。场效应管与晶体管相比较，有以下几种区别：

（1）场效应管用栅-源电压 u_{gs} 控制漏极电流 i_d，栅极基本不取电流。而晶体管工作时基极总要索取一定的电流。因此，要求输入电阻高的电路应选用场效应管；而若信号源可以提供一定的电流，则可选用晶体管。

（2）场效应管只有多子参与导电。晶体管内既有多子又有少子参与导电，而少子数目受温度、辐射等因素影响较大，因而场效应管比晶体管的温度稳定性好、抗辐射能力强。所以在环境条件变化很大的情况下应选用场效应管。

（3）场效应管的噪声系数很小，所以低噪声放大器的输入级及要求信噪比较高的电路应选用场效应管。当然也可选用特制的低噪声晶体管。

（4）场效应管的漏极与源极可以互换使用，互换后特性变化不大。而晶体管的发射极与集电极互换后特性差异很大，因此只在特殊需要时才互换，呈倒置状态，如在集成逻辑电路中。

（5）场效应管比晶体管的种类多，特别是耗尽型 MOS 管，栅-源电压 u_{gs} 可正、可负、可零，均能控制漏极电流。因而在组成电路时场效应管比晶体管更灵活。

（6）场效应管和晶体管均可用于放大电路和开关电路，它们构成了品种繁多的集成电路。但由于场效应管集成工艺更简单，且具有耗电省、工作电源电压范围宽等优点，因此场效应管越来越多地应用于大规模和超大规模集成电路中。

例 3.1.1　已知某管子的输出特性曲线如图 3.1.13 所示。试分析该管是什么类型的场效应管（绝缘栅型、N 沟道、P 沟道、增强型、耗尽型）。

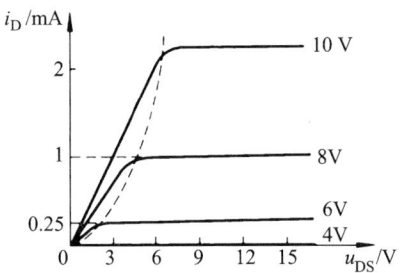

图 3.1.13 例 3.1.1 输出特性曲线

解：从 i_D 或 u_{DS}、u_{GS} 的极性可知，该管为 N 沟道管；从输出特性曲线中开启电压 $U_{GS(th)}=4\ V > 0\ V$ 可知，该管为增强型 MOS 管。所以，该管为 N 沟道增强型 MOS 管。

例 3.1.2 电路如图 3.1.14 所示，其中管子 T 的输出特性曲线如图 3.1.13 所示。试分析 u_i 为 0 V、8 V 和 10 V 三种情况下 u_o 分别为多少。

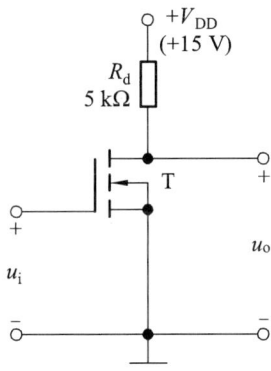

图 3.1.14 例 3.1.2 电路图

解：（1）当 $u_{GS}=u_i=0\ V$ 时，管子处于夹断状态，$i_D=0$。而 $u_o=u_{DS}=V_{DD}-i_DR_D=15\ V$。

（2）当 $u_{GS}=u_i=8\ V$ 时，设管子工作在恒流区，则 $i_D=1\text{mA}$，因此 $u_o=u_{DS}=V_{DD}-i_DR_d=(15-1\times5)\text{V}=10\ V$。$u_{GD}=u_{GS}-u_{DS}=2\ V$ 小于开启电压 $U_{GS(th)}=4\ V$，说明假设成立，管子工作在恒流区。

（3）当 $u_{GS}=u_i=10\ V$ 时，若认为管子工作在恒流区，则 i_D 约为 2.2 mA，因而 $u_o=(15-2.2\times5)\text{V}=4\ V$。$u_{GD}=u_{GS}-u_{DS}=6\ V$ 大于开启电压 $U_{GS(th)}$，说明管子已不工作在恒流区，而是工作在可变电阻区。从输出特性曲线可得 $u_{GS}=10\ V$ 时漏-源间的等效电阻为

$$R_{DS}=U_{DS}/I_D\approx\left(\frac{3}{1\times10^{-3}}\right)\Omega=3\ \text{k}\Omega$$

所以

$$u_o=\frac{R_{DS}}{R_d+R_{DS}}\cdot V_{CC}=\left(\frac{3}{5+3}\times15\right)\text{V}\approx5.6\ \text{V}$$

3.2 共源极放大电路

与双极性晶体管相似,场效应管组成放大电路时也有 3 种接法,即共源放大电路、共漏放大电路和共栅放大电路。本节重点介绍共源极放大电路。

3.2.1 基本共源极放大电路的工作原理

1. 基本共源极放大电路的组成

在图 3.2.1 所示的基本共源极放大电路中,T 为 N 沟道增强型 MOS 管,是核心元件,起放大作用。V_{DD} 是漏极回路的直流电源,它的负端接源极 s,正端通过电阻 R_d 接漏极 d,以保证场效应管漏极 d 和源极 s 之间的电压 U_{DS} 大小合适。V_{GG} 是栅极回路的直流电源,其作用是给 MOS 管的栅-源极间加上适当的偏置电压,并保证栅极 g 与源极 s 之间的电压 U_{GS} 大于开启电压 $U_{GS(th)}$。u_{GS} 能对漏极电流 i_D 进行控制,使场效应管有一个正常的工作状态。电阻 R_d 的一个重要作用是将漏极电流 i_D 的变化转换为电压的变化,再送到放大电路的输出端。

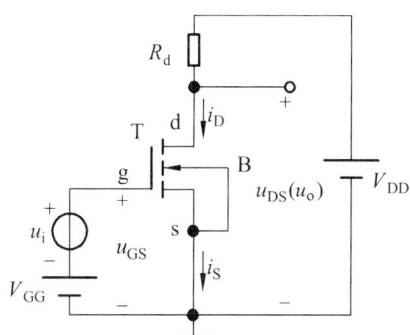

图 3.2.1　N 沟道增强型 MOS 基本共源极放大电路

待放大的输入电压 u_i(时变电压)加在栅极与源极间的输入回路中,放大电路的输出电压 u_o 由漏极与源极间取出。源极是输入回路与输出回路的共同端,所以图 3.2.1 称为共源极放大电路。

设图 3.2.1 中的信号 u_i 为正弦信号电压时,放大电路中的电压或电流就包含有直流成分,即交流信号叠加在直流量上。为讨论方便,常将直流和交流分开进行,即分析直流时,将交流源置零,分析交流时将直流源置零。总的响应是两个单独响应的叠加。

2. 静态分析及静态工作点的估算

当输入信号 $u_i=0$ 时,放大电路的工作状态称为静态或直流工作状态。此时电路中的电压、电流都是直流量。

静态时,FET 漏极的直流及各电极间的直流电压分别用 I_D、U_{GS}、U_{DS} 表示,这些电流、电压的数值可用 FET 特性曲线上的一个确定的点表示,该点习惯上称为静态工作点 Q,因此常将上述三个电量写成 I_{DQ}、U_{GSQ}、U_{DSQ}。

放大电路的作用是将微弱的输入信号进行不失真地放大，为此，电路中的 FET 必须始终工作在饱和区域（或称恒流区域）。因此，在放大电路中设置合适的静态工作点是必需的。例如，如果图 3.2.1 中的 $U_{GS}=V_{GG}<U_{GS(th)}$，则 $i_D=0$。当加入微弱的输入信号 u_i，FET 可能始终是截止的，从而使输出电压 u_{DS} 没有变化（也就没有输出电压变化量）。静态工作点可以由放大电路的直流通路（直流电流流通的路径）用近似计算法求得。

对于 N 沟道增强型 MOS 管电路的直流计算，可以采取下述步骤：

① 设 MOS 管工作于饱和区，则有 $U_{GSQ}>U_{GS(th)}$，$I_{DQ}>0$，$U_{DSQ}>(U_{GSQ}-U_{GS(th)})$。

② 利用饱和区的电流电压关系曲线分析电路。

③ 如果出现 $U_{GSQ}<U_{GS(th)}$，则 MOS 管可能截止；如果 $U_{DSQ}<(U_{GSQ}-U_{GS(th)})$，则 MOS 管可能工作在可变电阻区；

④ 如果初始假设被证明是错误的，则必须作出新的假设，同时重新分析电路。

例 3.2.1 电路如图 3.2.1 所示，设 $U_{GSQ}=V_{GG}=2$ V，$V_{DD}=5$ V，$U_{GS(th)}=1$V，$I_{DO}=0.2$mA，$R_d=12$kΩ。试计算电路静态漏极电流 I_{DQ} 和漏源电压 U_{DSQ}。

解： 设 N 沟道 MOS 管工作于饱和区，其漏极电流由式（3.1.4）决定，即

$$I_{DQ} = I_{DO}\left(\frac{U_{GSQ}}{u_{GS(th)}}-1\right)^2 = 0.2\times\left(\frac{2}{1}-1\right)^2 = 0.2 \text{ mA}$$

漏源电压为

$$U_{DSQ} = V_{DD} - I_{DQ}R_D = (5-0.2\times12)\text{V} = 2.6\text{V}$$

由于 $U_{DSQ}>(U_{GSQ}-U_{GS(th)})=(2-1)\text{V}=1$ V，说明 NMOS 管的确工作在饱和区，假设是正确的。

3. 动态分析

在图 3.2.1 所示电路中，当输入正弦信号 u_i 时，电路将处在动态工作情况。此时，FET 各电极电流及电压都在静态值的基础上随输入信号 u_i 作相应的变化。栅极源极间的电压 $u_{GS}=U_{GSQ}+u_{gs}$，图 3.2.1 中 $u_{gs}=u_i$ 是加在栅极与源极间的交流电压。当 u_{GS} 在 u_i 的整个周期始终能保证 $U_{GSQ}>U_{GS(th)}$ 时，u_{GS} 随 u_i 的变化必然导致受其控制的漏极电流 i_D 产生相应变化，即 $i_D=I_{DQ}+i_d$。其中 i_d 是交流电流，漏极源极间的电压 $u_{DS}=V_{DD}-i_DR_d=U_{DSQ}+u_{ds}$。值得指出的是，在 $u_i=u_{gs}$ 的正半周，i_d 将在静态电流 I_{DQ} 的基础上增加，电阻 R_d 上的压降也在增加，因此 u_{DS} 将在静态电压 U_{DSQ} 的基础上减少；在 u_i 的负半周，情况则相反。于是 u_{ds} 与 u_i 是反相位的。如将 u_{ds} 用适当方式取出来，它就是该放大电路的输出电压 u_o。只要电路参数选择适当，就可以使 $u_{ds}(u_o)$ 的幅度比 u_i 的幅度大得多，实现电压放大作用。由此可知，所谓放大实质上是放大器件的控制作用，放大器是一种能量控制部件。

3.2.2 场效应管的小信号模型

与分析晶体管的 H 参数等效模型相同，将场效应管也看成一个两端口网络，栅极与

源极之间看成输入端口，漏极与源极之间看成输出端口，可构造出场效应管的低频小信号作用下的等效模型，如图 3.2.2（b）、（c）所示。考虑到 N 沟道 MOS 管的 $i_G=0$，栅极和源极间的电阻很大，可看成开路。输出回路是一个电压 u_{gs} 控制的电流源和一个电阻 r_{ds} 并联，如图 3.2.2（b）所示。

通常 r_{ds} 在几十千欧到几百千欧之间，如果外电路的电阻较小时，也可忽略 r_{ds}，将输出回路只等效成一个受控电流源，如图 3.2.2（c）所示。

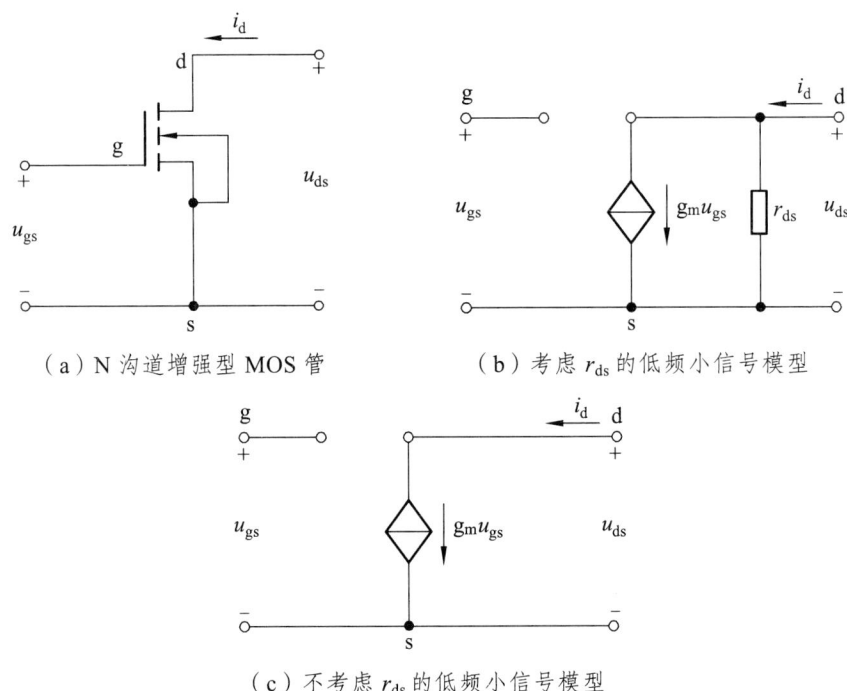

（a）N 沟道增强型 MOS 管　　（b）考虑 r_{ds} 的低频小信号模型

（c）不考虑 r_{ds} 的低频小信号模型

图 3.2.2　共源极 NMOS 管的低频小信号模型

由增强型 MOS 管的电流方程，见式（3.1.4）求导可得出 g_m 的表达式：

$$g_m = \frac{\partial i_D}{\partial u_{GS}}\bigg|_{U_{DS}} = \frac{2I_{DO}}{U_{GS(th)}}\left(\frac{u_{GS}}{U_{GS(th)}}-1\right)\bigg|_{U_{DS}} = \frac{2}{U_{GS(th)}}\sqrt{I_{DO}i_D}$$

在小信号作用时，可用 I_{DQ} 来近似 i_D，得出

$$g_m \approx \frac{2}{U_{GS(th)}}\sqrt{I_{DO}I_{DQ}} \qquad (3.2.1)$$

耗尽型 MOS 管，利用式（3.1.5）求导可得出 g_m 的表达式：

$$g_m \approx \frac{2}{U_{GS(off)}}\sqrt{I_{DSS}I_{DQ}} \qquad (3.2.2)$$

上式表明，g_m 与 Q 点紧密相关，Q 点越高，g_m 越大。因此，场效应管放大电路与晶体管放大电路相同，Q 点不仅影响电路是否会产生失真，而且影响着电路的动态参数。

3.2.3 共源极放大电路的小信号模型分析

用小信号模型分析放大电路的大致步骤是，先确定静态工作点及静态工作点附近的动态参数（g_m、r_{ds} 等），再画放大电路的小信号等效电路，然后按线性电路处理，求出 A_u、R_i 和 R_o 等。下面通过一实例来说明。

例 3.2.2 电路如图 3.2.3 所示，设 V_{DD}=5 V，R_d=3.9 kΩ，R_{g1}=60 kΩ，R_{g2}=40 kΩ。场效应管的参数为 $U_{GS(th)}$=1 V，I_{DO}=0.8 mA。当 MOS 管工作于饱和区，试确定电路的静态值、小信号电压增益 A_u 和 R_i、R_o。

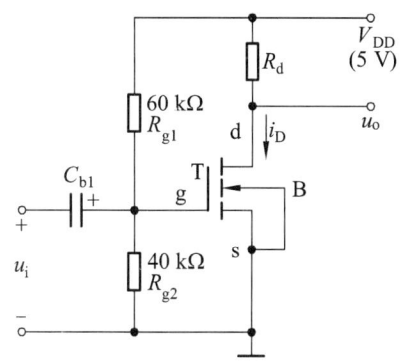 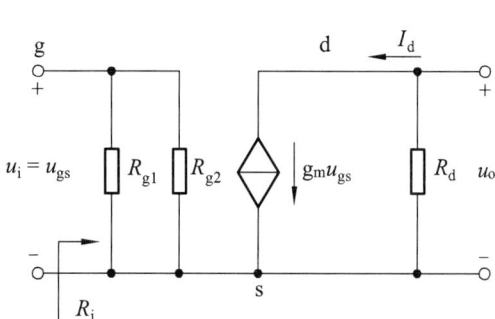

图 3.2.3　例 3.2.2 电路　　　　图 3.2.4　图 3.2.3 所示电路的小信号等效电路

解：（1）求静态值：

$$U_{GS} = U_{GSQ} = \frac{R_{g2}}{R_{g1}+R_{g2}} V_{DD} = \frac{40}{40+60} \times 5 \text{ V} = 2 \text{ V}$$

$$I_{DQ} = I_{DO}\left(\frac{U_{GS}}{U_{GS(th)}}-1\right)^2 = 0.8 \text{ mA} \times \left(\frac{2}{1}-1\right)^2 = 0.8 \text{ mA}$$

$$U_{DS} = U_{DSQ} = V_{DD} - I_{DQ}R_d = (5-0.8\times3.9) \text{ V} = 1.88 \text{ V}$$

而 $U_{GS}-U_{GS(th)}$=1 V<U_{DS}，说明 MOS 管的确工作于饱和区，满足线性放大电路的要求。
（2）求 FET 的互导由式（3.2.1）可求出

$$g_m \approx \frac{2}{U_{GS(th)}}\sqrt{I_{DO}I_{DQ}} = \frac{2}{1}\sqrt{0.8\times0.8} = 1.6 \text{ mS}$$

（3）画出电路的小信号等效电路。考虑到场效应管没有栅流，栅、源极间看成开路，根据图 3.2.2（c）所示场效应管的低频小信号模型，可画出图 3.2.3 所示电路的小信号等效电路，如图 3.2.4 所示。
（4）求电压增益：

$$u_o = -g_m u_{gs} R_d$$

故电压增益为

$$A_u = \frac{u_o}{u_i} = -g_m R_d = -1.6 \times 3.9 = -6.24$$

由于场效应管的 g_m 较低，MOS 管放大电路的电压增益也较低。上式中 A_u 带负号表明，若输入为正弦电压，输出电压 u_o 与输入 u_i 的相位相差 180°。共源电路属于倒相电压放大电路。

（5）求放大电路的输入电阻 R_i。

根据第 2 章所介绍的放大电路输入电阻的概念，可求出图 3.2.4 所示电路的输入电阻：

$$R_i = \frac{u_i}{i_i} = R_{g1} // R_{g2} = \frac{60 \times 40}{60 + 40} \text{ k}\Omega = 24 \text{ k}\Omega$$

（6）求放大电路的输出电阻 R_o。

利用第 2 章介绍的外加测试电压 u_t，求输出电阻的方法，可画出求图 3.2.3 输出电阻的电路，如图 3.2.5 所示，根据 R_o 的定义，可得

$$R_o = R_d = 3.9 \text{ k}\Omega$$

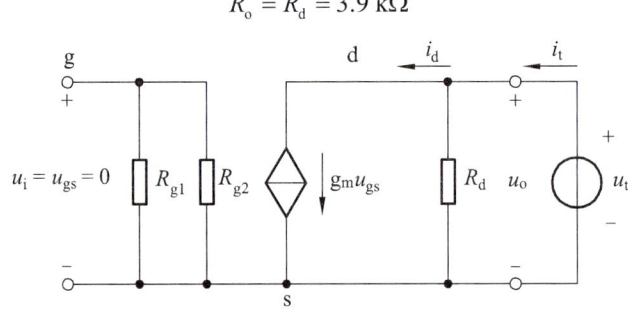

图 3.2.5　求图 3.2.3 所示电路的输出电阻

对于共源极放大电路（电压放大）而言，R_i 越大，放大电路从信号源吸取的电流越小，输入端得到的电压 u_i 越大。当外接负载电阻 R_L 时，R_o 越小，R_L 的变化对输出电压 u_o 的影响越小，放大电路带电压负载的能力越强。

3.3　放大电路的频率响应

分析放大电路的性能指标时，都假设电路的输入信号为单一频率的正弦波信号，而且电路中所有耦合电容和旁路电容对交流信号都视为短路，FET 或 BJT 的极间电容、电路中的负载电容及分布电容均视为开路。而实际的输入信号大多含有许多频率成分，占有一定的频率范围，如广播电视中语言及音乐信号的频率范围为 20 Hz ~ 20 kHz，卫星电视信号的频率范围为 3.7 ~ 4.2 GHz 等。因此，放大电路中所含各电容的容抗会随信号频率的变化而变化，从而使放大电路对不同频率的输入信号具有不同的放大能力，其增益的大小会随频率而变化，输出与输入信号间的相位差也会随频率而变化。

3.3.1　幅频特性和相频特性

由于电抗性元件的作用，使正弦波信号通过放大电路时，不仅信号的幅度得到放大

而且还将产生一个相位移。此时，电压放大倍数 $\dot{A}_u$ 可表示如下：

$$\dot{A}_u = \left|\dot{A}_u(f)\right| \angle \varphi(f)$$

上式表示，电压放大倍数的幅值和相角都是频率 f 的函数。其中，$\left|\dot{A}_u(f)\right|$ 称为幅频特性，$\varphi(f)$ 称为相频特性。

一个典型的单管共射放大电路的幅频特性和相频特性分别示于图 3.3.1（a）和（b）。

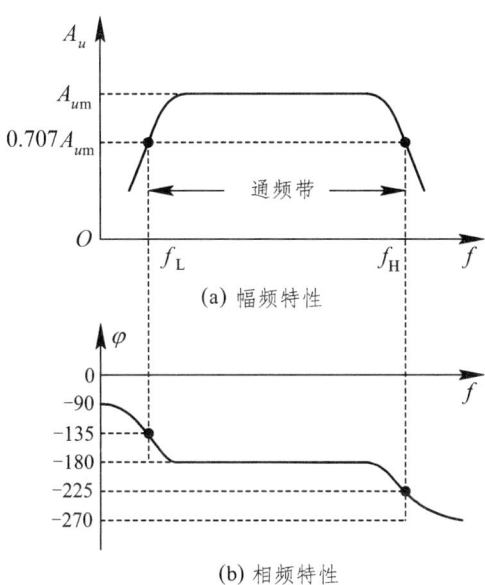

图 3.3.1　共射放大电路的频率响应

3.3.2　下限频率、上限频率和通频带

由图 3.3.1 可见，在较宽的中频范围内，电压放大倍数的幅值基本不变，相角 φ 大致等于 $-180°$。而当频率降低或升高时，电压放大倍数的幅值都将减小，同时产生超前或滞后的附加相位移。通常将中频段的电压放大倍数称为中频电压放大倍数 A_{um}，并规定当电压放大倍数下降到 $0.707 A_{um}$ 时，相应的低频和高频分别称为放大电路的下限截止频率 f_L 和上限截止频率 f_H，二者之间的频率范围称为通频带 BW。即

$$BW = f_H - f_L \tag{3.3.1}$$

通频带的宽度，表征放大电路对不同频率的输入信号的响应能力，它是放大电路的重要技术指标之一。

3.3.3　频率失真

由于放大电路的通频带有一定限制，因此对于不同频率的输入信号，可能放大倍数的幅值不同，相位也不同。当输入信号包含多次谐波时，经过放大以后，输出波形将产

生频率失真，如图 3.3.2 所示。

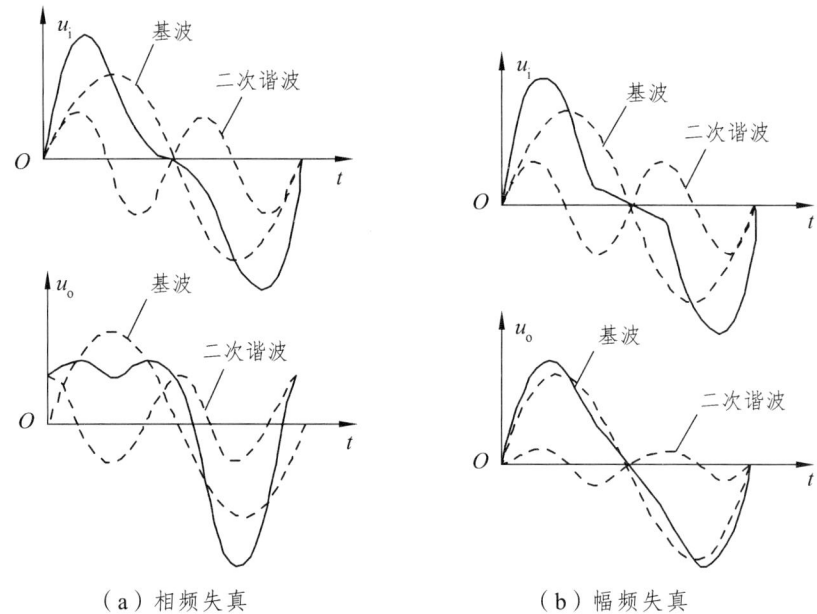

（a）相频失真　　　　　　　（b）幅频失真

图 3.3.2　频率失真

图 3.3.2（a）和（b）中的两个输入电压 U_i 均包含基波和二次谐波。图（a）表示由于两个谐波通过放大电路后产生的相位移不同而引起相频失真图；图（b）表示由于对两个谐波成分的放大倍数的幅值不同而引起幅频失真。

频率失真与放大电路的非线性失真相比，虽然从现象来看，同样表现为输出信号不能如实反映输入信号的波形，但是这两种失真产生的原因本质不同。前者是由于放大电路的通频带不够宽，因而对不同频率的信号响应不同而产生的；而后者是由放大器件的非线性特性而产生的。

习　题

3.1　填空题

（1）晶体管电流由（　　）(a1. 多子，b1. 少子，c1. 两种载流子）组成，而场效应管的电流由（　　）(a2. 多子，b2. 少子，c2. 两种载流子）组成，因此，晶体管电流受温度的影响比场效应管（　　）(a3. 大，b3. 小，c3. 差不多）。

（2）场效应管是改变（　　）(a1. 栅极电流，b1. 栅源电压，c1. 漏源电压）来改变漏极电流的。所以它是一个（　　）(a2. 电流，b2. 电压）控制的（　　）(a3. 电流源，b3. 电压源）。

3.2　一个 JFET 的转移特性曲线如题 3.2 图所示，试问：

（1）它是 N 沟道还是 P 沟道 FET？

（2）它的夹断电压 U_{off} 和饱和漏极电流 I_{DSS} 各是多少？

3.3 已知场效应管的输出特性曲线如图题 3.3 所示，画出它在恒流区的转移特性曲线。

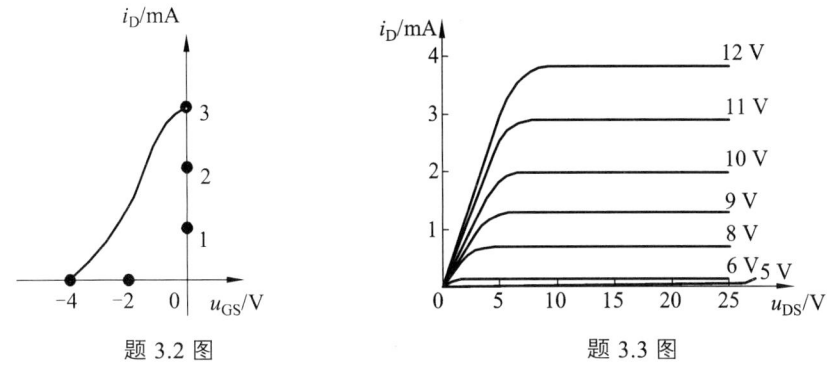

题 3.2 图　　　　题 3.3 图

3.4 试分析题 3.4 图所示各电路是否能够放大正弦交流信号，简述理由。设图中所有电容对交流信号均可视为短路。

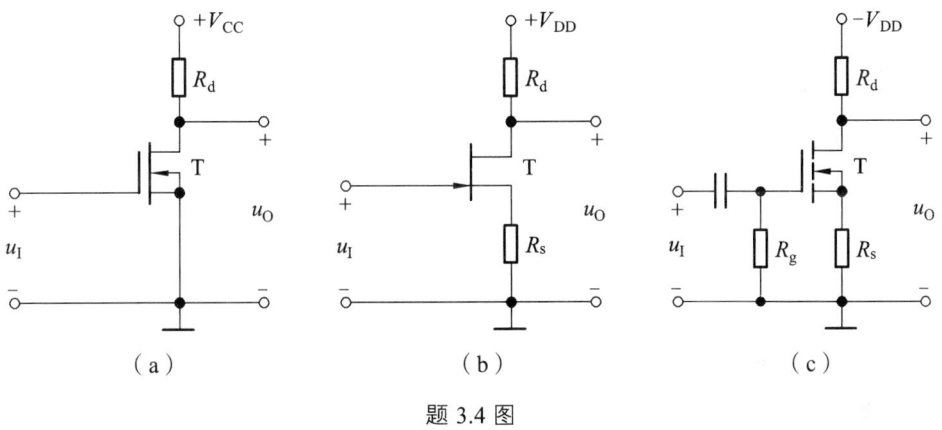

题 3.4 图

3.5 已知题 3.5 图（a）所示电路中场效应管的转移特性如图（b）所示，求解电路 Q 点，$\dot{A}_u$ 和 R_i、R_o。

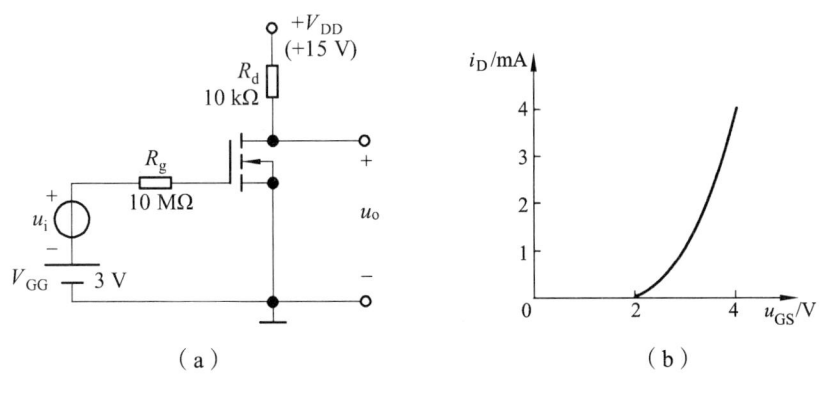

题 3.5 图

3.6 已知题 3.6 图（a）所示电路中场效应管的转移特性和输出特性分别如题 3.6 图

（b）、（c）所示。

（1）利用图解法求解 Q 点；

（2）利用等效电路法求解 A_u，R_i 和 R_o。

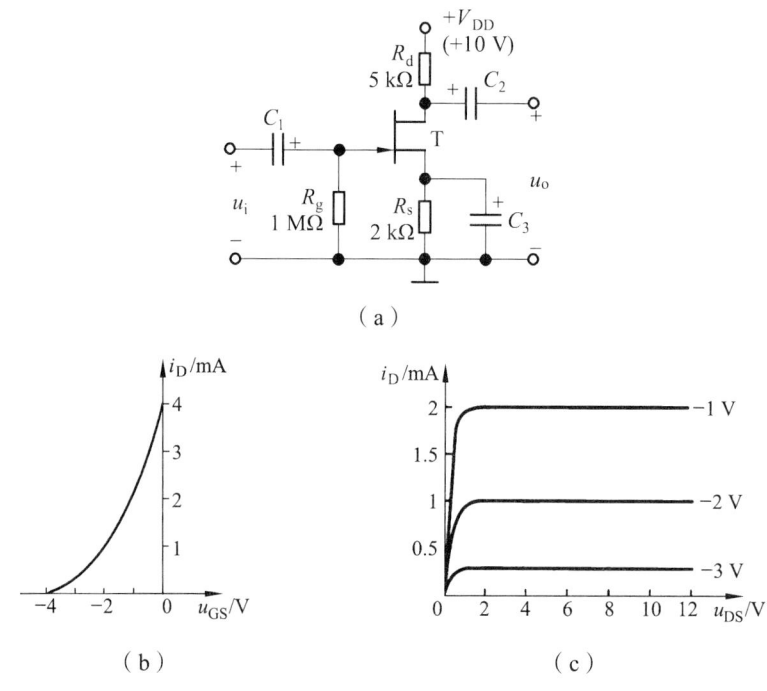

题 3.6 图

3.7 场效应管放大电路如题 3.7 图所示，在静态工作点处的互导 $g_m = 1\,\text{ms}$，试解答：

（1）画出低频微变等效电路；

（2）计算电压放大倍数 A_u；

（3）求放大电路的输入电阻 R_i。

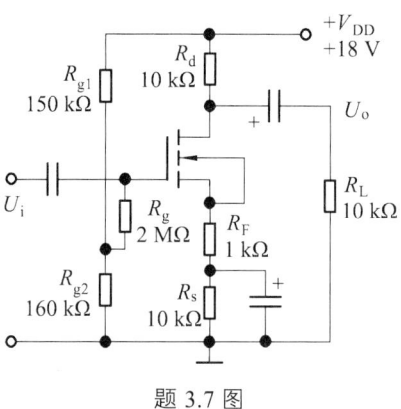

题 3.7 图

3.8 选择题

（1）当信号频率等于放大电路的 f_L 或 f_H 时，放大倍数的值约下降到中频时的（　　），即增益下降（　　）。

  A. 0.5 倍   B. 0.7 倍   C. 0.9 倍

  D. 3 dB   E. 4 dB   F. 5 dB

（2）对于单管共射放大电路，当 $f=f_L$ 时，U_o 与 U_i 相位关系是（　　）。

  A. +45°   B. −90°   C. −135°

（3）对于单管共射放大电路，当 $f=f_H$ 时，U_o 与 U_i 的相位关系是（　　）。

  A. −45°   B. −135°   C. −225°

第 4 章　集成运算放大电路

【主要内容】

本章首先介绍了集成运算放大电路的特点及典型结构。然后介绍了主要的单元电路，例如差分放大电路、功率放大电路等。最后介绍了通用运算放大电路的简化电路及主要参数和典型应用。

4.1　集成运算放大电路概述

集成运算放大器（Integrated Circuit-Operational Amplifiers，IC-OPA），通常简称集成运放，是由多级直接耦合放大电路组成的高增益模拟集成电路。自从 20 世纪 60 年代中期，第一块集成运算放大器问世以后，电子工程师们开始大量应用集成运算放大器。由于使用者不断要求更高质量的集成运放，在短短几年时间里，高性能、低价格的各种集成运放就应运而生，使集成运放的特性十分接近理想特性。

集成运放是模拟集成电路中应用极为广泛的一种器件，它不仅用于信号的放大、运算、处理、变换、测量、信号产生和电源电路，而且还可用于开关电路中。运算放大器作为基本的电子器件，虽然本身具有非线性的特性，但在许多情况下，它工作在线性区域，很容易用来设计各种应用电路。

4.1.1　集成运放的电路结构特点

在集成运放电路中，相邻元器件的参数具有良好的一致性，电阻的阻值和电容的容量均有一定的限制，便于制造互补式 MOS 电路，这些特点就使得集成放大电路与分立元件放大电路在结构上有较大的差别。观察它们的电路图可以发现，后者除放大管外，其余元件多为电阻、电容、电感等；而前者以晶体管和场效应管为主要元件，电阻与电容的数量很少。归纳起来，集成运放有如下特点：

（1）因为硅片上不能制作大电容，所以集成运放均采用直接耦合方式。

（2）因为相邻元件具有良好的对称性，而且受环境温度和干扰等影响后的变化也相同，所以，集成运放中大量采用元件具有对称性的各种差分放大电路（作输入级）和恒流源电路（作偏置电路或有源负载）。

（3）因为制作不同形式的集成电路，只是所用掩膜不同，增加元器件并不增加制造工序，即电路的复杂化并不会使工艺过程复杂化，所以集成运放允许采用复杂的电路形式，以达到提高各方面性能的目的。

（4）集成运放电路中作为放大管的晶体管和场效应管数量很少，其余管子用作它用。例如，因为硅片上不宜制作高阻值的电阻，所以在集成运放中常用有源元件（晶体管或场效应管）取代电阻。

（5）集成晶体管和场效应管因制作工艺不同，性能上有较大差异，所以在集成运放中常采用复合形式，以得到各方面性能俱佳的效果。

4.1.2 集成运算放大器的内部组成单元

集成运算放大器是一种电子器件，它是采用一定制造工艺将大量半导体三极管、电阻、电容等元件以及它们之间的连线制作在同一小块单晶硅的芯片上，并具有一定功能的电子电路。

它的类型很多，电路也不一致，但在电路结构上有共同之处。图 4.1.1 表示集成运算放大器的内部结构框图。输入级由差分式放大电路组成，利用电路对称性可提高整个电路的性能；中间电压放大级的主要作用是提高电压增益，它可由一级或多级电压放大电路组成；输出级的电压增益为 1，但能为负载提供一定的功率。电路由两个电源 V_+ 和 V_- 供电。整个电路设计成两个输入端 P 和 N，一个输出端。三端的电压分别用 u_P、u_N 和 u_o 表示，它们都是以正、负电源的中间接点作为参考电位点。P、N 两端分别称为同相输入端（用符号"+"表示）和反相输入端（用符号"-"表示），当 P 端加入电压信号 u_P 时（$u_N=0$），在输出端得到的输出电压 u_o 与 u_P 同相；而当在 N 端加入电压信号 u_N 时（$u_P=0$），u_o 与 u_P 反相。一个实际的集成运放，其输入端 P、N 与输出端的电压信号之间的相位关系是确定的。

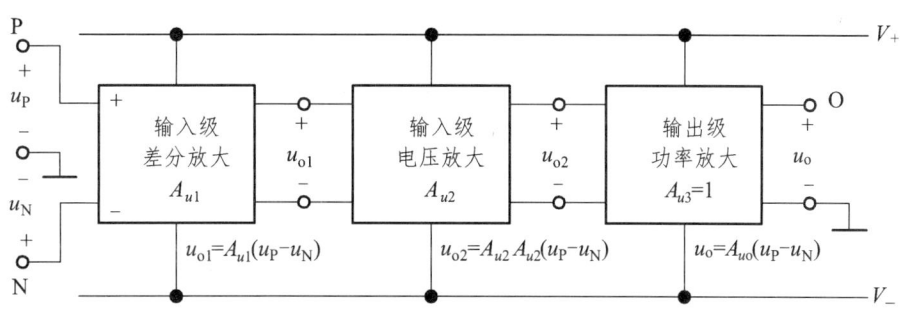

图 4.1.1　集成运算放大器的内部结构框图

从信号传输的过程来考虑，当两输入信号电压 u_P 和 u_N 加到差分放大输入级的两输入端时，得输入级的输出电压 $u_{o1}=A_{u1}(u_P-u_N)$，A_{u1} 是输入级的电压增益。u_{o1} 传送到中间级作电压放大的信号电压，从而在电压放大级的输出端产生 $u_{o2}=A_{u1}A_{u2}(u_P-u_N)$。输出级无电压放大功能（$A_{u3}=1$），但它能利用电压 u_{o2} 的控制作用，为外接低阻值的负载供给一定的功率。运放的输出电压 $u_o=A_{uo}(u_P-u_N)$，其中 $A_{uo}=A_{u1}A_{u2}A_{u3}$ 是运放的开环电压增益，即运放由输出端到输入端无外接反馈元件时的电压增益。运放电路的功能是用来放大两个输入信号的差值。

运放的图形符号如图 4.1.2 所示，图 4.1.2（a）是国家标准规定的符号，图 4.1.2（b）是国内外常用的符号。

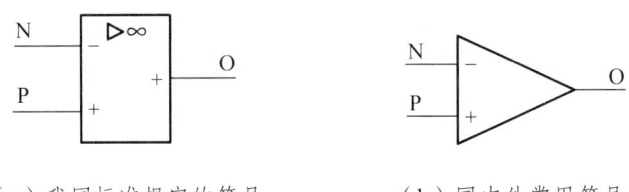

（a）我国标准规定的符号　　（b）国内外常用符号

图 4.1.2　运算放大器的图形符号

4.1.3　运算放大器的电路简化模型及传输特性

1. 运算放大器的电路简化模型

根据放大电路模型的有关知识，将运算放大器看作一个简化的具有端口特性的标准器件，可以用一个包含输入端口（P、N），输出端口（O）和供电电源端（V_+、V_-）的电路模型来代表。如图 4.1.3 所示，输入端口用输入电阻 R_{id} 来等效，输出端口用输出电阻 R_o 和与它串联的受控电压源 $A_{uo}(u_P-u_N)$ 来等效。电压 u_P、u_N 和 u_o 都是以正、负电源 $+V_1$、$-V_2$ 的中间接点作为参考电位点，即 0 电位点。电源是运放内部电路运行所必需的能源。在后面讨论的电路中不再画出电路的供电电源 $+V_1$、$-V_2$。

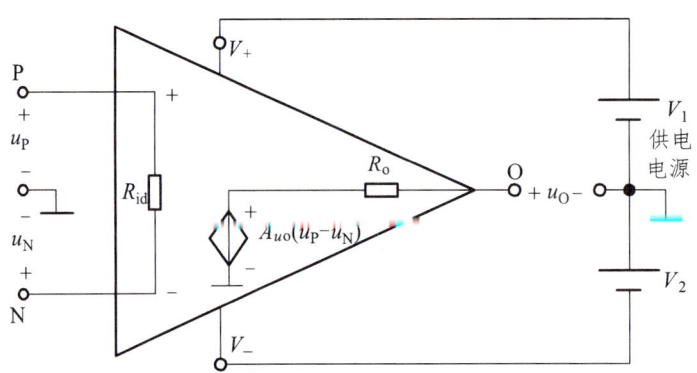

图 4.1.3　运算放大器的电路简化模型

集成运放开环电压增益 A_{uo} 的值较高，至少为 10^4，通常可达 10^6 甚至更高。两输入端之间的输入电阻值较大，通常为 $10^6\Omega$ 或更高。与此相反，输出电阻 R_o 的值较小，通常为 100 Ω 或更低。A_{uo}、R_{id} 和 R_o 三个参数的值是由运放内部电路所确定的。

2. 运算放大器的传输特性

电路模型中的输出电压 u_o 不可能超越正、负电源电压值，由于运放的开环电压增益很高，以至输入电压（u_P-u_N）的值尽管很小，仍可驱使运放进入饱和区。若 $(u_P-u_N)>0$，

则 u_o 将趋于正饱和极限电压 $V_+(+U_{om}=V_+)$；反之，若$(u_P-u_N)<0$，u_o 将趋于负饱和极限电压 $V_-(-U_{om}=V_-)$。实际运放的输出电压 u_o 的变化范围，往往是低于 $V_+(+U_{om}=V_+-\Delta V)$，而又高于 $V_-(-U_{om}=V_-+\Delta V)$ 的值（其中 ΔV 由运放内部电路的晶体管决定）。只有在理想情况下，u_o 的变化范围才扩展到正、负饱和极限值。

根据上述情况，可用下列表达式来描述运放的传输特性：

设 $A_{uo}>>0$，

若 $\qquad V_-<A_{uo}(u_P-u_N)<V_+$，则 $u_o=A_{uo}(u_P-u_N)$ （4.1.1）

若 $\qquad A_{uo}(u_P-u_N) \geqslant V_+$，则 $u_o=+U_{om}=V_+$ （4.1.2）

若 $\qquad A_{uo}(u_P-u_N) \leqslant V_-$，则 $u_o=-U_{om}=V_-$ （4.1.3）

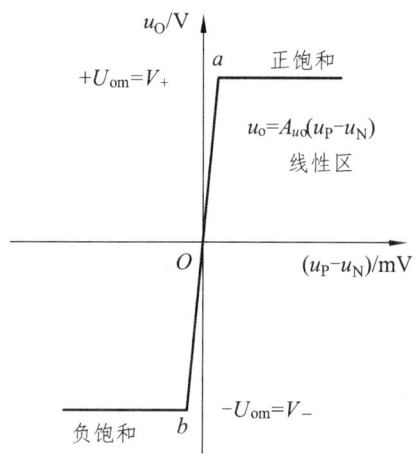

图 4.1.4 运算放大器的电压传输特性

图 4.1.4 是根据式（4.1.1）~式（4.1.3）所描绘的运放电压传输特性 $A_{uo}(u_P-u_N)$。特性的 ab 段几乎是一条垂直线，这是因为它的斜率 A_{uo} 的值很大的缘故，所跨越的范围称为线性区。上、下两条水平线，分别表示正、负饱和极限值，$+U_{om}=V_+$、$-U_{om}=V_-$，为非线性区，又称限幅区。

应当注意到，电压传输特性的形状与 $A_{uo}(u_P-u_N)$ 密切相关，由于 A_{uo} 的值很高，容易导致电路性能不稳定。后面将讨论到，为使由集成运放所组成的各种应用电路能稳定地工作在线性区，必须引入负反馈。

例 4.1.1 电路如图 4.1.5 所示，运放的开环电压增益 $A_{uo}=2\times10^5$，输入电阻 $R_{id}=0.1\ M\Omega$，电源电压 $V_+=+12\ V$，$V_-=-12\ V$。（1）试求当 $u_o=\pm U_{om}=\pm 11\ V$ 时，输入电压的最小幅值 u_P-u_N 及输入电流 i_1；（2）画出传输特性曲线 $u_o=f(u_P-u_N)$，说明运放的两个区域。

解：（1）输入电压的最小幅值 $u_P-u_N=u_o/A_{uo}$，当 $u_o=\pm U_{om}=\pm 11\ V$ 时

$u_P-u_N=\pm 11\ V/(2\times 10^5)=\pm 55\ \mu F$

输入电流 $i_1=(u_P-u_N)/R_{id}=\pm 55\mu V/0.1M\Omega=\pm 55\mu V/(0.1\times 10^6)\Omega=\pm 550pA$

（2）画传输特性曲线取 a 点（$+55\ \mu V$，$+11\ V$），b 点（$-55\ \mu V$，$-11\ V$），连接 a、b

两点得 ab 线段，其斜率 $A_{uo}=2\times 10^5$，$|u_P-u_N|<55\ \mu V$ 时，电路工作在线性区；$|u_P-u_N|>55\ \mu V$，则运放进入非线性区（限幅区）。运放的电压传输特性如图 4.1.5 所示。

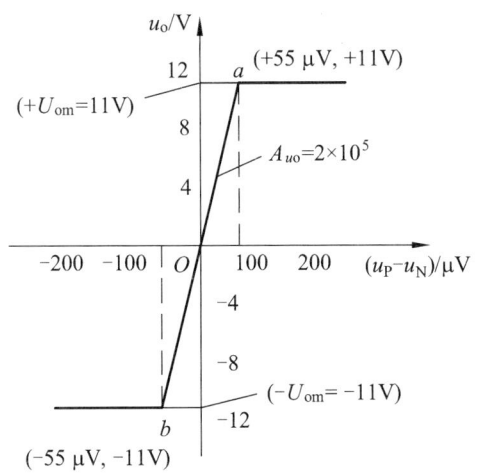

图 4.1.5　例 4.1.1 中运放的传输特性

3. 理想集成运放

由图 4.1.4 所示运放的电压传输特性可知，由于开环的电压增益 A_{uo} 很高，它的中心部分的斜度很陡峭。同时考虑到运放的输入电阻值 R_{id} 很高，而它的输出电阻值 R_o 又很低，这就启发人们去建立一个近似理想运放的模型（理想模型）。这个模型在理想情况下，可归纳出它的主要特性如下。

（1）输出电压 u_o 的饱和极限值等于运放的电源电压，即 $+U_{om}=V_+$ 和 $-U_{om}=V_-$，亦即理想运放工作在限幅区。

（2）理想运放的开环电压增益 $A_{uo}\to\infty$。当运放工作在线性区时，其输出电压 $u_o=A_{uo}(u_P-u_N)$，由于 u_o 不能超出电源电压，u_o 为有限值，所以有 $u_P-u_N=u_o/A_{uo}\approx 0$（或 $u_P\approx u_N$），即理想运放两输入端间电压 $u_P-u_N\approx 0$，如同两输入端近似短路。这种现象称为虚假短路，简称"虚短"。运放工作在线性区与负反馈连接有关。

（3）理想运放的 $R_{id}\to\infty$。由于 $u_P-u_N\approx 0$，所以运放的输入电流 $i_i=(u_P-u_N)/R_{id}\approx 0$（或 $i_P=-i_N\to 0$），即理想运放流入同相端和流出反相端的电流基本为零。

（4）理想运放的输出电阻 $R_o\to 0$，输出电压 $u_o=A_{uo}(u_P-u_N)$。

（5）开环带宽 $BW\to\infty$（对所有频率的信号都有相同大小的 A_{uo}）。

如将运放的性能参数理想化，便可得到如图 4.1.6 所示的理想运放的电路模型。它的输入端是开路的，即 $R_{id}\to\infty$，输出端的电阻 $R_o\to 0$，输出电压 $u_o=A_{uo}(u_P-u_N)$ 为受控源电压，其中 $A_{uo}\to\infty$。应当指出的是，每个端子的电压是该端子与地之间的电压。

理想运放的参数在深度负反馈的条件下可以导出理想运放的特性："虚短"（$u_P-u_N\approx 0$）和"虚断"（$i_i\approx 0$）。理想运放的特性对分析和设计由运放组成的各种线性应用电路（闭环的电路）很重要，应用十分简便，必须熟练掌握。

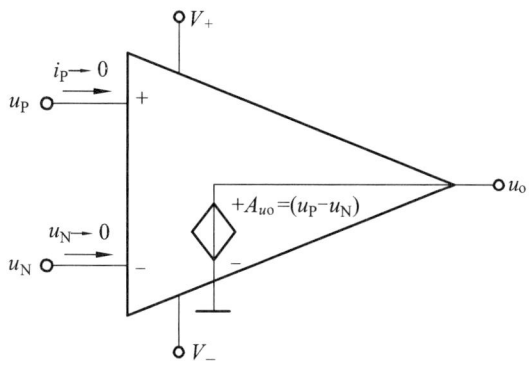

图 4.1.6　理想运放的电路模型

4.2　差分放大电路

4.2.1　差分放大电路概述

图 4.2.1（a）是用两个特性相同的三端器件（含 BJT 或 FET）T_1、T_2 所组成的差分式放大电路，并在两器件下端公共接点 e 处连接一电流源 I_o。两器件的输入端 I_1、I_2 分别接输入信号电压 u_{i1} 和 u_{i2}，两输出端 O_1、O_2 分别连接两只等值的电阻 R_1 和 R_2。电路则由两个电源 V_+ 和 V_- 供电。

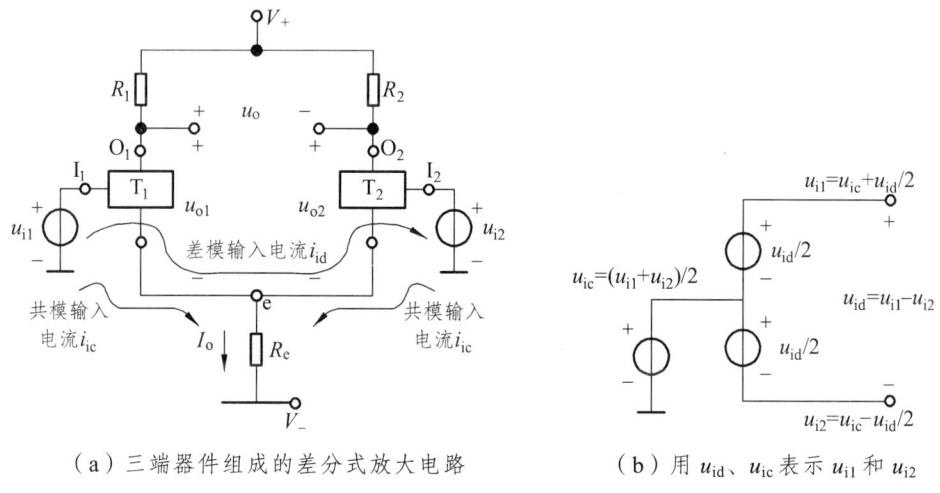

（a）三端器件组成的差分式放大电路　　　（b）用 u_{id}、u_{ic} 表示 u_{i1} 和 u_{i2}

图 4.2.1　差分式放大电路一般结构及输入信号分解

1. 差模信号和共模信号的概念

什么叫差模和共模信号？这是我们应当首先建立的重要概念。如 T_1、T_2 是 BJT 器件，由图 4.2.1（a）可以看到有两种电流信号，一种是从 I_1 端到 I_2 端的差模输入电流信号 i_{id}，另一种是从两管的 I_1 和 I_2 端分别流入电流源的共模输入电流信号 i_{ic}。实际上，电流信号是由输入电压信号产生的，因此差模信号是指差分式放大电路两输入端信号的差值部分。

在图 4.2.1（a）中以电压信号为例，I_1 和 I_2 两输入端的差模电压信号 u_{id} 定义为

$$u_{id}=u_{i1}-u_{i2} \tag{4.2.1}$$

两输入端的共模电压信号 u_{ic} 是两输入端信号相同的公共部分，u_{ic} 是两输入电压 u_{i1} 和 u_{i2} 的算术平均值，称为共模电压，定义为

$$u_{ic} = \frac{u_{i1} + u_{i2}}{2} \tag{4.2.2}$$

当用差模和共模电压表示两输入电压时，由式（4.2.1）和式（4.2.2）可得

$$u_{i1} = u_{ic} + \frac{u_{id}}{2} \tag{4.2.3}$$

$$u_{i1} = u_{ic} - \frac{u_{id}}{2} \tag{4.2.4}$$

由式（4.2.3）、式（4.2.4）可知，两输入端的共模信号 u_{ic} 的大小相等、极性相同，而两输入端的差模电压 $+u_{id}/2$ 和 $-u_{id}/2$ 的大小相等，极性则是相反的。这些表达式可用图 4.2.1（b）所示的图形表示。当 T_1、T_2 加入信号电压 u_{i1} 和 u_{i2} 产生的差模输入电流和共模输入电流与图 4.2.1（a）所表示的流向是一致的。

2. 差分式放大电路的输出

图 4.2.1（a）有两种输出方式，即单端输出和双端输出。从 O_1（或 O_2）到地之间的输出为单端输出，如输出电压 u_{o1}（或 u_{o2}）；从 O_1 和 O_2 之间的输出，则称为双端输出，如输出电压 $u_o=u_{o1}-u_{o2}$。无论哪种输出方式，输出信号电压总是包含差模输入信号 u_{id} 和共模输入信号 u_{ic} 分别经放大电路放大后的叠加。u_{id} 和 u_{ic} 经放大后在输出端有差模输出电压 u_{od} 和共模输出电压 u_{oc}。类似地，对单端输出时输出电压分别为

$$u_{o1} = u_{oc} + \frac{u_{od}}{2} \tag{4.2.5}$$

$$u_{o2} = u_{oc} - \frac{u_{od}}{2} \tag{4.2.6}$$

双端输出时输出电压为

$$u_o=u_{o1}-u_{o2}=u_{od} \tag{4.2.7}$$

差分式放大电路的差模电压增益为

$$A_{ud} = \frac{u_{od}}{u_{id}} \tag{4.2.8a}$$

差分式放大电路的共模电压增益为

$$A_{uc} = \frac{u_{oc}}{u_{ic}} \tag{4.2.8b}$$

在差模信号和共模信号同时存在时，对于线性放大电路来说，输出电压 u_o 是 u_{od} 和 u_{oc} 的叠加，用叠加原理求出电路总的输出电压，即

$$u_o = u_{od} + u_{oc} = A_{ud}u_{id} + A_{uc}u_{ic} \tag{4.2.9}$$

放大电路的设计要求差模电压增益 A_{od} 高，而共模电压增益 A_{oc} 低。

3. 共模抑制比 K_{CMR}

为了综合反映差分式放大电路放大差模信号的能力和抑制共模信号的能力，常用共模抑制比作为一项技术指标来衡量。其定义为放大电路差模信号的电压增益 A_{ud} 与共模信号的电压增益 A_{uc} 之比的绝对值，即

$$K_{CMR} = \left| \frac{A_{ud}}{A_{uc}} \right| \qquad (4.2.10)$$

由此可见，差模电压增益越大，共模电压增益越小，则抑制共模信号的能力越强，放大电路的性能越优良，因此希望 K_{CMR} 值越大越好。共模抑制比有时也用分贝（dB）数来表示，即

$$K_{CMR} = 20\lg \left| \frac{A_{ud}}{A_{uc}} \right| dB \qquad (4.2.11)$$

4. 差分放大电路的工作原理

（1）零点漂移。

零点漂移（简称零漂）指当放大电路的输入端短路时，输出端还有缓慢变化的电压产生，即输出电压偏离原来的起始点而上下漂动。在直接耦合多级放大电路中，当第一级放大电路的 Q 点由于某种原因（如温度变化）而稍有偏移时，第一级的输出电压将发生微小的变化，这种缓慢的微小变化就会被逐级放大，致使放大电路的输出端产生较大的漂移电压。放大增益越高漂移越严重，当输出漂移电压的大小可以和放大的有效信号电压相比时，就无法分辨是有效信号电压还是漂移电压，严重时漂移电压甚至把有效信号电压淹没了，使放大电路无法正常工作。温度变化所引起半导体器件参数的变化是放大电路产生零点漂移的主要原因，为了表示由于温度变化引起的漂移，常把温度升高一度（1 ℃）时，输出漂移电压 ΔU_o 按放大电路的总电压增益 A_u 折合到输入端的等效输入漂移电压 ΔU_i（$=\Delta U_o/A_u\Delta T$）作为温漂指标。

（2）差分放大电路对零点漂移的抑制。

用 BJT 替图 4.2.1 中的三端器件，可以得到 BJT 典型的差分放大电路，如图 4.2.2 所示。我们来讨论差分放大电路对零点漂移的抑制作用。在差分放大电路中，无论是温度变化，还是电源电压的波动，都会引起两管集电极电流以及相应的集电极电压相同地变化，其效果相当于在两个输入端加入了共模信号电压，也就是相当于在 u_{i1} 与 u_{i2} 所加信号为大小相等、极性相同的输入信号（称为共模信号）。由于电路参数对称，T_1 管和 T_2 管所产生的电流变化相等，即 $\Delta i_{B1}=\Delta i_{B2}$，$\Delta i_{C1}=\Delta i_{C2}$；因此集电极电位的变化也相等，即 $\Delta u_{C1}= \Delta u_{C2}$。那么，图中所标注的输出电压 $u_o=u_{c1}-u_{c2}=(U_{CQ1}+\Delta u_{C1})-(U_{CQ2}+\Delta u_{C2})=0$，说明差分放大电路对共模信号具有很强的抑制作用，在参数理想对称的情况下，共模输出为零，$A_{uc}=0$，所以差分放大电路能够对温漂有较好的抑制作用。

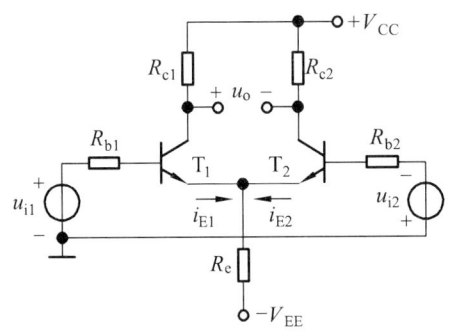

图 4.2.2　BJT 典型差分放大电路

（3）差分电路对输入信号的放大作用。

为使信号得以放大，需将其分成大小相等的两部分，按相反极性加在电路的两个输入端。这种大小相等极性相反的信号称为差模信号。由于 $\Delta u_{i1}=-\Delta u_{i2}$，且电路参数对称，$T_1$ 管和 T_2 管所产生的电流的变化大小相等而变化方向相反，即 $\Delta i_{B1}=-\Delta i_{B2}$，$\Delta i_{C1}=-\Delta i_{C2}$。因此集电极电位的变化也是大小相等且变化方向相反的，即 $\Delta u_{c1}=-\Delta u_{c2}$，这样得到的输出电压 $\Delta u_o=\Delta u_{c1}-\Delta u_{c2}=2\Delta u_{c1}$，从而实现了电压放大。

在差模信号作用下 R_e 中的电流变化为零，即 R_e 对差模信号无反馈作用，相当于短路，因此大大提高了对差模信号的放大能力。图 4.2.2 所示的典型差分放大电路，也有文献称之为差动放大电路，所谓"差动"，是指只有当两个输入端之间的电位有差别（即变化量）时，输出电压才有变动（即变化量）的意思。

对于差分放大电路的分析，多是在电路参数理想对称情况下进行的。所谓电路参数理想对称，是指在对称位置的电阻值绝对相等，两只晶体管在任何温度下输入特性曲线与输出特性曲线均完全重合。

应当指出，由于实际电阻的阻值误差各不相同，特别是晶体管特性的分散性，任何分立元件差分放大电路的参数不可能理想对称，也就不可能完全抑制零点漂移；而在集成电路中，由于相邻元件具有良好的对称性，故能够实现趋于参数理想对称的差分放大电路。

4.2.2　具有恒流源的差分式放大电路

在差分放大电路中，增大发射极电阻 R_e 的阻值，能够有效地抑制每一边电路的温漂，提高共模抑制比，这一点对于单端输出电路尤为重要。可以设想，若 R_e 为无穷大，则即使是单端输出电路，根据式（4.2.8b）和式（4.2.10），A_{uc} 为零，K_{CMR} 为无穷大。设晶体管发射极静态电流为 0.5 mA，则 R_e 中电流就为 1 mA，若 R_e 为 10 kΩ，则电源 V_{EE} 的值约为 10.7 V；若 R_e=100 kΩ，则 V_{EE}≈100.7 V。这显然是不现实的，对于小信号放大电路而言是不合理的。差分电路需要既能采用较低的电源电压，又能有很大的等效电阻 R_e 的发射极电路。利用恒流源来取代 R_e，就得到如图 4.2.3 所示的具有恒流源的差分放大电路。

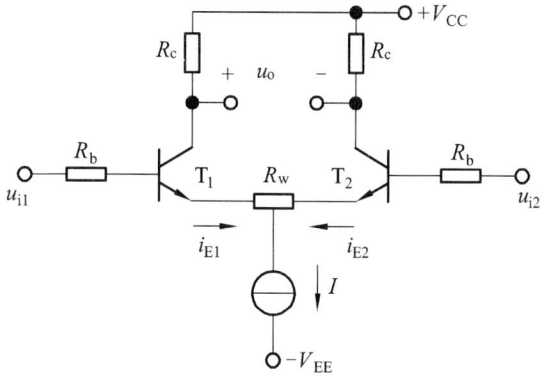

图 4.2.3　恒流源电路的简化画法及电路调零措施

恒流源的内阻为无大,即相当于 T_1 管和 T_2 管的发射极接了一个阻值为无穷大的电阻,对共模信号的负反馈作用无穷大,因此使电路的 $A_{uc}=0$,$K_{CMR}=\infty$。恒流源的具体电路是多种多样的,若用恒流源符号取代具体电路,则可得到图 4.2.3 所示差分放大电路。在实际电路中,由于难于做到参数理想对称,常用一个阻值很小的电位器加在两只管子发射极之间,见图中的 R_w。调节电位器滑动端的位置便可使电路在 $u_{i1}=u_{i2}=0$ 时 $u_o=0$,所以常称 R_w 为调零电位器。

4.3　功率放大电路

集成运算放大电路要求输出级能够带动一定的负载,例如驱动扬声器发出声音,推动电机转动等。这就要求输出级能够输出足够大的信号功率,这种输出级的放大电路称为功率放大电路。

功率放大电路同前面讨论的电压放大电路有所不同,电压放大电路是放大微弱的电压信号,属于小信号放大电路;而功率放大电路是大信号放大电路。对功率放大电路的要求主要有以下几个方面:

(1) 要求尽可能大的输出功率。

为了输出最大功率,要求晶体管的电压和电流都有足够大的输出幅度,处于大信号工作状态,甚至接近极限工作状态。输出的最大功率 P_{om} 等于最大输出电压有效值与最大输出电流有效值的乘积。

(2) 具有较高的转换效率。

从能量转换的观点来看,功率放大电路是将直流电源提供的能量转换成交流电能输出给负载。在能量转换过程中,电路中的晶体管、电阻也要消耗一定的能量,这个问题在大功率输出时比较突出,因此要求功率放大电路具有较高的转换效率。

(3) 非线性失真要小。

功率放大电路是在大信号状态下工作,输出电压和电流的幅值都很大,所以不可避免地会产生非线性失真（三极管工作在非线性区）。因此把非线性失真限制在允许的范围内，是设计功率放大电路时必须考虑的问题。

（4）晶体管的散热和保护问题。

在功率放大电路中，晶体管的集电结要消耗较大的功率，会使结温和管壳温度升高，因此要考虑晶体管的散热问题。此外，由于管子承受的电压高、通过的电流大，所以还必须考虑晶体管的保护问题，如对晶体管加装一定面积的散热片，或在电路中增加电流保护环节。另外，在分析功率放大电路时，由于管子处于大信号状态下工作，放大电路的微变等效电路分析法不再适用，通常采用图解法。

功率放大电路类型根据静态工作点处于负载线的中点，近截止区和截止区的位置，分别称为甲类、甲乙类、乙类功率放大电路，如图 4.3.1 所示，其集电极信号电流的导通角 θ 分别为 2π、$\pi \sim 2\pi$ 和 π。甲类功率放大电路的特征是在输入信号的整个周期内，晶体管均导通，有电流流过；乙类功率放大电路的特征是在输入信号的整个周期内，晶体管仅在半个周期内导通，有电流流过；甲乙类功率放大电路的特征是在输入信号周期内，管子导通时间大于半个周期而小于一个周期。甲类仅需用一个管子工作，而甲乙类和乙类必须采用两个管子组成互补对称功率放大电路进行工作。但甲类功率放大电路在输入信号为零时，静态 I_{CQ} 较大，电源消耗功率较大。尽管有信号输入时，部分可转化为有用功率输出，但其效率总是比乙类和甲乙类低。

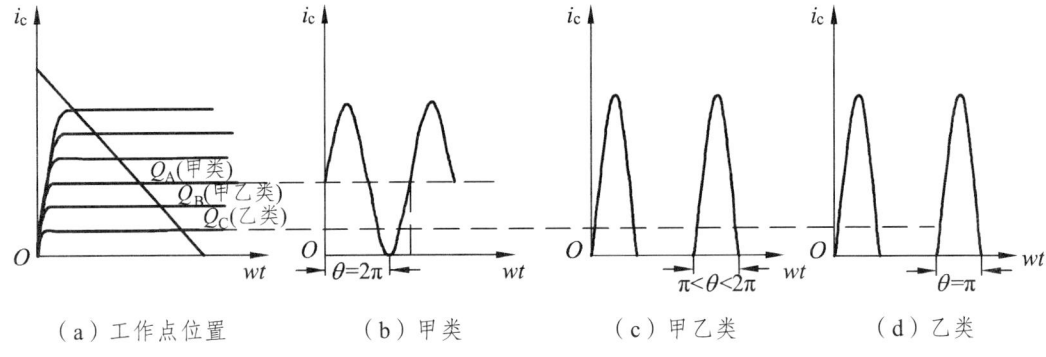

图 4.3.1　各类功率放大电路的静态工作点

目前较多采用甲乙类互补对称功率放大电路。这类电路目前已发展成集成功率放大电路被广泛地应用。

4.3.1　互补对称功率放大电路（OCL）及其工作原理

1. 电路组成

乙类双电源互补对称功率放大电路又称无输出电容的功放电路（简称 OCL），其原理电路图如图 4.3.2（a）所示。T_1 为 NPN 管型、T_2 为 PNP 管型，两管的基极、发射极分别连接在一起，信号从基极输入、从射极输出，R_L 为负载。这个电路可以看成是由图 4.3.2（b）、4.3.2（c）所示的两个射极输出器组合而成。

考虑到 BJT 发射结处于正向偏置，为了保证工作状态良好，要求这两管的特性对称一致，即 T_1、T_2 管特性对称。并且正负电源对称。两管的基极相连作为输入端，两管射极相连作为接负载的输出端，两管的集电极分别接上一组正电源和一组负电源。从电路可知，每个管子组成共集组态放大电路，即电压跟随器电路。当信号为零时，偏流为零，它们均工作在乙类放大状态。

为了便于分析工作原理和估算功率，暂不考虑管子饱和管压降 U_{CES} 和 b、e 极导通电压 U_{BE}。下面用图解法分析其工作原理。

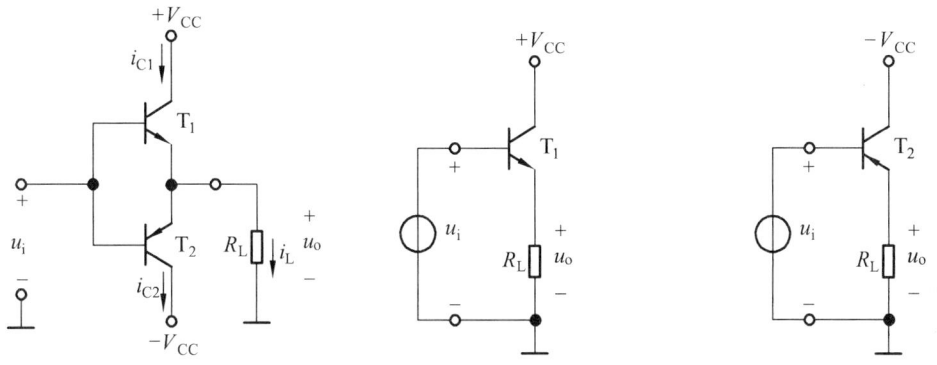

（a）基本互补对称电路　（b）由 NPN 型管组成的射极输出器（c）由 PNP 型管组成的射极输出器

图 4.3.2　两射极输出器组成的基本互补对称电路

2. 工作原理的分析

图 4.3.2 所示电路中，设输入信号为正弦电压信号 u_i，在 $0\sim\pi$ 为正半周时由于 $u_i>0$，T_1 发射结承受正向电压。T_2 发射结承受反向电压，故 T_1 导通、T_2 截止，电流 I_{C1} 流过负载电阻 R_L，在 R_L 上获得正半周信号电压 $u_o\approx u_i$；在 $\pi\sim 2\pi$ 期间 $u_i<0$，这时，T_1 发射结承受反向电压。T_2 发射线承受正向电压，故 T_1 截止，T_2 导通，电流 i_{C2} 流过电阻 R_L，但方向与正半周相反。发射极输出为负半周信号 $u_o\approx u_i$。由于 T_1、T_2 交替工作，这样在负载 R_L 上获得了完整的正弦波信号电压。输出电压 u_o 虽没有被放大。但由于 $i_o=i_E=(1+\beta)i_B$，具有电流放大作用，因此具有功率放大作用。这种电路的结构和工作情况处于对称状态，可见两管在信号的两个半周期内轮流导通工作，故称之为互补对称电路。

在图 4.3.3 中显示了两管信号电流 i_{C1} 和 i_{C2} 波形。从图中可知，任一个半周期内，每个管于 c、e 两端信号电压为 $|u_{CE}|=|V_{CC}|-|u_o|$，而输出电压 $u_o=i_o\times R_L=i_c\times R_L$。在一般情况下，输出电压大小随输入信号幅度而变，而最大输出电压幅值为

$$U_{om(max)}=V_{CC}-|U_{CES}|$$

这些参数间关系是计算输出功率和管耗的重要依据。

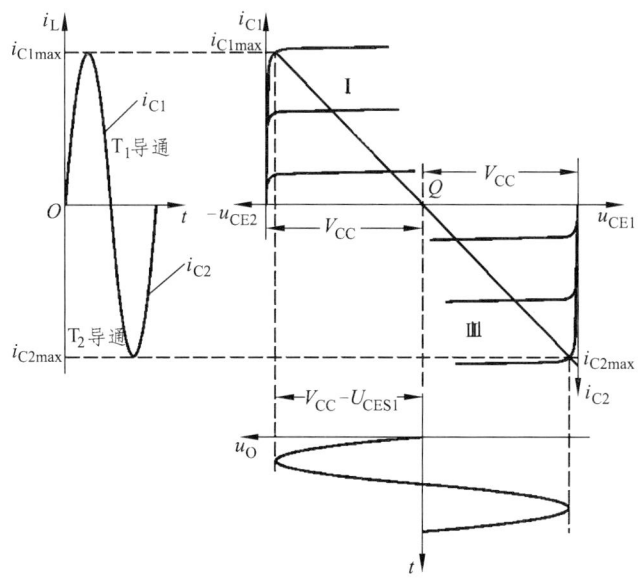

图 4.3.3　互补对称功率放大电路图解分析的波形图

4.3.2　乙类双电源功率放大电路功率参数分析计算

1. 参数的计算

对功率放大电路主要根据图 4.3.3 所示正弦波形来分析计算输出功率、电源供给功率、管耗及效率参数。

（1）输出功率 P_o。

输出功率是负载 R_L 上的电流 I_o 和电压 U_o 有效值的乘积，即

$$P_o = I_o U_o = \frac{U_{om}}{\sqrt{2}} \cdot \frac{I_{om}}{\sqrt{2}} = \frac{1}{2}\frac{U_{om}^2}{R_L} \tag{4.3.1}$$

图 4.3.2（a）中的 T_1、T_2 可以看成工作在射极输出器状态，$A_u \approx 1$。当输入信号足够大时，可获得最大输出电压为

$$U_{om(max)} = V_{CC} - U_{CES} \approx V_{CC}$$

这时获得最大输出功率为

$$P_{omax} = \frac{1}{2}\frac{(V_{CC} - U_{CES})^2}{R_L} \approx \frac{1}{2}\frac{V_{CC}^2}{R_L} \tag{4.3.2}$$

（2）每只管子平均管耗 P_{T1}、P_{T2}。

考虑到 T_1 和 T_2 在一个信号周期内各导电约 180°，且通过两管的电流和两管电极的电压 u_{ce} 在数值上都分别相等（只是在时间上错开了半个周期）。因此，为求出总管耗，只需先求出单管的损耗就行了。设输出电压为 $u_o = U_{om}\sin\omega t$，则 T_1 的管耗为

$$P_{T1} = \frac{1}{2\pi}\int_0^\pi (V_{CC} - u_o)\frac{u_o}{R_L}d(\omega t)$$

$$= \frac{1}{2\pi}\int_0^\pi \left[(V_{CC} - U_{om}\sin\omega t)\frac{U_{om}\sin\omega t}{R_L}d(\omega t)\right]$$

$$= \frac{1}{2\pi}\int_0^\pi \left[\frac{V_{CC}U_{om}}{R_L}\sin\omega t - \frac{U_{om}^2}{R_L}\sin^2\omega t\right]d(\omega t)$$

$$= \frac{1}{R_L}\left(\frac{V_{CC}U_{om}}{\pi} - \frac{U_{om}^2}{4}\right)$$

（4.3.3）

而两管的管耗为

$$P_T = \frac{2}{\pi}\frac{U_{om}}{R_L}\cdot V_{CC} - \frac{1}{2}\frac{U_{om}^2}{R_L} \tag{4.3.4}$$

（3）直流电源供给功率 P_V。

直流电源供给的功率 P_V 包括负载得到的信号功率和 T_1、T_2 消耗的功率两部分。当 $u_i=0$ 时，$P_V=0$；当 $u_i\neq 0$ 时，由式（4.3.1）和式（4.3.4）得

$$P_V = P_0 + P_T = \frac{2V_{CC}U_{om}}{\pi R_L} \tag{4.3.5}$$

当输出电压幅值达到最大，即 $U_{om}\approx V_{CC}$ 时，则得电源供给的最大功率为

$$P_V = \frac{2}{\pi}\cdot\frac{V_{CC}^2}{R_L} \tag{4.3.6}$$

（4）效率 η。

功率放大电路的效率是指输出功率与电源供给功率之比，故

$$\eta = \frac{P_o}{P_V} = \frac{\pi}{4}\cdot\frac{U_{om}}{V_{CC}} \tag{4.3.7}$$

当 $U_{om}\approx V_{CC}$ 时，则

$$\eta = \frac{P_o}{P_V} = \frac{\pi}{4} \approx 78.5\% \tag{4.3.8}$$

这个结论是假定互补对称电路工作在乙类，负载电阻为理想值，忽略管子的饱和压降 U_{CES} 和输入信号足够大情况下得来的，实际效率比这个数值要低些。

2. 功率管的选择

（1）最大管压降。

两只功放管中处于截止状态的管子将承受较大的管压降。设输入电压为正半周，T_1 导通，T_2 截止，当 u_i 从零逐渐增大到峰值时，T_1 和 T_2 管的发射极电位 u_E 从零逐渐增大到（$V_{CC}-U_{CES1}$）。因此，T_2 管压降 U_{EC2} 的数值[$U_{EC2}=u_E-(-V_{CC})=u_E+V_{CC}$]将从 V_{CC} 增大到最大值

$$u_{EC2max} = (V_{CC} - U_{CES}) + V_{CC} = 2V_{CC} - U_{CES1} \tag{4.3.9}$$

利用同样的分析方法可得，当 u_i 为负峰值时，T_1 管承受最大管压降，数值等于[$2V_{CC}-$

($-U_{CES2}$)]。所以，考虑留有一定的余量，管子承受的最大管压降为

$$|U_{CEmax}| = 2V_{CC} \tag{4.3.10}$$

（2）集电极最大电流。

从电路最大输出功率的分析可知，晶体管的发射极电流等于负载电流，负载电阻上的最大电压为 $V_{CC}-U_{CES1}$，故集电极电流的最大值

$$I_{Cmax} \approx I_{Emax} = \frac{V_{CC} - U_{CES1}}{R_L} \tag{4.3.11}$$

考虑留有一定的余量

$$I_{Cmax} = \frac{V_{CC}}{R_L} \tag{4.3.12}$$

（3）最大管耗 $P_{T1(max)}$。

当输出功率达到最大时，管耗并非最大。这是由于当管压降和电流幅度均处于较大值时，其管耗才为最大，而在最大输出功率时，管压降较小，管耗也较小。为了求取最大管耗，可用求极值方法解之。对式（4.3.3）求导，并令其为零。故有

$$\frac{dP_{T1}}{dU_{om}} = \frac{1}{R}\left(\frac{V_{CC}}{\pi} - \frac{U_{om}}{2}\right) = 0$$

所以

$$U_{om} = \frac{2}{\pi}V_{CC}$$

这说明当 $U_{om} = \frac{2}{\pi}V_{CC} = 0.6V_{CC}$ 时，管耗最大，代入式（4.3.3）得到每只管子的最大功耗值为

$$P_{T1(max)} \approx \frac{1}{\pi^2}\frac{V_{CC}^2}{R_L} \approx 0.2P_{o(max)} \tag{4.3.13}$$

（4）功率管的选择条件。

功率管的极限参数有 P_{CM}、I_{CM}、$U_{(BR)CEO}$ 应满足下列条件：

（1）考虑到当 T_2 导通时，$-U_{CE2} \approx 0$，此时 U_{CE1} 具有最大值，且等于 $2V_{CC}$。因此，应选用 $|U_{(BR)CEO}| \geq 2V_{CC}$；

（2）通过功率 BJT 的最大集电极电流为 V_{CC}/R_L，所选功率 BJT 的 I_{CM} 一般不宜低于此值；

（3）每只 BJT 的最大允许管耗 $P_{CM} \geq P_{T1(max)} = 0.2P_{o(max)}$。

例 4.3.1 在图 4.3.2（a）所示电路中，已知 $V_{CC}=15$ V，输入电压为正弦波，晶体管的饱和管压降 $|U_{CES}|=3$ V，电压放大倍数约为 1，负载电阻 $R=4$ Ω。

（1）求解负载上可能获得的最大功率和效率。

（2）若输入电压最大有效值为 8 V，则负载上能够获得的最大功率为多少？

（3）若 T_1 管的集电极和发射极短路，则将产生什么现象？

解：（1）根据式（4.3.1）和式（4.3.7）可得

$$P_{om} = \frac{(V_{CC} - |U_{CES}|)^2}{2R_L} = \frac{(15-3)^2}{2 \times 4} W = 18W$$

$$\eta = \frac{\pi}{4} \cdot \frac{V_{CC} - |U_{CES}|}{V_{CC}} \approx \frac{12-3}{12} \times 78.5\% = 62.8\%$$

（2）因为电压放大倍数约为1，有 $U_o \approx U_i$，则 $U_{om} \approx 8$ V，最大输出功率 P_{om}：

$$P_{om} = \frac{U_{om}^2}{R_L} = \left(\frac{8^2}{4}\right) W = 16W$$

可见，功率放大电路的最大输出功率除了决定于功放自身的参数外，还与输入电压是否足够大有关。

（3）若 T_1 管的集电极和发射极短路，则 T_2 管静态管压降为 $2V_{CC}$，且从 $+V_{CC}$ 经 T_2 管的发射极-基极、R_3 至 $-V_{CC}$ 形成基极静态电流，由于 T_2 管工作在放大状态，集电极电流势必很大，使之因功耗过大而损坏。

4.3.3 乙类功放的交越失真

在乙类互补对称功率放大电路的原理电路中，由于静态工作点参数 I_B、I_C、U_{BE} 均为零，没有设置偏置电压。我们知道，三极管 U_{BE} 存在一定的阈值电压，对硅管来说，在信号电压小于 0.6 V 的信号部分，T_1 和 T_2 都截止，并不产生基极信号电流 i_b，负载 R_L 上无电流流过。因此信号 i_c、i_b 和 u_o 在过零点附近，其波形出现严重失真，称为交越失真。如图 4.3.4 所示。

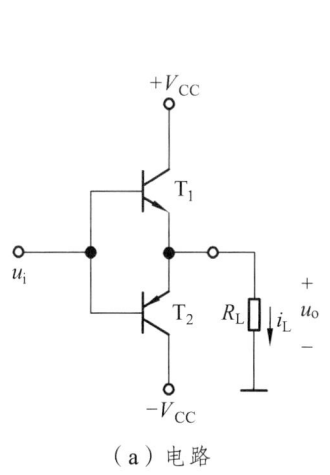
（a）电路

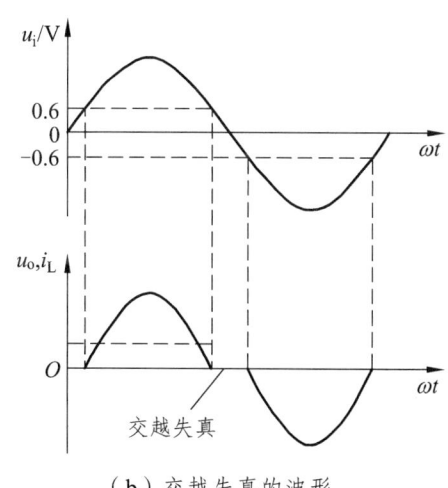
（b）交越失真的波形

图 4.3.4 乙类双电源互补对称电路

为了消除交越失真，采用如图 4.3.5 所示原理电路。在两管的基极之间通过正负电源加两个二极管产生一个较小的偏置电压 V_{BB}（两基极间的电压），其值约为两管的阈值电压之和。静态时，两管处于微导通的甲乙类工作状态，产生静态工作电流 I_B，这时虽有静态电流 $I_{E1}=-I_{E2}$ 流过负载 R_L，但互为等值反向。所以负载 R_L 上无静态电流，仍保持 $u_i=0$ 时，$u_o=0$ 时 OCL 电路特点。而在正弦信号作用下，输出为一个完整不失真的正弦波信号，不存在交越失真。

应注意的是，工作点 Q 不能太高，否则静态 I_C 太大，使静态功耗太大热损坏。一般所加偏置电压大小，以刚好消除交越失真为宜。

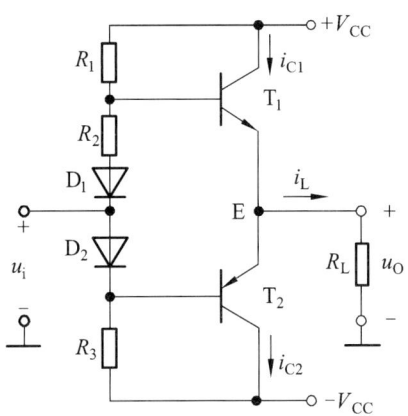

图 4.3.5　甲乙类的双电源互补对称电路

4.4　集成运算放大器的性能指标及使用

集成运放自 20 世纪 60 年代问世以来飞速发展，目前已经历了四代产品。

第一代产品基本沿用了分立元件放大电路的设计思想，采用了集成数字电路的制造工艺，利用了少量横向 PNP 型管，构成以电流源作偏置电路的三级直接耦合放大电路。但是，它各方面性能都远远优于分立元件电路，满足了一般应用的要求。典型产品有 μA709，国产的 F003、5G23 等。

第二代产品普遍采用了有源负载，简化了电路设计，并使开环增益有了明显的提高，各方面性能指标比较均衡，因此属于通用型运放，应用非常广泛。典型产品有 μA741、LM324，国产的 F007、F324、5C24 等。

第三代产品的输入级采用了超 β 管，β 值高达 1 000 ~ 5 000，而且版图设计上考虑了热效应的影响，从而减小了失调电压、失调电流及它们的温漂，增大了共模抑制比和输入电阻。典型产品有 AD508、MC1556、国产的 F1556、F030 等。

第四代产品采用了斩波稳零和动态稳零技术，使各性能指标参数更加理想化，一般情况下不需调零就能正常工作，大大提高了精度。典型产品有 HA2900、SN62088，国产的 5G7650 等。

目前，除有不同增益的各种通用型运放外，还有品种繁多的专用型运放，以满足各种特殊要求。

从前面集成运放典型电路的分析可知，按供电方式可将运放分为双电源供电和单电源供电，在双电源供电中又分正、负电源对称型和不对称型供电。按集成度（即一个芯片上运放个数）可将运放分为单运放、双运放和四运放，目前四运放日益增多。按内部结构和制造工艺可将运放分为双极型、CMOS 型、Bi-JFET 和 Bi-MOS 型。双极型运放一般输入偏置电流及器件功耗较大，但由于采用多种改进技术，所以种类多、功能强。CMOS 型运放输入阻抗高功耗小，可在低电源电压下工作，目前已有低失调电压、低噪声、高速度、强驱动能力的产品。Bi-JFET、Bi-MOS 型运放采用双极型管与单极型管混合搭配的生产工艺，以场效应管作输入级，使输入电阻高达 $10^{12}\Omega$ 以上；Bi-MOS 常以 CMOS 电路作输出级，可输出较大功率。目前具有各不相同电参数的产品种类繁多。

4.4.1 集成运放的性能指标

在考察集成运放的性能时，常用下列参数来描述：

（1）开环差模增益 A_{od}。

在集成运放无外加反馈时的差模放大倍数称为开环差模增益，记作 A_{od}。$A_{od}=\Delta u_o/\Delta(u_P-u_N)$，常用分贝（dB）表示，其分贝数为 $20\lg|A_{od}|$。通用型集成运放的 A_{od} 通常在 10^5 左右，即 100 dB 左右。F007C 的 A_{od} 大于 94 dB。

（2）共模抑制比 K_{CMR}。

共模抑制比等于差模放大倍数与共模放大倍数之比的绝对值，即 $K_{CMR}=|A_{od}/A_{oc}|$。其模抑制比也常用分贝表示，其数值为 $20\lg K_{CMR}$。F007 的 K_{CMR} 大于 80 dB。由于 A_{od} 大于 94 dB，所以 A_{oc} 小于 14 dB。

（3）差模输入电阻 r_{id}。

r_{id} 是集成运放对输入差模信号的输入电阻。r_{id} 愈大，从信号源索取的电流愈小。F007C 的 r_{id} 大于 2 MΩ。

（4）输入失调电压 U_{IO} 及其温漂 dU_{IO}/dT。

由于集成运放的输入级电路参数不可能绝对对称，所以当输入电压为零时，u_o 并不为零。U_{IO} 是使输出电压为零时在输入端所加的补偿电压，若运放工作在线性区，则 U_{IO} 的数值是 u_i 为零时输出电压折合到输入端的电压。U_{IO} 越小，表明电路参数对称性越好。对于有外接调零电位器的运放，可以通过改变电位器滑动端的位置使得输入为零时输出为零。

dU_{IO}/dT 是 U_{IO} 的温度系数，是衡量运放温漂的重要参数，其值越小，表明运放的温漂越小。

（5）输入失调电流 I_{IO} 及其温漂 dI_{IO}/dT。

I_{IO} 反映输入级差放管输入电流的不对称程度。dI_{IO}/dT 与 dU_{IO}/dT 的含义相类似，只不过研究的对象为 I_{IO}。I_{IO} 和 dI_{IO}/dT 越小，运放的质量越好。

（6）输入偏置电流 I_{IB}。

I_{IB} 是输入级差放管的基极（栅极）偏置电流的平均值。I_{IB} 越小，信号源内阻对集成运放静态工作点的影响也就越小。

（7）最大共模输入电压 U_{Icmax}。

U_{Icmax}是输入级能正常放大差模信号情况下允许输入的最大共模信号,若共模输入电压高于此值,则运放不能对差模信号进行放大。因此,在实际应用时,要特别注意输入信号中共模信号的大小。F007 的 U_{Icmax} 高达±13 V。

(8)最大差模输入电压 U_{Idmax}。

当集成运放所加差模信号大到一定程度时,输入级至少有一个 PN 结承受反向电压,U_{Idmax} 是不至于使 PN 结反向击穿所允许的最大差模输入电压。当输入电压大于此值时,输入级将损坏。运放中 NPN 型管的基极-发射极间耐压值只有几伏,而横向 PNP 型管的基极-发射极间耐压值可达几十伏。F007C 中输入级采用了横向 PNP 型管,因而 U_{Idmax} 可达+30 V。

(9)-3dB 带宽 f_H。

f_H 是使 A_{od} 下降 3 dB(即下降到约 0.707 倍)时的信号频率。由于集成运放中晶体管(或场效应管)数目多,因而极间电容就较多;又因为么多元件制作在一小块硅片上,分布电容和寄生电容也较多;因此,当信号频率升高时,这些电容的容抗变小,使信号受到损失,导致 A_{od} 数值下降且产生相移。F007C 的 f_H 仅为 7 Hz。

应当指出,在实用电路中,因为引入负反馈展宽了频带,所以,上限频率可达数百千赫以上。

(10)单位增益带宽 f_c。

f_c 是使 A_{od} 下降到零分贝(即 $A=1$,失去电压放大能力)时的信号频率,与晶体管的特征频率 f_T 相类似。

(11)转换速率 SR。

SR 是在大信号作用下输出电压在单位时间变化量的最大值。SR 表示集成运放对信号变化速度的适应能力,是衡量运放在大幅值信号作用时工作速度的参数,常用每微秒输出电压变化多少伏来表示。当输入信号变化斜率的绝对值小于 SR 时,输出电压才能按线性规律变化。信号幅值越大、频率越高,要求集成运放的 SR 也就越大。

在近似分析时,常把集成运放的参数理想化,即认为 A_{od}、K_{CMR}、r_{id}、f_H 等参数值均为无穷大,而 U_{IO} 和 dU_{IO}/dT、I_{IO} 和 dI_{IO}/dT、I_{IB} 等参数值均为零。

4.4.2 集成运放的使用

1. 使用时必做的工作

(1)集成运放的外引线(管脚)。

目前集成运放的常见封装方式有金属壳封装和双列直插式封装,外形如图 4.4.1 所示,以后者居多。双列直插式有 8、10、12、14、16 管脚等种类,虽然它们的外引线排列日趋标准化,但各制造厂仍略有区别。因此,使用运放前必须查阅有关手册,辨认管脚,以便正确连线。

(2)参数测量。

使用运放之前往往要用简易测试法判断其好坏,例如用万用表电阻的中间挡

("×100Ω"或"×1kΩ"挡，避免电流或电压过大）对照管脚测试有无短路和断路现象。必要时还可采用测试设备量测运放的主要参数。

 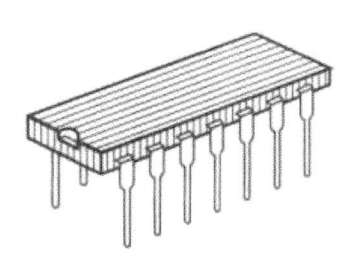

（a）圆壳式外形　　　　（b）双列直插式外形

图 4.4.1　集成电路的外形

（3）调零和设置偏置电压。

由于失调电压及失调电流的存在，输入为零时输出往往不为零。对于内部无自动稳零措施的运放需外加调零电路，使之在零输入时输出为零。

（4）消除自激振荡。

为防止电路产生自激振荡，且消除各电路因共用一个电源相互之间所产生的影响，应在集成运放的电源端加去耦电容；"去耦"是指去掉联系，一般去耦电容多用一个容量大的和一个容量小的电容并联在电源正、负极。

有的集成运放还需外接频率补偿电容，应特别注意接入电容的容量需合适，否则会影响集成运放的带宽。

2. 保护措施

集成运放在使用中常因以下三种原因被损坏：输入信号过大，使PN结击穿；电源电压极性接反或过高；输出端直接接"地"或接电源，运放将因输出级功耗过大而损坏。因此，为使运放安全工作，也从三个方面进行保护。

（1）输入保护。

一般情况下，运放工作在开环（即未引反馈）状态时，易因差模电压过大而损坏；在闭环状态时，易因共模电压超出极限值而损坏。图4.4.2（a）所示是防止差模电压过大的保护电路，（b）所示是防止共模电压过大的保护电路。

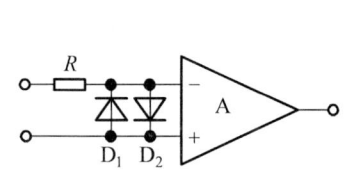 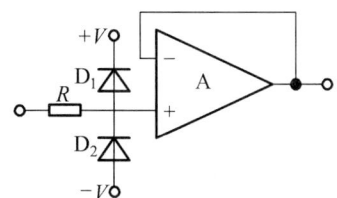

（a）防止输入差模信号过大　　　（b）防止共模信号过大

图 4.4.2　输入保护措施

（2）输出保护。

图 4.4.3 所示为输出端保护电路，限流电阻 R 与稳压管 D_Z 构成限幅电路。将负载与集成运放输出端隔离开来，一方面限制了运放的输出电流；另一方面也限制了输出电压的幅值。当然，任何保护措施都是有限度的，若将输出端直接接电源，则稳压管会损坏，使电路的输出电阻大大提高，影响了电路的性能。

（3）电源端保护。

为了防止电源极性接反，可利用二极管的单向导电性，在电源端串联二极管来实现保护，如图 4.4.4 所示。

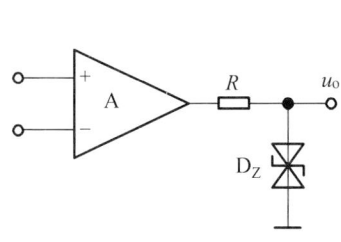
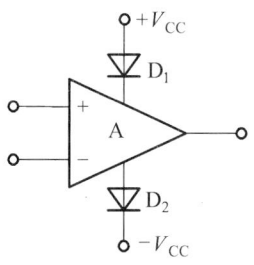

图 4.4.3　输出保护电路　　　　图 4.4.4　电源端保护

习　题

4.1　选择题

（1）集成电路选用差分放大电路的原因是（　　　）。

　　A. 克服温漂　　　　　　B. 提高输入电阻　　　　C. 稳定放大倍数

（2）差分放大电路的差模信号是两个输入端信号的（　　），共模信号是两个输入端信号的（　　）。

　　A. 差　　　　　　　　　B. 和　　　　　　　　　C. 平均值

（3）用恒流源取代长尾式差分放大电路中的发射极电阻 R_e，将使电路的（　　　）。

　　A. 差模放大倍数数值增大

　　B. 抑制共模信号能力增强

　　C. 差模输入电阻增大

（4）互补输出级采用共集形式是为了使（　　　）。

　　A. 电压放大倍数大　　　B. 不失真输出电压大　　C. 带负载能力强

（5）功率放大电路的最大输出功率是在输入电压为正弦波时，输出基本不失真情况下，负载上可能获得的最大（　　　）。

　　A. 交流功率　　　　　　B. 直流功率　　　　　　C. 平均功率

（6）功率放大电路的转换效率是指（　　　）。

　　A. 输出功率与晶体管所消耗的功率之比

　　B. 最大输出功率与电源提供的平均功率之比

C. 晶体管所消耗的功率与电源提供的平均功率之比

（7）在选择功放电路中的晶体管时，应当特别注意的参数有（   ）。

A. β B. I_{CM} C. I_{CBO}

D. $U_{(BR)CEO}$ E. P_{CM} F. f_T

4.2 已知一个集成运放的开环差模增益 A_{od} 为 100 dB，最大输出电压峰-峰值 U_{opp} =±14 V，分别计算差模输入电压 u_I（即 u_P-u_N）为 10 μV、100 μV、1 mV、1 V 和-10 μV、-100 μV、-1 mV、-1 V 时的输出电压 u_O。

4.3 分析下列说法是否正确，对的在括号内打"√"，错的在括号内打"×"。

（1）在功率放大电路中，输出功率越大，功放管的功耗越大。(   )

（2）功率放大电路的最大输出功率是指在基本不失真情况下，负载上可能获得的最大交流功率。(   )

（3）功率放大电路与电压放大电路、电流放大电路的共同点是

A. 都使输出电压大于输入电压（   ）

B. 都使输出电流大于输入电流（   ）

C. 都使输出功率大于信号源提供的输入功率（   ）

（4）功率放大电路与电压放大电路的区别是

A. 前者比后者电源电压高（   ）

B. 前者比后者电压放大倍数数值大（   ）

C. 前者比后者效率高（   ）

D. 在电源电压相同的情况下，前者比后者的最大不失真输出电压大（   ）

（5）功率放大电路与电流放大电路的区别是

A. 前者比后者电流放大倍数大（   ）

B. 前者比后者效率高（   ）

C. 在电源电压相同的情况下，前者比后者的输出功率大（   ）

4.4 已知电路如题 4.4 图所示，T_1 和 T_2 管的饱和管压降 $|U_{CES}|=3$ V，$V_{CC}=15$ V，$R_L=8$ Ω。选择正确答案填入空内。

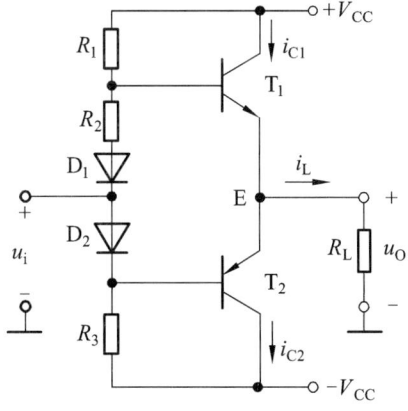

题 4.4 图

（1）电路中 D_1 和 D_2 管的作用是消除（　　）。
    A. 饱和失真
    B. 截止失真
    C. 交越失真

（2）静态时，晶体管发射极电位 U_{EQ}=（　　）。
    A. >0V   B. =0V   C. <0V

（3）最大输出功率 P_{om}=（　　）。
    A. ≈28 W   B. =18 W   C. =9W

（4）当输入为正弦波时，若 R_1 虚焊，即开路，则输出电压（　　）。
    A. 为正弦波
    B. 仅有正半波
    C. 仅有负半波

4.5　一双电源互补对称功率放大电路如题 4.5 图所示，已知 V_{CC}=12 V，R_L=8 Ω，u_i 为正弦波。

（1）在 BJT 的饱和压降 U_{CES}=0 的条件下，负载上可能得到的最大输出功率 P_{om} 为多少？每个管子允许的管耗 P_{CM} 至少应为多少？每个管子的耐压 $|U_{(BR)CEO}|$ 至少应大于多少？

（2）当输出功率达到最大时，电源供给的功率 P_V 为多少？当输出功率最大时的输入电压有效值应为多大？

4.6　电路如题 4.5 图所示，已知 V_{CC}=15 V，R_L=16 Ω，u_i 为正弦波。

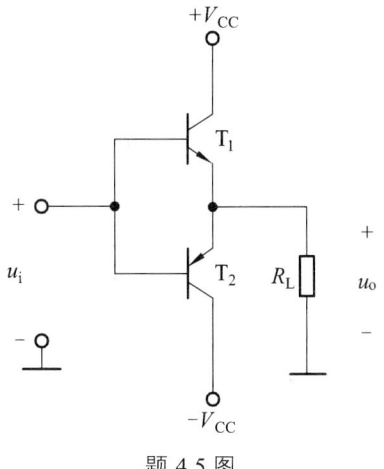

题 4.5 图

（1）在输入信号 U_i=8 V（有效值）时，求电路的输出功率、管耗、直流电源供给的功率和效率。

（2）当输入信号幅值 U_{im}=V_{CC}=15 V 时，求电路的输出功率、管耗、直流电源供给的功率和效率。

（3）当输入信号幅值 U_{im}=V_{CC}=20 V 时，电路的输出会发生什么现象？

4.7　在题 4.7 图所示电路中，已知 V_{CC}=16 V，R_L=4 Ω，T_1 和 T_2 管的饱和管压降 $|U_{CES}|$=2 V，输入电压足够大。试问：

（1）最大输出功率 P_{om} 和效率 η 各为多少？
（2）晶体管的最大功耗 P_{Tmax} 为多少？
（3）为了使输出功率达到 P_{om}，输入电压的有效值约为多少？

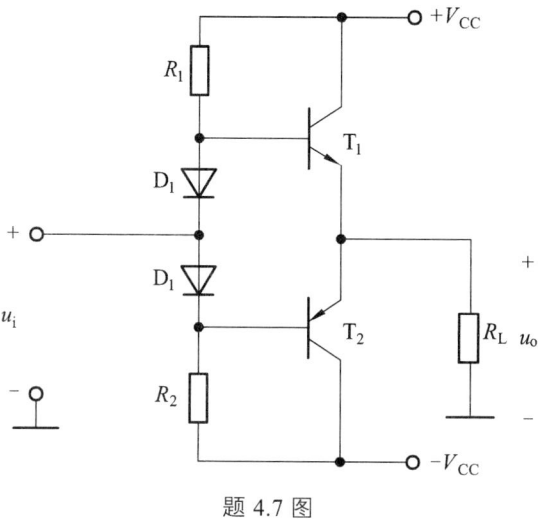

题 4.7 图

第 5 章　放大电路的反馈及应用

【主要内容】

本章首先介绍了反馈的基本概念及负反馈放大电路的 4 种组态和判别方法；其次分析了负反馈放大电路的特点，介绍了估算放大倍数的方法；最后讨论了负反馈和正反馈的应用。

5.1　反馈的基本概念与判别方法

5.1.1　有无反馈

在电子电路中，反馈是指将电路输出电量（电压或电流）的一部分或全部，通过反馈网络用一定的方式送回到输入回路，以影响输入输出电量（电压或电流）的过程。反馈体现了输出信号对输入信号的反作用。

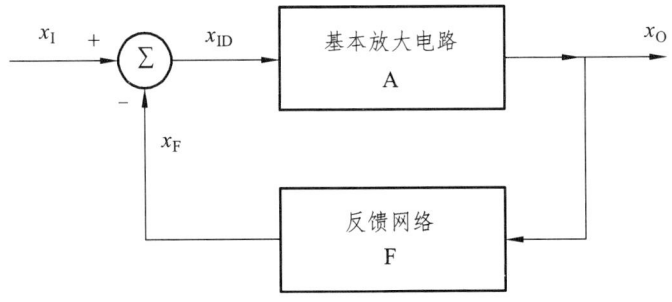

图 5.1.1　反馈放大电路的组成框图

引入反馈的放大电路称为反馈放大电路，它由基本放大电路 A 和反馈网络 F 组成一个闭合环路，如图 5.1.1 所示。其中 x_I 是反馈放大电路的输入信号，x_O 是输出信号，x_F 是反馈信号，x_{ID} 是基本放大电路的净输入信号。对于负反馈放大电路而言，x_{ID} 是输入信号 x_I 与反馈信号 x_F 相减后的差值信号。以上这些信号可以是电压，也可以是电流，但 x_{ID} 和 x_F 肯定是同一种电量。

为了简化分析，可以假设反馈环路中信号是单向传输的，如图中箭头所示。即认为信号从输入到输出的正向传输（放大）只经过基本放大电路，而不通过反馈网络，因为反馈网络一般由无源元件组成，没有放大作用，故其正向传输作用可以忽略。基本放大电路的增益为 $A=x_O/x_{ID}$。信号从输出到输入的反向传输只通过反馈网络，而不通过基本放大电路。反向传输系数为 $F=x_F/x_O$，称为反馈系数。

由图 5.1.1 可以得知，判断一个放大电路中是否存在反馈，只要看该电路的输出回路与输入回路之间是否存在反馈网络，即反馈通路。若没有反馈网络，则不能形成反馈，这种情况称为开环。若有反馈网络存在，则能形成反馈，称这种状态为闭环。

例 5.1.1 试判断图 5.1.2 所示各电路中是否存在反馈。

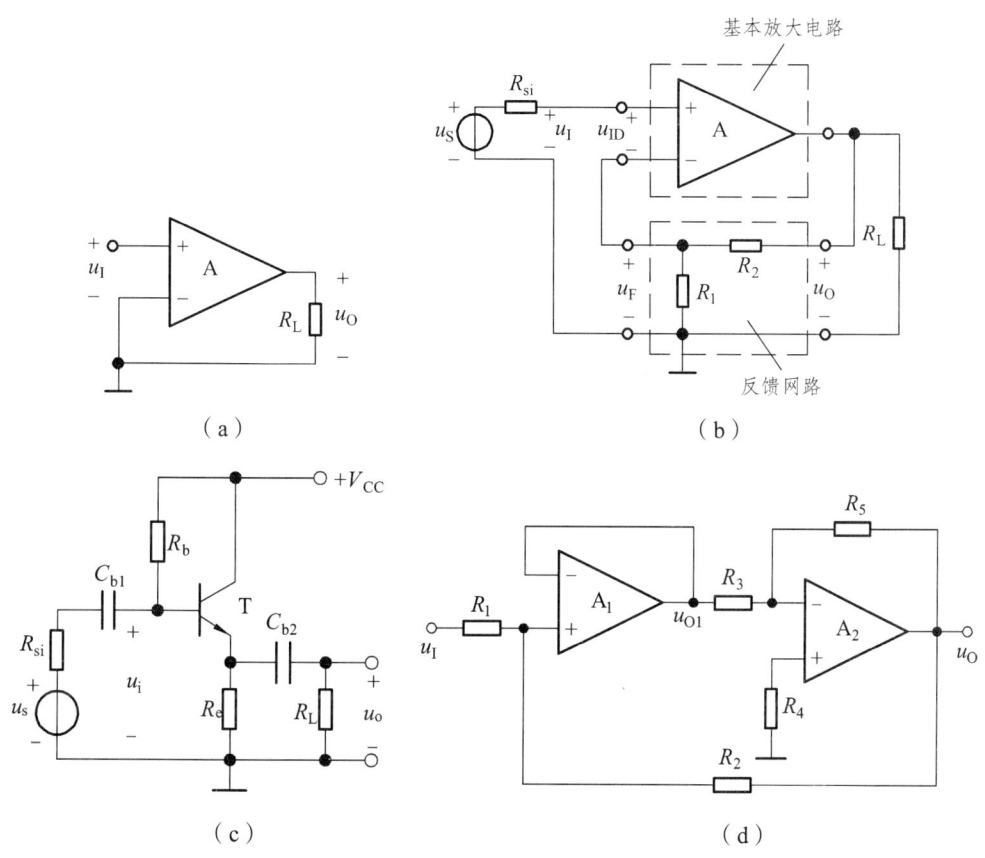

图 5.1.2 例 5.1.1 的电路图

解：图 5.1.2（a）所示电路中，输出回路与输入回路间不存在反馈网络（通常情况下电源连线或地线都不会引入反馈），因而该电路中不存在反馈，为开环状态。

图 5.1.2（b）所示电路中，运放 A 构成基本放大电路，电阻 R_2 和 R_1 构成了反馈通路，因而该电路中存在反馈。

图 5.1.2（c）为共集电极放大电路，由它的交流通路（即将电容 C_{b1}、C_{b2} 视为对交流短路，电源 $+V_{CC}$ 视为交流的"地"）可知，发射极电阻 R_e 和负载电阻 R_L 既在输入回路中，又在输出回路中，它们构成了反馈通路，因而该电路中存在着反馈。

图 5.1.2（d）为两级放大电路，其中每一级都有一条反馈通路，第一级为电压跟随器，它的输出端与反相输入端之间由导线连接，形成反馈通路；第二级为反相放大电路，它的输出端与反相输入端之间由电阻 R_5 构成反馈通路。此外，从第二级的输出到第一级的

输入也有一条反馈通路，由 R_2 构成。通常称每级各自存在的反馈为局部（或本级）反馈，称跨级的反馈为级间反馈。

5.1.2 直流反馈与交流反馈

在放大电路中既含有直流分量，也含有交流分量，因而必然有直流反馈与交流反馈之分。存在于放大电路的直流通路中的反馈为直流反馈，直流反馈影响放大电路的直流性能，如静态工作点。存在于交流通路中的反馈为交流反馈。

5.1.3 正反馈与负反馈

1. 正、负反馈的概念

由图 5.1.1 所示的反馈放大电路组成框图可以得知，反馈信号送回到放大电路的输入回路与原输入信号共同作用后，对净输入信号的影响有两种效果：一种是使净输入信号量比没有引入反馈时减小了，这种反馈称为负反馈；另一种是使净输入信号量比没有引入反馈时增加了，这种反馈称为正反馈。

2. 瞬时极性法

判断反馈极性的基本方法是瞬时变化极性法，简称瞬时极性法。

具体做法是：先假设输入信号 u_i 在某一瞬时的极性为正（相对于共同端"地"而言），用 ⊕ 号标出。然后沿着信号正向传输的路径，根据各种基本放大电路的输出信号与输入信号间的相位关系，从输入到输出逐级标出放大电路中各相关点电位的瞬时极性，或相关支路电流的瞬时流向。再经过反馈通路，确定从输出回路到输入回路的反馈信号的瞬时极性。最后判断反馈信号是削弱还是增强了净输入信号，如果是削弱，则为负反馈，反之则为正反馈。

例 5.1.2 试判断图 5.1.3 所示各电路中级间交流反馈的极性。

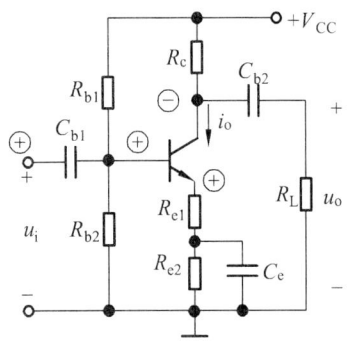

（a）基极分压式射极偏置电路

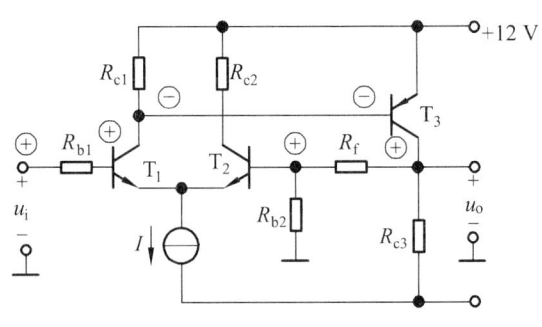

（b）多级放大电路

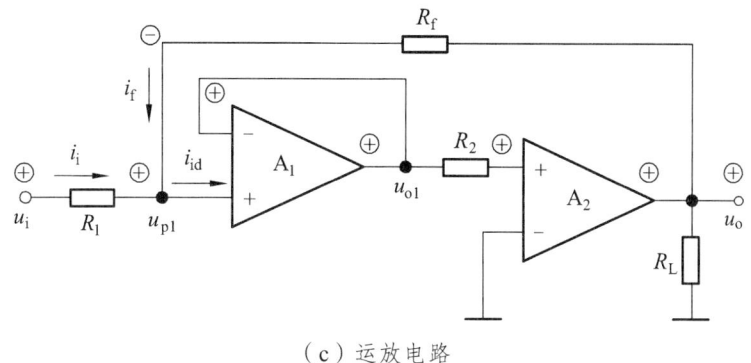

（c）运放电路

图 5.1.3　例 5.1.2 的电路（为简化起见，图中只标出交流信号分量）

解： 图 5.1.3（a）所示电路中，因射极电容 C_e 的旁路作用，所以对交流信号而言，电阻 R_{e2} 上不存在交流信号。而电阻 R_{e1} 为交流通路的输入回路和输出回路所共有，构成了反馈通路。R_{e1} 上的交流电压即为反馈信号 u_f，基本放大电路的净输入信号是 u_{be}。设输入信号 u_i 的瞬时极性为正，如图 5.1.3（a）中所标，经 BJT 放大后，其集电极电压为负，发射极电压 u_e（即反馈信号 u_f）为正。因而该放大电路的净输入信号电压 u_{be}（$=u_i-u_f$）比没有反馈（即没有 R_{e1}）时的 u_{be}（$=u_i$）减小了，所以由 R_{e1} 引入的交流反馈是负反馈。

图 5.1.3（b）所示电路是一个两级放大电路：第一级是由 T_1 和 T_2 构成的单端输入-单端输出式差分放大电路，第二级是由 T_3 组成的共射电路。在第二级的输出回路和第一级的输入回路之间由电阻 R_f 与 R_{b2} 构成了级间交流反馈通路。R_{b2} 上的交流电压是反馈信号 u_f，T_1 和 T_2 两个基极间的信号电压是该电路的净输入信号。

设输入信号 u_i 的瞬时极性为 $\oplus$，则 T_1 基极的交流电位 u_{b1} 也为 $\oplus$，第一级的输出（T_1 的集电极）信号 u_{c1} 为 $\ominus$，第二级的输出信号 u_{c3} 为 $\oplus$，经 R_f 与 R_{b2} 反馈到 T_2 基极的反馈信号 u_f（$=u_{b2}$）也为 $\oplus$。因而该电路的净输入信号电压 u_{id}（$=u_{b1}-u_{b2}$）比没有反馈时减小了，所以 R_f 与 R_{b2} 引入的是负反馈。

图 5.1.3（c）所示电路中，R_f 构成了级间交流反馈通路。设输入信号 u_i 的瞬时极性为 $\oplus$，则运放 A_1 同相端电位 u_{p1} 的极性也为 $\oplus$，由 A_1 组成的电压跟随器的输出电压 u_{o1} 也为 $\oplus$，第二级输出电压 u_o 与其输入电压 u_{o1} 同相位，并且有 $u_o>u_{p1}$，（放大作用）。根据上述分析，可标出输入电流 i_i、净输入电流 i_{id} 和反馈电流 i_f 的瞬时流向如图中箭头所示。因而净输入电流 i_{id}（$=i_i+i_f$）比没有反馈时增加了，所以该电路中 R_f 引入了正反馈。

5.1.4　交流负反馈的四种组态

1. 串联反馈与并联反馈

串联反馈与并联反馈的区别在于基本放大电路的输入回路与反馈网络的连接方式不同。若反馈信号为电压量，与输入电压求差而获得净输入电压，则为串联反馈；若反馈信号为电流量，与输入电流求差获得净输入电流，则为并联反馈。

在图 5.1.4（a）所示电路中，集成运放的净输入电压

$$u_D = u_I - u_F$$

故引入了串联反馈。

在图 5.1.4（b）所示两电路中，集成运放的净输入电流

$$i_D = i_I - i_F$$

故它引入了并联反馈。

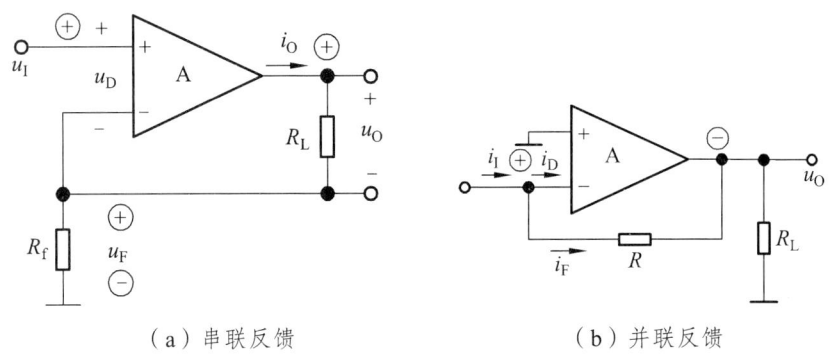

（a）串联反馈　　　　　　　　　　（b）并联反馈

图 5.1.4　串联反馈与并联反馈

2. 电压反馈与电流反馈

电压反馈与电流反馈的区别在于基本放大电路的输出回路与反馈网络的连接方式不同。如前所述，负反馈电路中的反馈量不是取自输出电压就是取自输出电流。因此，只要令负反馈放大电路的输出电压 u_o 为零，若反馈量也随之为零，则说明电路中引入了电压负反馈；若反馈量依然存在，则说明电路中引入了电流负反馈。

通过判断可知，图 5.1.5（a）所示电路中引入了交流负反馈，输入电流 i_I 与反馈电流 i_F，如图中所标注。令输出电压 $u_O=0$，即将集成运放的输出端接地，便得到图 5.1.5（b）所示电路。此时，虽然反馈电阻 R_f 中仍有电流，但那是输入电流 i_I 作用的结果。而因为输出电压 u_O 为零，所以它在 R_f 中产生的电流（即反馈电流）也必然为零，故电路中引入的是电压反馈。

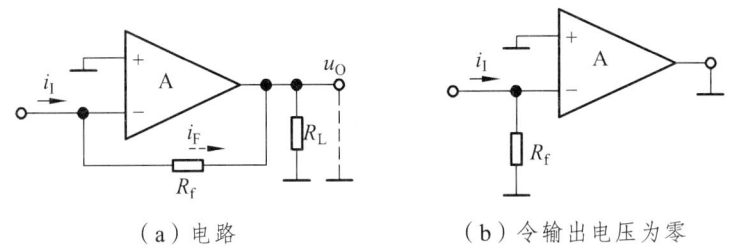

（a）电路　　　　　　　　　　（b）令输出电压为零

图 5.1.5　电压反馈与电流反馈的判断（一）

通过判断可知，图 5.1.6（a）所示电路中引入了交流负反馈，各支路电流如图中所标注。令输出电压 $u_O=0$，即将负载电阻 R_L 两端短路，便得到如图 5.1.6（b）所示电路。因为输出电流 i_O 仅受集成运放输入信号的控制，所以即使 R_L 短路，i_O 也并不为零；说明反馈量依然存在，故电路中引入的是电流反馈。

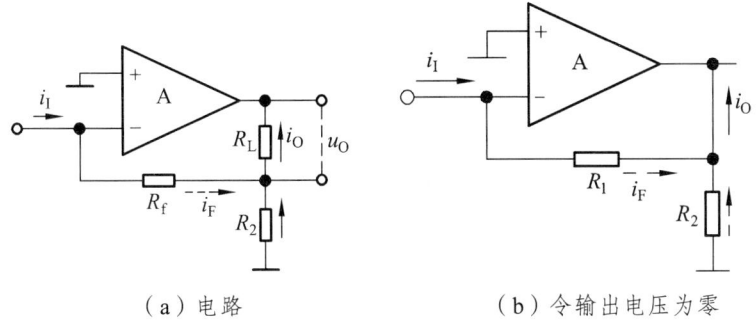

(a)电路　　　　　　　　(b)令输出电压为零

图 5.1.6　电压反馈与电流反馈的判断（二）

应当特别指出，上述方法仅仅是判断方法，而不是实验方法；因为如果将集成运放的输出端强制接地，常会使之因电流过大而烧坏。

3. 四种组态负反馈放大电路分析

（1）电压串联负反馈电路。

如图 5.1.7（a）所示，大多数电路均采用电阻分压的方式将输出电压的一部分作为反馈电压。电路各点电位的瞬时极性如图中所标注。由图可知，反馈量

$$u_F = \frac{R_1}{R_1 + R_2} \cdot u_O \tag{5.1.1}$$

表明反馈量取自于输出电压 u_O，且正比于 u_O，并将与输入电压 u_I 求差后放大，故电路引入了电压串联负反馈。

（2）电流串联负反馈电路。

如图 5.1.7（b）所示，电路中相关电位及电流的瞬时极性和电流流向如图中所标注。由图可知，反馈量

$$u_F = i_O R_1 \tag{5.1.2}$$

表明反馈量取自于输出电流 i_O，且转换为反馈电压 u_F，并将与输入电压 u_I 求差后放大，故电路引入了电流串联负反馈。

（3）电压并联负反馈电路。

在图 5.1.7（c）所示电路中，相关电位及电流的瞬时极性和电流流向如图中所标注。由图可知反馈量

$$i_F = -\frac{u_O}{R} \tag{5.1.3}$$

表明反馈量取自输出电压 u_O，且转换成反馈电流 i_F，并将与输入电流 i_I 求差后放大，因此电路引入了电压并联负反馈。

（4）电流并联负反馈电路。

在图 5.1.7（d）所示电路中，各支路电流的瞬时极性如图中所标注。由图可知，反馈量

$$i_F = -\frac{R_2}{R_1 + R_2} \cdot i_O \tag{5.1.4}$$

表明反馈信号取自输出电流 i_O，且转换成反馈电流 i_F 并将与输入电流 i_1 求差后放大，因而电路引入了电流并联负反馈。

综上所述，放大电路中应引入电压负反馈还是电流负反馈，取决于负载欲得到稳定的电压还是稳定的电流；放大电路中应引入串联负反馈还是并联负反馈，取决于输入信号源是恒压源（或近似恒压源）还是恒流源（或近似恒流源）。

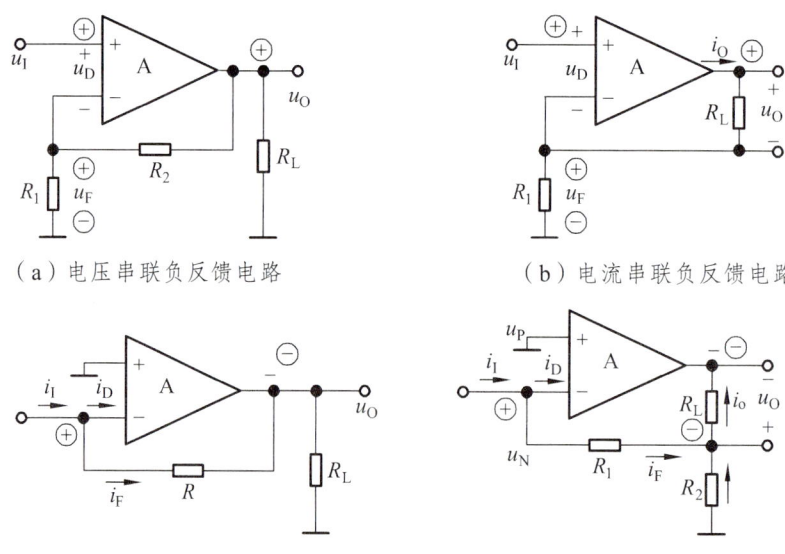

图 5.1.7　四种组态的放大电路分析

例 5.1.3　试分析图 5.1.8 所示电路中有无引入反馈；若有反馈，则说明引入的是直流反馈还是交流反馈，是正反馈还是负反馈；若为交流负反馈，则说明反馈的组态。

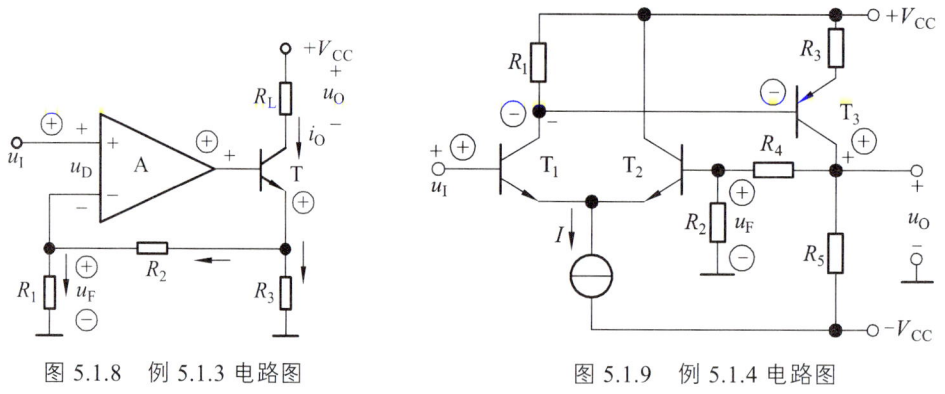

图 5.1.8　例 5.1.3 电路图　　　　图 5.1.9　例 5.1.4 电路图

解：观察电路，R_2 将输出回路与输入回路相连接，因而电路引入了反馈。无论在直流通路中，还是在交流通路中，R_2 形成的反馈通路均存在，因而电路中既引入了直流反馈，又引入了交流反馈。

设输入电压 u_1 对地为 ⊕，集成运放的输出端电位（即晶体管 T 的基极电位）为 ⊕，因此，集电极电流的流向如图中所标注。i_O 通过 R_3 和 R_2 所在支路分流，在 R_1 上获得反

馈电压 u_F，u_F 的极性为上 ⊕ 下 ⊖，使集成运放的净输入电压 u_D 减小，故电路中引入的是负反馈。

根据 u_1、u_F 和 u_D 的关系，说明电路引入的是串联反馈。令输出电压 $u_O=0$，即将 R_L 短路，因 i_O 仅受 i_B 的控制而依然存在，u_F 和 i_O 的关系不变，故电路中引入的是电流反馈。所以，电路中引入了电流串联负反馈。

例 5.1.4 试分析图 5.1.9 所示电路中引入了哪种组态的交流负反馈。

解：在假设输入电压 u_1 对地为 "+" 的情况下，电路中各点的电位如图中所标注，在电阻 R_2 上获得反馈电压 u_F。u_F 使差分放大电路的净输入电压（即 T_1 管和 T_2 管的基极电位之差）变小，故电路中引入了串联反馈。

令输出电压 $u_O=0$，即将 T_3 管的集电极接地；将使 u_F 为零，故电路中引入了电压负反馈。可见，该电路中引入了电压串联负反馈。

5.2 反馈放大电路的方框图表示及其一般表达式

5.2.1 反馈放大电路的方框图表示

任何负反馈放大电路都可以用图 5.2.1 所示的方框图来表示。它由基本放大电路和反馈网络组成。近似分析时可以认为方框图中基本放大电路只有单方向的信号正向传输通路，反馈网络仅有单方向的信号反向传输通路。

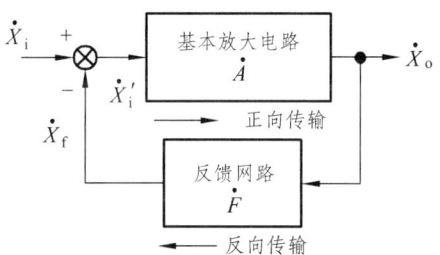

图 5.2.1 负反馈放大电路的方框图

在图 5.2.1 中，箭头表示信号流通方向，符号 ⊗ 表示信号叠加，$\dot{X}_i$ 为闭环放大电路的输入信号，$\dot{X}_f$ 为反馈信号，$\dot{X}_i'$ 为基本放大电路 $\dot{A}$ 的输入信号（净输入信号），$\dot{X}_o$ 为闭环放大电路的输出信号。

5.2.2 反馈放大电路的一般表达式

1. 闭环放大倍数的一般表达式

在方框图中定义基本放大电路的放大倍数为

$$A = \frac{X_o}{X_i'} \tag{5.2.1}$$

反馈系数为

$$F = \frac{X_\text{f}}{X_\text{o}} \quad (5.2.2)$$

负反馈放大电路的放大倍数（即闭环放大倍数）为

$$A_\text{f} = \frac{X_\text{o}}{X_\text{i}} \quad (5.2.3)$$

由图 5.2.1 所示的一般方框图可知，各信号量之间关系式为

$$X_\text{o} = AX_\text{i}' \quad (5.2.4)$$

$$X_\text{i}' = X_\text{i} - X_\text{f} \quad (5.2.5)$$

$$X_\text{f} = FX_\text{o} \quad (5.2.6)$$

根据（5.2.4）~（5.2.6），可得放大电路的放大倍数（闭环放大倍数）的一般表达式为

$$A_\text{f} = \frac{A}{1+AF} \quad (5.2.7)$$

2. 反馈深度

由式（5.2.7）可知，放大电路引入反馈后，其放大倍数改变了。闭环放大倍数 A_f 的大小与 $|1+AF|$ 这一因数有关。在一般情况下，A 和 F 都是频率的函数，它们的数值和相位角均将随频率而变。以下分三种情况讨论。

（1）若 $|1+AF| > 1$，则 $|A_f| < |A|$，即引入反馈后，放大倍数减小了，这种反馈为负反馈。负反馈放大电路的 $|1+AF|$ 越大，则放大倍数减小越多。

（2）若 $|1+AF| < 1$，则 $|A_f| > |A|$，即引入反馈后，放大倍数增加了，这种反馈称为正反馈。正反馈虽然可以增加放大倍数，但使放大电路的性能不稳定。放大电路中一般很少引入正反馈，正反馈多用于信号波形产生电路。

（3）若 $|1+AF| = 0$，则 $|A_f| = |A|$，这就是说，放大电路在没有输入信号时，也有输出信号，这时放大电路处于自激振荡状态。

从上面的讨论可知，$|1+AF|$ 与放大电路的工作状态和性能直接有关。对负反馈放大电路，$|1+AF|$ 越大，其闭环放大倍数减小越多，因此，$|1+AF|$ 的值是衡量负反馈程度的一个重要指标，称为反馈深度。

例 5.2.1 已知某电压串联负反馈放大电路在通带内（中频区）的反馈系数 $F_u=0.01$，输入信号 $u_\text{i}=10\text{ mV}$，开环电压增益 $A_u=10^4$，试求该电路的闭环电压增益 A_{uf}、反馈电压 u_f 和净输入电压 u_id。

解： 由式（5.2.7）可求得该电路的闭环电压增益为

$$A_{uf} = \frac{A_u}{1+A_u F_u} = \frac{10^4}{1+10^4 \times 0.01} \approx 99.01$$

反馈电压为

$$u_\text{f} = F_u u_\text{o} = F_u A_{uf} u_\text{i} = 0.01 \times 99.01 \times 10 \text{ mV} \approx 9.9 \text{ mV}$$

净输入电压为

$$u_{id} = u_i - u_f = (10 - 9.9)\text{mV} = 0.1\text{mV}$$

5.2.3 负反馈条件下放大倍数的近似计算

由上面讨论可以判断一个放大电路的组态。关于负反馈放大电路主要性能指标的定量计算有多种方法，这些方法的繁简程度不同，适用的分析对象也不同。考虑到大多数负反馈放大电路均满足深度负反馈的条件，因此本书只介绍深度负反馈条件下放大倍数的近似估算。

在负反馈放大电路的一般表达式（5.2.7）中，若 $|1+AF| \gg 1$，则

$$A_f \approx \frac{1}{F} \tag{5.2.8}$$

又因为 $A_f \approx \frac{X_o}{X_i}$，$F \approx \frac{X_f}{X_o}$，代入式（5.3.1），得

$$X_f \approx X_i \tag{5.2.9}$$

根据式（5.2.5），这时基本放大电路的净输入量为

$$X_i' = X_i - X_f = 0 \tag{5.2.10}$$

式（5.3.10）表明，在深度负反馈条件下，反馈量近似等于输入量，可以忽略净输入量。但不同组态，可忽略的净输入量将不同。当电路引入深度串联负反馈时，

$$U_i \approx U_f \tag{5.2.11}$$

认为净输入电压 $u_{id} \approx 0$，当电路引入深度并联负反馈时

$$I_i \approx I_f \tag{5.2.12}$$

认为净输入电流 $i_{id} \approx 0$。

对于串联负反馈有 $u_i \approx u_f$，$u_{id} \approx 0$，因而在基本放大电路输入电阻上产生的输入电流也必然趋于零，即 $i_{id} \approx 0$。对于并联负反馈有 $i_i \approx i_f$，$i_{id} \approx 0$，因而在基本放大电路输入电阻上产生的输入电压 $u_{id} \approx 0$。总之，不论是串联还是并联负反馈，在深度负反馈条件下，均有 $u_{id} \approx 0$（虚短）和 $i_{id} \approx 0$（虚断）同时存在。利用"虚短""虚断"的概念可以快速方便地估算出负反馈放大电路的闭环增益或闭环电压增益。

5.2.4 负反馈对放大电路性能的影响

1. 负反馈提高了放大倍数的稳定性

当放大电路引入深负反馈时，$A_f \approx \frac{1}{F}$，即 A_f 与基本放大电路的内部参数无关，几乎仅决定于反馈网络，而反馈网络通常由电阻组成，因此闭环放大倍数 A_f 的稳定性很好。

引入负反馈后，降低了闭环增益，但换取了增益稳定度的提高。不过，负反馈不能使输出量保持不变，只能使输出量趋于不变。而且只能减小由开环增益变化而引起的闭环增益的变化。如果反馈系数发生变化而引起闭环增益变化，则负反馈是无能为力的。所以，反馈网络一般都由无源元件组成。

2. 负反馈对放大电路输入、输出电阻的影响

在放大电路中引入不同组态的负反馈后，将对输入电阻、输出电阻产生不同的影响。为了简化分析过程，讨论限定在中频段。

（1）负反馈对输入电阻的影响。

输入电阻是从放大电路输入端看进去的等效电阻，因而负反馈对输入电阻的影响取决于基本放大电路与反馈网络在电路输入端的连接方式，即取决于电路引入的是串联反馈还是并联反馈。串联负反馈将增大输入电阻，而并联负反馈将减小输入电阻。

（2）负反馈对输出电阻的影响。

输出电阻是从放大电路输出端看进去的等效电阻，因而负反馈对输出电阻的影响取决于基本放大电路与反馈网络在放大电路输出端的连接方式，即取决于电路引入的是电压反馈还是电流反馈。电压负反馈使输出电阻减小，而电流负反馈将增大输出电阻。

3. 负反馈使放大电路的通频带展宽

放大电路的放大倍数是频率的函数。引入负反馈后可使放大倍数的稳定性提高，当然也包括因信号频率变化而引起的放大倍数的变化将减小，其结果就是展宽了通频带。

4. 负反馈减小非线性失真

对于理想的放大电路，其输出信号与输入信号应完全呈现线性关系，但是由于放大电路中放大器件（如晶体管、场效应管）特性的非线性，当输入信号为正弦波时，放大电路输出信号的波形可能不再是正弦波，而产生非线性失真。输入信号的幅度越大，非线性失真就越严重。负反馈可以改善放大电路的非线性失真，但是只能改善反馈环内产生的非线性失真。

5.3 基本运算电路

集成运放电路的主要作用首先表现在它能构成各种运算电路上，本节将介绍运用深度负反馈构成比例、加减、积分、微分等基本运算电路。分析这些电路时，要注意输入方式，判别反馈电路，其比例系数即为反馈放大电路的放大倍数。

基本运算电路一般工作在集成运放的线性工作区，因而电路中引入的为负反馈。在分析运算电路时，一般假定集成运放工作在理想状态，引入的反馈均为深度负反馈，即输入电阻无穷大，输出电阻为零，电压放大倍数无穷大，并且两个输入端的净输入电压和净输入电流均为零。也就是说，一般假设同相输入端和反相输入端之间电流无通路（虚断）但两端的电压相等（虚短）。这是分析运算电路输出电压和输入电压运算关系的基本

出发点。为了计算方便,假设同相输入端为 P 节点,反相输入端为 N 节点。在求解过程中,一般采用的方法为节点电流法和叠加原理。

5.3.1 比例运算电路

1. 反相比例运算电路

(1) 基本电路。

反相比例运算电路如图 5.3.1 所示,由于反馈网络与输入端为电流相加减方式,当输出为零时,反馈电阻 R_f 上的电流为零,从瞬时极性法判断,当反相输入端输入为正极性时,输出为负极性,通过 R_f 反馈到输入端为负极性,从以上分析可知,这是一个典型的电压并联负反馈电路。同相输入端通过电路补偿电阻 R' 接地,通常为了保证集成运放输入级差分放大电路的对称性 $R' = R // R_f$。

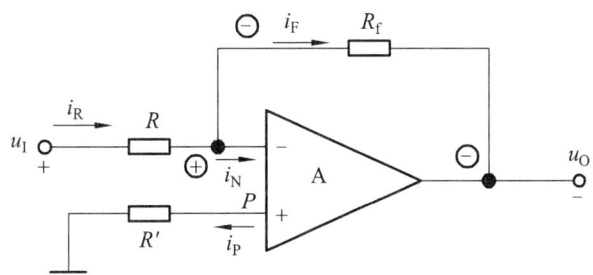

图 5.3.1 反相比例运算电路

根据"虚断"的概念可得

$$i_N = i_P = 0$$

故可认为 R' 上无电压降,相当于 P 点开路,u_P 与地等电位,得

$$u_P = 0$$

又根据"虚短"的概念,同相输入端与反相入端电位相同,可知

$$u_N = u_P = 0 \tag{5.3.1}$$

节点 N 的电流方程为

$$i_R = i_F$$

$$\frac{u_I - u_N}{R} = \frac{u_N - u_O}{R_f}$$

将式(5.3.1)代入上式可得

$$u_O = -\frac{R_f}{R} u_I \tag{5.3.2}$$

从式(5.3.2)可知,输入电压 u_I 与输出电压 u_O 比例关系系数为 $-R_f / R$。

从电路可以看出,这是一个反相比例运算电路,由于电路引入了深度电压负反馈,所以该电路的输出电阻 $R_o = 0$,由于引入的是并联反馈,所以输入电阻等于输入端和地之间的等效电阻，即 $R_i = R$。在精确计算时应考虑输入电阻减小对运算电路的影响。

（2）T 型网络反相比例运算电路。

在实际应用中，为了得到较大的电压放大倍数，而又不想 R_f 太大，一般采用 T 型网络取代图 5.3.1 所示电路中的 R_f。如图 5.3.2 所示电路中，R_f 由电阻 R_2、R_3、和 R_4 构成，形似英文字母，故称为 T 形网络电路。

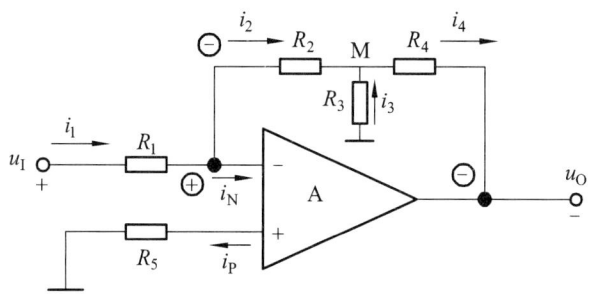

图 5.3.2　T 型网络反相比例运算电路

根据"虚断"的概念可得

$$i_N = i_P = 0$$

故可认为 R_5 上无电压降，相当于 P 点开路，u_P 与地等电位，得

$$u_P = 0$$

又根据"虚短"的概念，同相输入端与反相输入端电位相同，可知

$$u_N = u_P = 0$$

节点 N 的电流方程为

$$\frac{u_I}{R_1} = \frac{-u_M}{R_2}$$

因而节点 M 的电位

$$u_M = -\frac{R_2}{R_1} \cdot u_I$$

R_3 和 R_4 的电流分别为

$$i_3 = -\frac{u_M}{R_3} = -\frac{R_2}{R_1 R_3} \cdot u_I$$

$$i_4 = i_2 + i_3$$

输出电压

$$u_O = -i_2 R_2 - i_4 R_4$$

将各电流表达式代入，整理可得

$$u_O = -\frac{R_2 + R_4}{R_1}(1 + \frac{R_2 // R_4}{R_3})u_I \qquad (5.3.3)$$

2. 同相比例运算电路

（1）基本电路。

如图 5.3.3 所示的电路为同相比例运算电路，由于反馈网络与输入端为电压相加减方式，当输出为零时，反馈电阻 R_f 上的电流为零，从瞬时极性法判断，当同相输入端输入为正极性时，输出为正极性，通过 R_f 反馈到输入端为正极性。从以上分析可知，这是电压串联负反馈电路，输入电阻等于集成运放输入电阻（无穷大），输出电阻为零。

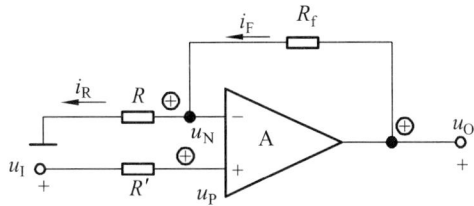

图 5.3.3　同相比例运算电路

根据"虚断"的概念得

$$i_N = i_P = 0$$

所以 R' 上无压降，故

$$u_P = u_I$$

根据"虚短"的概念得

$$u_N = u_P = u_I \quad (5.3.4)$$

说明集成运放的净输入电压为零，但有共模输入电压。

因而 $i_R = i_f$，即

$$\frac{u_N - 0}{R} = \frac{u_O - u_N}{R_f}$$

$$u_O = \left(1 + \frac{R_f}{R}\right)u_N = \left(1 + \frac{R_f}{R}\right)u_P \quad (5.3.5)$$

将式（5.3.4）代入得

$$u_O = \left(1 + \frac{R_f}{R}\right)u_I \quad (5.3.6)$$

从上式可知 u_O 与 u_I 同相且放大倍数大于 1。由于存在共模输入信号，所以在误差分析时，应重点考虑共模信号对同相比例放大电路的影响。

（2）电压跟随器。

在同相比例运算电路中，若将输出电压的全部反馈到反相输入端，就构成了图 5.3.4 所示的电压跟随器。电路 5.3.4 引入了电压串联负反馈，且反馈系数为 1。由于 $u_O = u_N = u_P$，故输出电压与输入电压的关系为

$$u_O = u_I$$

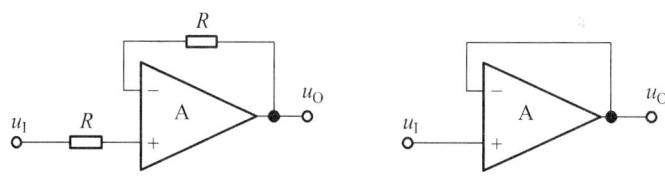

图 5.3.4 电压跟随器

理想运放的开环差模增益为无穷大，因而电压跟随器具有比射极输出器好很多的跟随特性。

综上所述，对于单一信号作用的运算电路，在分析运算关系时，应首先列出关键节点的电流方程，所谓关键节点是指那些与输入电压和输出电压产生关系的节点，如 N 点和 P 点；然后根据"虚短"和"虚断"的原则，进行整理，即可得到输出电压和输入电压的运算关系。

例 5.3.1 电路如图 5.3.5 所示，已知 $R_2 \gg R_4$，$R_1=R_2$ 试问：

（1）u_O 与 u_1 的比例系数为多少？

（2）若 R_4 开路，则 u_O 与 u_1 的比例系数为多少？

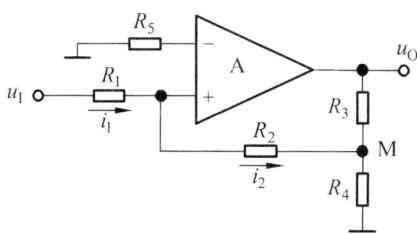

图 5.3.5　例 5.3.1 的电路图

解：比较图 5.3.5 和图 5.3.2 所示的电路不难发现，它们是完全相同的运算电路，即 T 形网络反相比例运算电路。

（1）由于 $u_N = u_P = 0$，因而

$$i_2 = i_1 = \frac{u_1}{R_1}$$

M 点的电位

$$u_M = -i_2 R_2 = -\frac{R_2}{R_1} u_1$$

由于 $R_2 \gg R_4$，可以认为

$$u_O \approx \left(1 + \frac{R_3}{R_4}\right) u_M$$

$$u_O \approx -\frac{R_2}{R_1}\left(1 + \frac{R_3}{R_4}\right) u_1$$

在上式中，由于 $R_1=R_2$，故 u_O 与 u_1 的关系式为

$$u_O \approx -\left(1+\frac{R_3}{R_4}\right)u_I$$

所以，比例系数约为-(1+R_3/R_4)。

（2）若 R_4 开路，则电路变为典型的反相比例运算电路，u_O 与 u_I 的运算关系式为：

$$u_O = -\frac{R_2+R_3}{R_1}\cdot u_I$$

由于 $R_1 = R_2$，故比例系数为-(1+R_3/R_1)。

例 5.3.2 电路如图 5.3.6 所示，已知集成运放输出的最大幅值为±14 V；$u_O = -55u_I$，其余参数如图中所标注。回答下列问题：

（1）求出 R_5 的值；

（2）若 u_I 与地接反，则输出电压与输入电压的关系将产生什么变化？

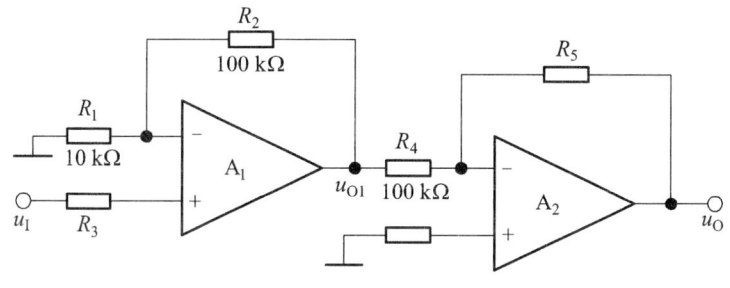

图 5.3.6 例 5.3.2 的电路图

解： 在图 5.3.6 所示电路中，A_1 构成同相比例运算电路，A_2 构成反相比例运算电路。

$$u_{O1} = \left(1+\frac{R_2}{R_1}\right)u_I = \left(1+\frac{100}{10}\right)u_I = 11u_I$$

$$u_O = -\frac{R_5}{R_4}u_{O1} = -\frac{R_5}{100}\times 11u_I = -55u_I$$

得出 $R_5 = 500$ kΩ。

（2）若 u_I 与地接反，则第一级变为反相比例运算电路。因此，

$$u_{O1} = -\frac{R_2}{R_1}\cdot u_I = -\frac{100}{10}\cdot u_I = -10u_I$$

由于第二级电路的比例系数仍为-5，所以 $u_O = 50u_I$。

5.3.2 加减运算电路

加减运算电路一般是在比例运算电路的基础上实现多个输入信号各不同比例求和或求差的电路。所有输入在同一个输入端的可以实现加法运算，在不同输入端的实现减法

运算，分析的方法为节点电流法和叠加原理，这里选用叠加原理进行分析。

1. 求和运算电路

（1）反相求和运算电路。

反相求和运算电路的多个输入信号均作用于集成运放的反相输入端，如图 5.3.7 所示，对于多输入的电路除了用节点电流法求解运算关系外，还可利用叠加原理，首先分别求出各输入电压单独作用时的输出电压，然后将它们相加，便得到所有信号共同作用时输出电压与输入电压的运算关系。

设 u_{I1} 单独作用，此时应将 u_{I2} 和 u_{I3} 接地，如图 5.3.8 所示。由于电阻 R_2 和 R_3 的一端是"地"，一端是"虚地"，故它们的电流为零。因此，电路实现的是反相比例运算

$$u_{o1} = -\frac{R_f}{R_1}u_{I1} \tag{5.3.7}$$

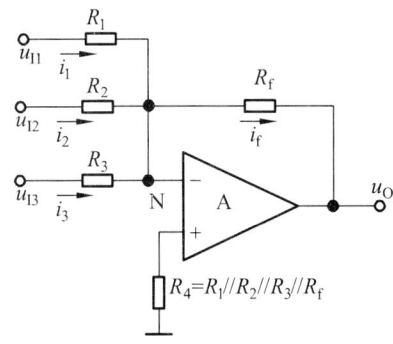 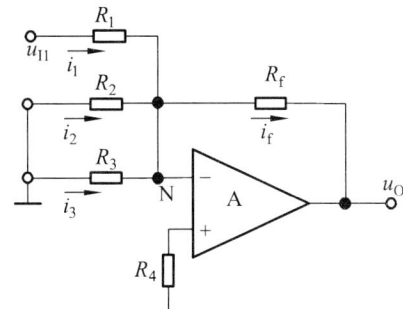

图 5.3.7 反相求和运算电路   图 5.3.8 利用叠加原理求解运算关系

利用同样方法，分别求出 u_{I2} 和 u_{I3} 单独作用时的输出 u_{O2} 和 u_{O3}，即

$$u_{O2} = -\frac{R_f}{R_2}u_{I2}, \quad u_{O3} = -\frac{R_f}{R_3}u_{I3}$$

当 u_{I1}、u_{I2} 和 u_{I3} 同时作用时，有

$$u_O = u_{O1} + u_{O2} + u_{O3} = -\frac{R_f}{R_1}u_{I1} - \frac{R_f}{R_2}u_{I2} - \frac{R_f}{R_3}u_{I3} \tag{5.3.8}$$

若 $R_1 = 5\ \text{k}\Omega$，$R_2 = 20\ \text{k}\Omega$，$R_3 = 50\ \text{k}\Omega$，$R_f = 100\text{k}\Omega$，则 $u_O = -20u_{I1} - 5u_{I2} - 2u_{I3}$。

从反相求和运算电路的分析可知，各信号源为运算电路提供的输入电流各不相同，表明从不同的输入端看进去的等效电阻不同，即输入电阻不同。

（2）同相求和运算电路。

当多个输入信号同时作用于集成运放的同相输入端时，就构成同相求和运算电路，如图 5.3.9 所示。

在同相比例运算电路的分析中，曾得到式 5.3.6 所示的结论。因此求解 u_P，即可得输出电压与输入电压的运算关系。

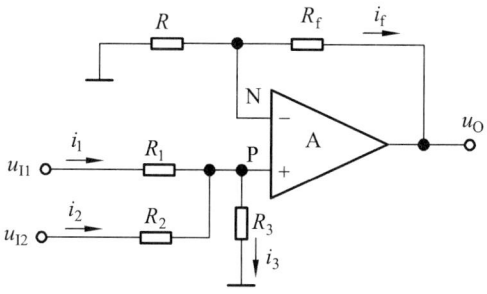

图 5.3.9 同相加法运算电路

节点 P 的电流方程为

$$i_1 + i_2 = i_3$$

$$\frac{u_{I1} - u_P}{R_1} + \frac{u_{I2} - u_P}{R_2} = \frac{u_P}{R_3}$$

$$\left(\frac{1}{R_1} + \frac{1}{R_2} + \frac{1}{R_3}\right)u_P = \frac{u_{I1}}{R_1} + \frac{u_{I2}}{R_2}$$

所在同相输入端电位为

$$u_P = R_P \left(\frac{u_{I1}}{R_1} + \frac{u_{I2}}{R_2}\right) \tag{5.3.9}$$

式中 $R_P = R_1 // R_2 // R_3$。

将式（5.3.9）代入式（5.3.6）得

$$\begin{aligned} u_O &= \left(1 + \frac{R_f}{R}\right) \cdot R_P \cdot \left(\frac{u_{I1}}{R_1} + \frac{u_{I2}}{R_2}\right) \\ &= \frac{R + R_f}{R} \cdot \frac{R_f}{R_f} \cdot R_P \cdot \left(\frac{u_{I1}}{R_1} + \frac{u_{I2}}{R_2}\right) \\ &= R_f \cdot \frac{R_P}{R_N} \cdot \left(\frac{u_{I1}}{R_1} + \frac{u_{I2}}{R_2}\right) \end{aligned}$$

式中 $R_N = R // R_f$。若 $R_N = R_P$，则

$$u_O = R_f \left(\frac{u_{I1}}{R_1} + \frac{u_{I2}}{R_2}\right) \tag{5.3.10}$$

若 $R // R_f = R_1 // R_2$，可省去 R_3。

利用叠加原理求解同相求和运算电路的 u_P 可得

$$u_P = \frac{R_2 // R_3}{R_1 + R_2 // R_3} u_{I1} + \frac{R_1 // R_3}{R_2 + R_1 // R_3} u_{I2}$$

输出电压

$$u_O = \left(1 + \frac{R_f}{R}\right)\left(\frac{R_2 // R_3}{R_1 + R_2 // R_3}u_{I1} + \frac{R_1 // R_3}{R_2 + R_1 // R_3}u_{I2}\right) \quad (5.3.11)$$

从上式中可以看出，虽叠加原理物理意义非常明确，但计算过程烦琐。

2. 加减运算电路

从式（5.3.8）和式（5.3.10）可以看出，当输入电压作用在不同的输入端时就可以组成加减法运算电路，如图 5.3.10 所示为四个输入的加减运算电路。

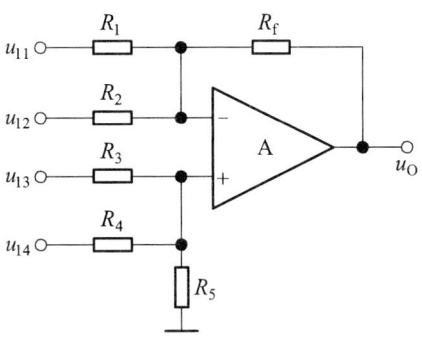

图 5.3.10 加减法运算电路

首先将同相输入端的两个输入电压与地短路，如图 5.3.11（a）所示，可以得到反相求的运算电路，故输出电压为

$$u_{OA} = -R_f\left(\frac{u_{I1}}{R_1} + \frac{u_{I2}}{R_2}\right) \quad (5.3.12)$$

再将反相端的两个电压输入端与地短路，如图 5.3.11（b）所示，则得到同相求和电路，若 $R_1 // R_2 // R_f = R_3 // R_4 // R_5$，则输出电压为

$$u_{OB} = R_f\left(\frac{u_{I3}}{R_3} + \frac{u_{I4}}{R_4}\right) \quad (5.3.13)$$

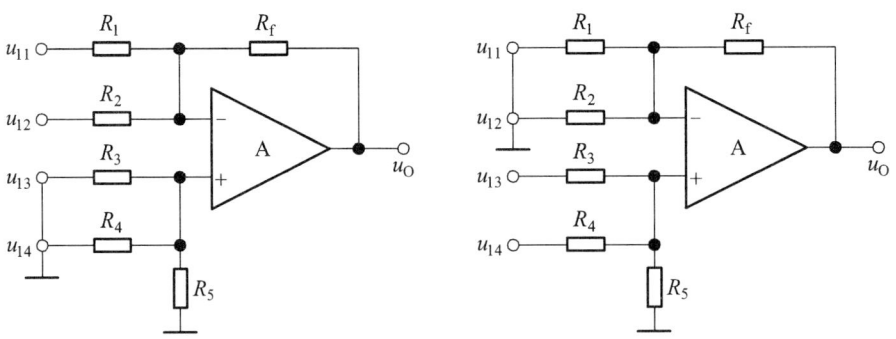

图 5.3.11 利用叠加原理求解加减运算电路

根据叠加原理，输出电压为

$$u_O = u_{OA} + u_{OB} = R_f\left(\frac{u_{I3}}{R_3} + \frac{u_{I4}}{R_4} - \frac{u_{I1}}{R_1} - \frac{u_{I2}}{R_2}\right) \quad (5.3.14)$$

当电路只有两个输入，且参数如图 5.3.12 所示，则

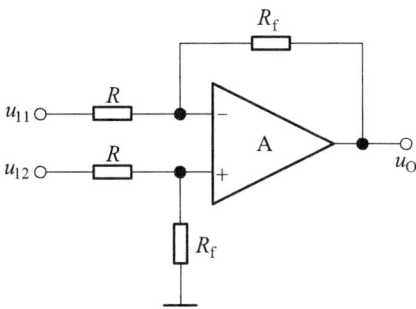

图 5.3.12　差分比例运算电路

$$u_O = \frac{R_f}{R}(u_{I2} - u_{I1}) \quad (5.3.15)$$

电路实现了对输入差模信号的比例运算。

例 5.3.3　设计一个运算电路，要求输出电压和输入电压的运算关系式为 $u_O = 10u_{I1} - 5u_{I2} - 4u_{I3}$。

解：根据已知的运算关系式可知，当采用单个集成运放构成电路时，u_{I1} 应作用于同相输入端，而 u_{I2} 和 u_{I3} 应作用于反相输入端，如图 5.3.13 所示。

选取 $R_f = 100\text{ k}\Omega$，若 $R_2 // R_3 // R_f = R_1 // R_4$，则

$$u_O = R_f\left(\frac{u_{I1}}{R_1} - \frac{u_{I2}}{R_2} - \frac{u_{I3}}{R_3}\right)$$

因为 $R_f/R_1 = 10$，故 $R_1 = 10\text{ k}\Omega$；因为 $R_f/R_2 = 5$，故 $R_2 = 20\text{ k}\Omega$；因为 $R_f/R_3 = 4$，故 $R_3 = 25\text{ k}\Omega$。

$$\frac{1}{R_4} = \frac{1}{R_2} + \frac{1}{R_3} + \frac{1}{R_f} - \frac{1}{R_1} = \left(\frac{1}{20} + \frac{1}{25} + \frac{1}{100} - \frac{1}{10}\right)\text{k}\Omega^{-1} \approx 0 \text{ k}\Omega^{-1}$$

即 $R_4 = \infty$；故可省去 R_4。所设计的电路如图 5.3.14 所示。

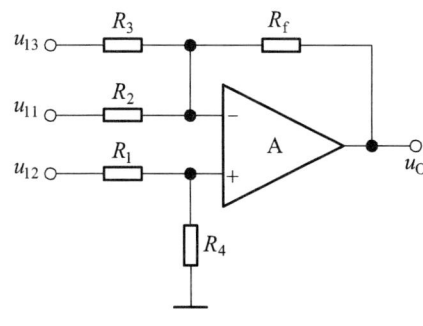

图 5.3.13　例 5.3.3 的电路 1

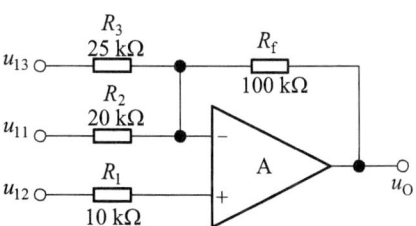

图 5.1.14　例 5.3.3 的电路 2

5.3.4 积分运算电路和微分运算电路

在自控系统中，常用积分电路和微分电路作为环节，在仪器仪表之中它们还广泛用于波形的产生和变换；积分运算和微分运算互为逆运算。

1. 积分运算电路

积分运算电路如图 5.3.15 所示，由于集成运放的同相输入端通过 R' 接地，$u_P = u_N = 0$，为"虚地"。

电路中，电容 C 中电流等于电阻 R 中电流

$$i_C = i_R = \frac{u_I}{R}$$

假设电容初始电压为零，由于电容上的电流充电电流，电容电压为输出电压，故

$$i_C = -C\frac{du_O}{dt}$$

由此得

$$u_O = -\frac{1}{C}\int i_C dt = -\frac{1}{RC}\int u_I dt \tag{5.3.16}$$

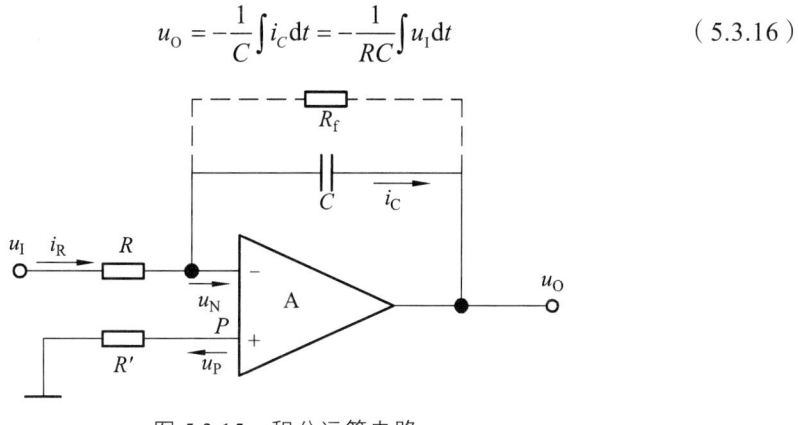

图 5.3.15 积分运算电路

在求解 t_1 到 t_2 时间段的积分值时

$$u_O = -\frac{1}{RC}\int_{t_1}^{t_2} u_I dt + u_O(t_1) \tag{5.3.17}$$

式中 $u_O(t_1)$ 为积分起始时刻的输出电压，即积分运算的起始值，积分的终值是 t_2 时刻的电压。

当 u_I 为常量时，输出电压

$$u_O = -\frac{1}{RC}u_I(t_2 - t_1) + u_O(t_1) \tag{5.3.18}$$

在实用电路中，因为偏置电流、失调电压、失调电流及温漂不等于零，开环电压放大倍数、输入电阻及带宽不是无穷大，实际的电容器存在吸附效应和漏电阻等，因此实际积分电路的输出电压与输入电压的函数关系与理想情况相比存在误差，情况严重时甚至不能正常工作，为了防止低频信号增益过大，常在电容上并联一个反馈电阻加以限制，

如图 5.3.15 虚线所示。

2. 微分运算电路

若将图 5.3.15 所示电路中电阻 R 和电容 C 的位置互换，并选取比较小的时间常数 RC，则得到基本微分运算电路，如图 5.3.16 所示

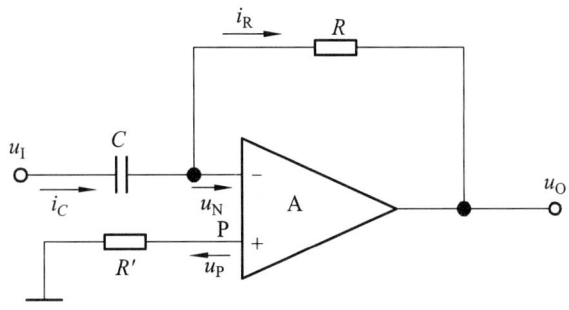

图 5.3.16　基本微分运算电路

根据"虚短""虚断"的原则：
$$u_P = u_N = 0$$

电容两端电压
$$u_C = u_I$$

因而
$$i_R = i_C = C\frac{du_I}{dt} \quad (5.3.19)$$

输出电压
$$u_O = -i_R R = -RC\frac{du_I}{dt} \quad (5.3.20)$$

输出电压正比于输入电压对时间的微商。

5.4　有源滤波电路

滤波电路是一种能使有用频率信号通过而同时抑制（或衰减）无用频率的电子装置。实用电路中主要用于信号处理、抗干扰等。与其他滤波电路相比，集成运放组成的有源滤波电路具有输入阻抗高、输出阻抗低的特点，并具有一定的电压放大和缓冲作用，因此其获得了迅速发展。但目前因为集成运放的带宽有限，所以目前有源滤波电路的工作频率还不能做得很高。

1. 定义

滤波电路的一般结构如图 5.4.1 所示，假设滤波电路是一个线性时不变网络，则在复频域内有
$$A_u(s) = \frac{U_o(s)}{U_i(s)} \quad (5.4.1)$$

其中 $A_u(s)$ 是滤波电路的电压传递函数，一般为复数。对于实际频率来说 $s=j\omega$，则有

$$A(j\omega)=|A(j\omega)|e^{j\varphi(\omega)} \qquad (5.4.2)$$

这里 $|A(j\omega)|$ 为传递函数的模，$\varphi(\omega)$ 为其相位角。

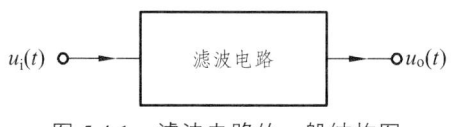

图 5.4.1 滤波电路的一般结构图

2. 滤波电路的分类

对于幅频响应，通常把能够通过的信号频率范围定义为通带，而把受阻或衰减的信号频率范围称为阻带，通带和阻带的界限频率叫作截止频率。

通常，按照滤波电路的工作频带滤波电路分为低通滤波电路（LPF）、高通滤波电路（HPF）、带通滤波电路（BPF）、带阻滤波电路（BEF）和全通滤波电路（APF），其特性如图 5.4.2 所示。

（1）低通滤波电路。

其幅频响应如图 5.4.2（a）所示，图中 A_0 表示低频增益，$|A|$ 为增益的幅值。由图可知，它的功能是通过从零到某一截止频率 f_p 的低频信号，而对于频率大于 f_p 的所有频率则给予衰减，因此其带宽 $BW=f_p$。

（2）高通滤波电路。

其幅频响应如图 5.4.2（b）所示。由图可以看到，在 $0<f<f_p$ 范围内的频率为阻带，高于 f_p 的频率为通带。从理论上来说，它的带宽 $BW=\infty$，但实际上，由于受有源器件和外接元件以及杂散参数的影响，带宽受到限制，高通滤波电路的带宽也是有限的。

（3）带通滤波电路。

其幅频响应如图 5.4.2（c）所示。图中 f_{p1} 为下限截止频率，f_{p2} 为上限截止频率。由图可知，它有两个阻带：$0<f<f_{p1}$ 和 $f>f_{p2}$，因此其带宽 $BW=f_{p2}-f_{p1}$。

（4）带阻滤波电路。

其幅频响应如图 5.4.2（d）所示。由图可知，它有两个通带：$0<f<f_{p1}$ 及 $f>f_{p2}$，和一个阻带：$f_{p1}<f<f_{p2}$。因此它的功能是衰减 f_{p1} 到 f_{p2} 间的信号。同高通滤波电路相似，由于受有源器件带宽等因素的限制，通带 $f>f_{p2}$ 也是有限的。

（5）全通滤波电路。

没有阻带，它的通带是从零到无穷大，但相移的大小随频率改变。如图 5.4.2（e）所示。

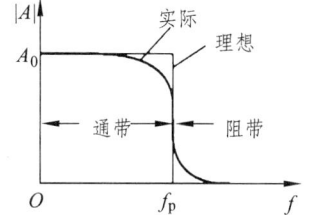
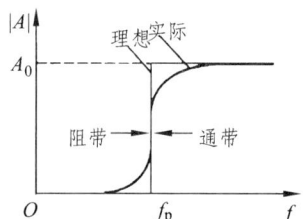

（a）低通滤波电路（Low Pass Filter，LPF） （b）高通滤波电路（High Pass Filter，HPF）

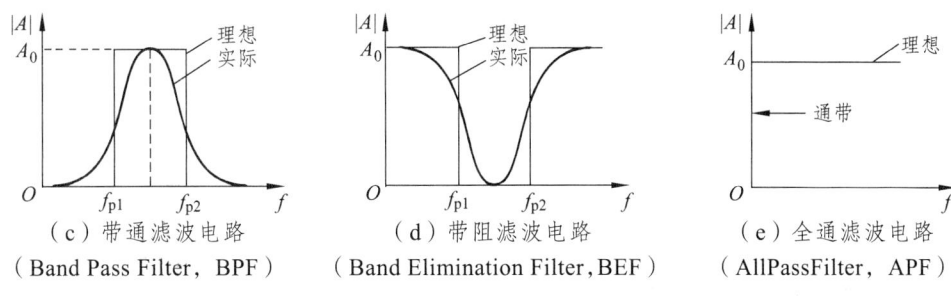

（c）带通滤波电路　　　　（d）带阻滤波电路　　　　（e）全通滤波电路
（Band Pass Filter，BPF）　（Band Elimination Filter，BEF）　（AllPassFilter，APF）

图 5.4.2　有源滤波电路

5.5　正弦波发生电路

在模拟电子电路中，常常需要各种波形的信号，作为测试信号或控制信号等。例如，在测量放大电路的指标参数时需要给电路输入正弦波信号；又如，在用示波器测试电路的电压传输特性时需要给电路输入锯齿波电压；再如，在增益可控集成运放的控制端需要输入矩形波等等。而为了使所采集的信号能够用于测量、控制、驱动负载或送入计算机，常常需要将信号进行变换，如将电压变换成电流、将电流变换成电压将电压变换成频率与之成正比的脉冲等。本节将介绍 RC 正弦波振荡电路的组成原则、工作原理以及主要参数。

5.5.1　正弦波振荡产生的条件

1. 产生的条件

正弦波发生电路是没有外加输入信号的带频选网络的正反馈放大电路，如图 5.5.1(a) 所示，它是由放大电路和信号正反馈电路组合而成，当 $\dot{X}_i = 0$ 时，可简化为图 5.5.1(b)。

由图 5.5.1（b）可知，因为 $\dot{X}_i = \dot{X}_f$，有

$$\frac{\dot{X}_f}{\dot{X}_i} = \frac{\dot{X}_o}{\dot{X}_i} \cdot \frac{\dot{X}_f}{\dot{X}_o} = \dot{A} \cdot \dot{F} = 1 \tag{5.5.1}$$

写成模与相角的关系为

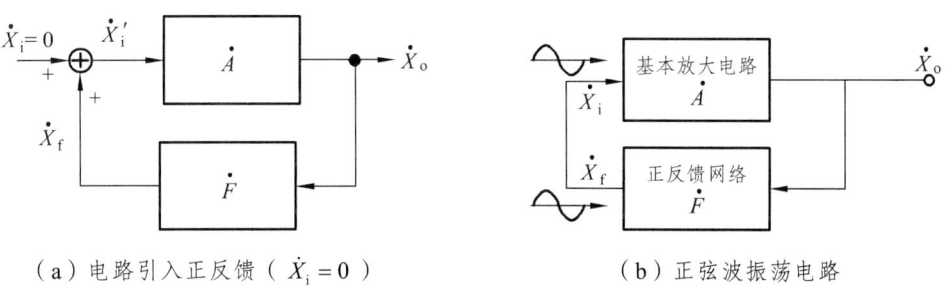

（a）电路引入正反馈（$\dot{X}_i = 0$）　　　　（b）正弦波振荡电路

图 5.5.1　正弦波振荡电路的方框图

$$\begin{cases} |\dot{A}\dot{F}| = 1 \\ \varphi_A + \varphi_F = 2n\pi \end{cases} \quad (n \text{ 为整数}) \quad (5.5.2)$$

式（5.5.2）为产生正弦波振荡的平衡条件，其中分别为幅值条件和相位条件。这是正弦波振荡电路持续振荡的两个条件。值得注意的是，无论是负反馈放大电路的自激条件（$\dot{A}\dot{F} = -1$）或振荡电路的振荡条件（$\dot{A}\dot{F} = 1$），都是要求环路增益等于 1，不过，由于反馈信号送到比较环节输入端的+、-符号不同。

为了使电路能够在接通电源后自行起振，一般将电路的起振条件设计为

$$|\dot{A}\dot{F}| > 1 \quad (5.5.3)$$

起振的波形如图 5.5.2 所示。

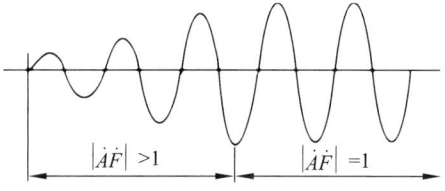

图 5.5.2 $|\dot{A}\dot{F}| > 1$ 正弦波起振波形

欲使振荡电路能自行建立振荡，就必须满足式（5.5.3）的条件。这样，在接通电源后，振荡电路就有可能自行起振，或者说能够自激。当输出达到一定幅值时，通过稳幅环节自动调整环路增益，使 $\dot{A}\dot{F} = 1$，电路进入平衡状态。

为了产生稳定的输出，正弦波振荡电路还必须外加选频网络，使得电路仅对 $f = f_0$ 的信号放大，而对大于和小于 f_0 的频率迅速衰减为零，以得到稳定的波形输出。选频网络可以在放大电路中，也可以在反馈电路中，一般由 R、C、L 元件组成。

综上所述，在正弦波振荡电路中，一是要反馈信号能够取代输入信号，即电路中必须引入正反馈；二是要外加选频网络，用以确定振荡频率。通常在电路加电时会产生一个幅值很小的输出量，它含有丰富的频率，而如果电路只对频率为 f_0 的正弦波产生正反馈过程，则输出信号

$$\dot{X}_o \uparrow \longrightarrow \dot{X}_f \uparrow (\dot{X}_i' \uparrow) \longrightarrow \dot{X}_o \uparrow\uparrow$$

在正反馈过程中，$\dot{X}_o$ 越来越大。由于放大电路的非线性特性。当 $\dot{X}_o$ 的幅值增大到一定的程度时，放大倍数的数值将减小。因此，$\dot{X}_o$ 不会无限制地增大，当 $\dot{X}_o$ 增大到一定数值时，电路达到动态平衡。

2. 组成及判断

从以上分析可知，正弦波振荡电路由以下四个部分组成：
（1）放大电路：实现能量的控制，使电路获得一定幅值的输出量。
（2）选频网络：确定电路的振荡频率，保证电路产生正弦波振荡。

（3）正反馈网络：保证电路在没有输入的情况下产生及维持振荡频率。

（4）稳幅环节：也就是非线性环节，作用是使输出信号幅值稳定。

在不少实用电路中，选频网络和正反馈网络为一个网络；而稳幅环节依靠放大电路的非线性特性来起到稳幅作用。判断电路是否能够产生正弦波振荡，首先观察是否包含放大电路和选频网络，放大电路是否引入了反馈网络，再用瞬时极性判断反馈网络是不是正反馈，再分别求解电路的 $\dot{A}$ 和 $\dot{F}$，然后判断 $|\dot{A}\dot{F}|$ 是否大于 1，只有达到以上条件，整个电路才能达到正弦波振荡电路产生的条件。

5.5.2 RC 正弦波振荡电路的工作原理

RC 正弦波振荡电路有 RC 桥式正弦波振荡电路，双 T 网络式和移相式振荡电路类型，本节介绍 RC 桥式正弦波振荡电路的组成、工作原理和振荡频率。

1. RC 串并联选频网络

将电阻 R_1 与电容 C_1 串联、电阻 R_2 与电容 C_2 并联所组成的网络称为 RC 串并联网络，如图 5.5.3 所示，通常，选取 $R_1 = R_2 = R$，$C_1 = C_2 = C$。所示输入电压为 $\dot{U}_i$，输出电压为 $\dot{U}_o$。

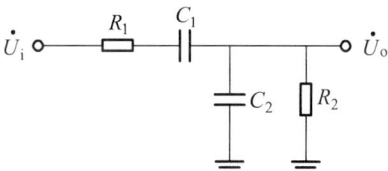

图 5.5.3　RC 串并联网络

由电路图得

$$\dot{A}_u = \frac{\dot{U}_o}{\dot{U}_i} = \frac{R // \frac{1}{j\omega C}}{R + \frac{1}{j\omega C} + R // \frac{1}{j\omega C}} = \frac{1}{3 + j\left(\omega RC - \frac{1}{\omega RC}\right)} \quad (5.5.4)$$

令 $\omega_0 = \frac{1}{RC}$，则

$$f_0 = \frac{1}{2\pi RC} \quad (5.5.5)$$

$$\dot{A}_u = \frac{1}{3 + j\left(\dfrac{f}{f_0} - \dfrac{f_0}{f}\right)} \quad (5.5.6)$$

由此得 RC 串并联选频网络幅频特性为

$$|\dot{A}_u| = \frac{1}{\sqrt{3^2 + \left(\dfrac{f}{f_0} - \dfrac{f_0}{f}\right)}} \quad (5.5.7)$$

相频特性为

$$\varphi = -\arctan\frac{1}{3}\left(\frac{f}{f_0} - \frac{f_0}{f}\right) \quad (5.5.8)$$

当 $f = f_0$ 时，$|\dot{A}_u| = \dfrac{1}{3}$，即 $|\dot{U}_o| = \dfrac{1}{3}|\dot{U}_i|$，$\varphi = 0^\circ$。

从分析的角度来看，当信号频率很低时，$\dfrac{1}{\omega C} > R$，$\dot{U}_o$ 超前 $\dot{U}_i$；当频率趋近于零时，相位超前趋近于 $+90^\circ$，且 $|\dot{U}_o|$ 趋近于零。当信号频率很高时，$\dfrac{1}{\omega C} < R$，$\dot{U}_o$ 滞后 $\dot{U}_i$；当频率趋近于无穷大时，相位滞后趋近于 -90°，且 $|\dot{U}_o|$ 趋近于零。当信号频率从零逐渐变化到无穷大时，$\dot{U}_o$ 的相位将从 $+90^\circ$ 逐渐变化到 -90°。因此，对于 RC 串并联选频网络，必定存在一个频率 f_0，当 $f = f_0$ 时，$\dot{U}_o$ 与 $\dot{U}_i$ 同相，整个电路呈纯阻态。$\dot{A}_u$ 的频率特性如图 5.5.4 所示。

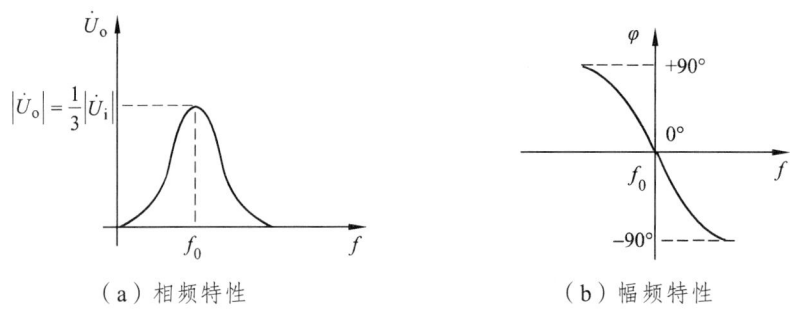

（a）相频特性　　　　　（b）幅频特性

图 5.5.4　$\dot{A}_u$ 的频率特性

2. 起振与稳幅

在 RC 桥式正弦波振荡电路中，当 $f = f_0$ 时，只有 $|\dot{A}\dot{F}| = 1$ 成立，整个电路才能正常工作，一般来讲，因为反馈网络是无源网络，反馈信号应小于或等于输出信号，根据对 RC 串并联选频网络的分析及自激振荡的条件，选择 $\dot{A}_u = 3$，$\dot{F} = \dfrac{1}{3}$ 的电路组合可以构成正弦波振荡电路，在实际应用中，为了保证能顺利起振，可考虑放大倍数略大 3；考虑到电路带负载的能力及对选频特性的影响，一般选用输入电阻高和输出电阻低的同相比例运算放大电路作为放大电路，RC 桥式正弦波振荡电路如图 5.5.5 所示。

根据起振条件和幅值平衡条件，R_f 为同相放大电路的负反馈，根据"虚短""虚断"的概念可得

$$\dot{A}_u = \frac{\dot{U}_o}{\dot{U}_p} = 1 + \frac{R_f}{R_1} \geqslant 3 \qquad (5.5.9)$$

整理可得

$$R_f \geqslant 2R_1 \qquad (5.5.10)$$

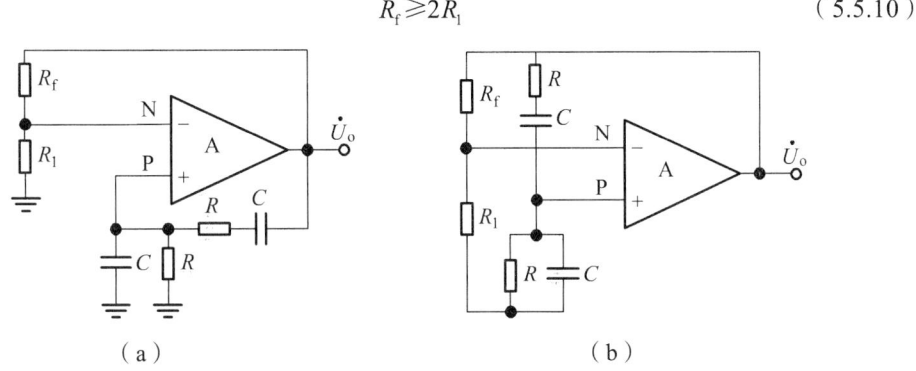

图 5.5.5　RC 桥式正弦波振荡电路

为了保证起振 R_f 的取值应略大于 $2R_1$。由于 $\dot{U}_o$ 与 $\dot{U}_f$ 具有良好的线性关系，为了进一步稳定输出电压，采用在电路中加入非线性元件来调整反馈的强弱以维持输出电压恒定。例如，可选用 R_1 为正温度系数的热敏电阻，当 $\dot{U}_o$ 当某种因而增大时，R_1 上的电流增大，R_1 上的功耗随之增大，导致温度升高，使得 R_1 的阻值增大，从而减小了 $\dot{A}_u$ 数值，$\dot{U}_o$ 也就随之减小；反之，当 $\dot{U}_o$ 因某种原因而减小时，各物理量与上述变化相反，从而使输出电压稳定。当然，也可选用 R_f 为负温度系数的热敏电阻。

5.6　电压比较电路

电压比较电路（comparator）是运算放大电路在开环状态下的一种应用。运算放大电路的开环电压增益很大，当运算放大电路的两个输入端电压不同时，运算放大电路的输出端电压为正向最大值或反向最大值。比较电路广泛应用于自动控制、波形变换、取样保持等电路中，是组成非正弦波发生电路的基本单元电路。

5.6.1　概述

1. 电压比较电路的电压传输特性

电压比较电路的输出电压 u_o 与输入电压 u_I 的函数关系 $u_o = f(u_I)$ 一般用曲线来描述，称为电压传输特性。

在电压比较电路中，主要利用运算放大电路工作在开环或正反馈时放大倍数很高的特点，当输入电压 u_I 很小时，输出可以达到最大值，一般用高电平 U_{OH}、低电平 U_{OL} 来表示。使 u_O 从 U_{OH} 跃变为 U_{OL}，或者从 U_{OL} 跃变为 U_{OH} 的输入电压称为阈值电压，或转折电压，记作 U_T。

2. 集成运放的非线性工作区

电压比较电路如图 5.6.1 所示：图中反馈通路为电阻网络。对于理想运放，由于差模增益无穷大，当 $u_P \ne u_N$ 时，输出可达到最大值，$(u_P - u_N)$ 与 u_O 不再是线性关系，称集成运放工作在非线性工作区，其电压传输特性如图 5.6.2 所示。若输出电压 u_O 的幅值为 $\pm U_{OM}$，则 $u_P > u_N$ 时 $u_O = +U_{OM}$，当 $u_N > u_P$ 时 $u_O = -U_{OM}$。并且由于理想运放的差模输入电阻无穷大，故净输入电流为零，即 $i_P = i_N = 0$。

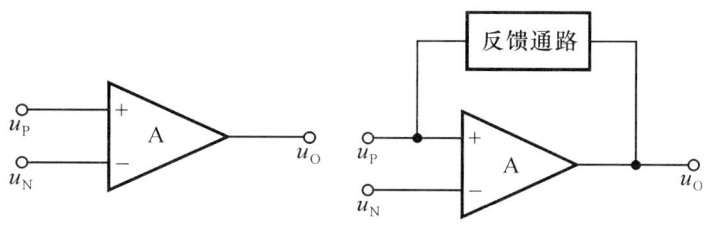

图 5.6.1 集成运放工作在非线性区电路

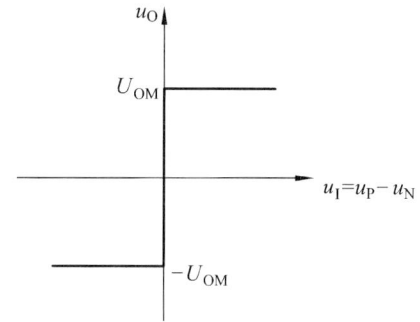

图 5.6.2 集成运放工作在非线性区电路的的传输特性

5.6.2 单限比较电路

1. 过零比较电路

过零比较电路如图 5.6.3（a）所示，集成运放工作在开环状态，由于该电路的同相输入端接地，反相端接输入电压，故当输入为 $u_I < 0\,\text{V}$ 时，$U_O = +U_{OM}$；当 $u_I > 0\,\text{V}$ 时，$U_O = -U_{OM}$。因此电压传输特性如图 5.6.3（b）所示。由于输出信号在 0 V 时发生改变，所以其阈值电压 $U_T = 0\,\text{V}$。

为了输出能满足负载并且得到稳定的输出波形，常在集成运放的输出端串接两个稳压管组成限幅电路，从而获得合适的 U_{OL} 和 U_{OH}，如图 5.6.4（a）所示。如果将两个特性相同的稳压管反接在一起，就可以得到高低电平幅值相同的输出，如图 5.6.4（b）所示。

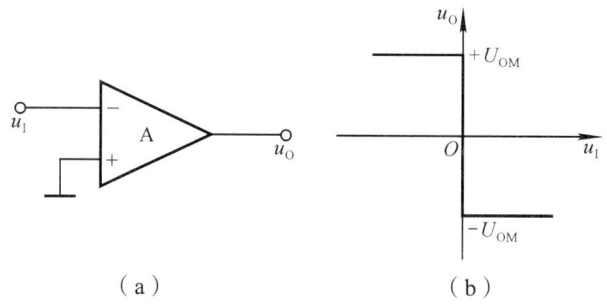

图 5.6.3 过零比较电路

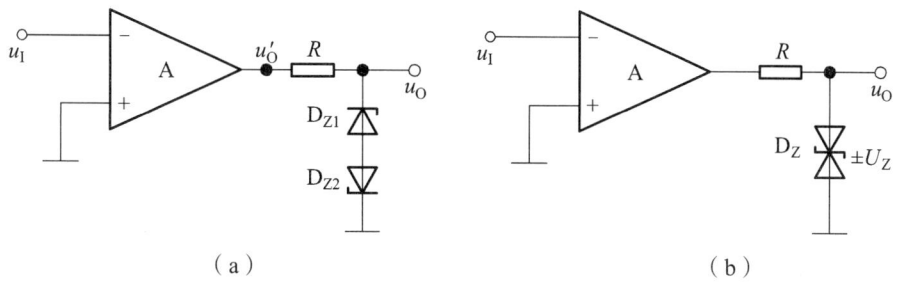

图 5.6.4 输出电压稳定的过零比较电路

2. 一般单限比较电路

图 5.6.5（a）所示为一般单限比较电路，U_{REF} 为外加参考电压。
根据叠加原理，集成运放反相输入端的电位

$$u_N = \frac{R_1}{R_1+R_2}u_I + \frac{R_2}{R_1+R_2}U_{REF} \tag{5.6.1}$$

$u_P = 0$，由于电路工作在非线性区，故只有 $u_N = u_P$，即

$$\frac{R_1}{R_1+R_2}u_I + \frac{R_2}{R_1+R_2}U_{REF} = 0 \tag{5.6.2}$$

否则电路的输出由 $u_N - u_P$ 的差值决定，这时的 u_I 为阈值电压，故得

$$U_T = -\frac{R_2}{R_1}U_{REF} \tag{5.6.3}$$

当 $u_I < U_T$ 时，$u_N < u_P$，所以 $u_O' = +U_{OM}$，$u_O = U_{OH} = +U_Z$；当 $u_I > U_T$ 时，$u_N > u_P$，所以 $u_O' = -U_{OM}$，$u_O = U_{OL} = -U_Z$。若 $U_{REF} < 0$，则图 5.6.5（a）所示电路的电压传输特性如图 5.6.5（b）所示。

根据式（5.6.3）可知，只要改变参考电压的大小和极性以及电阻 R_1 和 R_2 的阻值，就可以改变阈值电压的大小和极性。若要改变 u_I 过 U_T 时 u_O 的跃变方向，则应将集成运放的同相输入端和反相输入端所接外电路互换。

综上所述，分析电压传输特性三个要素的方法是：

（1）通过研究集成运放输出端所接的限幅电路来确定电压比较器的输出低电平 U_{OL} 和输出高电平 U_{OH}。

（2）分别求出集成运放同相输入端 u_P 和反相输入端电位 u_N 的表达式，令 $u_P = u_N$，解

得的输入电压就是阈值电压 U_T；

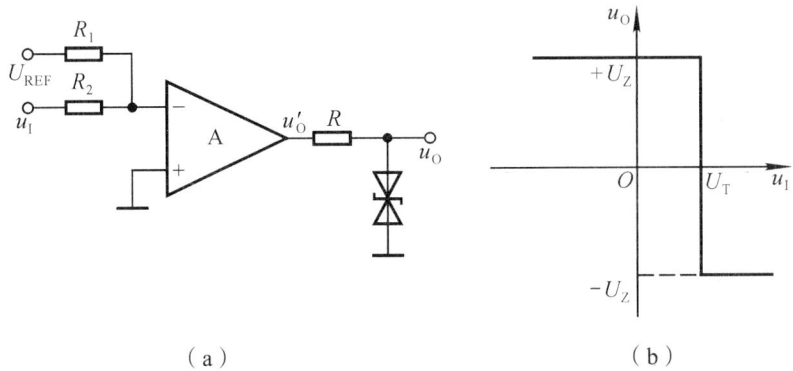

（a） （b）

图 5.6.5 输出电压稳定的过零比较电路

（3）u_O 在 u_I 过 U_T 时的跃变方向决定于 u_I 作用于集成运放的哪个输入端。当 u_I 从反相输入端（或通过电阻）输入时，$u_I<U_T$，$u_O=U_{OH}$；$u_I>U_T$，$u_O=U_{OL}$。当 u 从同相输入端（或通过电阻）输入时，$u_I<U_T$，$u_O=U_{OL}$；$u_I>U_T$，$u_O=U_{OH}$。

例 5.6.1 在图 5.6.4（b）所示电路中，稳压管的稳定电压 $U_Z=\pm 6V$；在图 5.6.5（a）所示电路中，$R_1=R_2=5\ \text{k}\Omega$，基准电压 $U_{REF}=2\ \text{V}$，稳压管的稳定电压 $U_Z=\pm 5\ \text{V}$；它们的输入电压均为图 5.6.6（a）所示的三角波。试分别画出两电路输出电压的波形。

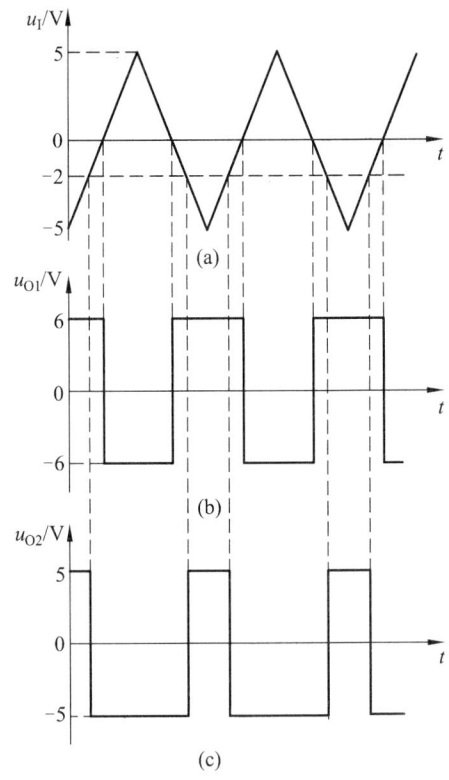

（a）输入电压波形　（b）过零比较器输出电压波形　（c）单限比较器输出电压波形

图 5.6.6 例 5.6.1 波形图

解：根据图 5.6.4（b）所示电路可知，当 $u_I<0$ V 时，$u_{O1}=+U_Z=+6$ V；当 $u_I>0$ V，$u_{O1}=-U_Z=-6$ V。所以画出其输出电压 u_{O1} 的波形如图 5.6.6（b）所示。

根据式（5.6.3）有

$$U_T = -\frac{R_2}{R_1}U_{REF} = \left(-\frac{5}{5} \times 2\right) V = -2 \text{ V}$$

因此，当 $U_I<-2$ V 时，$u_{O2}=+U_Z=+5$ V；当 $U_I>-2$ V，$u_{O2}=-U_Z=-5$ V。所以画出其输出电压 u_{O2} 的波形如图 5.6.6（c）所示。可见，利用电压比较器可以实现波形变换。

习　题

5.1　选择题。

（1）对于放大电路，所谓开环是指（　　）。
　　A. 无信号源　　　　　　B. 无反馈通路
　　C. 无电源　　　　　　　D. 无负载

而所谓闭环是指（　　）。
　　A. 考虑信号源内阻　　　B. 存在反馈通路
　　C. 接入电源　　　　　　D. 接入负载

（2）在输入量不变的情况下，若引入反馈后（　　），则说明引入的反馈是负反馈。
　　A. 输入电阻增大　　　　B. 输出量增大
　　C. 净输入量增大　　　　D. 净输入量减小

（3）直流负反馈是指（　　）。
　　A. 直接耦合放大电路中所引入的负反馈
　　B. 只有放大直流信号时才有的负反馈
　　C. 在直流通路中的负反馈

（4）交流负反馈是指（　　）。
　　A. 阻容耦合放大电路中所引入的负反馈
　　B. 只有放大交流信号时才有的负反馈
　　C. 在交流通路中的负反馈

（5）为了稳定静态工作点，应引入（　　）；为了稳定放大倍数，应引入（　　）；为了改变输入电阻和输出电阻，应引入（　　）；为了抑制温漂，应引入（　　）；为了展宽频带，应引入（　　）。
　　A. 直流负反馈　　　B. 交流负反馈

5.2　已知交流负反馈有四种组态：
　　A. 电压串联负反馈　　　　　B. 电压并联负反馈
　　C. 电流串联负反馈　　　　　D. 电流并联负反馈

选择合适的答案填入下列空格内，只填入 A、B、C 或 D。

（1）欲得到电流-电压转换电路，应在放大电路中引入＿＿＿＿；

（2）欲将电压信号转换成与之成比例的电流信号，应在放大电路中引入____；
（3）欲减小电路从信号源索取的电流，增强带负载能力，应在放大电路中引入____；
（4）欲从信号源获得更大的电流，并稳定输出电流，应在放大电路中引入____。

5.3 判断题 5.3 图所示各电路中是否引入了反馈，是直流反馈还是交流反馈，是正反馈还是负反馈。设图中所有电容对交流信号均可视为短路。

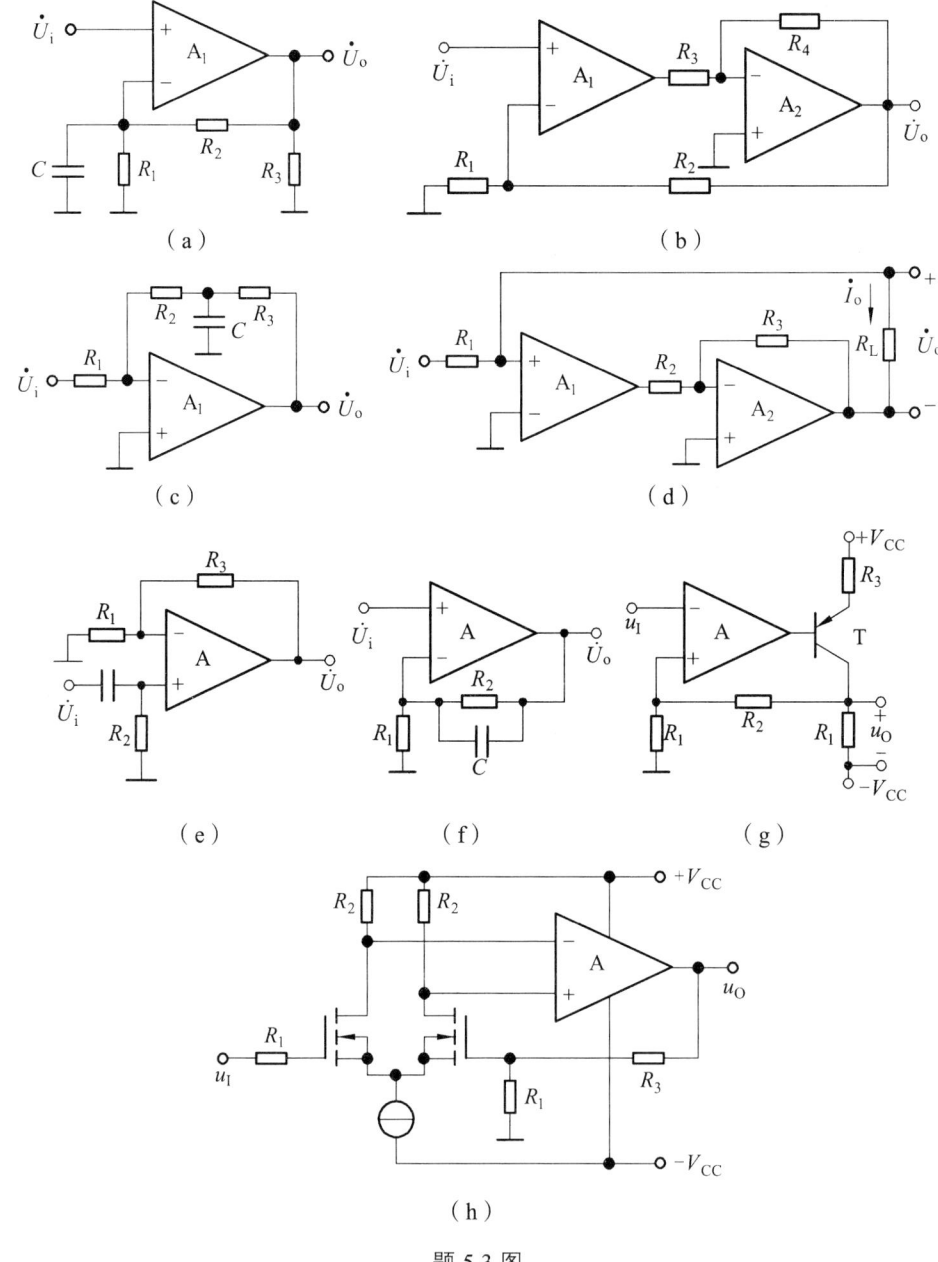

题 5.3 图

5.4 判断题 5.4 图所示各电路中是否引入了反馈，是直流反馈还是交流反馈，是正反馈还是负反馈。如果是交流负反馈，请判断反馈的组态。

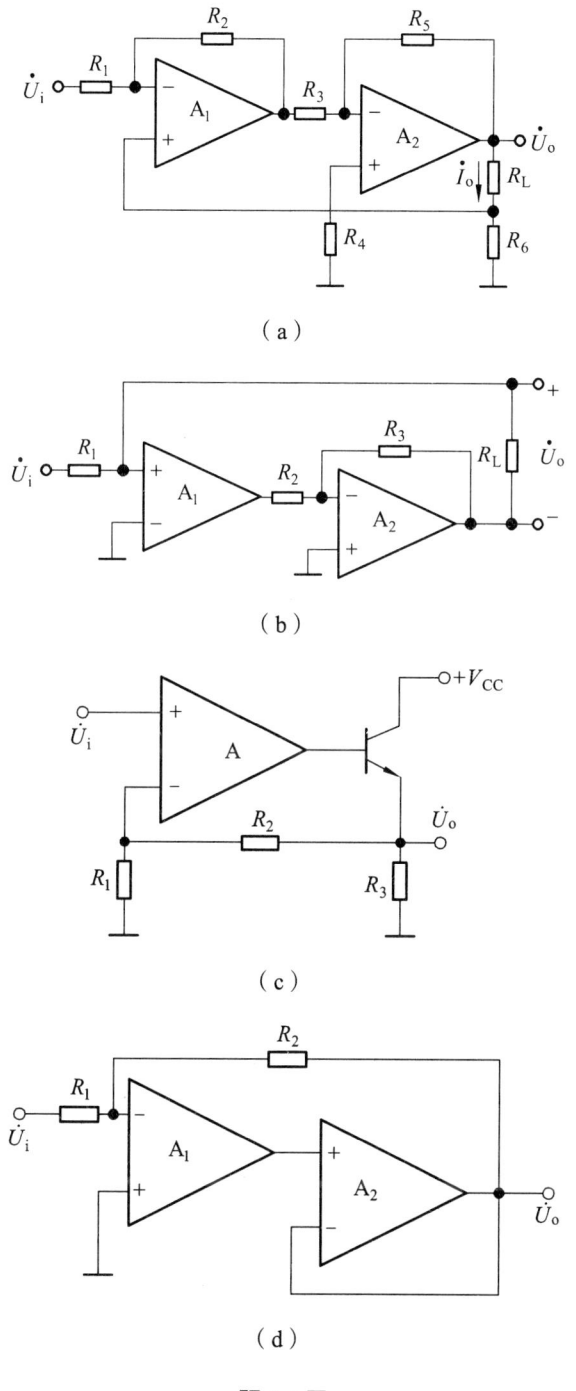

题 5.4 图

5.5 电路如题 5.5 图所示，集成运放输出电压的最大幅值为±14 V，填表。

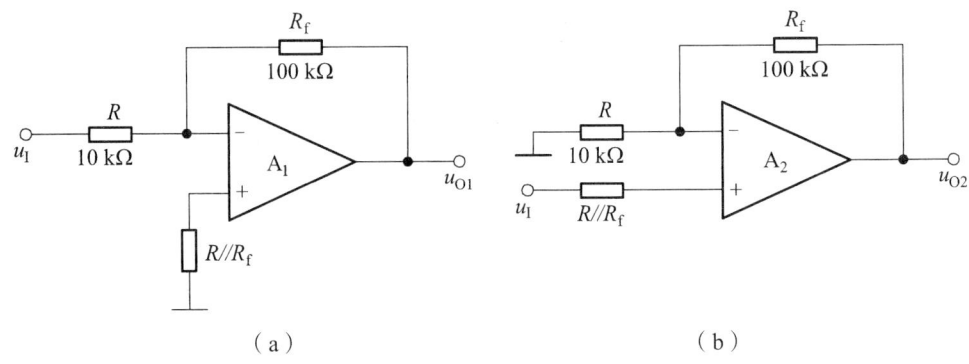

（a） （b）

题 5.5 图

u_I/V	0.1	0.2	1.0	1.5
u_{O1}/V				
u_{O2}/V				

5.6 如题 5.6 图所示，已知电阻 $R_i = 10\ \text{k}\Omega$，$R_f = 100\ \text{k}\Omega$，写出 u_O 与 u_I 的运算关系式。

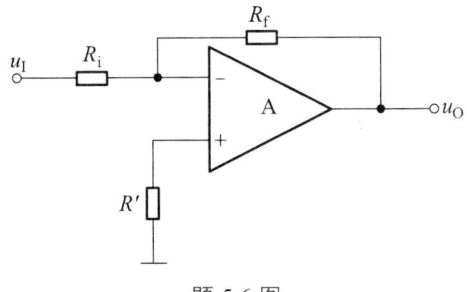

题 5.6 图

5.7 如题 5.7 图所示的 T 型反馈网络电路中，设 $R_1 = R_2 = R_3 = 100\ \text{k}\Omega$，$R_4 = 100\ \text{k}\Omega$。
（1）试估算电路的电压放大倍数 A_{uf} 和输入电阻 R_{if}；
（2）若采用通常的反相比例运算电路，试估算电路的电压放大倍数 A_{uf} 和输入电阻 R_{if}。

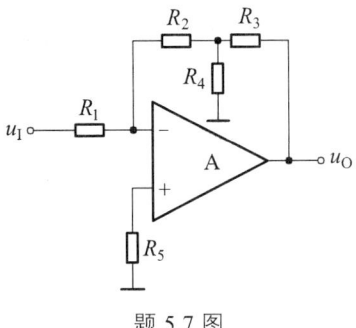

题 5.7 图

5.8 如题 5.8 图所示电路中，当输入电压 u_I 的波形如图（b）所示，当 $t=0$ 时 $u_O=0$。试画出输出电压 u_O 的波形。

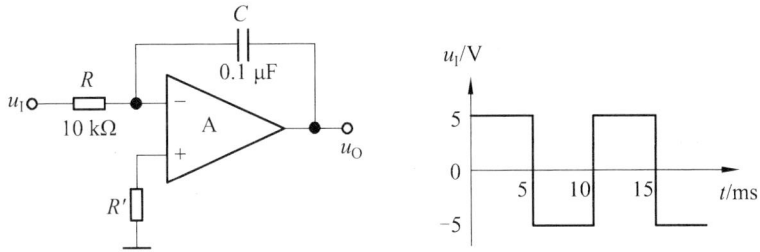

题 5.8 图

5.9 如题 5.9 图所示，图中为理想运放，试分别列出 u_{O1} 和 u_{O2} 对输入电压的表达式。

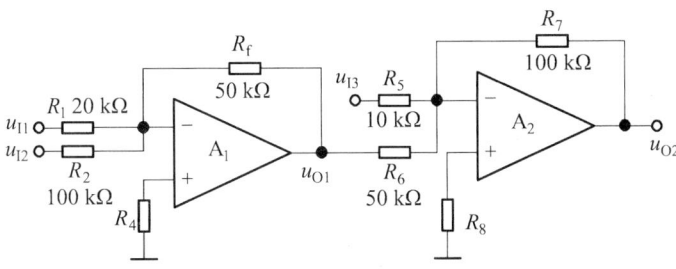

题 5.9 图

5.10 分别求解题 5.10 图所示各电路的运算关系。

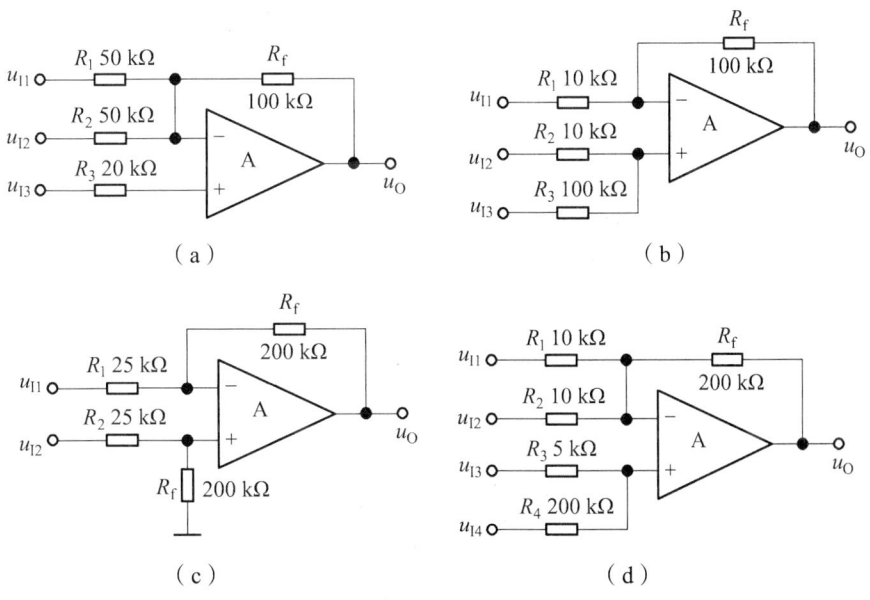

题 5.10 图

5.11 如题 5.11 图所示电路，已知 $u_I = 3\text{ V}$，$R_1 = R_2 = 5\text{ k}\Omega$，$R_{f1} = R_3 = R_4 = 10\text{ k}\Omega$，$R_{f2} = 15\text{ k}\Omega$，电源 $V_{CC} = V_{EE} = 15\text{ V}$。求输出电压 u_O。

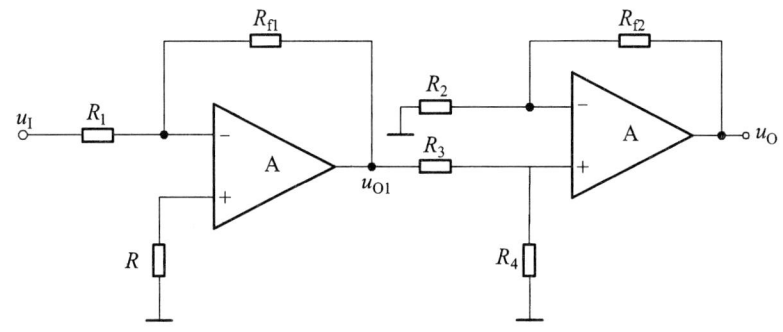

题 5.11 图

5.12 电路如题 5.12 图所示，试求解：
（1）R_w 的下限值；
（2）振荡频率的调节范围。

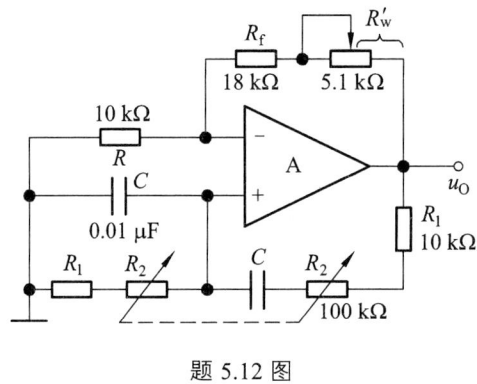

题 5.12 图

5.13 电路如题 5.13 图所示，稳压管 D_Z 起稳幅作用，其稳定电压 $\pm U_Z = \pm 6\,V$，试估算：
（1）输出电压不失真情况下的有效值；
（2）振荡频率。

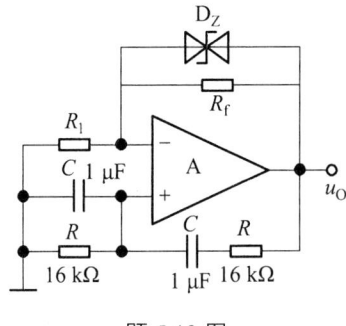

题 5.13 图

5.14 试分析题 5.14 图所示各电路的电压传输特性。

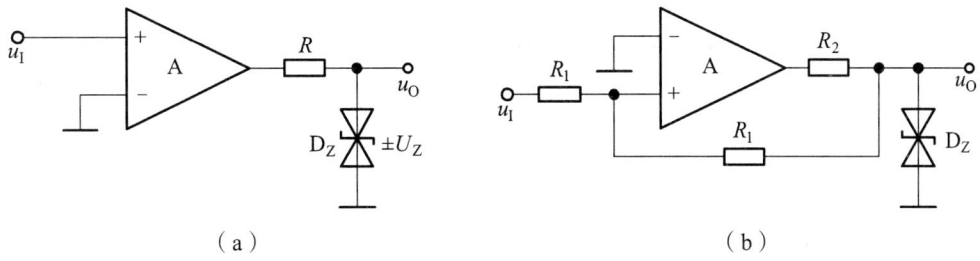

(a) (b)

题 5.14 图

5.15 试分别求解题 5.15 图所示各电路的电压传输特性。

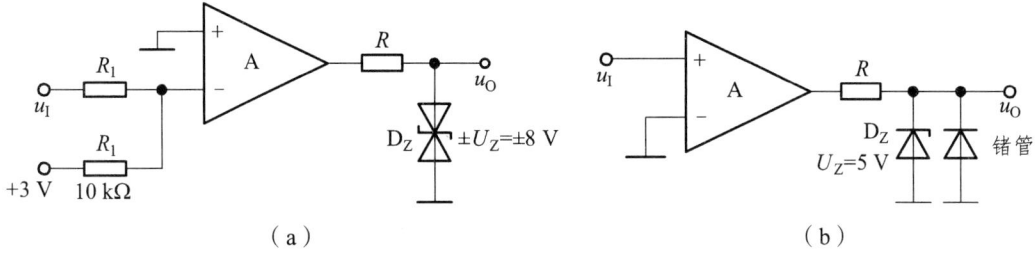

(a) (b)

题 5.15 图

5.16 已知三个电压比较器的电压传输特性分别如题 5.16 图（a）、（b）、（c）所示，它们的输入电压波形均如图（d）所示，试画出 u_{O1}、u_{O2} 和 u_{O3} 的波形。

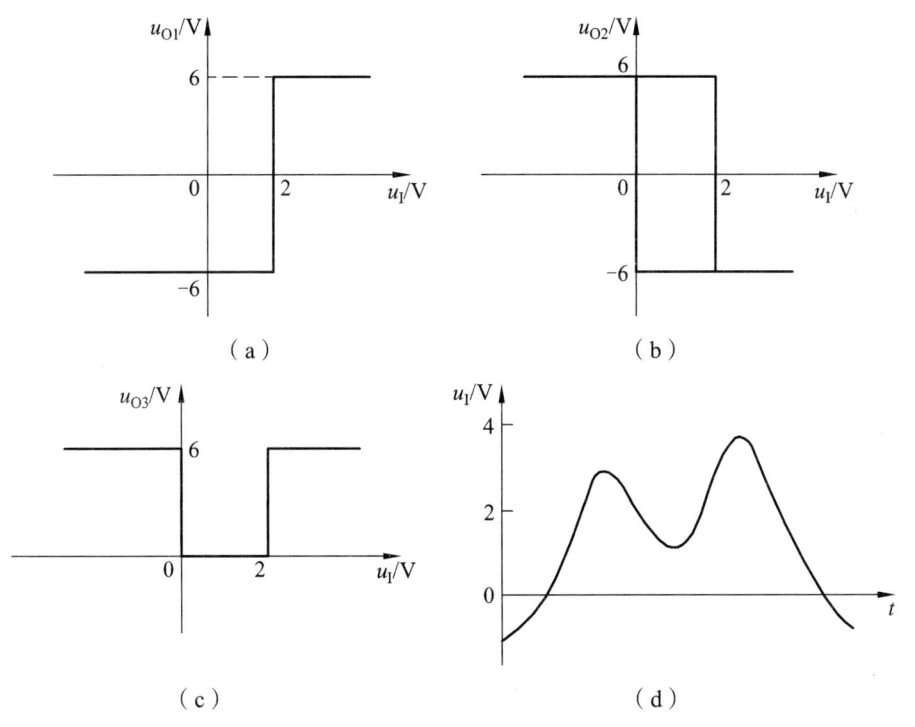

题 5.16 图

第6章 直流稳压电源

【主要内容】

本章首先介绍了直流稳压电源的各个组成部分和功能，然后分别讨论了整流电路、滤波电路和稳压电路的组成原理和关键参数计算。

6.1 概　述

电源变压器是将交流电网 220 V 电压变为所需要的电压值，然后通过整流电路将交流电压变成脉动的直流电压。由于脉动的直流电压还含有较大的纹波，必须通过滤波电路加以滤除，从而得到平滑的直流电压。但这样的电压还随电网电压波动、负载和温度的变化而变化，因而在整流、滤波电路之后，还需接稳压电路。稳压电路的作用是当电网电压波动、负载和温度变化时，维持输出直流电压稳定。

直流稳压电源有线性稳压电源和开关稳压电源两大类：线性稳压电源输出电压稳定、纹波小、结构简单，但功率较小、效率低；而开关稳压电源应用更广，还可用于大功率电源，它的效率高，但纹波较大。

由交流电获得直流电的过程如图 6.1.1 所示，各部分的功能如下：

（1）变压器是将电网交流电以一定变压比（通常为降压）变成符合整流电路需要的交流电压；

（2）整流电路是将交流电变成单向脉动的直流电；

（3）滤波电路是用来滤除脉动直流电中的交流成分；

（4）稳压电路是用来稳定输出电压，克服电网波动、负载变化等因素对输出电压的影响。

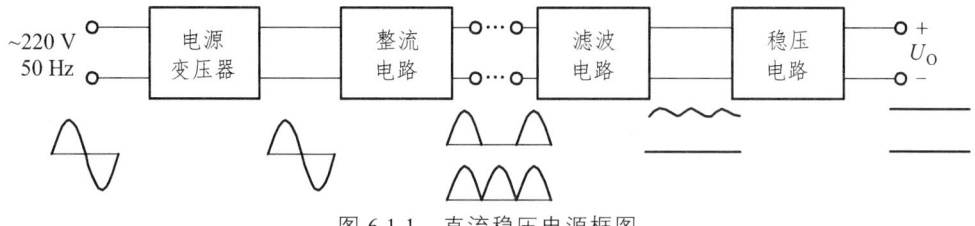

图 6.1.1　直流稳压电源框图

6.2 整　流

整流电路是将交流电变成单向脉动的直流电。利用二极管的单向导电性可组成多种形式的整流电路，常见的有半波、全波、桥式和倍压整流电路。本节将主要介绍单相半波整流电路和单相桥式整流电路。

6.2.1 单相半波整流电路

1. 工作原理

单相半波整流电路如图 6.2.1 所示。设二极管是理想的，即二极管正向导通时电阻和压降为零，反向电阻为无穷大。

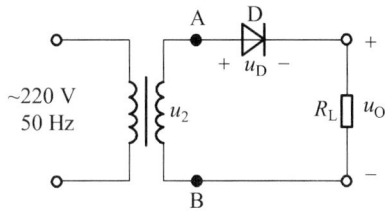

图 6.2.1 单相半波整流电路

单相半波整流电路是最简单的一种整流电路，设变压器的二次电压有效值为 U_2，其瞬时值 $u_2 = \sqrt{2}U_2 \sin\omega t$。

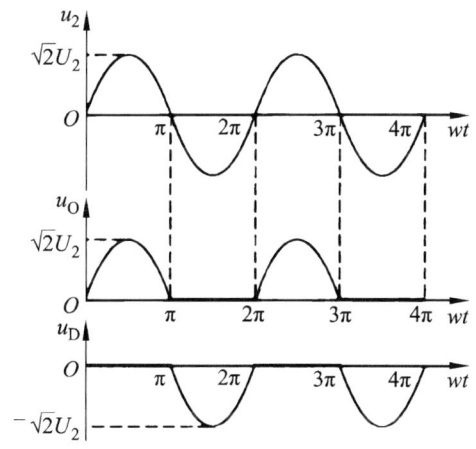

图 6.2.2 半波整流电路的波形图

在 u_2 的正半周，A 点为正，B 点为负，二极管外加正向电压，因而处于导通状态。电流从 A 点流出，经过二极管 D 和负载电阻 R_L 流入 B 点，$u_O = u_2 = \sqrt{2}U_2 \sin\omega t (\omega t = 0 \sim \pi)$。在 u_2 的负半周，B 点为正，A 点为负，二极管外加反向电压，因而处于截止状态，$u_O = 0(\omega t = 0 \sim \pi)$。负载电阻 R_L 的电压和电流都具有单一方向脉动的特性。图 6.2.2 所示为变压器二次电压 u_2、输出电压 u_O（也可表示输出电流和二极管的电流）、二极管端电压的波形。

2. 主要参数

在研究整流电路时,至少应考查整流电路输出电压平均值和输出电流平均值两项指标,有时还需考虑脉动系数,以便定量反映输出波形脉动的情况。

输出电压平均值就是负载电阻上电压的平均值 $U_{O(av)}$。从图 6.2.2 所示波形图可知,当 $\omega t = 0 \sim \pi$ 时,$u_O = \sqrt{2}U_2 \sin \omega t$;当 $\omega t = \pi \sim 2\pi$ 时,$u_O = 0$。所以,求解 u_O 的平均值 $U_{O(av)}$,就是将 $0 \sim \pi$ 的电压平均在 $0 \sim 2\pi$ 时间间隔之中,如图 6.2.3 所示,写成表达式为

$$U_{O(av)} = \frac{1}{2\pi} \int_0^\pi \sqrt{2}U_2 \sin \omega t \mathrm{d}(\omega t)$$

$$= \frac{\sqrt{2}U_2}{\pi} \approx 0.45 U_2 \tag{6.2.1}$$

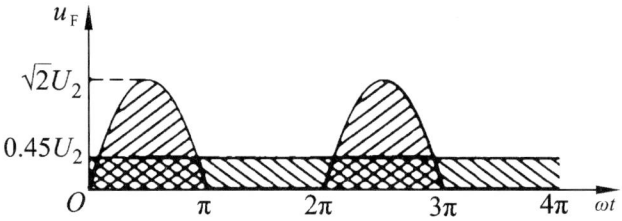

图 6.2.3 单相半波整流电路输出电压平均值

负载电流的平均值

$$I_{O(av)} = \frac{U_{O(av)}}{R_L} \approx \frac{0.45 U_2}{R_L} \tag{6.2.2}$$

例如,当变压器二次电压有效值 $U_2 = 20$ V 时,单相半波整流电路的输出电压平均值 $U_{O(av)} \approx 9$ V。若负载电阻 $R_L = 20$ Ω,则负载电流平均值 $I_{O(av)} \approx 0.45$ A。

3. 二极管的选择

当整流电路的变压器二次电压有效值和负载电阻值确定后,电路对二极管参数的要求也就确定了。一般应根据流过二极管电流的平均值和它所承受的最大反向电压来选择二极管的型号。

（1）二极管的正向平均电流。

在单相半波整流电路中,二极管的正向平均电流等于负载电流平均值,即

$$I_{D(av)} = I_{O(av)} \approx \frac{0.45 U_2}{R_L} \tag{6.2.3}$$

（2）二极管承受的最大反向电压。

二极管承受的最大反向电压等于变压器二次侧的峰值电压,即

$$U_{R\max} = \sqrt{2}U_2 \tag{6.2.4}$$

一般情况下,允许电网电压有 ±10% 的波动,即电源变压器一次电压为 198～242 V,因此在选用二极管时,对于最大整流平均电流 I_F 和最高反向工作电压 U_{RM} 应至少留有

10%的余地，以保证二极管安全工作，即选取

$$I_F > 1.1 I_{O(av)} = 1.1 \frac{\sqrt{2}U_2}{\pi R_L} \quad (6.2.5)$$

$$U_{RM} > 1.1\sqrt{2}U_2 \quad (6.2.6)$$

单相半波整流电路简单易行，所用二极管数量少。但是由于它只利用了交流电压的半个周期，所以输出电压低，交流分量大（即脉动大），效率低。因此，这种电路仅适用于整流电流较小，对脉动要求不高的场合。

例 6.2.1 在图 6.2.1 所示整流电路中，已知电网电压波动范围是+10%，变压器二次电压有效值 $U_2=30$ V，负载电阻 $R_L=100$ Ω，试问：

（1）负载电阻 R_L 上的电压平均值和电流平均值各为多少？
（2）二极管承受的最大反向电压和流过的最大电流平均值各为多少？
（3）若不小心将输出端短路，则会出现什么现象？

解：（1）负载电阻上电压平均值：

$$U_{O(av)} = \frac{\sqrt{2}U_2}{\pi} \approx 0.45 U_2 = 0.45 \times 30 = 13.5 \text{(V)}$$

流过负载电阻的电流平均值：

$$I_{O(av)} \approx \frac{0.45 U_2}{R_L} = \frac{13.5}{100} = 0.135 \text{(A)}$$

（2）二极管承受的最大反向电压：

$$U_{R\max} = 1.1\sqrt{2}U_2 \approx 1.1 \times 1.414 \times 30 = 46.7 \text{(V)}$$

流过二极管的最大平均电流：

$$I_{D(av)} = 1.1 I_{O(av)} = 1.1 \times 0.135 = 0.149 \text{(A)}$$

（3）若不小心将输出端短路，则变压器二次电压全部加在二极管上，二极管会因正向电流过大而烧坏。若将二极管烧成为短路，则会使变压器二次线圈短路，二次电流将很大，如不及时断电，会造成变压器永久性损坏。

6.2.2 单相桥式整流电路

1. 工作原理

单相桥式整流电路如图 6.2.4（a）所示。图中的电源变压器的作用是将电网电压（~220 V，50 Hz）变成整流电路要求的脉动直流。由于 R_L 是负载电阻，4 只二极管 D_1~D_4 接成电桥形式，故称为桥式整流电路。

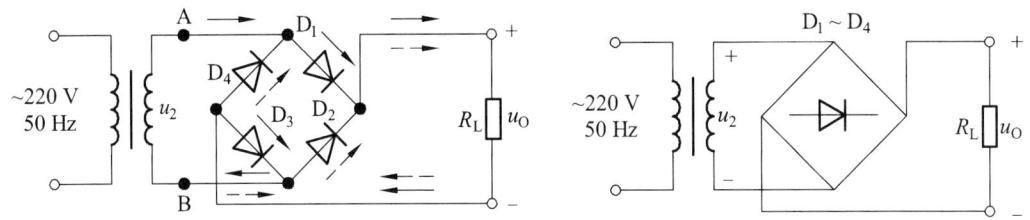

图 6.2.4　单相桥式整流电路

如图 6.2.4（b）所示是桥式整流电路的简化画法。在 u_2 的正半周时，设变压器次级绕组 A 端为正，B 端为负，二极管 D_1、D_3 导通，负载电流 i_L 的流通路径为 A→D_1→R_L→D_3→B，如图 6.2.4（a）中的实线所示。这时负载 R_L 上得到一个半波电压。

u_o 在 0～π 段，二极管 D_1、D_3 导通，负载电流 i_L 的流通路径为 A→D_1→R_L→D_3→B，如图 6.2.4（a）中的虚线所示；在 π～2π 段，则二极管 D_2、D_4 导通，负载电流 i_L 的流通路径为 B→D_2→R_L→D_4→A，如图 6.2.4（a）中的虚线所示，同样在负载 R_L 上得到一个与 0～π 段相同的半波电压。可见在 u_2 的整个周期里。单相桥式整流电路负载电阻 R_L 上始终有电流流过。显然，它们都是单方向的脉动波形。电流 i_D 及电压 u_D 和 u_O 的波形如图 6.2.5 所示。

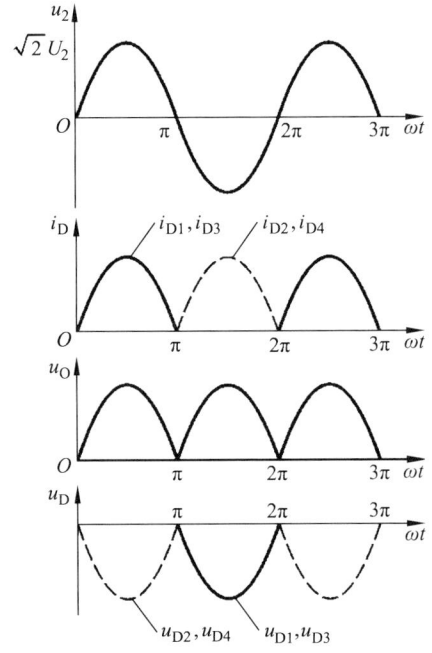

图 6.2.5　电流 i_D 及电压 u_D 和 u_O 的波形

2. 计算分析

（1）负载 R_L 的平均电压。

$$U_{O(av)} = \frac{1}{2\pi}\int_0^\pi \sqrt{2}U_2\sin\omega t\,d(\omega t)$$

$$U_{O(av)} = \frac{2\sqrt{2}U_2}{\pi} \approx 0.9U_2 \tag{6.2.7}$$

（2）负载 R_L 的平均电流。

流过负载电阻的电流 i_O 的平均值为

$$I_{O(av)} = \frac{U_{O(av)}}{R_L} \approx \frac{0.9U_2}{R_L} \quad (6.2.8)$$

3. 二极管的选择

（1）二极管的正向平均电流。

在单相桥式整流电路中，每两只二极管串联导电半个周期，负载电阻在一个周期内均有电流流过，所以每只二极管中流过的电流平均值是负载电流的一半，即

$$I_{D(av)} = \frac{I_{O(av)}}{2} \approx \frac{0.45U_2}{R_L} \quad (6.2.9)$$

（2）二极管承受的最高反向电压。

在变压器次级电压 u_2 的正半周，D_1，D_3 导通，相当于短路，D_2，D_4 的阴极接于 A 点，而阳极接于 B 点，所以 D_2，D_4 所承受的最高反向电压就是 u_2 的幅值 $\sqrt{2}U_2$。同理，在 u_2 的负半周，D_1，D_3 所承受的最高反向电压也是 $\sqrt{2}U_2$。因此，单相桥式整流电路中二极管承受的最高反向电压 U_{DRM} 为

$$U_{DRM} = \sqrt{2}U_2 \quad (6.2.10)$$

一般情况下，允许电网电压有±10%的波动，对于最大整流平均电流 I_F 和最高反向工作电压 U_{RM} 应至少留有 10% 的余地，以保证二极管安全工作，即选取

$$I_F > 1.1 I_{O(av)} = 1.1 \frac{\sqrt{2}U_2}{\pi R_L} \quad (6.2.11)$$

$$U_{RM} > 1.1\sqrt{2}U_2 \quad (6.2.12)$$

桥式整流电路的优点是输出电压高，二极管承受的反压较低，脉动系数也较小。变压器在正负半周内都有电流流过，利用效率高，应用广泛。

例 6.2.2 在图 6.2.4 所示电路中，已知变压器二次电压有效值 $U_2 = 30$ V，负载电阻 $R_L = 100\ \Omega$。试问：

（1）输出电压与输出电流平均值各为多少？

（2）当电网电压波动范围为±10%，二极管的最大整流平均电流 I_F 与最高反向工作电压 U_{RM} 至少应选取多少？

解：（1）输出电压平均值

$$U_{O(av)} \approx 0.9U_2 = 0.9 \times 30 = 27(V)$$

流过负载电阻的电流平均值

$$I_{O(av)} \approx \frac{0.9U_2}{R_L} = \frac{27}{100} = 0.27(A)$$

（2）二极管承受的最大反向电压

$$U_{Rmax} = 1.1\sqrt{2}U_2 \approx 1.1 \times 1.414 \times 30 = 46.7(V)$$

流过二极管的最大平均电流

$$I_{D(av)} = 1.1\frac{I_{O(av)}}{2} = 1.1 \times \frac{0.27}{2} = 0.149(A)$$

6.3 滤波电路

整流电路的输出是单向脉动电压，其中含有直流和交流分量。因此，在整流电路之后，必须加接滤波电路，尽量减小输出电压中的交流分量，使之接近于理想的直流电压。滤波电路一般由电抗元件组成，如在负载两端并联电容器 C，或与负载串联电感器 L，以及由电容、电感组合而成的各种复式滤波电路。常用的结构如图 6.3.1 所示。

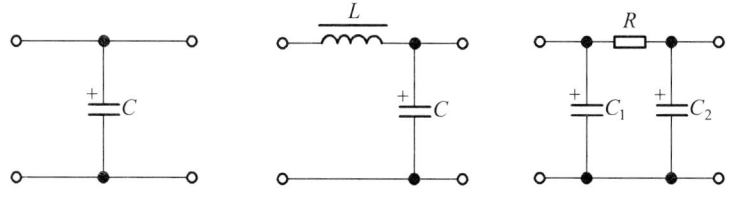

图 6.3.1 滤波电路的基本结构

由于电抗元件在电路中有储能作用，与负载并联的电容器 C 在电源供给的电压升高时，能将部分能量存储起来，而当电源电压降低时，又能将能量释放出来，使负载电压比较平滑，因此电容 C 具有滤波作用；与负载串联的电感 L，当电源供给的电流增大（由电源电压升高引起）时，它将能量存储起来，而当电源供给的电流减小时，又将能量释放出来，使负载电流比较平滑，因此电感 L 也有滤波作用。

1. 电容滤波电路原理

电容滤波电路是最常见也是最简单的滤波电路，在整流电路的输出端（即负载电阻两端）并联一个电容即构成电容滤波电路，如图 6.3.2 所示。滤波电容容量较大，因而一般均采用电解电容，在接线时要注意电解电容的正、负极。电容滤波电路利用电容的充放电作用，使输出电压趋于平滑。

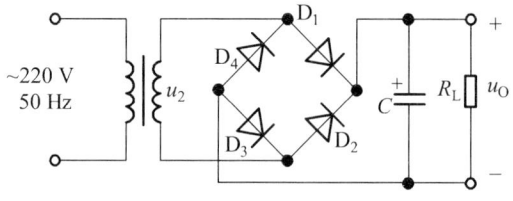

图 6.3.2 桥式整流电容滤波电路

如图 6.3.2 所示，在这个电路里，要特别注意电容两端的电压对二极管的影响。先分

析没有负载 R_L 接入的情况。设电容两端的初始电压为零，u_2 在正半周，此时 a 端为正，b 端为负，u_2 通过 D_1、D_3 向电容充电；在负半周，a 端为负，b 端为正，u_2 通过 D_2、D_4 向电容充电。其充电时间常数为：$\tau = R_i C$，式中，R_i 是变压器次级绕组电阻与二极管正向导通电阻之和。通常 R_i 很小，电容器很快就充电到变压器次级绕组电压 u_2 的峰值 $\sqrt{2} U_2$。由于电容器 C 无放电回路，故输出电压 u_O 保持恒定 $\sqrt{2} U_2$。

如果在变压器次级电压 u_2 从零开始上升时接入负载，一路流经负载电阻 R_L，另一路对电容 C 充电。因为在理想情况下，变压器二次侧无损耗，二极管导通电压为零，所以电容两端电压 u_C（u_L）与 u_2 相等，见图 6.3.3（a）中曲线的 ab 段。当 u_2 上升到峰值后开始下降，电容通过负载电阻 R_L 放电，其电压 u_C 也开始下降，趋势与 u_2 基本相同，见图 6.3.3（b）中曲线的 bc 段。但是由于电容按指数规律放电，所以当 u_2 下降到一定数值后，u_C 的下降速度小于 u_2 的下降速度，使 u_C 大于 u_2 从而导致 D_1、D_3 反向偏置而变为截止。此后，电容 C 继续通过 R_L 放电，u_C 按指数规律缓慢下降，见图 6.3.3（a）cd 段。

当 u_2 的负半周幅值变化到恰好大于 u_C 时，D_2、D_4 因加正向电压变为导通状态，u_2 再次对 C 充电，u_C 上升到 u_2 的峰值后又开始下降；下降到一定数值时 D_2、D_4 变为截止，C 对 R_L 放电，u_C 按指数规律下降；放电到一定数值时 D_1、D_3 变为导通，重复上述过程。

从图 6.3.3 所示波形可以看出，经滤波后的输出电压不仅变得平滑，而且平均值也得到提高。若考虑变压器内阻和二极管的导通电阻，则 u_C 的波形如图 6.3.3（b）所示，阴影部分为整流电路内阻上的压降。

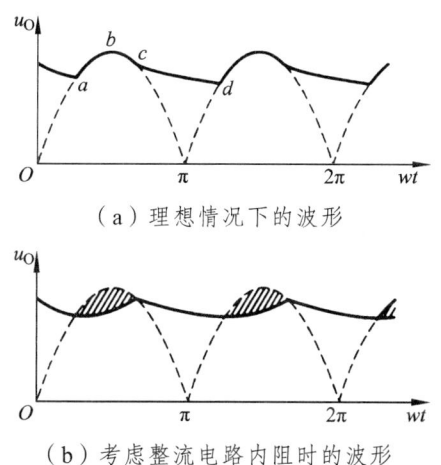

（a）理想情况下的波形

（b）考虑整流电路内阻时的波形

图 6.3.3　单相桥式整流电容滤波电路及稳态时的波形分析

从以上分析可知，电容充电时，回路电阻为整流电路的内阻，即变压器内阻和二极管的导通电阻之和，其数值很小，因而时间常数很小。电容放电时，回路电阻为 R_L，放电时间常数为 $R_L C$，通常远大于充电的时间常数。因此，滤波效果取决于放电时间。电容愈大，负载电阻愈大，滤波后输出电压愈平滑，并且其平均值愈大，如图 6.3.4 所示。换言之，当滤波电容容量一定时，若负载电阻减小（即负载电流增大），则时间常数 $R_L C$ 减小，放电速度加快，输出电压平均值随即下降，且脉动变大。

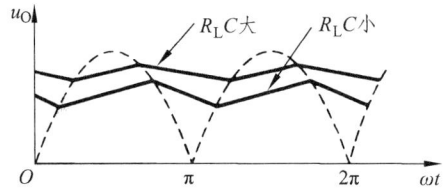

图 6.3.4 R_LC 不同时 u_C 的波形

2. 参数计算

滤波电路输出电压波形难于用解析式来描述，近似估算时，可将图 6.3.3（b）所示波形近似为锯齿波，如图 6.3.5 所示。图中 T 为电网电压的周期。设整流电路内阻较小而 R_LC 较大，电容每次充电均可达到 u_2 的峰值（即 $U_{Omax}=\sqrt{2}U_2$），然后按 R_LC 放电的起始斜率直线下降，经 R_LC 交于横轴，且在 $T/2$ 处的数值为最小值 U_{Omin}，则输出电压平均值为

$$U_{O(av)}=\frac{U_{Omax}+U_{Omin}}{2}$$

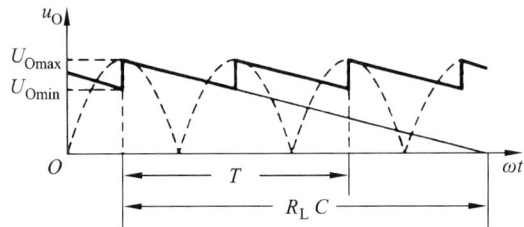

图 6.3.5 电容滤波电路输出电压平均值的分析

同时按相似三角形关系可得

$$\frac{U_{Omax}-U_{Omin}}{U_{Omax}}=\frac{T/2}{R_LC}$$

$$U_{O(av)}=\frac{U_{Omax}+U_{Omin}}{2}=U_{Omax}-\frac{U_{Omax}-U_{Omin}}{2}=U_{Omax}\left(1-\frac{T}{4R_LC}\right) \quad (6.3.1)$$

因而

$$U_{O(av)}=\sqrt{2}U_2\left(1-\frac{T}{4R_LC}\right) \quad (6.3.2)$$

式（6.3.2）表明，当负载开路，即 $R_L=\infty$ 时，$U_{O(av)}=\sqrt{2}U_2$，当 $R_LC=(3\sim 5)T/2$ 时，

$$U_{O(av)}\approx 1.2U_2 \quad (6.3.3)$$

为了获得较好的滤波效果，在实际电路中，应选择滤波电容的容量满足 $R_LC=(3\sim 5)T/2$ 的条件。由于采用电解电容，考虑到电网电压的波动范围为 ±10%，电容的耐压值应大于 $1.1\sqrt{2}U_2$。在整流电路中，为获得较好的滤波效果，电容容量应选得更大些。二极管承受的最大反向电压 $U_{RM}=\sqrt{2}U_2$，当考虑电网电压波动 10% 等因数影响，反向击穿电压应

选为 $U_{BR} \geq 1.1\sqrt{2}U_2$。

例 6.3.1 单相桥式整流、电容滤波电路如图 6.3.2 所示。已知交流电源电压为 220 V，交流电源频率 $f = 50$ Hz，要求直流电压 $U_L = 30$ V，负载电流 $I_L = 50$ mA。（1）试求电源变压器二次电压 u_2 的有效值；（2）选择整流二极管及滤波电容器。

解：（1）由式（6.3.3），取 $U_L = 1.2U_2$，则变压器二次电压有效值

$$U_2 = U_L/1.2 = 25 \text{ V}$$

（2）选择整流二极管。

流经二极管的平均电流根据 $I_D = (2 \sim 3)I_L$，可算出

$$I_D = (2 \sim 3) \times 50 \text{ mA} = 100 \sim 150 \text{ mA}$$

二极管承受的最大反向电压 $U_{RM} = \sqrt{2}U_2 \approx 35$ V，反向击穿电压应为

$$U_{BR} \geq 1.1\sqrt{2}U_2 = 38.5 \text{ V}$$

因此，可选用 2CZ54C 整流二极管（其允许最大电流 $I_F = 500$ mA，最大反向电压 $U_{RM} = 100$ V），也可选用硅桥堆 QL51-I 型（$I_F = 500$ mA，$U_{RM} = 100$ V）。

（3）选择滤波电容器负载电阻。

$$R_L = \frac{U_L}{I_L} = \frac{30}{50}\text{k}\Omega = 0.6\text{k}\Omega$$

由于 $\tau_d = R_L C \geq (3-5)T/2$，取 $R_L C = 4 \times \frac{T}{2} = 2T = 2 \times \frac{1}{50}\text{s} = 0.04 \text{ s}$，由此得滤波电容

$$C = \frac{0.04}{R_L} = \frac{0.04}{600}\text{F} = 66.7 \mu\text{F}$$

若考虑电网电压波动±10%，则电容器承受的最高电压为

$$U_{CM} \geq 1.1\sqrt{2}U_2 = 38.5 \text{ V}$$

故可选用标称值为 100 μF/50 V 的电解电容器。

6.4 稳压电路

虽然整流滤波电路能将正弦交流电压变换成较为平滑的直流电压，但是一方面，由于输出电压平均值取决于变压器二次电压有效值，所以当电网电压波动时，输出电压平均值将随之产生相应的波动。另一方面，由于整流滤波电路内阻的存在，当负载变化时，内阻上的电压将产生变化，于是输出电压平均值也将随之产生相反的变化。例如，如果负载电阻减小，则负载电流增大，内阻上的电流也就随之增大，其压降必然增大，输出电压平均值必将相应减小。因此，整流滤波电路输出电压会随着电网电压的波动而波动，随着负载电阻的变化而变化。为了获得稳定性好的直流电压，必须采取稳压措施。

6.4.1 串联型稳压电路

稳压管稳压电路输出电流较小，输出电压不可调，不能满足很多场合下的应用。串联型稳压电路以稳压管稳压电路为基础，利用晶体管的电流放大作用，增大负载电流；在电路中引入深度电压负反馈使输出电压稳定；并且，通过改变反馈网络参数使输出电压可调。

1. 电路的构成

若同相比例运算电路的输入电压为稳定电压，且比例系数可调，则其输出电压就可调节。同时，为了扩大输出电流，集成运放输出端加晶体管，并保持射极输出形式，就构成具有放大环节的串联型稳压电路，如图 6.4.1（a）所示。输出电压为

$$U_\mathrm{O} = \left(1 + \frac{R_1 + R_2''}{R_2' + R_3}\right) U_2 \qquad (6.4.1)$$

由于集成运放开环差模增益可达 80 dB 以上，电路引入深度电压负反馈，输出电阻趋近于零，因而输出电压相当稳定。图 6.4.1（b）所示为电路的常见画法。

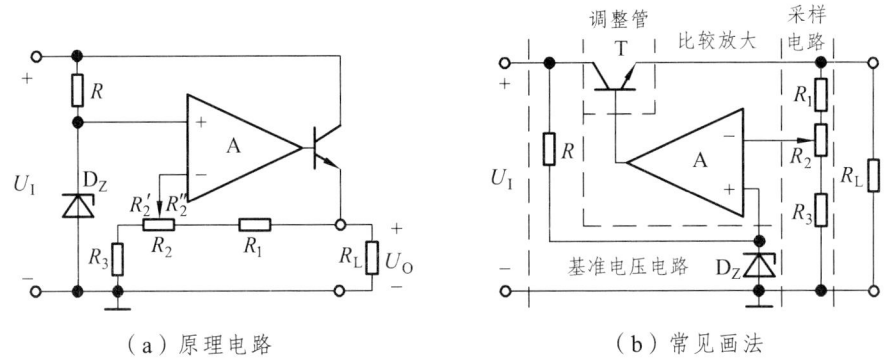

（a）原理电路　　　　　　（b）常见画法

图 6.4.1　具有放大环节的串联型稳压电路

在图（b）所示电路中，晶体管 T 为调整管，电阻 R 与稳压管 D_Z 构成基准电压电路，电阻 R_1、R_2 和 R_3 为输出电压的采样电路，集成运放作为比较放大电路，如图中所标注。调整管、基准电压电路、采样电路和比较放大电路是串联型稳压电路的基本组成部分。

2. 稳压原理

当由于某种原因（如电网电压波动或负载电阻的变化等）使输出电压 U_O 升高（降低）时，采样电路将这一变化趋势送到 A 的反相输入端，并与同相输入端电位 U_Z 进行比较放大；A 的输出电压，即调整管的基极电位降低（升高）；因为电路采用射极输出形式，所以输出电压 U_O 必然降低（升高），从而使 U_O 得到稳定。可简述如下：

$$U_\mathrm{O}\uparrow \to U_\mathrm{N}\uparrow \to U_\mathrm{B}\downarrow \to U_\mathrm{O}\downarrow$$

或

$$U_\mathrm{O}\downarrow \to U_\mathrm{N}\downarrow \to U_\mathrm{B}\uparrow \to U_\mathrm{O}\uparrow$$

可见，电路是靠引入深度电压负反馈来稳定输出电压的。

3. 输出电压的可调范围

在理想运放条件下，$U_N=U_P=U_Z$。所以，当电位器 R_2 的滑动端在最上端时，输出电压最小，为

$$U_{\text{Omin}} = \frac{R_1 + R_2 + R_3}{R_2 + R_3} \cdot U_Z \qquad (6.4.2)$$

当电位器 R_2 的滑动端在最下端时，输出电压最大，为

$$U_{\text{Omax}} = \frac{R_1 + R_2 + R_3}{R_3} \cdot U_Z \qquad (6.4.3)$$

若 $R_1 = R_2 = R_3 = 3000\ \Omega$，$U_Z = 6\ \text{V}$，则输出电压 $9\ \text{V} \leqslant U_O \leqslant 18\ \text{V}$。

例 6.4.1 电路如图 6.4.1（b）所示，已知输入电压 U 的波动范围为±10%，调整管的饱和管压降 $U_{\text{CES}} = 2\ \text{V}$，输出电压 U_O 的调节范围为 5～20 V，$R_1 = R_3 = 200\ \Omega$。试问：稳压管的稳定电压 U_Z 和 R_2 的取值各为多少？

解：输出电压的表达式为

$$U_{\text{Omin}} = \frac{R_1 + R_2 + R_3}{R_2 + R_3} \cdot U_Z$$

$$U_{\text{Omax}} = \frac{R_1 + R_2 + R_3}{R_3} \cdot U_Z$$

将 $U_{\text{Omin}} = 5\ \text{V}$、$U_{\text{Omax}} = 20\ \text{V}$、$R_1 = R_3 = 200\ \Omega$ 代入上式，可得 $R_2 = 600\ \Omega$，$U_Z = 4\ \text{V}$。

6.4.2 集成稳压器电路

从外形上看，集成串联型稳压电路有三个引脚，分别为输入端、输出端和公共端（或调整端），因而称为三端稳压器。稳压电路按功能可分为固定式稳压电路和可调式稳压电路。前者的输出电压不能进行调节，为固定值；后者可通过外接元件使输出电压得到很宽的调节范围。本节对型号为 W7800 固定式集成稳压器电路加以简要分析。

W7800 系列三端稳压器的输出电压有 5 V、6 V、9 V、12 V、15 V、18 V 和 24 V 七个挡，型号后面的两个数字表示输出电压值。输出电流有 1.5 A（W7800）、0.5 A（W78M00）和 0.1 A（W78L00）三个挡。例如，W7805 表示输出电压为 5 V、最大输出电流为 1.5 A，W78M05 表示输出电压为 5 V、最大输出电流为 0.5 A，W7805 表示输出电压为 5 V、最大输出电流为 0.1 A，其他类推。W7805 输入端和输出端之间的电压允许值为 3～13 V；输出交流噪声很小，温度稳定性很好。

三端稳压器的外形便于自身散热和安装散热器，其封装形式有金属封装和塑料封装两种形式。图 6.4.2（a）、（b）、（c）所示分别为 W7800 系列产品金属封装、塑料封装的外形图和方框图。

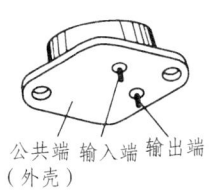 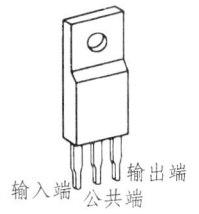 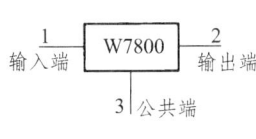

（a）W7800 金属封装外形图　（b）W7800 塑料封装外形图　（c）W7800 方框图

图 6.4.2　三端稳压器的外形和方框图

1. 基本应用电路

基本应用电路如图 6.4.3 所示，输出电压和最大输出电流决定于所选三端稳压器。图中电容 C_i 用于抵消输入线较长时的电感效应，以防止电路产生自激振荡，其容量较小，一般小于 1 μF。电容 C_o 用于消除输出电压中的高频噪声，可取小于 1 μF 的电容，也可取几微法甚至几十微法的电容，以便输出较大的脉冲电流。但是若 C_o 容量较大，一旦输入端断开，C_o 将从稳压器输出端向稳压器放电，易使稳压器损坏。因此，可在稳压器的输入端和输出端之间跨接一个二极管，如图中虚线所画，起保护作用。

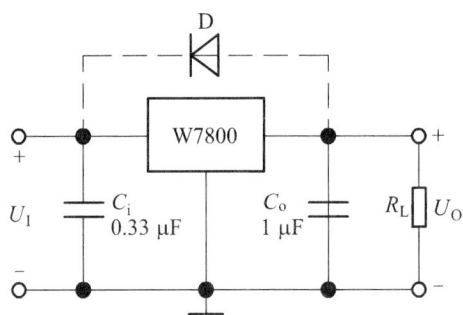

图 6.4.3　W7800 的基本应用电路

2. 输出电压可调的稳压电路

图 6.4.4 所示电路为利用三端稳压器构成的输出电压可调的稳压电路。图中电压跟随器的输出电压等于三端稳压器的输出电压 U'_O，即电阻 R_1 与 R_2 上部分的电压之和，是一个常量，改变电位器滑动端的位置，即可调节输出电压 U_O 的大小。以输出电压的正端为参考点，不难求出输出电压为

$$U_{O\min} = \frac{R_1 + R_2 + R_3}{R_2 + R_3} \cdot U_Z$$

$$U_{O\max} = \frac{R_1 + R_2 + R_3}{R_3} \cdot U_Z$$

设 $R_1 = R_2 = R_3 = 3000\ \Omega$，$U'_O = 12\ V$，则输出电压的调节范围为 18～36 V。可以根据输出电压的调节范围及输出电流大小选择三端稳压器及采样电阻。

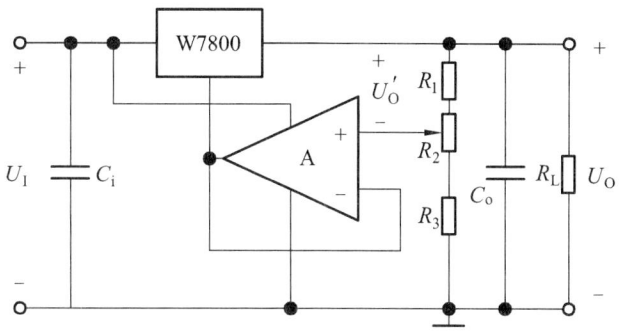

图 6.4.4 输出电压可调的实用稳压电路

3. 正、负输出稳压电路

W7900 系列芯片是一种输出负电压的固定式三端稳压器,输出电压有-5 V、-6 V、-9 V、-12 V、-15 V、-18 V 和-24 V 七个档次,并且也有 1.5 A、0.5 A 和 0.1 A 三个电流档次,使用方法与 W7800 系列稳压器相同,只是要特别注意输入电压和输出电压的极性。W7900 与 W7800 相配合,可以得到正、负输出的稳压电路,如图 6.4.5 所示。

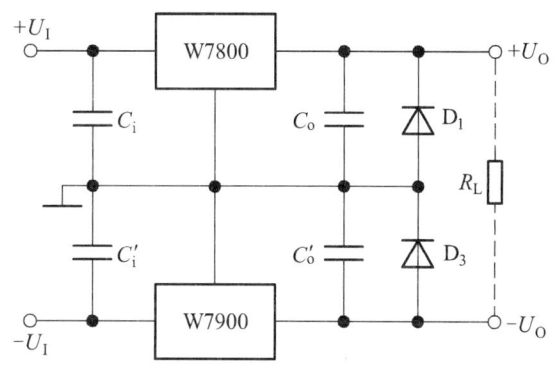

图 6.4.5 正、负输出稳压电路

图中两只二极管起保护作用,正常工作时均处于截止状态。若 W7900 的输入端未接入输入电压,W7800 的输出电压将通过负载电阻接到 W7900 的输出端,使 D_2 导通,从而将 W7900 的输出端钳位在 0.7 V 左右,保护其不至于损坏;同理,D_1 可在 W7800 的输入端未接入输入电压时保护其不至于损坏。

习　题

6.1　判断下列说法是否正确,用"√"或"×"表示判断结果并填入括号内。
（1）整流电路可将正弦电压变为脉动的直流电压。　　　　　　　　　　　　（　　）
（2）直流电源是一种将正弦信号转换为直流信号的波形变换电路。　　　　（　　）
（3）直流电源是一种能量转换电路,它将交流能量转换为直流能量。　　　（　　）
（4）在变压器副边电压和负载电阻相同的情况下,桥式整流电路的输出电流是半波

整流电路输出电流的 2 倍。（　　）

因此，它们的整流管的平均电流比值为 2∶1。（　　）

（5）若 U_2 为电源变压器副边电压的有效值，则半波整流电容滤波电路和全波整流电容滤波电路在空载时的输出电压均为 $\sqrt{2}U_2$。（　　）

（6）线性直流电源中的调整管工作在放大状态，开关型直流电源中的调整管工作在开关状态。（　　）

6.2　选择题。

（1）整流的目的是（　　）。

　　A. 将交流变为直流　　　B. 将高频变为低频　　　C. 将正弦波变为方波

（2）直流稳压电源中滤波电路的目的是（　　）。

　　A. 将交流变为直流　　　B. 将高频变为低频

　　C. 将交、直流混合量中的交流成分滤掉

（3）串联型稳压电路中的放大环节所放大的对象是（　　）。

　　A. 基准电压　　　B. 采样电压

　　C. 基准电压与采样电压之差

6.3　填空题

在题 6.3 图所示电路中，调整管为_____，采样电路由_____组成，基准电压电路由_____组成，比较放大电路由_____组成，保护电路由_____组成；输出电压最小值的表达式为_____，最大值的表达式为_____。

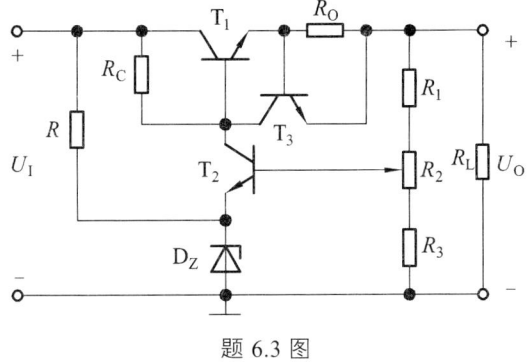

题 6.3 图

6.4　电路如题 6.4 图所示。合理连线，构成 5 V 的直流电源。

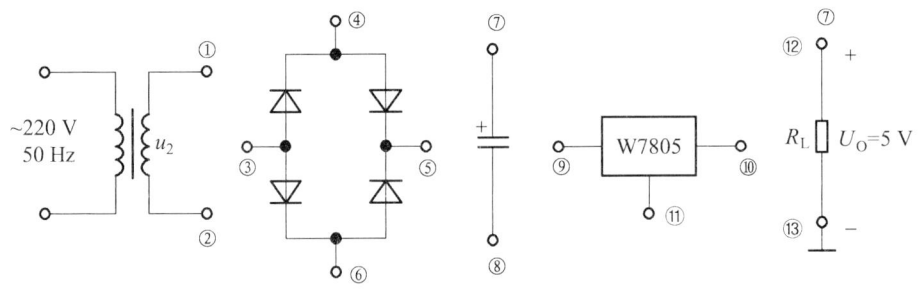

题 6.4 图

6.5 试分别求出题 6.5 图所示各电路输出电压的表达式。

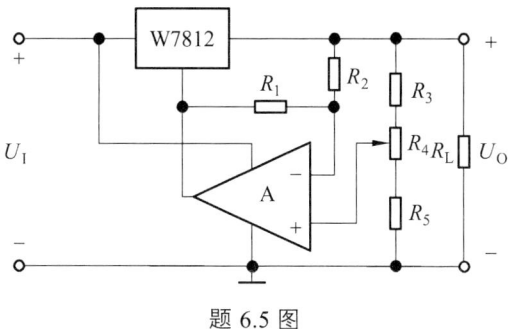

题 6.5 图

6.6 恒流源电路如题 6.6 图所示。

（1）求解电路负载电流的表达式。

（2）设输入电压为 20 V，W7805 输入端和输出端间的电压最小值为 3 V；稳压管的稳定电压 $U_Z = 5$ V，$R_1 = R = 50$ Ω。求电路负载电阻的最大值。

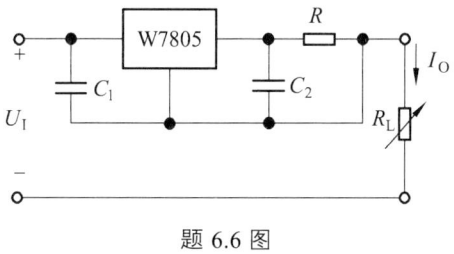

题 6.6 图

第 7 章　逻辑代数基础

【主要内容】

逻辑代数是分析和设计数字电路的数学工具。本章介绍逻辑代数的基础知识，包括数制、二进制代码、逻辑代数的基本逻辑运算、逻辑代数的基本定律和规则、逻辑函数及其表示方法以及逻辑函数的化简等。

7.1　数字信号与数字电路

7.1.1　数字技术的发展及其应用

电子技术是 20 世纪以来发展最迅速，应用最广泛的技术，已经渗透到人类生活的各个方面。特别是数字技术，取得了令人瞩目的进步。

电子技术的发展是以电子器件的发展为基础的。20 世纪初直至中叶，主要使用电子管。随着固体微电子学的进步，第一只晶体管于 1947 年问世，开创了电子技术的新领域。随后，在 20 世纪 60 年代初，模拟和数字集成电路相继上市。20 世纪 70 年代微处理器的问世，使电子器件及其应用出现了崭新的局面。20 世纪 80 年代末，微处理器每个芯片的晶体管数目突破百万大关。到 20 世纪 90 年代末，可以制造包含千万个晶体管的芯片。当前的制造技术可以在芯片上集成几十亿个晶体管。在过去的 40 年间，集成电路的集成度和性能以惊人的速度发展着。

数字技术应用的典型代表是计算机，它是伴随着电子技术的发展而发展的，经历了电子管、晶体管、集成电路和超大规模集成电路四个发展阶段，其体积越来越小，功能越来越强，价格越来越低，应用范围越来越广，目前正朝着智能化方向发展。除此之外，数字技术还被广泛地应用于广播、电视、通信、医学诊断、测量、控制、文化娱乐以及家庭生活等方面。

7.1.2　数字集成电路的分类及特点

电子电路按功能分为模拟电路和数字电路。将数字电路的元器件和连线制作在同一硅片上就构成了数字集成电路。

1. 数字集成电路的分类

按照集成度（即每一片硅片中所含元器件数）的高低，数字集成电路分为小规模集成电路(SSI)、中规模集成电路(MSI)、大规模集成电路(LSI)、超大规模集成电路(VLSI)和甚大规模集成电路(ULSI)。表 7.1.1 列出了数字集成电路的集成度分类。按电路所用器件的不同,数字集成电路可分为双极型集成电路和单极型集成电路。其中双极型集成电路有 DTL、TTL 和 ECL 等,单极型集成电路有 NMOS、PMOS 和 CMOS。

表 7.1.1　数字集成电路的集成度分类

分类	门的个数	典型集成电路
小规模	最大 12 个	逻辑门、触发器
中规模	12～99	计数器、加法器
大规模	100～9 999	小型存储器、门阵列
超大规模	10 000～99 999	大型存储器、微处理器
甚大规模	10^6 以上	可编程逻辑器件、多功能专用集成电路

2. 数字集成电路的特点

与模拟电路相比,数字电路主要有下列优点:
(1) 稳定性高,抗干扰能力强。
(2) 易于设计。
(3) 便于集成,成本低廉。
(4) 可编程性。
(5) 高速度,低功耗。
(6) 便于存储、传输和处理。

由于具有这些优点,数字电路在众多领域取代模拟电路的趋势,将会继续发展下去。

7.1.3　模拟信号和数字信号

电子技术中的工作信号可以分为模拟信号和数字信号两大类。

1. 模拟信号

模拟信号是指时间上和幅度上都是连续的信号,如图 7.1.1 所示的某一天温度变化的曲线。传输、处理模拟信号的电路称为模拟电路。在工程技术上,为了便于分析和处理,通常用传感器将模拟量转换为与之成比例的电压或电流信号,然后再送到电子系统中进一步处理。

2. 数字信号

数字信号是指时间上和幅度上都是离散的信号。如电子表的秒信号、生产中自动记录零件个数的计数信号、由计算机键盘输入计算机的信号等。数字信号用 0 和 1 表示,如图 7.1.2 所示,这里的 0 和 1 没有大小之分,只表示逻辑关系。把传输、处理数字信号的电路称为数字电路。

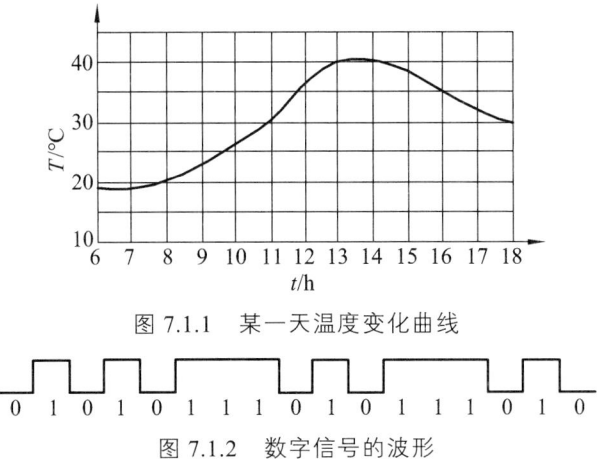

图 7.1.1　某一天温度变化曲线

图 7.1.2　数字信号的波形

7.2　数制和数制的转换

7.2.1　数　制

用数值量表示物理量的大小时，仅用一位数码往往不够用，因此经常需要用进位计数的方法组成多位数码来使用。我们把多位数码中每一位的构成方法以及从低位到高位的进位规则称为数制。常用的数制有十进制、二进制、八进制和十六进制。

1. 十进制

十进制是日常生活和工作中最常用的数制，它有 0、1、2、3、4、5、6、7、8、9 十个数码，所以计数的基数是 10。在多位数中，从低位向相邻高位的进位规则是"逢十进一"，故称为十进制。各个数码处于不同位置时，所代表的数值不同。例如，十进制数 427.38 可以表示成

$$(427.38)_{10} = 4\times10^2 + 2\times10^1 + 7\times10^0 + 3\times10^{-1} + 8\times10^{-2}$$

所以任意一个十进制数均可表示成：

$$(N)_{10} = \sum k_i \times 10^i \tag{7.2.1}$$

其中，k_i 是第 i 位的系数，它可以是 0~9 中任何一个数字。若整数部分的位数是 n，小数部分的位数为 m，则 i 包含从 $n-1$ 到 0 的所有正整数和从 -1 到 $-m$ 的所有负整数。

若以 R 取代式（7.2.1）中的 10，即可得到任意进制数的表达式为

$$(N)_R = \sum k_i \times R^i \tag{7.2.2}$$

式中 i 的取值与式（7.2.1）的规定相同。R 称为计数的基数，k_i 为第 i 位的系数，R^i 称为第 i 位的权。

2. 二进制

二进制是数字电路中应用最广的数制，它仅有 0 和 1 两个数码，所以基数是 2。进位规则是"逢二进一"。

式（7.2.2）中把 R 用 2 代替，即可得到任意二进制数的表达式为

$$(N)_2 = \sum k_i \times 2^i \tag{7.2.3}$$

对于同一个数，用二进制数表示比用十进制数表示需要的位数多，不便书写和记忆，因此常采用八进制、十六进制数来表示。

3. 八进制

八进制有 0、1、2、3、4、5、6、7 八个数码，所以基数是 8，进位规则是"逢八进一"。

式（7.2.2）中把 R 用 8 代替，即可得到任意八进制数的表达式为

$$(N)_8 = \sum k_i \times 8^i \tag{7.2.4}$$

4. 十六进制

十六进制有 0、1、2、3、4、5、6、7、8、9、A（10）、B（11）、C（12）、D（13）、E（14）、F（15）十六个数码，所以基数是 16，进位规则是"逢十六进一"。

式（7.2.2）中把 R 用 16 代替，即可得到任意十六进制数的表达式为

$$(N)_{16} = \sum k_i \times 16^i \tag{7.2.5}$$

十进制、二进制、八进制、十六进制数的对应关系见表 7.2.1。

表 7.2.1 十进制、二进制、八进制、十六进制数的对应关系

十进制	二进制	八进制	十六进制	十进制	二进制	八进制	十六进制
0	0000	0	0	8	1000	10	8
1	0001	1	1	9	1001	11	9
2	0010	2	2	10	1010	12	A
3	0011	3	3	11	1011	13	B
4	0100	4	4	12	1100	14	C
5	0101	5	5	13	1101	15	D
6	0110	6	6	14	1110	16	E
7	0111	7	7	15	1111	17	F

7.2.2 数制的转换

1. 二进制数转换成十进制数

由二进制数的一般表达式可知，只要将每一位二进制数与其权相乘，然后相加便可得到相应的十进制数。

例 7.2.1 试将 $(110.01)_2$ 转换成十进制数。

解： $(110.01)_2 = 1 \times 2^2 + 1 \times 2^1 + 0 \times 2^0 + 0 \times 2^{-1} + 1 \times 2^{-2} = (6.25)_{10}$

2. 十进制数转换成二进制

十进制数转换成二进制时，要将整数部分和小数部分分别转换。

（1）整数部分的转换。

整数部分的转换采用除 2 取余法。所谓除 2 取余法即用 2 去除十进制整数，第一次除所得的余数为二进制数的最低位，把得到的商再除以 2，所得余数为二进制数的次低位，依次类推，直至商为 0 时，所得余数为二进制数的最高位。

例 7.2.2 试将 $(37)_{10}$ 转换成二进制数。

解：

$$
\begin{array}{r}
2\underline{|37} \quad \cdots\cdots 余1 \cdots\cdots b_0 \\
2\underline{|18} \quad \cdots\cdots 余0 \cdots\cdots b_1 \\
2\underline{|9} \quad \cdots\cdots 余1 \cdots\cdots b_2 \\
2\underline{|4} \quad \cdots\cdots 余0 \cdots\cdots b_3 \\
2\underline{|2} \quad \cdots\cdots 余0 \cdots\cdots b_4 \\
2\underline{|1} \quad \cdots\cdots 余1 \cdots\cdots b_5 \\
0
\end{array}
$$

所以，$(37)_{10} = (100101)_2$

注意：在写结果时，不要将高位和低位写反了。

（2）小数部分的转换。

小数部分的转换是采用乘 2 取整法。所谓乘 2 取整法即用该小数乘以 2，所得结果的整数部分为二进制数小数部分的最高位，其小数部分再乘以 2，所得结果的整数部分为二进制数的第二位，依次类推，直至小数部分为 0 或达到要求精度为止。

例 7.2.3 试将 $(0.423)_{10}$ 转换成二进制数（保留 4 位小数）。

解：

$0.423 \times 2 = 0.846 \cdots\cdots 0 \cdots\cdots b_{-1}$

$0.846 \times 2 = 1.692 \cdots\cdots 1 \cdots\cdots b_{-2}$

$0.692 \times 2 = 1.384 \cdots\cdots 1 \cdots\cdots b_{-3}$

$0.384 \times 2 = 0.768 \cdots\cdots 0 \cdots\cdots b_{-4}$

$0.768 \times 2 = 1.536 \cdots\cdots 1 \cdots\cdots b_{-5}$

提示保留 4 位小数，则第 5 位小数采取"零舍一入"的原则。

所以，$(0.432)_{10} = (0.0111)_2$。

从例 7.2.3 可知，小数转换时，有时不能用二进制小数精确地表示出来，这时只能根据精度要求，求到一定的位数，近似地表示。

3. 二进制数与十六进制数之间的转换

由于 $16=2^4$，所以 4 位二进制数对应 1 位十六进制数（对应关系见表 7.2.1）。因此二进制数转换成十六进制数时，只要将二进制数按 4 位分组，每一组用 1 位十六进制数表示，即可实现它们之间的转换。

例 7.2.4 试将二进制数$(10110100111100.100101111)_2$ 转换成十六进制数。

解：将二进制数按 4 位分组，每一组用相应的十六进制数代替即得相应的十六进制数

$$(0010\ 1101\ 0011\ 1100.1001\ 0111\ 1000)_2$$
$$\downarrow\quad\downarrow\quad\downarrow\quad\downarrow\quad\ \downarrow\quad\downarrow\quad\downarrow$$
$$=(2\quad D\quad 3\quad C\ .\ 9\quad 7\quad 8)_{16}$$

例 7.2.5 试将十六进制数$(3AF6.5B)_{16}$ 转换成二进制数。

解：将每位十六进制数用 4 位二进制数代替得到相应的二进制数

$$(3\quad A\quad F\quad 6\ .\ 5\quad B)_{16}$$
$$\downarrow\quad\downarrow\quad\downarrow\quad\downarrow\quad\downarrow\quad\downarrow$$
$$=(\ 0011\quad 1010\quad 1111\quad 0110\ .\ 0101\quad 1011)_2$$

4. 二进制数与八进制数之间的转换

同理，对于八进制数，可将 3 位进制数分为一组，对应于 1 位八进制。例如：

$$(101\quad 011\quad 000\quad 110\quad 001)_2$$
$$\downarrow\quad\downarrow\quad\downarrow\quad\downarrow\quad\downarrow$$
$$=(5\quad 3\quad 0\quad 6\quad 1)_8$$

至于十进制数转换为十六进制数（或八进制数），可先将十进制数转换为二进制数，再将二进制数转换为十六进制数（或八进制数）。

7.3 二进制代码

在数字系统中，由 0 和 1 组成的二进制数码不仅可以表示数值的大小，而且还可以表示特定的信息。这种具有特定含义的数码称之为二进制代码。常见的二进制代码有二-十进制码和格雷码等。

7.3.1 二-十进制代码

二-十进制代码（Binary Coded Decimal，BCD）是用 4 位二进制数来表示十进制数的十个数码。BCD 码即具有二进制数的形式，又具有十进制数的特点。BCD 码有很多种形式，常用的有 8421 码、2421 码、5421 码、余 3 码和余 3 循环码等，如表 7.3.1 所示。

表 7.3.1　常见 BCD 码

十进制数	有权码			无权码	
	8421 码	2421 码	5421 码	余 3 码	余 3 循环码
0	0000	0000	0000	0011	0010
1	0001	0001	0001	0100	0110
2	0010	0010	0010	0101	0111
3	0011	0011	0011	0110	0101
4	0100	0100	0100	0111	0100
5	0101	1011	1000	1000	1100
6	0110	1100	1001	1001	1101
7	0111	1101	1010	1010	1111
8	1000	1110	1011	1011	1110
9	1001	1111	1100	1100	1010

下面介绍两种常用的 BCD 码。

（1）8421BCD 码。

8421BCD 码是最常用的一种码，它是用二进制数的 0000~1001 分别表示十进制数的 0~9。8421 码是一种有权码，从高位到低位的权分别为 8、4、2、1，所以根据代码的组成便可知道代码所代表的十进制数的值。设 8421 码从高位到低位的系数分别为 a_3、a_2、a_1、a_0，则它所代表的十进制数的值为

$$N=8a_3+4a_2+2a_1+1a_0$$

8421 码与十进制数之间的转换只要直接按位转换即可。例如：

$$(473)_{10} = (0100\ 0111\ 0011)_{8421}$$

$$(0101\ 1001\ 0000)_{8421} = (590)_{10}$$

（2）余 3BCD 码。

余 3BCD 码是一种特殊的 BCD 码，它是由 8421BCD 码加 0011（即 3）后形成的，所以叫作余 3BCD 码。例如，十进制数 7 在 8421BCD 码中是 0111，在余 3BCD 码中就成为 1010。余 3 BCD 码的各位无固定的权，是一种无权码。

7.3.2　格雷码

格雷码（Gray Code）是一种无权码，它的特点是：相邻两个代码之间仅有 1 位不同，其余各位均相同。表 7.3.2 给出了 4 位格雷码。

表 7.3.2 4 位格雷码

十进制数	二进制码	格雷码	十进制数	二进制码	格雷码
0	0000	0000	8	1000	1100
1	0001	0001	9	1001	1101
2	0010	0011	10	1010	1111
3	0011	0010	11	1011	1110
4	0100	0110	12	1100	1010
5	0101	0111	13	1101	1011
6	0110	0101	14	1110	1001
7	0111	0100	15	1111	1000

格雷码和二进制码之间经常需要互转换，转换方法如下。

1. 二进制码到格雷码的转换

（1）格雷码的最高位（最左边）与二进制码的最高位相同；
（2）从左到右，逐一将二进制码的相邻 2 位相加（舍去进位），作为格雷码的下一位。

例 7.3.1 将二进制码 1001 转换成格雷码。

解： 转换过程如图 7.3.1 所示。

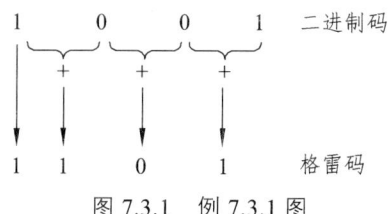

图 7.3.1 例 7.3.1 图

所以，二进制码 1001 对应的格雷码为 1101。

2. 格雷码到二进制码的转换

（1）二进制码的最高位（最左边）与格雷码的最高位相同；
（2）将产生的每一位二进制码，与下一位相邻的格雷码相加（舍去进位），作为二进制码的下一位。

例 7.3.2 将格雷码 0111 转换成二进制码。

解： 转换过程如图 7.3.2。

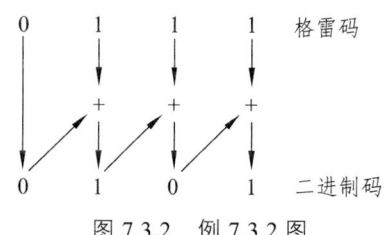

图 7.3.2 例 7.3.2 图

所以，格雷码 0111 对应的二进制码为 0101。

7.4 逻辑代数的基本逻辑运算

逻辑代数是分析和设计数字电路的重要数学工具。在逻辑代数中,逻辑变量的取值有 0 和 1 两种可能。这里的 0 和 1 已不再表示数量的大小,只代表两种不同的逻辑状态。在逻辑代数中,有与、或、非三种基本的逻辑运算。

7.4.1 与逻辑

只有决定事物结果的全部条件同时具备时,结果才发生。这种因果关系叫作与逻辑。

图 7.4.1 所示电路为一个与逻辑电路。只要有一个开关断开或者两个开关都断开时,指示灯不亮;只有两个开关同时闭合时,指示灯才亮。

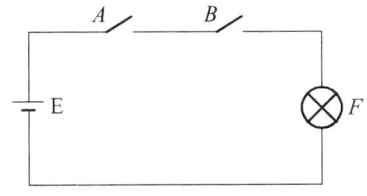

图 7.4.1 与逻辑电路

若用 A、B 表示开关的状态,并用 1 表示开关闭合,用 0 表示开关断开;用 F 表示指示灯的状态,并用 1 表示灯亮,用 0 表示不亮,则可以列出用 0、1 表示的与逻辑关系的图表,如表 7.4.1 所示。这种图表叫作与逻辑的真值表。

表 7.4.1 与逻辑真值表

A B	F
0　　0	0
0　　1	0
1　　0	0
1　　1	1

与逻辑可用逻辑表达式表示为

$$F = A \cdot B = AB$$

能实现与逻辑的电路称为与门,其逻辑符号如图 7.4.2 所示,其中图(a)为特异形符号,图(b)为矩形符号。

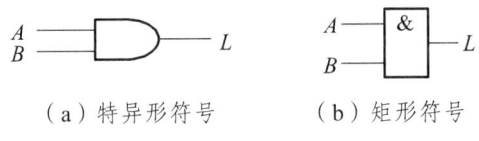

(a) 特异形符号　　(b) 矩形符号

图 7.4.2 与门的逻辑符号

7.4.2 或逻辑

决定事物结果的所有条件中只要有任何一个满足,结果就会发生。这种因果关系叫作或逻辑。

图 7.4.3 所示电路为一个或逻辑电路。只要两个开关中任何一个闭合,指示灯就会亮;只有两个开关都断开时,指示灯不会亮。

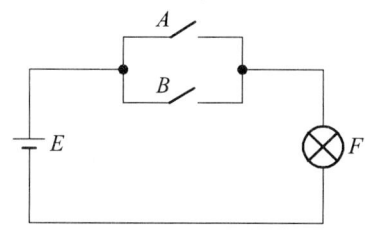

图 7.4.3 或逻辑电路

按照前述假设,可以得出或逻辑的真值表如表 7.4.2 所示。

表 7.4.2 或逻辑真值表

A B	F
0　0	0
0　1	1
1　0	1
1　1	1

或逻辑表达式为

$$F = A + B$$

能实现或逻辑的电路称为或门,其逻辑符号如图 7.4.4 所示,其中图(a)为特异形符号,图(b)为矩形符号。

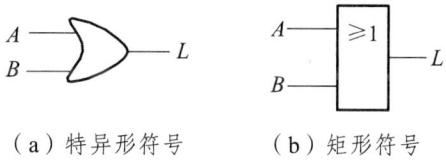

(a)特异形符号　　(b)矩形符号

图 7.4.4 或门的逻辑符号

7.4.3 非逻辑

只要条件具备了,结果便不会发生,而条件不具备时,结果一定发生。这种因果关系叫作非逻辑。图 7.4.5 所示电路为一个非逻辑电路。当开关接通时,指示灯不亮;而当开关断开时,指示灯亮。

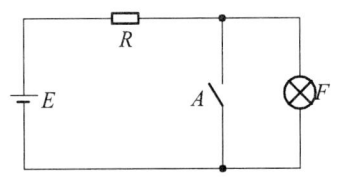

图 7.4.5 非逻辑电路

非逻辑的真值表如表 7.4.3 所示。

表 7.4.3 非逻辑真值表

A	F
0	1
1	0

非逻辑表达式为

$$F = \overline{A}$$

能实现非逻辑的电路称为非门,其逻辑符号如图 7.4.6 所示,其中图(a)为特异形符号,图(b)为矩形符号。

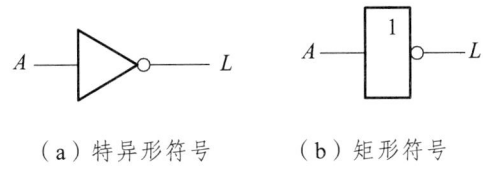

(a)特异形符号　　(b)矩形符号

图 7.4.6 非门的逻辑符号

7.4.4 常用复合逻辑运算

实际的逻辑问题往往比与、或、非复杂得多,不过它们都可以用与、或、非的组合来实现。最常见的复合逻辑运算有与非、或非、异或、同或等。

与非逻辑是与逻辑和非逻辑的组合,逻辑符号和真值表分别如图 7.4.7 和表 7.4.4 所示。逻辑表达式为

$$F = \overline{A \cdot B}$$

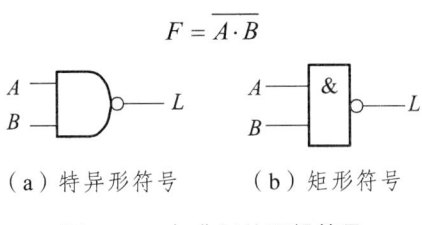

(a)特异形符号　　(b)矩形符号

图 7.4.7 与非门的逻辑符号

表 7.4.4　与非逻辑真值表

A　B	F
0　0	1
0　1	1
1　0	1
1　1	0

或非逻辑是或逻辑和非逻辑的组合，逻辑符号和真值表分别如图 7.4.8 和表 7.4.5 所示。逻辑表达式为

$$F = \overline{A+B}$$

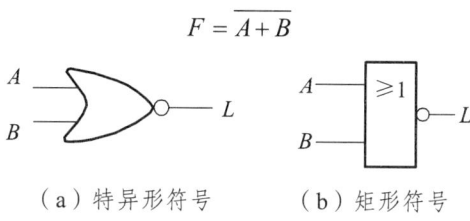

（a）特异形符号　　　（b）矩形符号

图 7.4.8　或非门的逻辑符号

表 7.4.5　或非逻辑真值表

A　B	F
0　0	1
0　1	0
1　0	0
1　1	0

异或的逻辑关系是：当两个输入状态不同时，输出为 1；当两个输入状态相同时，输出为 0。异或的逻辑符号和真值表分别如图 7.4.9 和表 7.4.6 所示。逻辑表达式为

$$F = A \oplus B = \overline{A} \cdot B + A \cdot \overline{B}$$

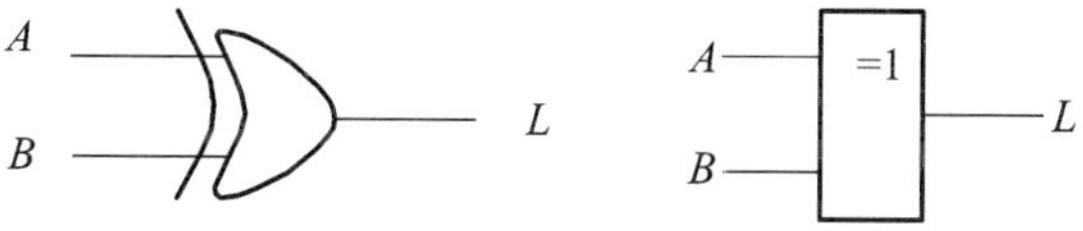

（a）特异形符号　　　（b）矩形符号

图 7.4.9　异或门的逻辑符号

表 7.4.6　异或逻辑真值表

A　B	F
0　0	0
0　1	1
1　0	1
1　1	0

同或和异或的逻辑关系刚好相反：当两个输入状态相同时，输出为 1；当两个输入状态不同时，输出为 0。逻辑符号和真值表分别如图 7.4.10 和表 7.4.7 所示。逻辑表达式为

$$F = A \odot B = A \cdot B + \overline{A} \cdot \overline{B}$$

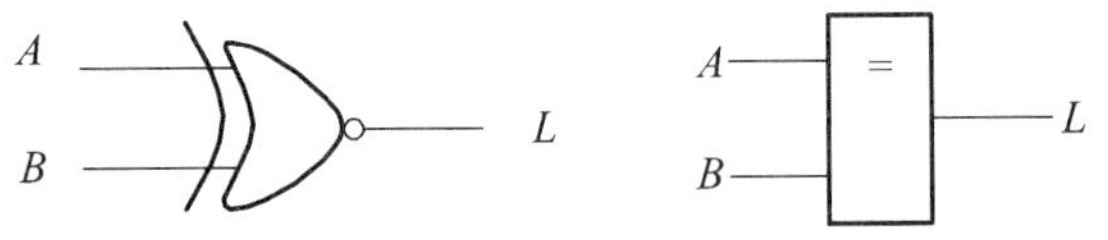

（a）特异形符号　　　　（b）矩形符号

图 7.4.10　同或门的逻辑符号

表 7.4.7　同或逻辑真值表

A　B	F
0　0	1
0　1	0
1　0	0
1　1	1

由表 7.4.6 和表 7.4.7 可知，异或和同或互为反运算，即

$$\overline{A \odot B} = A \oplus B, \overline{A \oplus B} = A \odot B$$

7.5　逻辑代数的基本定律和规则

逻辑代数有一系列的定律、定理和规则，用它们对逻辑表达式进行处理，可以完成对逻辑电路的化简、变换、分析和设计。

7.5.1　逻辑代数的基本定律和恒等式

表 7.5.1 列出了逻辑代数基本定律和恒等式。等式中的字母为逻辑变量，其值可以取 0 和 1，代表逻辑信号的两种可能状态之一。

表 7.5.1　逻辑代数的基本定律、定理和恒等式

名称	表达式	
0-1 律	$A + 1 = 1$	$A \cdot 0 = 0$
自等律	$A + 0 = A$	$A \cdot 1 = A$
重叠律	$A + A = A$	$A \cdot A = A$
还原律	$\overline{\overline{A}} = A$	

续表

名称	表达式
互补律	$A+\bar{A}=1 \qquad A\cdot\bar{A}=0$
交换律	$A+B=B+A \qquad A\cdot B=B\cdot A$
结合律	$(A+B)+C=A+(B+C) \qquad (A\cdot B)\cdot C=A\cdot(B\cdot C)$
分配律	$A\cdot(B+C)=A\cdot B+A\cdot C \qquad A+B\cdot C=(A+B)\cdot(A+C)$
反演律	$\overline{A+B}=\bar{A}\cdot\bar{B} \qquad \overline{A\cdot B}=\bar{A}+\bar{B}$
恒等式	$A+\bar{A}\cdot B=A+B$ $A\cdot B+\bar{A}\cdot C+B\cdot C=A\cdot B+\bar{A}\cdot C$

用完全归纳法可以证明表 7.5.1 所列等式的正确性，方法是：列出等式左边函数与右边函数的真值表，如果等式两边的真值表相同，说明等式成立。

例如，要证明恒等式 $A+\bar{A}\cdot B=A+B$ 时，按变量 A、B 所有可能取值情况列出真值表如表 7.5.2 所示。表中第 3 列和第 4 列的结果相同，故等式 $A+\bar{A}\cdot B=A+B$ 成立。

表 7.5.2 恒等式 $A+\bar{A}\cdot B=A+B$ 的证明

A B	$\bar{A}\cdot B$	$A+\bar{A}\cdot B$	$A+B$
0 0	0	0	0
0 1	1	1	1
1 0	0	1	1
1 1	0	1	1

7.5.2 逻辑代数的基本规则

1. 代入规则

代入规则：在任何一个包含变量 A 的逻辑等式中，若以另外一个逻辑式代入式中所有 A 的位置，则等式仍然成立。

例如，在 $\overline{A+B}=\bar{A}\cdot\bar{B}$ 中，将所有出现 B 的地方都用 $B+C$ 代替，则 $\overline{A+(B+C)}=\overline{A\cdot B+C}=\bar{A}\cdot\bar{B}\cdot\bar{C}$。以此类推，任意多个变量的反演律都成立。

2. 反演规则

反演规则：对于任意一个逻辑函数表达式 F，若将其中所有的"·"变成"+"，"+"变成"·"，0 变成 1，1 变成 0，原变量变成反变量，反变量变成原变量，则得到的结果就是逻辑函数 F 的反函数 $\bar{F}$。

在使用反演规则时还必须注意以下两个原则：
① 保持原函数的运算顺序不变；

② 不属于单个变量上的非号应保留不变。

例 7.5.1 试求 $F = \overline{A + \overline{B} \cdot C}$ 的反函数 $\overline{F}$。

解：根据反演规则可写出：

$$\overline{F} = \overline{\overline{A} \cdot B + \overline{C}}$$

3. 对偶规则

对于任何一个逻辑函数表达式 F，若将其中的"·"换成"+"，"+"换成"·"，0 换成 1，1 换成 0，则得到一个新的逻辑表达式 F'，这个 F' 叫作 F 的对偶式。

例如：$F = (A + \overline{B}) \cdot (\overline{A} + C)$，则 $F' = A \cdot \overline{B} + \overline{A} \cdot C$

对偶规则：若两逻辑表达式相等，则它们的对偶式也相等。

例如表 7.5.1 中分配律 $A \cdot (B + C) = A \cdot B + A \cdot C$ 成立，利用对偶规则，它的对偶式 $A + B \cdot C = (A + B) \cdot (A + C)$ 也是成立的。

7.6 逻辑函数及其表示方法

7.6.1 逻辑函数

从上面所述的各种逻辑关系中可以看到，如果以逻辑变量作为输入，以运算结果作为输出，那么当输入变量的取值确定之后，输出的取值便随之而定。因此，输出与输入之间是一种函数关系。这种函数关系称为逻辑函数，写作：

$$Y = L(A，B，C \cdots)$$

逻辑函数中变量和输出（函数）的取值只有 0 和 1 两种状态。

任何一件具体的因果关系都可以用一个逻辑函数描述。例如，图 7.6.1 是一个楼道照明电路，可以用一个逻辑函数描述它的逻辑功能。图中，A 表示楼下开关，B 表示楼上开关。两个开关的 a 点、b 点和 c 点、d 点分别用导线连接起来。由图可知，当开关 A 接点 a、开关 B 接点 b 或者开关 A 接点 c、开关 B 接点 d 时，灯 L 便亮；当开关 A 接点 a、开关 B 接点 d 或者开关 A 接点 c、开关 B 接点 b 时，灯 L 熄灭；显然，当开关 A、B 的状态确定后，灯 L 的状态就确定了，即 L 是 A、B 的函数。A、B 叫作输入逻辑变量，L 叫作输出逻辑变量。

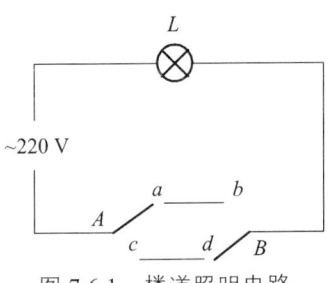

图 7.6.1 楼道照明电路

7.6.2 逻辑函数的表示方法

逻辑函数描述的是输入逻辑变量和输出逻辑变量之间的逻辑关系，可以用逻辑真值表、逻辑表达式、逻辑图、波形图和卡诺图等方法来表示。本节只介绍前面四种表示方法，用卡诺图表示逻辑函数的方法将在下一节介绍。

1. 逻辑真值表

将输入变量所有可能的取值与相应的函数值列成表格，即可得到真值表。

在图 7.6.1 楼道照明电路中，开关 A 接 a 点用 1 表示，接 c 点用 0 表示；开关 B 接 b 点用 1 表示，接 d 点用 0 表示；灯 L 亮用 1 表示，灭用 0 表示；根据电路的工作原理可知，当 A=1、B=1 或者 A=0、B=0 时，F=1；当 A=0、B=1 或者 A=1、B=0 时，F=0；于是可列出图 7.6.1 的真值表。

表 7.6.1 图 7.6.1 的真值表

A	B	L
0	0	1
0	1	0
1	0	0
1	1	1

2. 逻辑表达式

逻辑表达式是用与、或、非等运算组合起来，表示逻辑函数与逻辑变量之间的逻辑代数式。

如果已经列出了函数的真值表，则可按以下步骤写出逻辑表达式。

① 找出真值表中使逻辑函数 L=1 的那些输入变量取值的组合。

② 每组输入变量取值的组合对应一个乘积项，其中取值为 1 的写入原变量，取值为 0 的写入反变量。

③ 将这些乘积项相加，即得 L 的逻辑函数表达式。

例如，在表 7.6.1 中，当变量 A、B 的取值分别为 00、11 时，函数值 L=1。对应这些变量取值组合的乘积项分别为 $\overline{A} \cdot \overline{B}$、$A \cdot B$，将这些乘积项相加，即得逻辑表达式为

$$L = \overline{A} \cdot \overline{B} + A \cdot B$$

反之，也可以由逻辑表达式列出真值表。例如某逻辑函数表达式为

$$L = \overline{B} \cdot C + \overline{A} \cdot B \cdot \overline{C} + A \cdot \overline{B}$$

该逻辑表达式有 3 个输入变量，共有 8 种不同的取值组合，把各种组合的取值分别代入逻辑表达式中进行运算，求出相应的逻辑函数值，即可列出真值表，见表 7.6.2。

表 7.6.2　函数 $L = \overline{B} \cdot C + \overline{A} \cdot B \cdot \overline{C} + A \cdot \overline{B}$ 的真值表

A	B	C	L
0	0	0	0
0	0	1	1
0	1	0	1
0	1	1	0
1	0	0	1
1	0	1	1
1	1	0	0
1	1	1	0

3. 逻辑图

用与、或、非等逻辑符号表示逻辑函数中各变量之间的逻辑关系所得到的图像称为逻辑图。

根据逻辑表达式可以画出逻辑图。具体的方法是：将函数表达式中所有的与、或、非运算符号用图形符号代替，并依据运算优先顺序把这些图形符号连接起来，就得到了逻辑图。如逻辑表达式 $L = \overline{A} \cdot \overline{B} + A \cdot B$，可用 2 个非门、2 个与门和 1 个或门来实现，如图 7.6.2 所示。

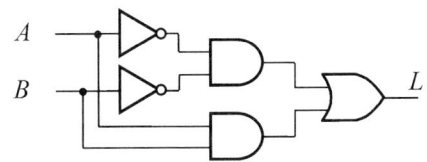

图 7.6.2　逻辑函数 $L = \overline{A} \cdot \overline{B} + A \cdot B$ 的逻辑图

反之，也可以由逻辑图写出逻辑表达式。例如某逻辑函数的逻辑图如图 7.6.3 所示，从逻辑图的输入端到输出端，逐级写出每个逻辑符号输出端的表达式，即可得到输出逻辑函数的逻辑表达式为 $L = \overline{A} \cdot B + A \cdot \overline{B}$。

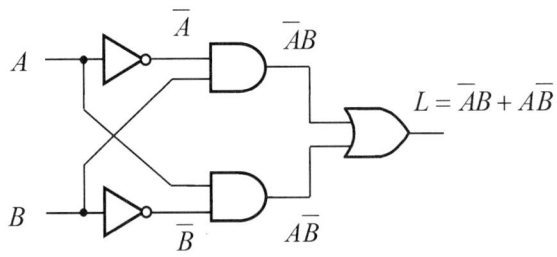

图 7.6.3　逻辑函数 $L = \overline{A} \cdot B + A \cdot \overline{B}$ 的逻辑图

4. 波形图

波形图就是由输入变量的所有可能取值组合的高、低电平及其对应的输出函数值的高、低电平所构成的图形。波形图可以将输出函数的变化和输入变量的变化之间在时间上的对应关系直观地表示出来,因此又称为时间图或时序图。如逻辑函数 $L = \overline{A} \cdot \overline{B} + A \cdot B$,当输入变量 A、B 的取值分别为 00、11 时,函数值 $L=1$,其余情况下 $L=0$,故可以用图 7.6.4 所示的波形图来表示该函数。

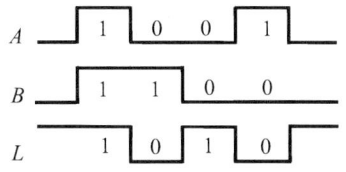

图 7.6.4 逻辑函数 $L = \overline{A} \cdot \overline{B} + A \cdot B$ 的波形图

7.6.3 逻辑函数的两种标准形式

任何一个逻辑函数,其表达式的形式都不是唯一的,但标准形式是唯一的。标准形式有两种:最小项之和形式和最大项之积形式。

1. 最小项与最小项之和表达式

(1) 最小项的定义和性质。

在 n 变量逻辑函数中,若 m 为包含 n 个因子的乘积项,而且这 n 个变量均以原变量或反变量的形式在 m 中出现一次,则称 m 为该组变量的最小项。

例如,A、B、C 三个变量的最小项有 $\overline{A} \cdot \overline{B} \cdot \overline{C}$、$\overline{A} \cdot \overline{B} \cdot C$、$\overline{A} \cdot B \cdot \overline{C}$、$\overline{A} \cdot B \cdot C$、$A \cdot \overline{B} \cdot \overline{C}$、$A \cdot \overline{B} \cdot C$、$A \cdot B \cdot \overline{C}$、$A \cdot B \cdot C$,共 8 个最小项。$n$ 个变量的最小项应有 2^n 个。

最小项通常用 m_i 表示,下标 i 为最小项编号。将最小项中的原变量用 1 表示,非变量用 0 表示,所得到的二进制数所对应的十进制数为最小项的编号 i。例如,3 个变量的最小项 $A \cdot \overline{B} \cdot C$,它对应的二进制数取值为 101,由于 $(101)_2 = (5)_{10}$,所以把最小项 $A \cdot \overline{B} \cdot C$ 记作 m_5。三个变量 A、B、C 的 8 个最小项的编号如表 7.6.3 所示。

表 7.6.3 三变量最小项、最大项编号表

变量取值			最小项	最大项
A	B	C		
0	0	0	$m_0 = \overline{A} \cdot \overline{B} \cdot \overline{C}$	$M_0 = A + B + C$
0	0	1	$m_1 = \overline{A} \cdot \overline{B} \cdot C$	$M_1 = A + B + \overline{C}$
0	1	0	$m_2 = \overline{A} \cdot B \cdot \overline{C}$	$M_2 = A + \overline{B} + C$
0	1	1	$m_3 = \overline{A} \cdot B \cdot C$	$M_3 = A + \overline{B} + \overline{C}$
1	0	0	$m_4 = A \cdot \overline{B} \cdot \overline{C}$	$M_4 = \overline{A} + B + C$
1	0	1	$m_5 = A \cdot \overline{B} \cdot C$	$M_5 = \overline{A} + B + \overline{C}$
1	1	0	$m_6 = A \cdot B \cdot \overline{C}$	$M_6 = \overline{A} + \overline{B} + C$
1	1	1	$m_7 = A \cdot B \cdot C$	$M_7 = \overline{A} + \overline{B} + \overline{C}$

根据最小项的定义，可以得到最小项的性质：
① 在输入变量的任何取值下必有一个最小项，而且只有一个最小项的值为 1。
② 全体最小项之和为 1。
③ 任意两个最小项之积为 0。
④ 具有逻辑相邻性的两个最小项可以合并成一项并消去一对因子。

若两个最小项只有一个因子不同，则称这两个最小项具有逻辑相邻性。例如，$A \cdot \bar{B} \cdot C$ 和 $A \cdot B \cdot C$ 两个最小项仅有第二个因子不同，所以它们具有逻辑相邻性。这两个最小项相加时定能合并成一项并将一对不同的因子消去

$$A \cdot \bar{B} \cdot C + A \cdot B \cdot C = A \cdot C \cdot (B + \bar{B}) = A \cdot C$$

（2）逻辑函数的最小项之和的标准形式。

利用基本公式 $A + \bar{A} = 1$ 可以把任何一个逻辑函数化为最小项之和的标准形式。

例 7.6.1 将逻辑函数 $L(A, B, C) = A \cdot B + \bar{A} \cdot C$ 变换成最小项之和的形式。

解：
$$\begin{aligned}
L(A, B, C) &= A \cdot B + \bar{A} \cdot C = A \cdot B \cdot (C + \bar{C}) + \bar{A} \cdot (B + \bar{B}) \cdot C \\
&= A \cdot B \cdot C + A \cdot B \cdot \bar{C} + \bar{A} \cdot B \cdot C + \bar{A} \cdot \bar{B} \cdot C \\
&= m_1 + m_3 + m_6 + m_7 \\
&= \sum m(1, 3, 6, 7)
\end{aligned}$$

2. 最大项与最大项之积表达式

（1）最大项的定义和性质。

在 n 个变量逻辑函数中，若 M 为 n 个变量之和，而且这 n 个变量均以原变量或反变量的形式在 M 中出现一次，则称 M 为该组变量的最大项。

n 个变量的最大项应有 2^n 个。最大项通常用 M_i 表示，下标编号 i 用于区别不同的最大项。对于一个最大项，输入变量只有一组二进制数使其取值为 0，与该二进制数对应的十进制数就是该最大项的编号。例如，A、B、C 取值为 101 时，其对应十进制数为 5，它使最大项 ($\bar{A} + B + \bar{C}$) =0，所以把 ($\bar{A} + B + \bar{C}$) 记作 M_5。三个变量 A、B、C 的 8 个最大项编号如表 7.6.3 所示。

根据最大项的定义，可以得到最大项的性质：
① 在输入变量的任何取值下必有一个最大项，而且只有一个最大项的值为 0；
② 全体最大项之积为 0；
③ 任意两个最大项之和为 1；
④ 只有一个变量不同的两个最大项的乘积等于各相同变量之和。

（2）最小项和最大项的关系。

由表 7.6.3 可知，相同变量构成的最小项与最大项之间存在互补关系，即

$$m_i = \overline{M_i} \text{ 或者 } M_i = \overline{m_i}$$

例如，$m_5 = A \cdot \overline{B} \cdot C$，则 $\overline{m_5} = \overline{A \cdot \overline{B} \cdot C} = \overline{A} + B + \overline{C} = M_5$。

（3）逻辑函数的最大项之积标准形式。

上面已经证明，任何一个逻辑函数皆可化为最小项之和的标准形式。同时，由最小项的性质又知道全部最小项之和为1。由此可知，若给定逻辑函数为 $L = \sum m_i$，则 $\sum m_i$ 以外的那些最小项之和必为 $\overline{L}$，即

$$\overline{L} = \sum m_k \quad (k \neq i)$$

等式两边取非可得到：

$$\overline{\overline{L}} = \overline{\sum m_k} \quad (k \neq i)$$

利用反演定理可将上式变换为最大项乘积的形式：

$$L = \prod \overline{m_k} = \prod M_k \quad (k \neq i)$$

也就是说，如果已知逻辑函数的最小项之和的形式为 $L = \sum m_i$，编号为 i 以外的那些最大项的相乘即为该函数的最大项之积形式。

例 7.6.2 将逻辑函数 $L(A,B,C) = A \cdot B + \overline{A} \cdot C$ 变换成最大项之积的形式。

解： 前面已经得到了它的最小项之和的形式为

$$L(A,B,C) = \sum m(1, 3, 6, 7)$$

则
$$L(A,B,C) = \prod M(0, 2, 4, 5)$$
$$= (A+B+C) \cdot (A+\overline{B}+C) \cdot (\overline{A}+B+C) \cdot (\overline{A}+B+\overline{C})$$

7.7 逻辑函数的化简

对于一个逻辑函数来说，如果其逻辑表达式比较简单，那么实现这个逻辑表达所需的元器件较少，电路的可靠性也比较高。所以，在逻辑电路的设计中，如何化简表达式是十分重要的。

7.7.1 逻辑函数的最简表达式

一个逻辑函数可以有多种不同的逻辑表达式，如与-或表达式，与非-与非表达式、或-与非表达式、与-或非表达式等。例如：

$$L = A \cdot B + \overline{A} \cdot C \qquad \text{与-或表达式}$$
$$= \overline{\overline{A \cdot B} \cdot \overline{\overline{A} \cdot C}} \qquad \text{与非-与非表达式}$$
$$= \overline{(\overline{A} + \overline{B}) \cdot (A + \overline{C})} \qquad \text{或-与非表达式}$$
$$= \overline{\overline{A} \cdot \overline{C} + A \cdot \overline{B} + \overline{B} \cdot \overline{C}} \qquad \text{与-或非表达式}$$

通常与-或表达式易于转换为其他类型的函数式，所以下面主要讨论与-或表达式的化简。

最简与或表达式定义：其乘积项的个数最少，每项乘积项中变量个数也最少的与-或表达式。

7.7.2 逻辑函数形式的变换

通常一片集成电路芯片中只有一种门电路，为了减少门电路的种类，需要对逻辑函数表达式进行变换。

例 7.7.1 仅用与非门画出逻辑表达式 $L = A \cdot B + \overline{A} \cdot \overline{B}$ 的逻辑图。

解：首先将与-或表达式变换为与非-与非表达式

$$L = A \cdot B + \overline{A} \cdot \overline{B}$$
$$= \overline{\overline{A \cdot B + \overline{A} \cdot \overline{B}}}$$
$$= \overline{\overline{A \cdot B} \cdot \overline{\overline{A} \cdot \overline{B}}}$$

根据与非-与非表达式画出逻辑图，如图 7.7.1 所示。

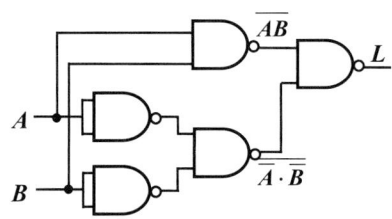

图 7.7.1 例 7.7.1 的逻辑图

7.7.3 逻辑函数的公式法化简

公式化简法的原理就是反复使用逻辑代数的基本公式和常用公式消去函数式中多余的乘积项和多余的因子，以求得函数的最简表达式。

公式化简法没有固定的步骤。现将经常使用的方法归纳如下。

1. 并项法

利用公式 $A \cdot B + A \cdot \overline{B} = A$，可以将两项合并成一项，并消去 B 和 $\overline{B}$ 这一对因子。根据代入规则可知，A 和 B 可以是任何一个复杂的逻辑式。

例 7.7.2 试用并项法化简逻辑函数表达式 $L = A \cdot B \cdot C + A \cdot \overline{B} \cdot \overline{C} + A \cdot B \cdot \overline{C} + A \cdot \overline{B} \cdot C$。

解：
$$L = A \cdot B \cdot C + A \cdot \overline{B} \cdot \overline{C} + A \cdot B \cdot \overline{C} + A \cdot \overline{B} \cdot C$$
$$= A \cdot B(C + \overline{C}) + A \cdot \overline{B}(\overline{C} + C)$$
$$= A \cdot B + A \cdot \overline{B}$$
$$= A \cdot (B + \overline{B})$$
$$= A$$

2. 吸收法

利用公式 $A + A \cdot B = A$，可消去多余项 $A \cdot B$。A 和 B 可以是任何一个复杂的逻辑式。

例 7.7.3 试用吸收法化简逻辑函数表达式 $L = \overline{A \cdot B} + (\overline{A} + \overline{B}) \cdot C \cdot D$。

解： $L = \overline{A \cdot B} + (\overline{A} + \overline{B}) \cdot C \cdot D = \overline{A \cdot B} + \overline{(A \cdot B)} \cdot C \cdot D = \overline{A \cdot B} = \overline{A} + \overline{B}$

3. 消因子法

利用公式 $A + \overline{A} \cdot B = A + B$ 可将 $\overline{A} \cdot B$ 中的 $\overline{A}$ 消去。A 和 B 可以是任何一个复杂的逻辑式。

例 7.7.4 试用消因子法化简逻辑函数表达式 $L = A \cdot B + \overline{A} \cdot C + \overline{B} \cdot C$。

解： $L = A \cdot B + \overline{A} \cdot C + \overline{B} \cdot C = A \cdot B + (\overline{A} + \overline{B}) \cdot C = A \cdot B + \overline{A \cdot B} \cdot C = A \cdot B + C$

4. 消项法

利用公式 $A \cdot B + \overline{A} \cdot C + B \cdot C = A \cdot B + \overline{A} \cdot C$ 及 $A \cdot B + \overline{A} \cdot C + B \cdot C \cdot D = A \cdot B + \overline{A} \cdot C$ 可将 $B \cdot C$ 或 $B \cdot C \cdot D$ 消去。A、B、C 和 D 可以是任何一个复杂的逻辑式。

例 7.7.5 试用消项法化简逻辑函数表达式 $L = A \cdot C + A \cdot \overline{B} + \overline{B + C}$。

解： $L = A \cdot C + A \cdot \overline{B} + \overline{B + C} = A \cdot C + A \cdot \overline{B} + \overline{B} \cdot \overline{C} = A \cdot C + \overline{B} \cdot \overline{C}$

5. 配项法

（1）根据 $A + A = A$ 可以在逻辑函数式中重复写入某一项，有时能获得更加简单的化简结果。

例 7.7.6 试用配项法化简逻辑函数表达式 $L = \overline{A} \cdot \overline{B} \cdot C + \overline{A} \cdot B \cdot C + A \cdot \overline{B} \cdot C$。

解：
$$L = \overline{A} \cdot \overline{B} \cdot C + \overline{A} \cdot B \cdot C + A \cdot \overline{B} \cdot C$$
$$= \overline{A} \cdot \overline{B} \cdot C + \overline{A} \cdot B \cdot C + \overline{A} \cdot \overline{B} \cdot C + A \cdot \overline{B} \cdot C$$
$$= \overline{A} \cdot C + \overline{B} \cdot C。$$

（2）根据公式 $A + \overline{A} = 1$，可以在函数式中的某一项上乘以 $(A + \overline{A})$，然后拆成两项分别与其他项合并，有时能得到更加简单的化简结果。

例 7.7.7 试用配项法化简逻辑函数表达式 $L = A \cdot B + \overline{A} \cdot C + B \cdot C$。

解：
$$L = A \cdot B + \overline{A} \cdot C + B \cdot C$$
$$= A \cdot B + \overline{A} \cdot C + (A + \overline{A}) \cdot B \cdot C$$
$$= A \cdot B + \overline{A} \cdot C + A \cdot B \cdot C + \overline{A} \cdot B \cdot C$$
$$= A \cdot B + \overline{A} \cdot C$$

在化简复杂的逻辑函数时，往往需要灵活、交替地综合运用上述方法，才能得到最后的化简结果。

例 7.7.8 试用公式法化简逻辑函数表达式 $L = A \cdot \overline{B} + \overline{A} \cdot B + B \cdot \overline{C} + \overline{B} \cdot C$。

解：
$$L = A \cdot \overline{B} + \overline{A} \cdot B + B \cdot \overline{C} + \overline{B} \cdot C$$
$$= A \cdot \overline{B} + \overline{A} \cdot B + B \cdot \overline{C} + \overline{B} \cdot C + A \cdot \overline{C} \qquad \text{增加冗余项 } A \cdot \overline{C}$$
$$= A \cdot \overline{B} + \overline{A} \cdot B + \overline{B} \cdot C + A \cdot \overline{C} \qquad \text{消去冗余项 } B \cdot \overline{C}$$
$$= \overline{A} \cdot B + \overline{B} \cdot C + A \cdot \overline{C} \qquad \text{消去冗余项 } A \cdot \overline{B}$$

7.7.4 逻辑函数的卡诺图化简法

1. 用卡诺图表示逻辑函数

（1）卡诺图的引出。

将 n 变量的全部最小项各用一个小方块表示，并使具有逻辑相邻的最小项在几何位置上也相邻地排列起来，所得到的图形叫 n 变量的卡诺图。图 7.7.2 画出了两个、三个和四个变量的卡诺图。

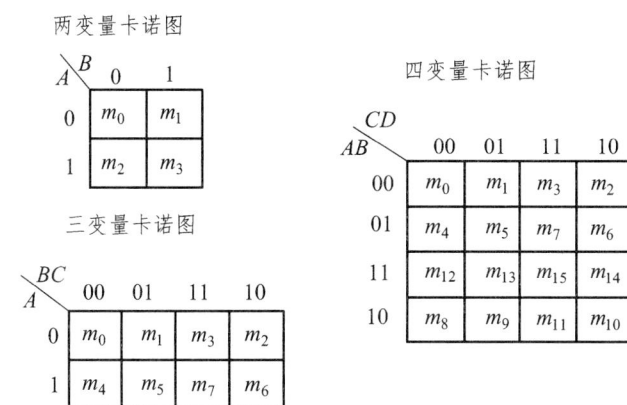

图 7.7.2　2 个到 4 个变量的卡诺图

图形两侧标注的 0 和 1 表示使对应小方格内的最小项为 1 的变量取值。同时，这些 0 和 1 组成的二进制数所对应的十进制数大小也就是对应的最小项的编号。

为了保证图中几何位置相邻的最小项在逻辑上也具有相邻性，这些数码不能按自然二进制数从小到大地顺序排列，而必须按图中的方式排列，以确保相邻的两个最小项仅有一个变量是不同的。

从图 7.7.2 的卡诺图上还可以看到，处在任何一行或一列两端的最小项也仅有一个变量不同，所以它们也具有逻辑相邻性。因此，从几何位置上应当把卡诺图看成是上下、左右闭合的图形。

（2）用卡诺图表示逻辑函数。

用卡诺图表示逻辑函数时，首先把逻辑函数化为最小项之和的形式，然后在卡诺图对应最小项的方格填上 1，其余的方格填上 0（也可用空格表示），就可以得到相应函数的卡诺图。也就是说，任何逻辑函数都等于它的卡诺图中为 1 的方格所对应的最小项之和。

例 7.7.9　用卡诺图表示逻辑函数 $L(A,B,C) = \overline{A} \cdot \overline{B} + A \cdot C$。

解：首先将 L 化为最小项之和的形式：

$$L(A,B,C) = \overline{A} \cdot \overline{B} + A \cdot C = \overline{A} \cdot \overline{B} \cdot (C + \overline{C}) + A \cdot (B + \overline{B}) \cdot C$$
$$= \overline{A} \cdot \overline{B} \cdot C + \overline{A} \cdot \overline{B} \cdot \overline{C} + A \cdot B \cdot C + A \cdot \overline{B} \cdot C$$
$$= \sum m(0,1,5,7)$$

画出三变量的卡诺图，在 m_0、m_1、m_5、m_7 对应的方格填入 1，其余方格填入 0，就得到逻辑函数的卡诺图如图 7.7.3 所示。

A \ BC	00	01	11	10
0	1	1	0	0
1	0	1	1	0

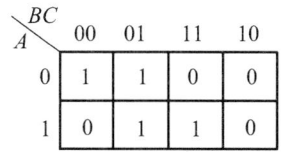

图 7.7.3　例 7.7.9 的卡诺图

例 7.7.10　已知逻辑函数的卡诺图如图 7.7.4 所示，试写出该逻辑函数的逻辑式。

解：因为函数 L 等于卡诺图中填入 1 的那些最小项之和，所以

$$L(A, B, C, D)=\overline{A}\cdot\overline{B}\cdot\overline{C}\cdot\overline{D}+\overline{A}\cdot\overline{B}\cdot\overline{C}\cdot D+\overline{A}\cdot\overline{B}\cdot C\cdot D+\overline{A}\cdot B\cdot\overline{C}\cdot\overline{D}+A\cdot\overline{B}\cdot\overline{C}\cdot D$$

AB \ CD	00	01	11	10
00	1	1	1	
01	1			
11				
10		1		

图 7.7.4　例 7.7.10 的卡诺图

2. 用卡诺图化简逻辑函数

利用卡诺图化简逻辑函数的方法称为卡诺图化简法或图形化简法。化简时依据的基本原理就是具有逻辑相邻性的最小项可以合并，并消去取值不同的变量。由于在卡诺图上几何位置相邻与逻辑上的相邻性是一致的，因而从卡诺图上能直观地找出那些具有逻辑相邻性的最小项并将其合并化简。

（1）合并最小项的规则。

① 若 2 个最小项相邻，则可合并为一项并消去一对互补变量。合并后的结果为两个最小项的公共变量构成的与项。

例如，图 7.7.5（a）中，$\overline{A}\cdot\overline{B}\cdot\overline{C}$ 和 $\overline{A}\cdot\overline{B}\cdot C$ 相邻，故可合并为

$$\overline{A}\cdot\overline{B}\cdot\overline{C}+\overline{A}\cdot\overline{B}\cdot C=\overline{A}\cdot\overline{B}\cdot(\overline{C}+C)=\overline{A}\cdot\overline{B}$$

合并后消去了 C 和 $\overline{C}$，结果为这两个最小项的公共变量 $\overline{A}$ 和 $\overline{B}$ 构成的与项 $\overline{A}\cdot\overline{B}$。

② 若 4 个最小项相邻并排列成一个矩形组，则可合并为一项并消去两对互补变量。合并后的结果为四个最小项的公共变量构成的与项。

例如，图 7.7.5（b）中，$\overline{A}\cdot\overline{B}\cdot C$、$\overline{A}\cdot B\cdot C$、$A\cdot\overline{B}\cdot C$、$A\cdot B\cdot C$ 相邻，故可合并为：

$$\overline{A}\cdot\overline{B}\cdot C+\overline{A}\cdot B\cdot C+A\cdot\overline{B}\cdot C+A\cdot B\cdot C=\overline{A}\cdot C(B+\overline{B})+A\cdot C(B+\overline{B})=\overline{A}\cdot C+A\cdot C=(\overline{A}+A)\cdot C=C$$

可见，合并后消去了 A、$\overline{A}$ 和 B、$\overline{B}$，结果为这四个最小项的公共变量 C。

③ 若 8 个最小项相邻并排列成一个矩形组，则可合并为一项并消去三对互补变量。合并后的结果为八个最小项的公共变量构成的与项。

例如，图 7.7.5（c）中，上边两行的 8 个最小项是相邻的，可将它们合并为一项 $\overline{A}$。其他的因子都被消去了。

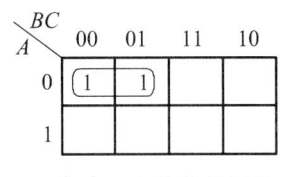 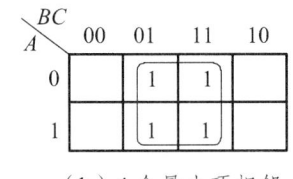 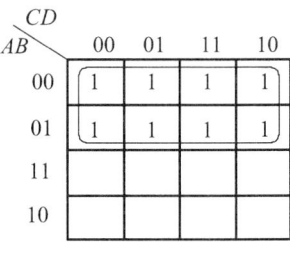

（a）2个最小项相邻　　　　（b）4个最小项相邻　　　　（c）8个最小项相邻

图 7.7.5　最小项相邻的几种情况

综上所述，合并最小项的一般规则就是：如果有 2^n 个最小项相邻（$n=0,1,2,\cdots$）并排列成一个矩形组，则它们可以合并为一项，并消去 n 对互补变量。合并后的结果为这些最小项的公共变量构成的与项。

（2）卡诺图化简法的步骤。

用卡诺图化简逻辑函数的步骤如下：

① 将逻辑函数化为最小项之和的形式；
② 画出表示该逻辑函数的卡诺图；
③ 合并最小项，把相邻的 1 的画一个圈包围起来；
④ 将所有圈对应的与项相加，即得最简与-或表达式。

画圈的原则：包围圈内方格的个数一定是 2^n 个，且包围圈必须呈矩形；循环相邻包括上下相邻，左右相邻和四角相邻；同一方格可以被不同的包围圈重复包围多次，但新增的包围圈中一定要有原有包围圈未曾包围的方格；一个包围圈的方格数要尽可能多，包围圈的数目要尽可能少。

例 7.7.11　用卡诺图化简法将逻辑函数 $L=\overline{A}\cdot C+\overline{A}\cdot B+A\cdot\overline{B}\cdot C+B\cdot C$ 化简为最简与或表达式。

解：首先画出逻辑函数 L 的卡诺图，如图 7.7.6 所示。然后找出 1 的相邻最小项，用圈包围起来。最后把每个圈的乘积项相加，得到最简与—或表达式为

$$L=C+\overline{A}\cdot B$$

图 7.7.6　例 7.7.11 卡诺图

例 7.7.12　用卡诺图化简法将逻辑函数 $L=A\cdot B\cdot C+A\cdot B\cdot D+A\cdot\overline{C}\cdot D+\overline{C}\cdot\overline{D}+A\cdot\overline{B}\cdot C+\overline{A}\cdot C\cdot D$ 化简为最简与或表达式。

解：首先画出表示逻辑函数 L 的卡诺图，如图 7.7.7 所示。然后找出 1 的相邻最小项，用圈包围起来。最后把每个圈的乘积项相加，得到最简与-或表达式为

$$L=A+\overline{D}$$

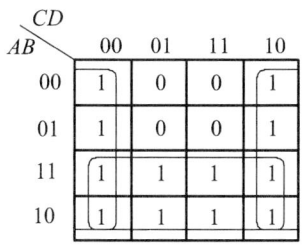

图 7.7.7　例 7.7.12 卡诺图

以上的两个例子中，我们都是通过合并卡诺图中的 1 来求得化简结果的。但有时也可以通过合并卡诺图中的 0 先求出 $\overline{L}$ 的化简结果，后再将 $\overline{L}$ 求反而得到 L。

例如，在图 7.7.7 所示的卡诺图中，4 个 0 相邻，如果将 0 合并，则

$$\overline{F} = \overline{A} \cdot D$$

等式左右两边同时取非，得

$$\overline{\overline{F}} = \overline{\overline{A} \cdot D}$$

通过公式变换可得到

$$F = A + \overline{D}$$

与合并 1 得到的化简结果一致。

7.7.5 具有无关项的逻辑函数及其化简

1. 约束项、任意项、无关项

在分析某些具体的逻辑函数时，经常会遇到这样一种情况，即输入变量的某些取值是不会出现的。例如，有 3 个逻辑变量 A、B、C，它们分别表示一台电动机的正转、反转和停止的命令。$A=1$ 表示正转，$B=1$ 表示反转，$C=1$ 表示停止。因为电动机任何时候只能执行其中的一个命令，所以不允许两个以上的变量同时为 1。ABC 的取值只可能是 001、010、100 当中的某一种，而不能是 000、011、101、110、111 中的任何一种。因此，A、B、C 是一组具有约束的变量。

通常用约束条件来描述约束的具体内容。由于每一组输入变量的取值都使一个且仅有一个最小项的值为 1，所以当限制某些输入变量的取值不能出现时，可以用它们对应的最小项恒等于 0 来表示。这样，上面例子中的约束条件可以表示为：$\overline{A} \cdot \overline{B} \cdot \overline{C} + \overline{A} \cdot B \cdot C + A \cdot \overline{B} \cdot C + A \cdot B \cdot \overline{C} + A \cdot B \cdot C = 0$。同时，把这些恒等于 0 的最小项叫作约束项。

有时还会遇到另外一种情况，就是在输入变量的某些取值下函数值是 1 还是 0 皆可，并不影响电路的功能。在这些变量取值下，其值等于 1 的那些最小项称为任意项。

在存在约束项的情况下，由于约束项的值始终等于 0，所以既可以把约束项写进逻辑函数式中，也可以把约束项从函数式中删掉，而不影响函数值。同样，既可以把任意项写入函数式中，也可以不写进去，因为输入变量的取值使这些任意项为 1 时，函数值是 1 还是 0 无所谓。

因此，又把约束项和任意项统称为逻辑函数式中的无关项。这里所说的无关是指是否把这些最小项写入逻辑函数式无关紧要，可以写入也可以删除。

既然无关项可以包含在函数式中，也可以不包含在函数式中，那么在卡诺图中对应的方格可以填入 1，也可以填入 0。为此，在卡诺图中用×表示无关项，在表达式中用 $\sum d$ 表示无关项。

2. 具有无关项的逻辑函数的化简

化简具有无关项的逻辑函数时，如果能合理利用无关项，一般都可得到更加简单的化简结果。

为达到此目的，加入的无关项应与函数式中尽可能多的最小项（包括原有的最小项和已写入的无关项）具有逻辑相邻性。

合并最小项时，究竟把卡诺图上的×作为 1（即认为函数式中包含了这个最小项）还是作为 0（即认为函数式中不包含这个最小项）对待，应以得到的相邻最小项矩形组合最大且矩形组合数目最少为原则。

例 7.7.13 化简逻辑函数

$$F(A, B, C, D) = \sum m(1, 7, 8) + \sum d(3, 5, 9, 10, 12, 14, 15)$$

解：图 7.7.8 是例 7.7.13 的逻辑函数的卡诺图。从图中不难看出，为了得到最大的相邻最小项的矩形组合，应取约束项 m_3、m_5 为 1，与 m_1、m_7 组成一个矩形组。同时取约束项 m_{10}、m_{12}、m_{14} 为 1，与 m_8 组成一个矩形组。卡诺图中没有被圈进去的约束项（m_9 和 m_{15}）是当作 0 对待的。将两组相邻的最小项合并后得到 $F = \overline{A} \cdot D + A \cdot \overline{D}$。

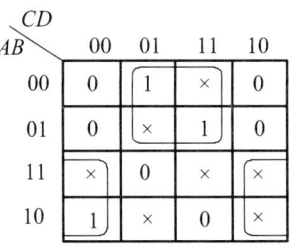

图 7.7.8 例 7.7.13 的卡诺图

习 题

7.1 将下列二进制数转换为十进制数、八进制数和十六进制数。
（1）$(1101)_2$；　　（2）$(11001)_2$；　　（3）$(1010.11)_2$；　　（4）$(11011.011)_2$。

7.2 将下列十进制数转换为二进制数、八进制数和十六进制数。
（1）$(31)_{10}$；　　（2）$(48)_{10}$；　　（3）$(68.5)_{10}$；　　（4）$(39.375)_{10}$。

7.3 将下列十六进制数转换为二进制数、八进制数和十进制数。
（1）$(C)_{16}$；　　（2）$(2A)_{16}$；　　（3）$(5.6)_{16}$；　　（4）$(1E.8)_{16}$。

7.4 将下列八进制数转换为二进制数、十进制数和十六进制数。
（1）$(5)_8$；　　　（2）$(26)_8$；　　　（3）$(7.4)_8$；　　　（4）$(35.2)_8$。

7.5 将下列十进制数转换为8421BCD码。
（1）$(25)_{10}$；　　（2）$(709)_{10}$；　　（3）$(68.59)_{10}$；　　（4）$(371.62)_{10}$。

7.6 将下列二进制数转换为格雷码。
（1）$(110)_2$；　　（2）$(1101)_2$；　　（3）$(10101)_2$；　　（4）$(11011)_2$。

7.7 将下列格雷码转换为二进制数。
（1）$(101)_G$；　　（2）$(1000)_G$；　　（3）$(11101)_G$；　　（4）$(10010)_G$。

7.8 用真值表证明下列等式：
（1）$A + \overline{A} \cdot B = A + B$
（2）$A + B \cdot C = (A+B) \cdot (A+C)$
（3）$\overline{A \odot B} = A \oplus B$
（4）$A \cdot B + \overline{A} \cdot C + B \cdot C = A \cdot B + \overline{A} \cdot C$

7.9 应用反演规则和对偶规则，求下列函数的反函数和对偶函数。
（1）$L = \overline{A} \cdot B + A \cdot \overline{B}$
（2）$L = A \cdot \overline{B} \cdot C + \overline{B + \overline{C}}$
（3）$L = \overline{A} \cdot C + \overline{\overline{A} \cdot B \cdot \overline{C}} \cdot D$
（4）$L = \overline{\overline{A} + \overline{B} \cdot C} + \overline{A \cdot \overline{C}}$

7.10 在图题7.1中，已知输入信号 A、B 的波形，画出逻辑门输出的波形。

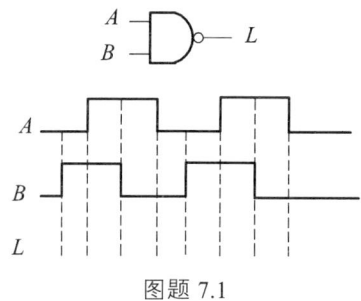

图题7.1

7.11 已知逻辑表达式 $L = \overline{B} + A \cdot \overline{C} + \overline{A} \cdot B \cdot C$，试列出 L 的真值表。

7.12 已知逻辑图如图题7.2所示，试写出 L 的逻辑函数表达式。

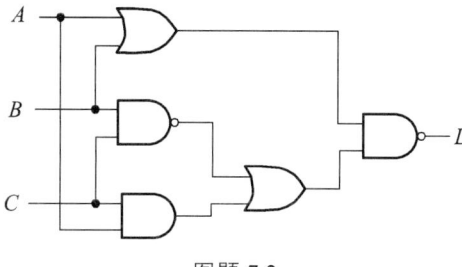

图题7.2

7.13 已知逻辑表达式 $L = A \cdot \overline{B} + A \cdot \overline{C} + B \cdot C$，试写出该逻辑函数的最小项之和表达式

和最大项之积的表达式。

7.14 用公式化简法将下列各式化简成最简与-或表达式。

（1） $L = \overline{B} + A \cdot B \cdot C + \overline{A \cdot C} + \overline{A \cdot B}$

（2） $L = \overline{A \cdot B \cdot C} + A \cdot \overline{B} \cdot C + A \cdot B \cdot C + A + B \cdot \overline{C}$

（3） $L = A \cdot \overline{B} \cdot C + \overline{A} + B + \overline{C}$

（4） $L = A \cdot B \cdot C \cdot \overline{D} + A \cdot B \cdot D + B \cdot C \cdot \overline{D} + A \cdot B \cdot C \cdot D + B \cdot \overline{C}$

（5） $L = A \cdot B + A \cdot D + \overline{B} \cdot \overline{D} + A \cdot \overline{C} \cdot \overline{D}$

（6） $L = \overline{A} \cdot \overline{B} + A \cdot C + B \cdot C + \overline{B} \cdot \overline{C} \cdot \overline{D} + B \cdot \overline{C} \cdot E + \overline{B} \cdot C \cdot F$

7.15 用与非门画出 $L = A \cdot \overline{B} + \overline{A} \cdot C$ 的逻辑电路图。

7.16 用卡诺图化简法将下列各式化简成最简与-或表达式。

（1） $L = A \cdot \overline{B} \cdot C \cdot D + A \cdot B \cdot \overline{C} \cdot D + A \cdot \overline{B} + A \cdot \overline{D} + A \cdot \overline{B} \cdot C$

（2） $L = \overline{A} \cdot \overline{B} \cdot C + A \cdot \overline{B} \cdot \overline{C} \cdot D + A \cdot B \cdot \overline{C} \cdot D + A \cdot B \cdot C$

（3） $L = \overline{A} \cdot \overline{B} + \overline{A} \cdot \overline{C} \cdot D + A \cdot C + B \cdot \overline{C}$

（4） $L(A, B, C) = \sum m(1, 2, 3, 4, 5, 6)$

（5） $L(A, B, C, D) = \sum m(0, 2, 4, 8, 10, 12)$

（6） $L(A, B, C, D) = \sum m(0, 2, 4, 6, 9, 13) + \sum d(1, 3, 5, 7, 11, 15)$

（7） $L(A, B, C, D) = \sum m(1, 2, 4, 12, 14) + \sum d(5, 6, 7, 8, 9, 10)$

第8章 逻辑门电路

【主要内容】

门电路是数字电路的基本逻辑单元。本章首先介绍晶体管的开关特性，然后介绍由它们构成的基本逻辑门的电路结构、工作原理以及主要参数，最后介绍逻辑门电路在使用时应注意的问题，为实际使用这些器件打下必要的基础。

8.1 逻辑门电路简介

实现基本逻辑运算和常用逻辑运算的单元电路称为门电路。逻辑门电路是组成各种数字电路的基本单元电路。将构成门电路的元器件制作在一块半导体芯片上，在封装起来，便构成了集成门电路。按照制造门电路晶体管的不同，分为 MOS 型、双极型和混合型。MOS 型集成逻辑门有 CMOS、NMOS 和 PMOS；双极型集成逻辑门主要有 TTL 和 ECL，混合型集成逻辑门有 BiCMOS。其中，使用最广泛的是 CMOS 逻辑门电路和 TTL 逻辑门电路。

CMOS 逻辑门电路是目前使用最广泛、占主导地位的集成电路。早期的 CMOS 与 TTL 逻辑门相比，CMOS 速度慢，功耗低，而 TTL 主要是速度快，但功耗大。后来随着制作工艺的不断改进，CMOS 电路的集成度、工作速度、功耗和抗干扰能力远优于 TTL。

早期生产的 CMOS 门电路为 4000 系列，其工作速度较慢，与 TTL 不兼容，但功耗低、工作电压范围宽、抗干扰能力强。随后出现了高速 CMOS 器件 HC/HCT 系列。与 4000 系列相比，其工作速度快，带负载能力强。HCT 系列与 TTL 系列兼容，可与 TTL 器件互换使用。另一种 CMOS 系列是 AHC/AHCT 系列，其工作速度达到 HC/HCT 系列两倍之多。近年来，随着便携式设备（如笔记本电脑、数码相机、手机等）的发展，要求使用体积小、质量小、功耗低的半导体器件，因此先后推出了低电压 CMOS 器件 LVC 系列，速度和性能比 LVC 更好的 ALVC 系列，超低电压 CMOS 器件 AUC 系列，以及低功耗 CMOS 器件 AUP 系列，并且半导体制造工艺的进步使它们的成本更低，速度更快。

TTL 逻辑门是应用最早，技术比较成熟的集成电路，曾被广泛使用。大规模集成电路的发展，要求每个逻辑单元电路的结构简单，并且功耗低。TTL 电路不满足这个条件，因此逐步被 CMOS 电路所取代，退出其主导地位，目前主要应用于简单的中小规模数字电路。

最早的 TTL 门电路是 74 系列。后来为改善工作速度和功耗，使用肖特基三极管，生产出 74S 系列。之后推出 74LS 系列，其速度与 74 系列相当，但功耗却降低到 74 系列的 1/5。74LS 系列曾广泛应用于中、小规模集成电路。随着集成电路的发展，生产出进一步改进的 74AS 系列和 74ALS 系列。74AS 系列与 74S 系列相比，功耗相当，但速度却提高了两倍。74ALS 系列将 74LS 系列的速度和功耗又进一步改善。而 74F 系列的速度和功耗介于 74AS 和 74ALS 之间，应用于速度要求较高的 TTL 逻辑门电路。

中小规模集成电路芯片的名称以 54 或 74 开始，后加不同系列缩写字母及数字表示，如 54/74HC00。中间字母表示不同系列，如 HC 系列。最后的数字表示不同逻辑功能芯片的编号，如 00 表示 4 个 2 输入与非门，即一个芯片中封装了 4 个与非门，如图 8.1.1 所示。图 8.1.1（a）所示为双列直插封装的芯片，图 8.1.1（b）所示为 74HC00 引脚排列图。54 和 74 系列的区别是 54 系列适用的温度更宽，测试和筛选标准更严格。

（a）双列直插封装

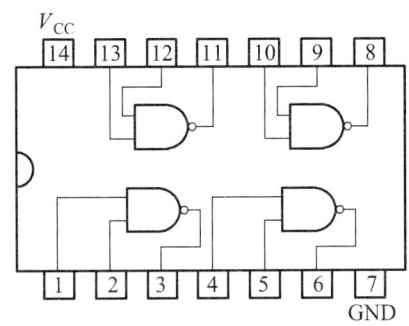
（b）74HC00 引脚排列图

图 8.1.1　74HC00

使用集成门电路芯片时，要特别注意其引脚配置及排列情况，分清每个门的输入端、输出端和电源端、接地端所对应的引脚，这些信息及芯片中门电路的性能参数，都收录在有关产品的数据手册中，因此使用时要养成查阅数据手册的习惯。

8.2　基本 CMOS 逻辑门电路

8.2.1　MOS 管开关特性

CMOS 逻辑门电路是以 MOS 管作为开关器件的。图 8.2.1 是 NMOS 管构成的开关电路，MOS 管的开启电为 U_T。

当 $u_I < U_T$ 时，MOS 管处于截止状态，其等效电路如图 8.2.2（a）所示，输出电压 $u_O = V_{DD}$。当 $u_I > U_T$ 时，MOS 管处于导通状态，其等效电路如图 8.2.2（b）所示，由于 $R_{on} \ll R_d$，所以电路输出为低电平。

由此可见，NMOS 管的开关的特性为：当 $u_I > U_T$ 时，管子处于导通状态，相当于开关"闭合"；当 $u_I < U_T$ 时，管子处于截止状态，相当于开关"断开"。PMOS 管的开关特性为：当 $u_I < U_T$ 时，MOS 管处于导通状态，相当于开关"闭合"；当 $u_I > U_T$ 时，MOS 管处于截止状态，相当于开关"断开"。

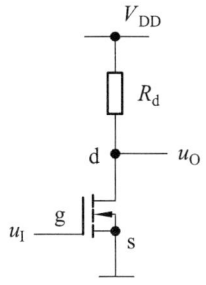

图 8.2.1 NMOS 管开关电路

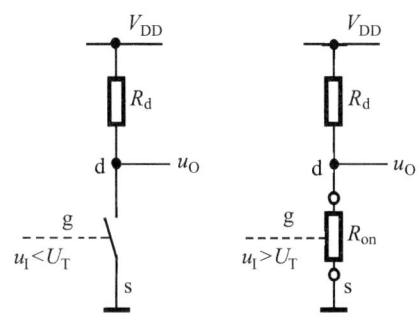

（a）截止时等效电路　（b）导通时等效电路

图 8.2.2 NMOS 管的开关等效电路

8.2.2 CMOS 反相器

由 NMOS 管和 PMOS 管组成的电路称为互补 MOS 电路，简称 COMS 电路。CMOS 反相器是构成 CMOS 逻辑门电路的基本单元电路之一。

CMOS 反相器电路如图 8.2.3 所示，由两个 MOS 管组成，其中 T_N 为 NMOS 管，T_P 为 PMOS 管。两只管子的栅极连在一起作为输入端，漏极连在一起作为输出端，T_N 管的源极接地，T_P 管的源极接电源。假设 $V_{DD} > U_{TN} + |U_{TP}|$，其中 U_{TN} 为 T_N 管的开启电压，U_{TP} 为 T_P 管的开启电压。

当 $u_I = V_{DD}$ 时，$u_{GSN} = V_{DD} > U_{TN}$，$T_N$ 管处于导通状态，$u_{GSP} = 0 > U_{TP}$，T_P 管处于截止状态，所以输出电压 $u_O = U_{OL} \approx 0$；当 $u_I = 0$ 时，$u_{GSN} = 0 < U_{TN}$，T_N 管处于截止状态，$u_{GSP} = -V_{DD} < U_{TP}$，$T_P$ 管处于导通状态，所以输出电压 $u_O = U_{OH} \approx V_{DD}$。输出与输入之间为逻辑非的关系。

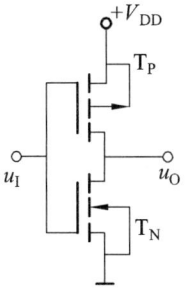

图 8.2.3 CMOS 反相器

8.2.3 CMOS 与非门

CMOS 与非门电路如图 8.2.4 所示,它是由两个串联的 NMOS 管和两个并联的 PMOS 管组成。每个输入端连接到一个 NMOS 管和 PMOS 管的栅极。电路输出与输入信号逻辑关系及各 MOS 管的工作状态如表 8.2.1 所示。当输入端 A、B 有一个为低电平时,就会使与它相连的 NMOS 管截止,PMOS 管导通,输出为高电平;仅当 A、B 全为高电平时,两个串联的 NMOS 管都导通,两个并联的 PMOS 管都截止,输出为低电平。因此,这种电路具有与非的逻辑功能,即

$$L = \overline{A \cdot B}$$

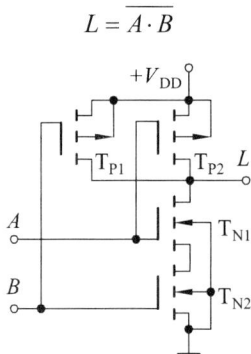

图 8.2.4 CMOS 与非门

表 8.2.1 与非门输出输入逻辑关系及各 MOS 管的工作状态

A	B	T_{N1}	T_{P1}	T_{N2}	T_{P2}	L
0	0	截止	导通	截止	导通	1
0	1	截止	截止	导通	导通	1
1	0	导通	导通	截止	截止	1
1	1	导通	截止	导通	截止	0

8.2.4 CMOS 或非门

CMOS 或非门电路如图 8.2.5 所示,它是由两个并联的 NMOS 管和两个串联的 PMOS 管组成。电路输出与输入信号逻辑关系及各 MOS 管的工作状态如表 8.2.2 所示。当输入端 A、B 只要有一个为高电平时,就会使与它相连的 NMOS 管导通,而 PMOS 管截止,输出为低电平;仅当 A、B 全为低电平时,两个并联的 NMOS 管都截止,两个串联的 PMOS 管都导通,输出为高电平。因此,这种电路具有或非的逻辑功能,即

$$L = \overline{A + B}$$

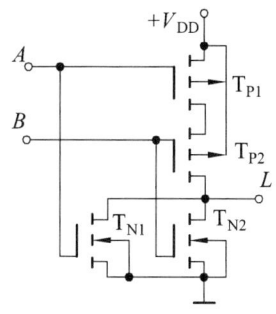

图 8.2.5 CMOS 或非门

表 8.2.2 或非门输出输入逻辑关系及各 MOS 管的工作状态

A	B	T_{N1}	T_{P1}	T_{N2}	T_{P2}	L
0	0	截止	导通	截止	导通	1
0	1	截止	导通	导通	截止	0
1	0	导通	截止	截止	导通	0
1	1	导通	截止	导通	截止	0

8.2.5 CMOS 传输门

传输门的应用比较广泛，不仅可以作为基本单元电路构成各种逻辑电路，用于数字信号的传输，而且可以在取样—保持电路、斩波电路、模数和数模转换等电路中传输模拟信号，因而又称为模拟开关。

CMOS 传输门由一个 PMOS 管 T_P 和 NMOS 管 T_N 并联而成，如图 8.2.6（a）所示。图 8.2.6（b）是它的逻辑符号。T_P 和 T_N 是结构完全对称的，设它们的开启电压 $U_{TN}=|U_{TP}|=U_T$，C 和 $\overline{C}$ 是一对互补的控制信号。

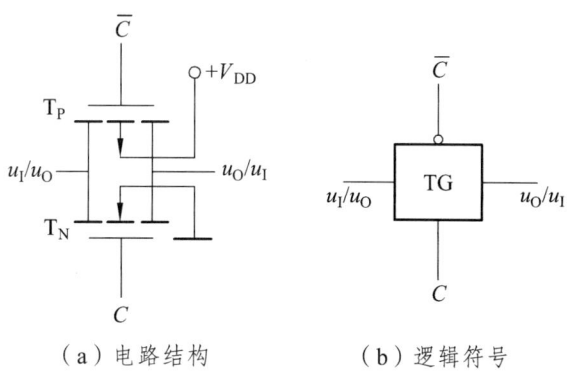

（a）电路结构　　　（b）逻辑符号

图 8.2.6 CMOS 传输门

传输门的工作原理如下：

当 C 端接 0，$\overline{C}$ 端接 V_{DD} 时，输入信号 u_I 在 0 V ~ +V_{DD} 范围内，T_P 和 T_N 同时截止，输

入和输出之间呈高阻态，传输门断开。

当 C 端接 V_{DD}，$\overline{C}$ 端接 0 时，u_I 在 0 V ~ +$(V)_{DD}$ -U_T 范围内，T_N 导通；u_I 在 +U_T ~ +V_{DD} 范围内，T_P 导通。由此可知，当 u_I 在 0 V ~ +V_{DD} 之间变化时，T_P 和 T_N 至少有一个管子导通，因此传输门导通。

例 8.2.1 传输门构成的电路如图 8.2.7 所示，试分析该电路的逻辑功能。

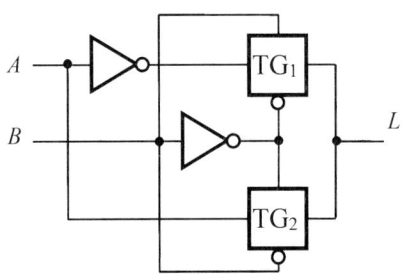

图 8.2.7 例 10.2.1 逻辑图

解： 当 $B=0$ 时，TG_1 截止，TG_2 导通，$L=A$；当 $B=1$ 时，TG_1 导通，TG_2 截止，$L=\overline{A}$；即 $L=\overline{A}\cdot B+A\cdot\overline{B}=A\oplus B$，所以 L 与 A、B 是异或的逻辑关系。

8.3 其他类型的 CMOS 逻辑门电路

8.3.1 CMOS 漏极开路门（OD 门）

1. 漏极开路门的结构及工作原理

在工程实践中，有时需要将两个门的输出端并联以实现与逻辑的功能。如果将两个 CMOS 与非门的输出端连接在一起，在一定情况下会产生低阻通路，从而产生很大的电流，有可能导致器件的损毁，并且无法确定输出是高电平还是低电平。这一问题可以采用 OD 门来解决。

OD 门的电路结构如图 8.3.1（a）所示。在使用 OD 门时，必须在输出端和电源之间外接一个上拉电阻 R_P，如图 8.3.1（b）所示。当输入端 A、B 有低电平时，MOS 管的栅极为低电平，MOS 管截止，输出 L 通过上拉电阻 R_P 与电源相接，输出高电平；当 A、B 全为高电平时，MOS 管的栅极为高电平，MOS 管导通，输出低电平，所以输出与输入为与非逻辑关系。OD 门的逻辑符号如图 8.3.1（c）所示，其中图标"◇"表示漏极开路。

2. 漏极开路门的应用

（1）实现线与功能。

两个 OD 门输出端并联构成的电路如图 8.3.2 所示，其并联后实现的逻辑功能如表 8.3.1 所示。显然，L 与 L_1、L_2 之间为"与"逻辑关系，即

$$L=L_1\cdot L_2$$

由于这种"与"逻辑是两个 OD 门的输出线直接相连实现的,故称作"线与"。图 8.3.2 实现的逻辑表达式为

$$L = L_1 \cdot L_2 = \overline{A \cdot B} \cdot \overline{C \cdot D}$$

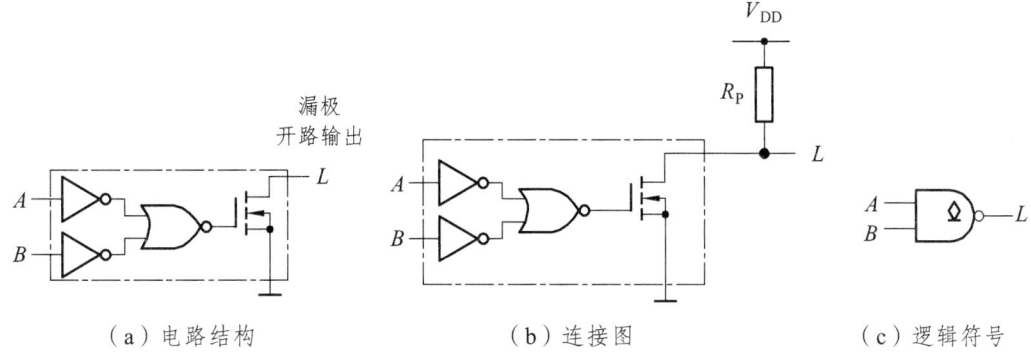

图 8.3.1　漏极开路与非门

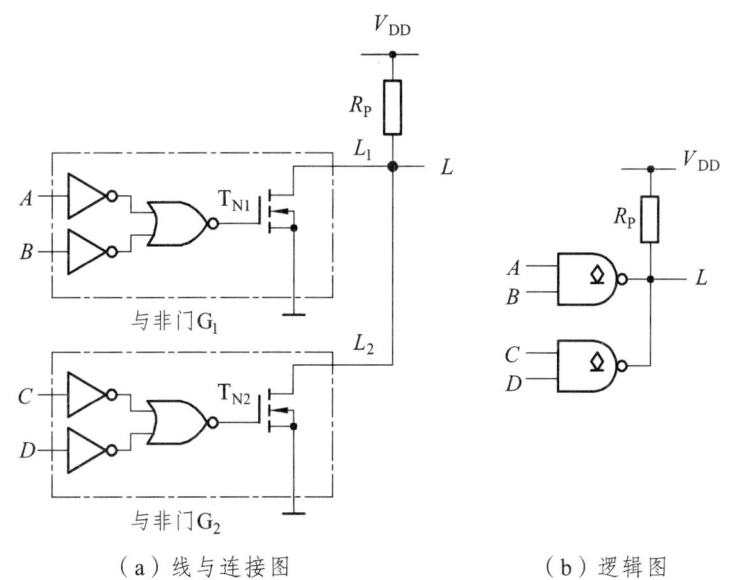

图 8.3.2　OD 门构成的线与逻辑电路

表 8.3.1　OC 与非门输出端并联后的逻辑功能表

L_1	L_2	T_{N1}	T_{N2}	L
0	0	导通	导通	0
0	1	导通	截止	0
1	0	截止	导通	0
1	1	截止	截止	1

（2）实现电平转换。

在图 8.3.2（a）中，当 T_{N1} 和 T_{N2} 都截止时，L 输出高电平，这个高电平等于电源电压 V_{DD}，所以只要根据要求选择 V_{DD}，就可以得到所需要的高电平值。

（3）用作驱动器。

可用它来驱动发光二极管、指示灯、继电器和脉冲变压器等。图 8.3.3 所示是用来驱动发光二极管的电路。当 OD 门输出低电平时，发光二极管导通发光；当 OD 门输出高电平时，发光二极管截止。

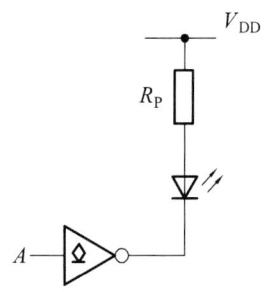

图 8.3.3 驱动发光二极管

8.3.2 三态输出门电路

1. 三态输出门电路的结构及工作原理

三态输出门（简称 TS 门）输出逻辑状态除了有高电平和低电平外，还有第三种状态——高阻状态，或称为禁止状态。

图 8.3.4（a）所示为高电平使能的三态输出门电路，其中 A 为输入端，L 为输出端，EN 为使能输入端。图 8.3.4（b）是它的逻辑符号。

当 $EN=1$ 时，如果 $A=0$，则 $B=1$，$C=1$，T_N 导通，T_P 截止，输出 $L=0$；如果 $A=1$，则 $B=0$，$C=0$，T_N 截止，T_P 导通，输出 $L=1$。当 $EN=0$ 时，$B=1$，$C=0$，T_N 和 T_P 均截止，输出为高阻状态。三态输出门电路的真值表如表 8.3.2 所示。

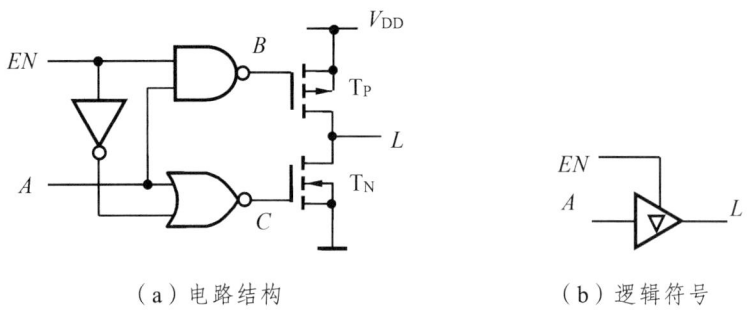

（a）电路结构　　　　　　　　（b）逻辑符号

图 8.3.4 三态输出门电路

表 8.3.2　三态输出门的真值表

使能 EN	输入 A	输出 L
1	0	0
1	1	1
0	×	高阻

2. 三态输出门的应用

（1）构成多路开关。

三态输出门构成的多路开关如图 8.3.5 所示。当 $EN=1$ 时，G_1 工作，G_2 高阻状态，$F=A$；当 $EN=0$ 时，G_2 工作，G_1 高阻状态，$F=B$。所以 G_1、G_2 构成两个开关，可根据需要将 A 或 B 送到输出端。

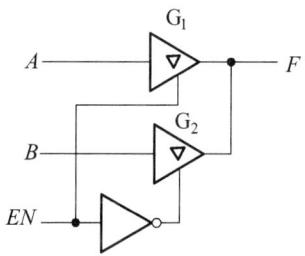

图 8.3.5　三态输出门构成的多路开关

（2）构成双向开关。

三态输出门构成的双向开关如图 8.3.6 所示。当 $EN=1$ 时，G_1 工作，G_2 高阻状态，信号从左向右传输，$B=A$；当 $EN=0$ 时，G_2 工作，G_1 高阻状态，信号从右向左传输，$A=B$。

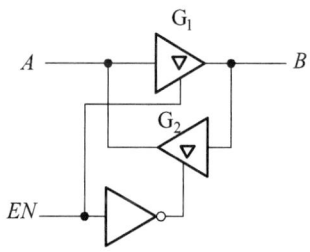

图 8.3.6　三态输出门构成的双向开关

（3）构成总线传输结构。

三态输出门构成的总线传输结构如图 8.3.7 所示，n 个三态输出门的输出端都连接到总线上，构成单向总线。n 路信号都可以通过总线进行传输，但任何时刻，都只允许一个三态输出门工作，其余的三态门均处于高阻状态。例如，要传送 D_1，则令 $EN_1=1$，$EN_2=\cdots=EN_n=1$，使 G_1 工作，G_2、$\cdots$、G_n 呈高阻状态，这样 G_1 门的数据 D_1 被传到总线上。

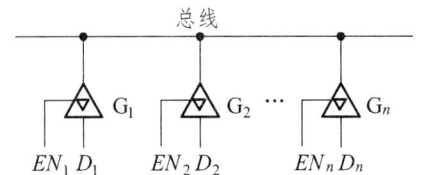

图 8.3.7　三态输出门构成的总线传输结构

8.4　CMOS 逻辑门电路的主要参数

生产逻辑门电路的厂家，通常都会为用户提供逻辑器件的数据手册。对于不同系列的 CMOS 电路，只要型号最后的数字相同，它们的逻辑功能就一样，但是电气性能参数有所不同。在这里仅从使用的角度介绍逻辑门电路的几个外部特性参数，目的是希望对逻辑门电路的性能指标有一个概括性的认识。至于每种逻辑门的实际参数，可在具体使用时查阅有关的产品手册和说明。

1. 输入和输出的高、低电平

前已讨论，数字电路中用 1 表示高电平，用 0 表示低电平。当逻辑电路的输入信号在一定范围变化时，输出电压并不会改变，因此 1 和 0 对应一定的电压范围。不同系列的集成电路，输入和输出为 1 和 0 所对应的电压范围也不同。生产厂家的数据手册中一般都给出四种逻辑电平参数：输入低电平的上限值 $U_{IL(max)}$、输入高电平的下限值 $U_{IH(min)}$、输出低电平的上限值 $U_{OL(max)}$ 和输出高电平的下限值 $U_{OH(min)}$。

表 8.4.1 列出了几种 CMOS 集成电路在典型工作电压时的输入高、低电压值以及在规定输出电流条件下的输出高、低电压值。

表 8.4.1　几种 CMOS 系列非门的输入和输出电压值及输入噪声容限

参数/单位	4000 $\begin{pmatrix} V_{DD} = 5\text{ V} \\ I_O = 1\text{ mA} \end{pmatrix}$	74HC $\begin{pmatrix} V_{DD} = 5\text{ V} \\ I_O = 0.02\text{ mA} \end{pmatrix}$	74HCT $\begin{pmatrix} V_{DD} = 5\text{ V} \\ I_O = 0.02\text{ mA} \end{pmatrix}$	74LVC $\begin{pmatrix} V_{DD} = 3.3\text{ V} \\ I_O = 0.1\text{ mA} \end{pmatrix}$	74AUC $\begin{pmatrix} V_{DD} = 1.8\text{ V} \\ I_O = 0.1\text{ mA} \end{pmatrix}$
$U_{IL(max)}$ / V	1.0	1.5	0.8	0.8	0.6
$U_{OL(max)}$ / V	0.05	0.1	0.1	0.2	0.2
$U_{IH(min)}$ / V	4.0	3.5	2.0	2.0	1.2
$U_{OH(min)}$ / V	4.95	4.9	4.9	3.1	1.7
高电平噪声容限（U_{NH} / V）	0.95	1.4	2.9	1.1	0.5
低电平噪声容限（U_{NL} / V）	0.95	1.4	0.7	0.6	0.4

2. 噪声容限

在数字系统中，各逻辑电路之间的连线可能会受到各种噪声的干扰，如信号传输引起的噪声，信号的高低电平转换引起的噪声，或者邻近开关信号所引起的随机脉冲的噪声。这些噪声会叠加在工作信号上，只要其幅度不超过逻辑电平允许的最小值或最大值，则输出逻辑状态不会受影响。通常将这个最大噪声幅度称为噪声容限。电路的噪声容限越大，其抗干扰能力越强。

图 8.4.1 所示为噪声容限定义的示意图。前一级驱动门电路的输出，就是后一级负载门电路的输入。则输入高电平的噪声容限

$$U_{NH} = U_{OH(min)} - U_{IH(min)}$$

U_{NH} 反应了驱动门输出高电平时，容许叠加在其上的负向噪声电压的最大值。类似地，输入低电平的噪声容限

$$U_{NL} = U_{IL(min)} - U_{OL(min)}$$

U_{NL} 反应了驱动门输出低电平时，容许叠加在其上的正向噪声电压的最大值。表 8.4.1 列出了几种 CMOS 系列的噪声容限。

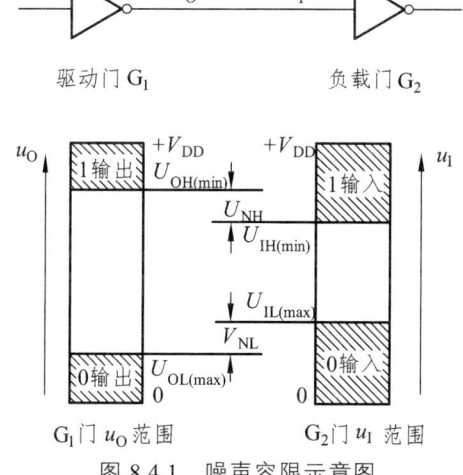

图 8.4.1 噪声容限示意图

3. 传输延迟时间

在集成门电路中，由于晶体管开关时间的影响，使得输出与输入之间存在传输延迟。传输延迟时间越短，工作速度越快，工作频率越高。因此，传输延迟时间是衡量门电路工作速度的重要指标。

当非门电路的输入端加入一脉冲波形，其相应的输出波形如图 8.4.2 所示。通常将输入波形上升沿的中点与输出波形下降沿的中点的时间间隔，用 t_{PHL} 表示；将输入波形下降沿的中点与输出波形上升沿的中点的时间间隔，用 t_{PLH} 表示。用 t_{PHL} 和 t_{PLH} 的平均值表示传输延迟时间 t_{pd}，即

$$t_{pd} = \frac{1}{2}(t_{PLH} + t_{PHL})$$

CMOS 集成门电路的传输延迟时间一般为几个纳秒到几十个纳秒。

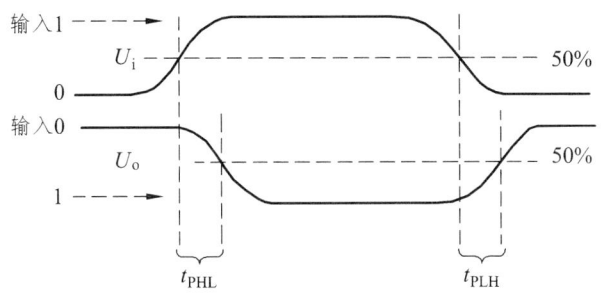

图 8.4.2　门电路传输延迟波形图

4. 功耗

功耗是门电路重要参数之一，它分为静态功耗和动态功耗。静态功耗指的是电路没有状态转换时的功耗，动态功耗指的是电路在输出状态转换时的功耗。静态时，CMOS 电路的电流非常小，使得静态功耗非常低。CMOS 动态功耗正比于转换频率和电源电压，所以为降低功耗，可选用低电源电压器件，如 3.3 V 的 74LVC 系列、1.8 V 的 74AUC 系列或超低功耗 74AUP 系列。

5. 扇入和扇出数

门电路的扇入数取决于它的输入端的个数，例如一个 3 输入端的与非门，其扇入数为 3。

门电路的扇出数是指其在正常工作情况下，所能带同类门电路的最大数目。扇出数的计算要分两种情况，一种是拉电流负载，另一种是灌电流负载。

（1）拉电流工作情况。

图 8.4.3（a）所示为拉电流负载的情况。当驱动门的输出端为高电平时，将有电流 I_{OH} 从驱动门拉出而流入负载门，负载门的输入电流为 I_{IH}。当负载门的个数增加时，总的拉电流将增加，会引起输出高电平的降低。但不得低于输出高电平的下限值，这就限制了负载门的个数。这样，输出为高电平时的扇出数可表示为

$$N_{OH} = \frac{I_{OH}(驱动门)}{I_{IH}(负载门)}$$

（2）灌电流工作情况。

图 8.4.3（b）所示为灌电流负载的情况。当驱动门的输出端为低电平时，电流 I_{OL} 流入驱动门，它是负载门输入端电流 I_{IL} 之和。当负载门的个数增加时，总的灌电流 I_{OL} 将增加，同时会引起输出低电平的升高。在保证不超过输出低电平的上限值时，驱动门所能驱动同类门的个数由下式决定：

$$N_{OL} = \frac{I_{OL}(驱动门)}{I_{IL}(负载门)}$$

在实际的工程设计中，如果 $N_{OH} \neq N_{OL}$，则取二者中的最小值。

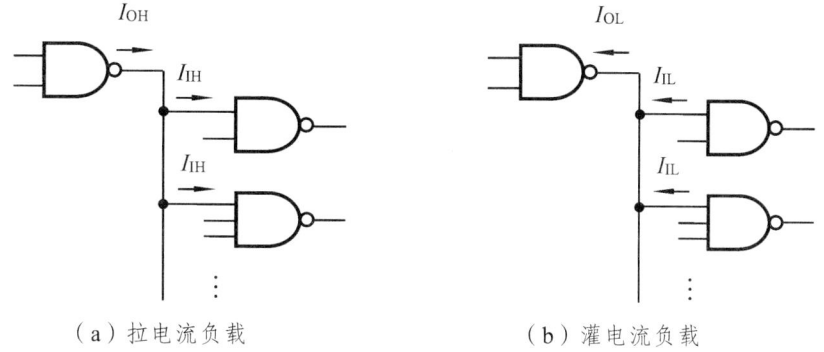

(a)拉电流负载　　　　　　　　(b)灌电流负载

图 8.4.3　扇出数的计算

例 8.4.1　已知 74HC00 的电流参数为 $I_{\text{IH(max)}}=1\,\mu\text{A}$，$I_{\text{IL(max)}}=-1\,\mu\text{A}$，$I_{\text{OH(max)}}=-0.02\,\text{mA}$，$I_{\text{OL(max)}}=0.02\,\text{mA}$。求 74HC00 的扇出数。

解：输出高电平时的扇出数为

$$N_{\text{OH}}=\frac{I_{\text{OH}}}{I_{\text{IH}}}=\frac{0.02\,\text{mA}}{1\,\mu\text{A}}=20$$

输出低电平时的扇出数为

$$N_{\text{OL}}=\frac{I_{\text{OL}}}{I_{\text{IL}}}=\frac{0.02\,\text{mA}}{1\,\mu\text{A}}=20$$

8.5　TTL 逻辑门电路

8.5.1　双极型三极管的开关特性

双极型三极管开关电路如图 8.5.1（a）所示，只要电路的参数合适，必能做到：当输入信号 u_I 为低电平时，三极管发射结和集电结都反偏，三极管处于截止状态，输出为高电平，等效电路如图 8.5.1（b）所示；当 u_I 为高电平时，三极管发射结和集电结都正偏，三极管处于饱和状态，输出为低电平，等效电路如图 8.5.1（c）所示。三极管的开关特性表现为 c、e 间是受 b 端电压控制的开关。

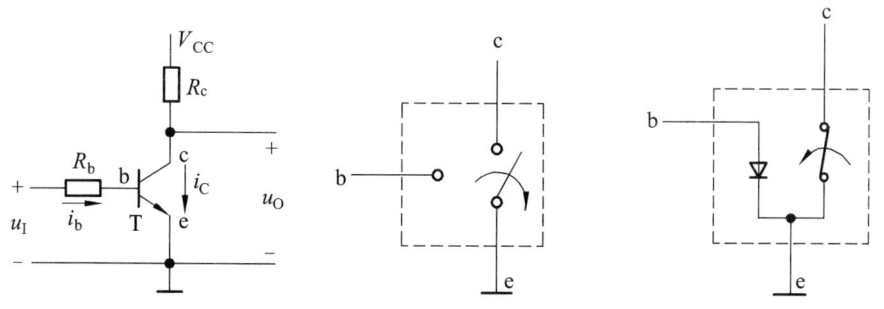

（a）三极管开关电路　（b）三极管截止等效电路　（c）三极管饱和等效电路

图 8.5.1　双极型三极管开关电路及等效电路

8.5.2　TTL 反相器

TTL 门电路是三极管-三极管逻辑电路（Transistor-Transistor Logic）的简称，它具有结构简单、工作性能稳定可靠、工作速度快等优点。它是目前双极型集成电路中用得最多的一种集成电路。

1. TTL 反相器的结构和工作原理

TTL 反相器的基本电路如图 8.5.2 所示，它由三部分组成：T_1 和 R_{b1} 组成的输入级，其作用是提高工作速度及阻抗匹配；T_2、R_{c2} 和 R_{e2} 组成的倒相级，其作用是将输入信号 u_{I2} 转换为极性相反的两个输出信号 u_{I3} 和 u_{I4}；T_3、T_4、D 和 R_{c4} 组成的推拉式输出级，其作用提高开关速度和带负载能力。

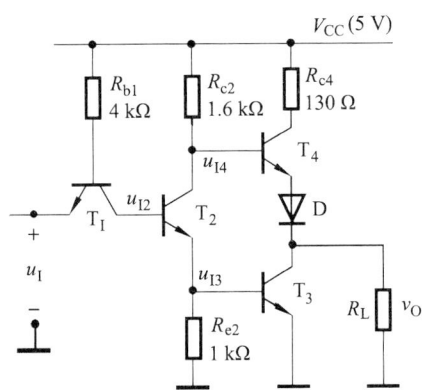

图 8.5.2　TTL 反相器的基本电路

当输入电压 $u_I = U_{IL} = 0.2 \text{ V}$ 时，T_1 的发射结导通，其基极电压为 $u_{B1} = U_{IL} + U_{BE1} = 0.9 \text{ V}$，该电压作用于 T_1 的集电结和 T_2、T_3 的发射结上，所以 T_2、T_3 都截止，而 T_4 和 D 导通。由于 T_2 截止，R_{c2} 上的压降可忽略不计，则 $u_O = U_{OH} \approx V_{CC} - U_{BE4} - U_D = 3.6 \text{ V}$。当输入电压 $u_I = U_{IH} = 3.6 \text{ V}$ 时，V_{CC} 通过 R_{b1} 和 T_1 集电结给 T_2、T_3 提供基极电流，使 T_2、T_3 饱和导通，此时 $u_{B1} = U_{BC1} + U_{BE2} + U_{BE3} = 2.1 \text{ V}$，使 T_1 管的发射结反偏，而集电结正偏，所以使 T_1 管处于倒置放大状态。由于 T_2 和 T_3 饱和，使 $u_{C2} = U_{CES2} + U_{BE3} = 0.9 \text{ V}$。该电压作用于 T_4 的发射结和二极管 D 两个 PN 结上，所以 T_4 和 D 截止。所以 $u_O = U_{OL} \approx U_{CES3} = 0.2 \text{ V}$。

可见输出与输入之间是反相关系。

2. TTL 非门电压的传输特性

把 TTL 反相器电路的输出电压与输入电压的变化用曲线描绘出来，就得到了 TTL 反相器的电压传输特性曲线，如图 8.5.3 所示。

在曲线 AB 段，因为 $u_I < 0.6 \text{ V}$，所以 $u_{B1} < 1.3 \text{ V}$，T_2、T_3 截止而 T_4、D 导通，故输出为高电平

$$U_{OH} \approx V_{CC} - U_{BE4} - U_D = 3.6 \text{ V}$$

这一段为截止区。

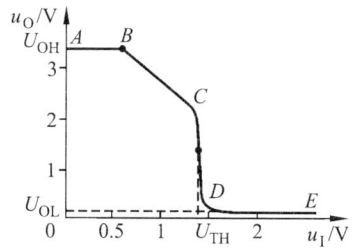

图 8.5.3　TTL 反相器电压传输曲线

在 BC 段，因为 $0.7\text{ V} < u_I < 1.3\text{ V}$，所以 T_2 工作在放大区、T_3 截止。此时随着 u_I 的升高 u_O 线性下降。这一段为线性区。

在 CD 段，当输入电压 u_I 上升到 1.4V 左右时，u_{B1} 约为 2.1 V，此时 T_2 和 T_3 将同时导通，T_4 截止，输出电压急剧地下降为低电平。这一段为转折区。转折区中点对应的输入电压称为阈值电压，用 U_{TH} 表示。

在 DE 段，u_I 继续升高时，u_O 不再变化，这一段为饱和区。

如果将 TTL 反相器的输入端通过一个可变电阻 R 接地，改变 R 的大小，也可得到图 8.5.2 的电压传输特性曲线，此时将可变电阻 R 两端的电压视为 u_I。当 $R=0$（输入端短路，即输入端直接接地）时，$u_O = U_{OH}$；当 $R = \infty$（输入端开路）时，$u_O = U_{OL}$。把 $u_I = U_{IL(max)}$ 时所对应的 R 称为关门电阻 R_{OFF}；把 $u_I = U_{IH(min)}$ 时所对应的 R 称为开门电阻 R_{ON}。TTL 门电路的关门电阻 R_{OFF} 的典型值为 0.8 kΩ，开门电阻 R_{ON} 的典型值为 2 kΩ。

由此可见，TTL 门的输入端通过小于 R_{OFF} 的电阻接地，该输入端等效于输入低电平；TTL 门的输入端开路（输入引脚悬空）或通过大于 R_{ON} 的电阻接地，该输入端等效于输入高电平；TTL 门的输入端不允许将阻值在 $R_{OFF} \sim R_{ON}$ 的电阻接在输入端。

8.6　集成电路使用注意事项

利用逻辑门电路作具体的电路设计时，还要注意以下几个问题。

1. TTL 与 CMOS 集成电路的接口问题

TTL 门电路和 CMOS 门电路是两种不同类型的电路，它们的参数并不完全相同。因此，在一个数字系统中，如果同时使用 TTL 门电路和 CMOS 门电路，为了保证系统能够正常工作，必须考虑两者之间的连接问题，以满足表 8.6.1 所列条件。如果不满足表 8.6.1 所列条件，必须增加接口电路。常用的方法有增加上拉电阻、采用专门接口电路、驱动门并接等。如图 8.6.1 所示，这是 TTL 门驱动 CMOS 门的情况，为了两者的电平匹配，在 TTL 驱动门的输出端接了上拉电阻 R。

表 8.6.1　TTL 门与 CMOS 门的连接条件

驱动门		负载门
$U_{OH(min)}$	>	$U_{IH(min)}$
$U_{OL(max)}$	<	$U_{IL(max)}$
I_{OH}	>	I_{IH}
I_{OL}	>	I_{IL}

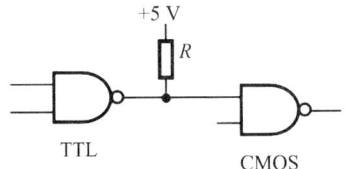

图 8.6.1　TTL 驱动门与 CMOS 负载门的连接

凡是和 TTL 门兼容的 CMOS 门（如 74HCT×× 和 74ACT×× 系列 CMOS 门）可以和 TTL 的输出端直接连接，不必外加元器件。至于其他 CMOS 门电路与 TTL 门电路的连接，可以采用电平转换器，如 CC4049（六反相器）或 CC4050（六缓冲器）等，或采用 CMOS 漏极开路门（OD 门），如 CC40107 等，其具体方法可以参考相关的技术资料。

2. 多余输入端的处理问题

集成逻辑门电路在使用时，一般不让多余的输入端悬空，以防引入干扰信号。对多余输入端的处理以不改变电路工作状态及稳定可靠为原则，如图 8.6.2 所示。一是将它与其他输入端并接在一起。二是根据逻辑要求，与门或者与非门的多余输入端通过 1～3 kΩ 电阻接电源，对于 CMOS 电路可以直接接电源。或门或者或非门的多余输入端接地。

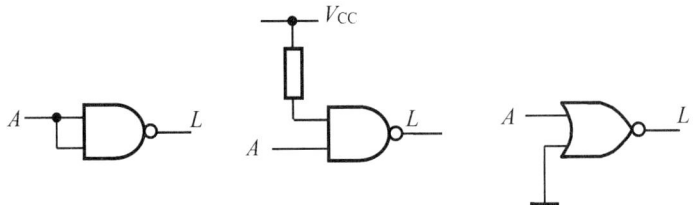

图 8.6.2　多余输入端的处理电路

习　题

8.1　按照制造门电路晶体管的不同，集成门电路分为哪几种类型？各种类型的代表是什么？

8.2　为什么要发展低电压和超低电压 CMOS 器件？

8.3　数字逻辑变量可以取什么值？晶体管在数字电路中工作在什么状态？

8.4　试分析题 8.4 图所示的 CMOS 电路，说明它们的电路功能。

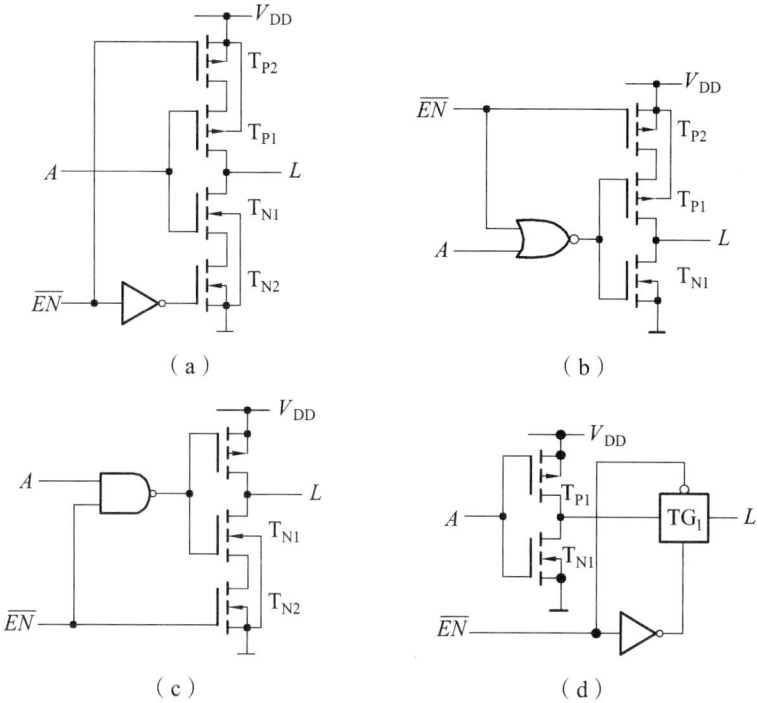

题 8.4 图

8.5 题 8.5 图（a）所示电路的输入信号的波形如图（b）所示。试写出输出函数的逻辑表达式并画出输出信号的波形。

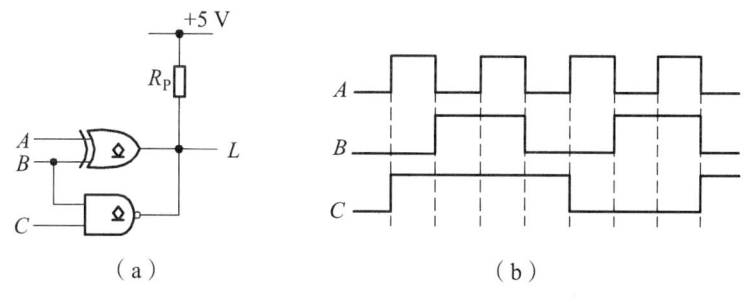

图题 8.5

8.6 分析如题 8.6 图所示的电路的逻辑功能。

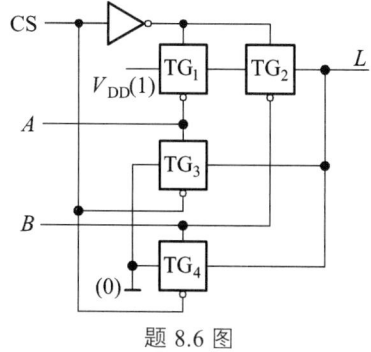

题 8.6 图

8.7 分析如题 8.7 图所示的电路的逻辑功能。

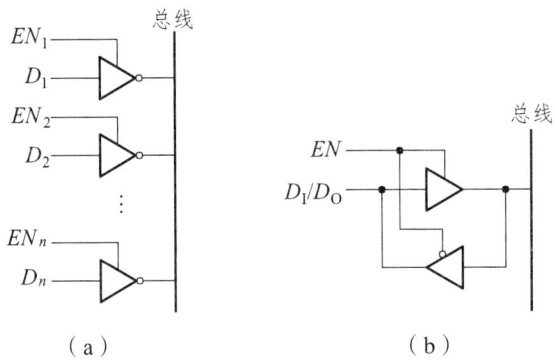

题 8.7 图

8.8 已知四输入与非门 74AS20 的电流参数为 $I_{OL(max)}$=20 mA，$I_{IL(max)}$=0.5 mA，$I_{OH(max)}$=2 mA，$I_{IH(max)}$=20μA。试计算 74AS20 的扇出数。

8.9 已知 TTL 门电路的 R_{OFF}=0.8 kΩ，开门电阻 R_{ON}=2 kΩ。试写出如题 8.9 图所示的电路输出端 $L_1 \sim L_3$ 的逻辑表达式。

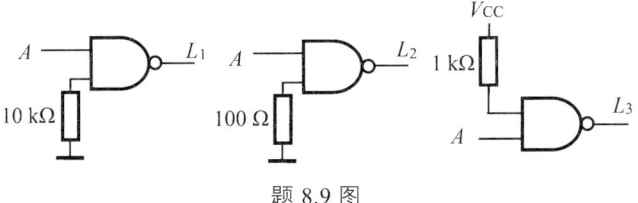

题 8.9 图

8.10 试说明能否将与非门、或非门、异或门当作反相器使用？如果可以，各输入端如何连接？

第 9 章 组合逻辑电路

【主要内容】

数字电路分为组合逻辑电路和时序逻辑电路。本章首先介绍组合逻辑电路的特点、分析方法和设计方法；然后介绍几种常用的组合逻辑电路（编码器、译码器、数据选择器、数值比较器和加法器等）的逻辑功能和应用；最后介绍竞争—冒险产生的原因及消除方法。

9.1 组合逻辑电路概述

在数字系统中，逻辑电路按结构和工作原理可分为两大类：一类为组合逻辑电路，另一类为时序逻辑电路。组合逻辑电路的特点是：任一时刻的输出只取决于该时刻的输入状态，而与电路以前的状态无关。图 9.1.1 所示为组合逻辑电路的示意框图，其中 A_1、A_2、$\cdots$、A_n 是电路的输入信号，L_1、L_2、$\cdots$、L_m 是电路的输出信号。输出信号是输入信号的函数，可表示为

$$L_1 = f_1(A_1、A_2、\cdots、A_n)$$
$$L_2 = f_2(A_1、A_2、\cdots、A_n)$$
$$\cdots\cdots$$
$$L_m = f_m(A_1、A_2、\cdots、A_n)$$

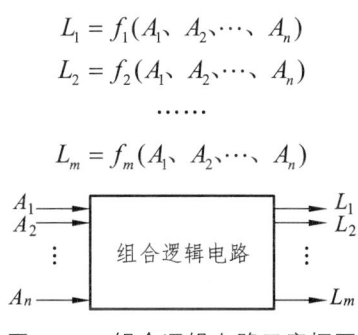

图 9.1.1 组合逻辑电路示意框图

从电路结构来看，组合电路具有两个特点：
（1）电路由逻辑门组成，不包含任何记忆元件，没有记忆功能；
（2）输入信号是单向传输的，电路中不存在任何反馈回路。

9.2 组合逻辑电路的分析

组合逻辑电路分析的目就是确定给定电路的逻辑功能，一般可以按以下步骤进行。

① 根据给定的逻辑图，写出输出逻辑函数表达式；
② 将输出逻辑函数表达式化简和变换，以得到最简的表达式；
③ 根据最简表达式列出输出函数的真值表；
④ 根据真值表确定电路的逻辑功能。

以上步骤应视具体情况灵活处理，不要生搬硬套。

例 9.2.1 试分析图 9.2.1（a）所示逻辑电路的逻辑功能。

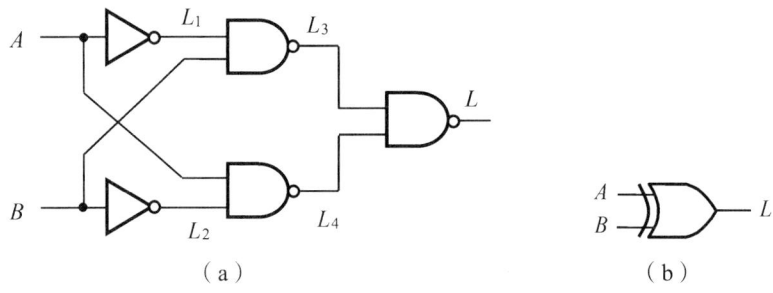

图 9.2.1　例 9.2.1 的逻辑图

解：（1）写出输出逻辑函数表达式为

$$L_1 = \overline{A} \qquad L_2 = \overline{B}$$

$$L_3 = \overline{L_1 \cdot B} = \overline{\overline{A} \cdot B} \qquad L_4 = \overline{A \cdot L_2} = \overline{A \cdot \overline{B}}$$

$$L = \overline{L_3 \cdot L_4} = \overline{\overline{\overline{A} \cdot B} \cdot \overline{A \cdot \overline{B}}}$$

（2）将逻辑函数表达式进行变换

$$L = \overline{\overline{\overline{A} \cdot B} \cdot \overline{A \cdot \overline{B}}} = \overline{A} \cdot B + A \cdot \overline{B}$$

根据变换后的结果可知，该电路实现"异或"逻辑功能：当输入 A 和 B 取值不同时，输入 L 为 1，所以该电路可简化为图 9.2.1（b）。

例 9.2.2 试分析图 9.2.2 所示逻辑电路的逻辑功能。

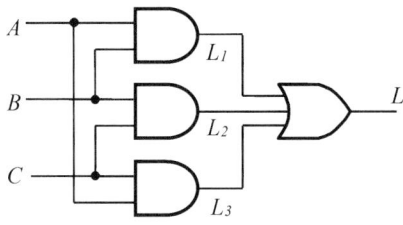

图 9.2.2　例 9.2.2 的逻辑图

解：（1）写出输出逻辑表达式为

$$L_1 = A \cdot B \quad L_2 = B \cdot C \quad L_3 = A \cdot C$$

$$L = L_1 + L_2 + L_3 = A \cdot B + B \cdot C + A \cdot C$$

（2）该式已最简，不必再化简。

（3）根据输出逻辑表达式列出真值表如表 9.2.1 所示。

表 9.2.1　例 9.2.2 的真值表

A	B	C	L
0	0	0	0
0	0	1	0
0	1	0	0
0	1	1	1
1	0	0	0
1	0	1	1
1	1	0	1
1	1	1	1

（4）确定逻辑功能。分析真值表可知，当 A、B、C 三个输入变量的取值中有 2 个为 1 或 3 个为 1 时，输出 L 为 1，否则 L 为 0。所以该电路为三人表决电路。

9.3　组合逻辑电路的设计

组合逻辑电路的设计是分析的逆过程，设计是根据给出的实际逻辑问题，经过逻辑抽象，找出用最少的逻辑门实现逻辑功能的方案，并画出逻辑电路图。

本节将通过实例来讨论用小规模集成门电路设计组合逻辑电路的方法。对于用中规模集成电路逻辑组件设计组合逻辑电路，将在后面章节中结合具体逻辑器件讨论。

组合逻辑电路设计的步骤如下：

（1）进行逻辑抽象。

① 分析事件的因果关系，确定输入变量和输出变量。通常把引起事件的原因定为输入变量，而把事件的结果作为输出变量。

② 定义逻辑状态的含义。用 0 和 1 两种状态分别表示输入变量和输出变量的两种不同状态。

③ 根据给定的因果关系列出真值表。

（2）根据真值表写出逻辑函数表达式。

（3）化简或变换逻辑函数表达式。

（4）画出逻辑图。

例 9.3.1　试设计一个 3 位的奇校验电路。当 3 位数中有奇数个 1 时输出为 1，否则输出为 0。

解：（1）根据题意，可列出真值表，如表 9.3.1 所示。

表 9.3.1　例 9.3.1 的真值表

A　B　C	L
0　0　0	0
0　0　1	1
0　1　0	1
0　1　1	0
1　0　0	1
1　0　1	0
1　1　0	0
1　1　1	1

（2）根据真值表，写出逻辑表达式。

$$L = \overline{A} \cdot \overline{B} \cdot C + \overline{A} \cdot B \cdot \overline{C} + A \cdot \overline{B} \cdot \overline{C} + A \cdot B \cdot C$$

（3）化简或变换逻辑表达式。

$$\begin{aligned}
L &= \overline{A} \cdot \overline{B} \cdot C + \overline{A} \cdot B \cdot \overline{C} + A \cdot \overline{B} \cdot \overline{C} + A \cdot B \cdot C \\
&= \overline{A} \cdot (\overline{B} \cdot C + B \cdot \overline{C}) + A(\overline{B} \cdot \overline{C} + B \cdot C) \\
&= \overline{A} \cdot (B \oplus C) + A \cdot (\overline{B \oplus C}) \\
&= A \oplus B \oplus C
\end{aligned}$$

（4）画出逻辑图（见图 9.3.1）。

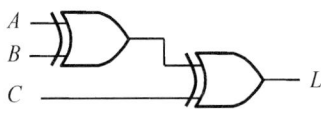

图 9.3.1　例 9.3.1 的逻辑图

例 9.3.2　用与非门设计一个组合逻辑电路，该电路输入为 8421BCD 码，当输入≥5 时输出 F 为 1，否则输出为 0。

解：（1）根据题意，列出如表 9.3.2 所示真值表。

表 9.3.2　例 9.3.2 的真值表

A	B	C	D	F	A	B	C	D	F
0	0	0	0	0	1	0	0	0	1
0	0	0	1	0	1	0	0	1	1
0	0	1	0	0	1	0	1	0	×
0	0	1	1	0	1	0	1	1	×
0	1	0	0	0	1	1	0	0	×
0	1	0	1	1	1	1	0	1	×
0	1	1	0	1	1	1	1	0	×
0	1	1	1	1	1	1	1	1	×

当输入变量 A、B、C、D 取值为 0000～0100（即 $X \leqslant 4$）时，函数 F 值为 0；当 A、B、C、D 取值为 0101～1001（即 $X \geqslant 5$）时，函数 F 值为 1；1010～1111 的 6 种输入是不允许出现的，可做任意状态处理（可当作 1，也可当作 0），用"×"表示。

（2）根据真值表，写出输出逻辑函数表达式为

$$F(A,B,C,D) = \sum m(5,6,7,8,9) + \sum d(10,11,12,13,14,15)$$

（3）化简逻辑表达式，并转换成适当形式。

由最小项表达式，画出函数卡诺图如图 9.3.2 所示，化简得到的函数最简与或表达式为

$$F = A + B \cdot D + B \cdot C$$

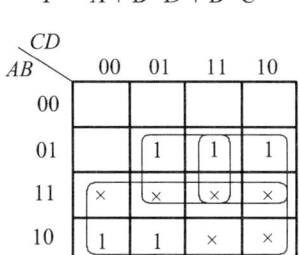

图 9.3.2　例 9.3.2 的卡诺图

根据题意，要用与非门设计，将上述逻辑表达式变换成与非形式：

$$F = \overline{\overline{A \cdot B \cdot D \cdot B \cdot C}}$$

（4）画出逻辑电路图。

根据与非逻辑表达式，可画出逻辑电路图如图 9.3.3 所示。

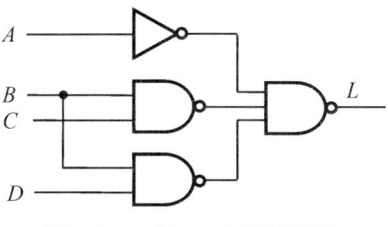

图 9.3.3　例 9.3.2 的逻辑图

9.4　若干常用的组合逻辑电路

由于人们在实践中遇到的逻辑问题层出不穷，因而为解决这些问题而设计的逻辑电路也不胜枚举。然而我们发现，其中有些逻辑电路经常、大量地出现在各种数字系统中。为了使用方便，已经把这些逻辑电路制成了中、小规模集成的标准化集成电路产品。这些电路包括编码器、译码器、数据选择器、数据比较器、加法器等。下面分别介绍这些电路的工作原理和使用方法。

9.4.1 编码器

1. 编码器的定义和分类

（1）编码器的定义。

用一个二进制代码表示特定含义的信息称为编码。例如：在 8421BCD 码中，用 1000 表示数字 8。具有编码功能的逻辑电路称为编码器。若编码器输入端的数目为 N，输出端的数目为 n，则 $N \leqslant 2^n$。

（2）编码器的分类。

编码器按照输入、输出信号的不同特点和要求，有不同的分类方式，常见的有：按对输入信号有无限制分为普通编码器和优先编码器；按识别输入信号的方式分为输入低电平有效编码器和输入高电平有效编码器；按输出编码方式分为原码输出编码器和反码输出编码器；按输入、输出端数目分为 4 线-2 线编码器、8 线-3 线编码器、16 线-4 线编码器、10 线-4 线编码器（8421BCD 编码器）等。

2. 编码器的功能

（1）普通编码器。

普通编码器对输入信号有严格的限制，这种限制为任何时候只允许一个输入信号为有效电平。输入高电平有效的编码器仅识别输入信号中的高电平，对其进行编码并输出这组代码；输入低电平有效的编码器则相反。

如图 9.4.1 所示是拨码盘式 8421BCD 码编码器的逻辑图。图中 0~9 代表 10 个拨码开关，任何时候只允许一个开关处于闭合状态。DCBA 为编码输出端，当某个开关处于闭合状态时，在 DCBA 上可得到相应的 8421BCD 码。如开关 7 闭合时，输出 DCBA 为 0111。该编码器的真值表如表 9.4.1 所示。

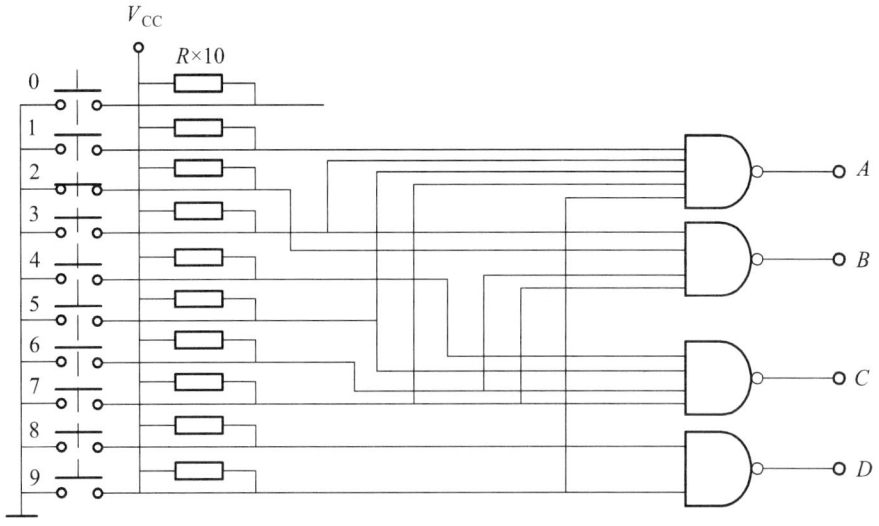

图 9.4.1 拨码盘式 8421BCD 码编码器

表 9.4.1　拨码盘式 8421BCD 码编码器的真值表

输入										输出			
9	8	7	6	5	4	3	2	1	0	D	C	B	A
1	1	1	1	1	1	1	1	1	0	0	0	0	0
1	1	1	1	1	1	1	1	0	1	0	0	0	1
1	1	1	1	1	1	1	0	1	1	0	0	1	0
1	1	1	1	1	1	0	1	1	1	0	0	1	1
1	1	1	1	1	0	1	1	1	1	0	1	0	0
1	1	1	1	0	1	1	1	1	1	0	1	0	1
1	1	1	0	1	1	1	1	1	1	0	1	1	0
1	1	0	1	1	1	1	1	1	1	0	1	1	1
1	0	1	1	1	1	1	1	1	1	1	0	0	0
0	1	1	1	1	1	1	1	1	1	1	0	0	1

（2）优先编码器。

优先编码器允许多个输入端同时为有效信号，但电路只对其中优先级别最高的一个进行编码，产生相应的输出代码。8 线-3 线优先编码器 CD4532 的逻辑符号如图 9.4.2 所示。其中 $I_0 \sim I_7$ 为 8 个信号输入端，$Y_0 \sim Y_2$ 为 3 位二进制码输出端，EI 为输入使能端，EO 为输出使能端，GS 为优先编码工作状态标志输出端。表 9.4.2 为 CD4532 的功能表。从功能表可知，当 EI =0 时，禁止编码器工作，此时不论 8 个输入端为何种状态，3 个输出端 $Y_2Y_1Y_0$ 均为 0，EO 和 GS 也输出 0；当 EI =1 时，编码器工作，输入和输出均以高电平作为有效电平，而且优先级别由高到低的次序依次为 I_7，I_6，$\cdots$，I_0。当 EI =1 且 8 个输入端都为 0 时，EO 输出为 1，否则 EO 为 0。当 EI =1 且 8 个输入端至少有一个输入端有 1 时，GS 输出为 1，否则 GS 为 0。

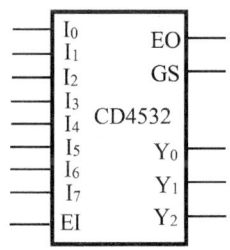

图 9.4.2　优先编码器 CD4532 的逻辑符号

表 9.4.2　CD4532 的功能表

输入									输出				
EI	I_7	I_6	I_5	I_4	I_3	I_2	I_1	I_0	Y_2	Y_1	Y_0	GS	EO
0	×	×	×	×	×	×	×	×	0	0	0	0	0
1	0	0	0	0	0	0	0	0	0	0	0	0	1

续表

输入								输出				
EI	I_7	I_6	I_5	I_4	I_3	I_2	I_1	I_0	Y_2	Y_1	Y_0	GS	EO
1	1	×	×	×	×	×	×	×	1	1	1	1	0
1	0	1	×	×	×	×	×	×	1	1	0	1	0
1	0	0	1	×	×	×	×	×	1	0	1	1	0
1	0	0	0	1	×	×	×	×	1	0	0	1	0
1	0	0	0	0	1	×	×	×	0	1	1	1	0
1	0	0	0	0	0	1	×	×	0	1	0	1	0
1	0	0	0	0	0	0	1	×	0	0	1	1	0
1	0	0	0	0	0	0	0	1	0	0	0	1	0

例 9.4.1 试用两片 8 线-3 线优先编码器 CD4532 组成 16 线-4 线优先编码器，将 $A_0 \sim A_{15}$ 个高电平输入信号编为 0000～1111 的 16 个 4 位二进制代码。其中 A_{15} 的优先权最高，A_0 的优先权最低。

解： 由于每片 CD4532 有 8 个输入信号，所以需将 16 个输入信号分别接到两片上。现将 $A_{15} \sim A_8$ 8 个优先权高的输入信号接到第（Ⅱ）片的 $I_7 \sim I_0$ 输入端，而将 $A_7 \sim A_0$ 8 个优先权低的输入信号接到第（Ⅰ）片的 $I_7 \sim I_0$ 输入端。

按照优先顺序的要求，只有 $A_{15} \sim A_8$ 均无输入信号时，才允许对 $A_7 \sim A_0$ 的输入信号编码。因此，把第（Ⅱ）片的输出使能端 EO 作为第（Ⅰ）片的输入使能端 EI 即可。

此外，当第（Ⅱ）片有编码信号输入时它的 $GS=1$，无编码信号输入时 $GS=0$，正好可以用它作为输出编码的第四位，以区分 8 个高优先权输入信号和 8 个低优先权输入信号的编码。编码输出的低 3 位应为两片输出 Y_2、Y_1、Y_0 的逻辑或。

依照上面的分析，便得到了如图 9.4.3 所示的逻辑图。

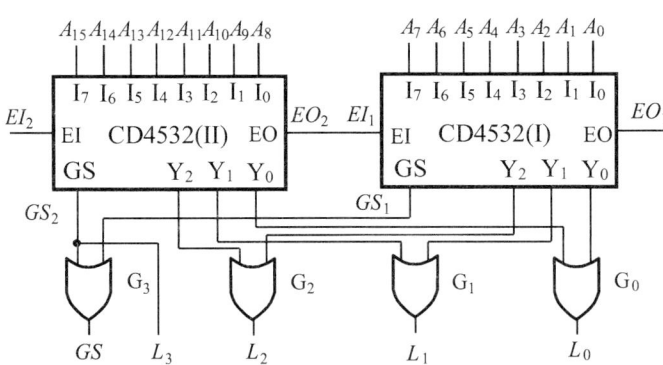

图 9.4.3 用两片 CD4532 接成的 16 线-4 线优先编码器

由图 9.4.3 可见，当 $A_{15} \sim A_8$ 中有输入端为高电平时，例如 $A_{11}=1$ 时，则片（Ⅱ）的 $EO=0$，$GS=1$，$Y_2Y_1Y_0 =011$。同时片（Ⅰ）的 $EI=0$，片（Ⅰ）禁止编码状态，使它的输出 $Y_2Y_1Y_0=000$。于是在输出端得到 $L_3L_2L_1L_0=1011$。

当 $A_{15} \sim A_8$ 全部为低电平（没有编码输入信号）时，片（Ⅱ）的 $GS=0$，$EO=1$，$Y_2Y_1Y_0=000$；片（Ⅰ）的 $EI=1$，处于编码工作状态，对 $A_7 \sim A_0$ 输入的高电平信号中优先权最高的信号进行编码。例如 $A_5=1$，则片（Ⅰ）的 $Y_2Y_1Y_0=101$。于是在输出得到了 $L_3L_2L_1L_0=0101$。

9.4.2 译码器

编码器是给每个代码赋予一个特定的信息。译码器为编码器的逆过程，它将每一个代码的信息"翻译"出来，即将每一个代码译为一个特定的输出信号。能完成这种功能的逻辑电路称为译码器。译码器的种类很多，常见的有二进制译码器、二-十进制译码器和显示译码器。

1. 二进制译码器

二进制译码器框图如图 9.4.4 所示，$A_0 \sim A_{n-1}$ 为 n 个输入端，$Y_0 \sim Y_{2^n-1}$ 为 2^n 个输出端，EI 为输入使能端。在输入使能端为有效电平时，对应每一组输入代码，只有其中一个输出端为有效电平，其余输出端均为无效电平。输出信号可以是高电平有效，也可以是低电平有效。常见的二进制译码器有 2 线-4 线译码器、3 线-8 线译码器和 4 线-16 线译码器等。

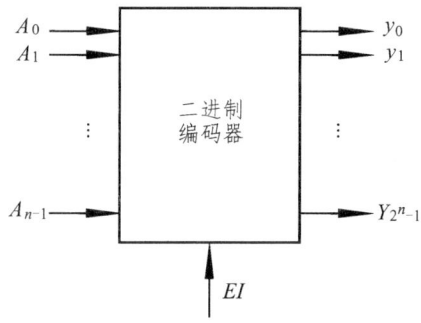

图 9.4.4 二进制译码器框图

图 9.4.5 为 3 线-8 线译码器 74HC138 的逻辑符号。图中，A_2、A_1、A_0 为 3 位二进制代码输入端，$\overline{Y}_0 \sim \overline{Y}_7$ 为 8 个输出端，E_3、$\overline{E}_2$、$\overline{E}_1$ 为输入使能端。74HC138 的功能表如表 9.4.3 所示。由功能表可知，当输入使能端无效时，即 $E_3=0$ 或 $\overline{E}_2=1$ 或 $\overline{E}_1=1$ 时，禁止译码器工作，无论 A_2、A_1、A_0 为何种状态，输出全为 1；当输入使能端有效时，即 $E_3=1$ 且 $\overline{E}_2=\overline{E}_1=0$ 时，译码器工作，A_2、A_1、A_0 的任意一种状态，只有对应的输出端为 0，其余各输出端均为 1。例如，$A_2A_1A_0=100$ 时，$\overline{Y}_4$ 为 0，其余输出端均为 1。

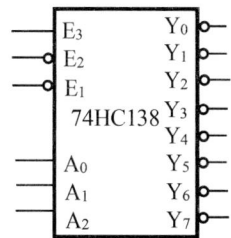

图 9.4.5 3 线-8 线译码器 74HC138 的逻辑符号

表 9.4.3 3 线-8 线译码器 74HC138 的功能表

输			入			输				出			
E_3	$\overline{E_2}$	$\overline{E_1}$	A_2	A_1	A_0	$\overline{Y_0}$	$\overline{Y_1}$	$\overline{Y_2}$	$\overline{Y_3}$	$\overline{Y_4}$	$\overline{Y_5}$	$\overline{Y_6}$	$\overline{Y_7}$
0	×	×	×	×	×	1	1	1	1	1	1	1	1
×	1	×	×	×	×	1	1	1	1	1	1	1	1
×	×	1	×	×	×	1	1	1	1	1	1	1	1
1	0	0	0	0	0	0	1	1	1	1	1	1	1
1	0	0	0	0	1	1	0	1	1	1	1	1	1
1	0	0	0	1	0	1	1	0	1	1	1	1	1
1	0	0	0	1	1	1	1	1	0	1	1	1	1
1	0	0	1	0	0	1	1	1	1	0	1	1	1
1	0	0	1	0	1	1	1	1	1	1	0	1	1
1	0	0	1	1	0	1	1	1	1	1	1	0	1
1	0	0	1	1	1	1	1	1	1	1	1	1	0

例 9.4.2 试用两片 3 线-8 线译码器 74HC138 组成 4 线-16 线译码器,输入为 4 位二进制代码 $B_3B_2B_1B_0$,对应输出 $\overline{L}_0 \sim \overline{L}_{15}$ 为低电平有效。

解: 由于 74HC138 有 3 个输入端 A_2、A_1、A_0,如果要对 4 位二进制代码译码,只能利用一个输入使能端(E_3、$\overline{E_2}$、$\overline{E_1}$ 当中的一个)作为第四个输入端。

令第(1)8 个输出端为 $\overline{L}_0 \sim \overline{L}_7$,第(2)8 个输出端为 $\overline{L}_8 \sim \overline{L}_{15}$,两片的 A_2 接 B_2、A_1 接 B_1,A_0 接 B_0,B_3 接第(1)片的 $\overline{E_1}$($E_3=1$、$\overline{E_2}=0$),同时 B_3 接第(2)片的 E_3($\overline{E_1}=\overline{E_2}=0$)。这样就得到 4 线-16 线译码器,逻辑图如图 9.4.6 所示。

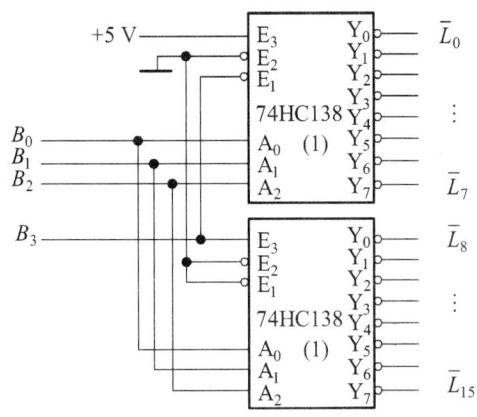

图 9.4.6 用两片 74HC138 接成的 4 线-16 线译码器

当 $B_3=0$ 时,第(1)片 74HC138 工作,而第(2)片 74HC138 禁止,则将 $B_3B_2B_1B_0$ 的 0000~0111 这 8 个代码译成 $\overline{L}_0 \sim \overline{L}_7$ 8 个低电平信号。而当 $B_3=1$ 时,第(2)片 74HC138

工作，第（1）片 74HC138 禁止，则将 $B_3B_2B_1B_0$ 的 1000~1111 这 8 个代码译成 $\overline{L}_8 \sim \overline{L}_{15}$ 8 个低电平信号。

例 9.4.3 用 3 线-8 线译码器 74HC138 和必要的逻辑门实现逻辑函数 $L = A \cdot \overline{B} + B \cdot \overline{C}$。

解： 由表 9.4.3 可知，当输入使能端接有效电平时，译码器的 8 个输出端与输入 A_2、A_1、A_0 的逻辑表达式为

$$\overline{Y}_0 = \overline{\overline{A}_2 \cdot \overline{A}_1 \cdot \overline{A}_0} = \overline{m}_0 \qquad \overline{Y}_1 = \overline{\overline{A}_2 \cdot \overline{A}_1 \cdot A_0} = \overline{m}_1$$

$$\overline{Y}_2 = \overline{\overline{A}_2 \cdot A_1 \cdot \overline{A}_0} = \overline{m}_2 \qquad \overline{Y}_3 = \overline{\overline{A}_2 \cdot A_1 \cdot A_0} = \overline{m}_3$$

$$\overline{Y}_4 = \overline{A_2 \cdot \overline{A}_1 \cdot \overline{A}_0} = \overline{m}_4 \qquad \overline{Y}_5 = \overline{A_2 \cdot \overline{A}_1 \cdot A_0} = \overline{m}_5$$

$$\overline{Y}_6 = \overline{A_2 \cdot A_1 \cdot \overline{A}_0} = \overline{m}_6 \qquad \overline{Y}_7 = \overline{A_2 \cdot A_1 \cdot A_0} = \overline{m}_7$$

即译码器的输出包含了输入 A_2、A_1、A_0 组成的 8 个最小项，基于这一点用该器件能够方便地实现三变量逻辑函数。首先，将逻辑函数式变换为最小项之和的形式

$$L(A, B, C) = A \cdot \overline{B} \cdot (C + \overline{C}) + (A + \overline{A}) \cdot B \cdot \overline{C}$$
$$= A \cdot \overline{B} \cdot \overline{C} + A \cdot \overline{B} \cdot C + A \cdot B \cdot \overline{C} + \overline{A} \cdot B \cdot \overline{C}$$
$$= m_2 + m_4 + m_5 + m_6$$
$$= \overline{\overline{m_2 + m_4 + m_5 + m_6}}$$
$$= \overline{\overline{m}_2 \cdot \overline{m}_4 \cdot \overline{m}_5 \cdot \overline{m}_6}$$
$$= \overline{\overline{Y}_2 \cdot \overline{Y}_4 \cdot \overline{Y}_5 \cdot \overline{Y}_6}$$

将输入变量 A、B、C 分别接 A_2、A_1 和 A_0，并将输入使能端接有效电平，把译码器的输出端 $\overline{Y}_2$、$\overline{Y}_4$、$\overline{Y}_5$、$\overline{Y}_6$ 接到与非门的输入端，与非门的输出端即可得到该逻辑函数，如图 9.4.7 所示。

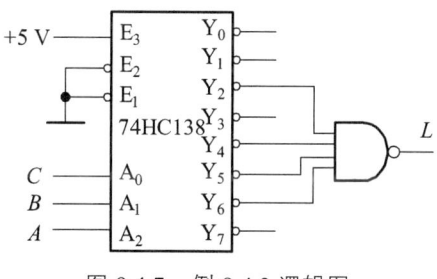

图 9.4.7 例 9.4.3 逻辑图

2. 二-十进制译码器

二-十进制译码器 74LS42 逻辑符号如图 9.4.8 所示，A_3、A_2、A_1、A_0 为 4 个输入端，$\overline{Y}_0 \sim \overline{Y}_9$ 为 10 个输出端。74LS42 的功能表如表 9.4.4 所示，由真值表可知，当输入一个 8421BCD 时，对应的一个输出端为 0，其余为 1。例如，当输入 $A_3A_2A_1A_0$ 为 0110 时，$\overline{Y}_6$ 为 0，其余为 1；当输入超过 8421BCD 码的范围时（1010~1111），输出均为高电平，即没有有效译码输出。

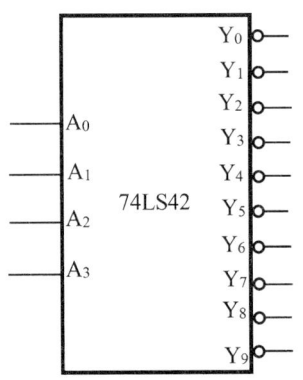

图 9.4.8　二-十进制译码器 74LS42 的逻辑符号

表 9.4.4　二-十进制译码器 74LS42 的功能表

输入				输出									
A_3	A_2	A_1	A_0	$\overline{Y}_0$	$\overline{Y}_1$	$\overline{Y}_2$	$\overline{Y}_3$	$\overline{Y}_4$	$\overline{Y}_5$	$\overline{Y}_6$	$\overline{Y}_7$	$\overline{Y}_8$	$\overline{Y}_9$
0	0	0	0	0	1	1	1	1	1	1	1	1	1
0	0	0	1	1	0	1	1	1	1	1	1	1	1
0	0	1	0	1	1	0	1	1	1	1	1	1	1
0	0	1	1	1	1	1	0	1	1	1	1	1	1
0	1	0	0	1	1	1	1	0	1	1	1	1	1
0	1	0	1	1	1	1	1	1	0	1	1	1	1
0	1	1	0	1	1	1	1	1	1	0	1	1	1
0	1	1	1	1	1	1	1	1	1	1	0	1	1
1	0	0	0	1	1	1	1	1	1	1	1	0	1
1	0	0	1	1	1	1	1	1	1	1	1	1	0
1	0	1	0	1	1	1	1	1	1	1	1	1	1
1	0	1	1	1	1	1	1	1	1	1	1	1	1
1	1	0	0	1	1	1	1	1	1	1	1	1	1
1	1	0	1	1	1	1	1	1	1	1	1	1	1
1	1	1	0	1	1	1	1	1	1	1	1	1	1
1	1	1	1	1	1	1	1	1	1	1	1	1	1

3. 显示译码器

在各种数字系统中，需要用数字显示电路将数字量直观地显示出来。通常数字显示电路由显示译码器和显示器组成。

（1）显示器。

显示器就是用来显示数字、文字或符号的器件，目前广泛使用七段字符显示器（或称作七段数码管）。这种字符显示器由七段可发光的线段拼合而成，如图 9.4.9（a）所示。

利用不同发光段的组合，显示数字 0~9。例如，七段全亮时，显示数字"8"；b、c 段亮时，显示数字"1"。

常用的七段字符显示器有发光二极管和液晶显示两种，这里介绍前者。发光二极管构成的七段字符显示器有两种，共阳极电路和共阴极电路，如图 9.4.9（b）和（c）所示。共阳极电路中，把七个发光二极管的阳极连在一起接高电平，需要某段线段发光，就将相应二极管的阴极接低电平。共阴极电路中，把七个发光二极管的阴极连在一起接低电平，需要某段线段发光，就将相应二极管的阳极接高电平。

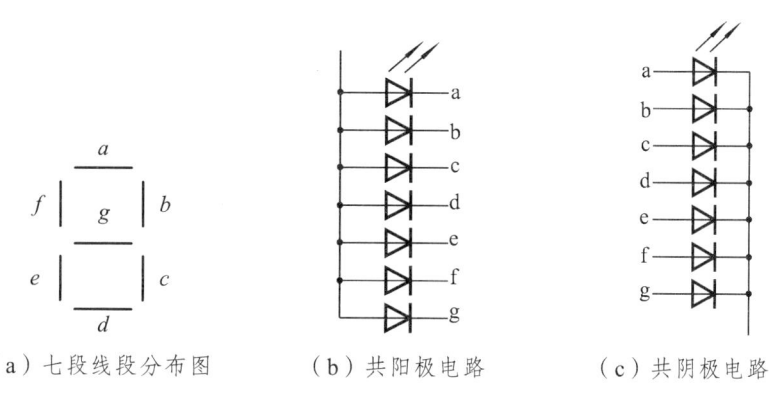

图 9.4.9　七段式字符显示器

（2）显示译码器。

为了将 BCD 码所对应的十进制数在数码管上显示出来，必须将 BCD 码经显示译码器译出 7 个高、低电平，然后点亮数码管对应的线段。例如，当输入 0001 时，则显示译码器输出应使 b、c 段亮，则数码管显示 0001 对应的十进制数 1。常用的七段显示译码器有两类，一类译码器输出高电平有效信号，用来驱动共阴极数码管，另一类译码器输出低电平有效信号，用来驱动共阳极数码管。

下面介绍输出高电平有效的七段显示译码器 74LS48。七段显示译码器 74LS48 的逻辑符号如图 9.4.10 所示。从图中可以看出，除了 4 个输入端 A_3、A_2、A_1、A_0 和 7 个输出端 a、b、c、d、e、f、g 外，还有三个特殊端：灯测试输入端 $\overline{LT}$、灭零输入端 $\overline{RBI}$ 和灭灯输入/灭零输出端 $\overline{BI}/\overline{RBO}$。表 9.4.5 所示为 74LS48 的功能表，从功能表可以看出这三端的作用。

- 当 $\overline{LT}=0$ 时，不管其他输入端为何值，译码器输出全为 1，数码管七段全亮。由此可以检测显示器七个发光二极管的好坏。
- 当输入 $\overline{RBI}=0$，且 $A_3A_2A_1A_0=0000$，译码器输出全为 0，使显示器不显示。
- $\overline{BI}/\overline{RBO}$ 可以作输入端，也可以作输出端。

做输入使用时：当 $\overline{BI}=0$ 时，不管其他输入端为何值，译码器输出全为 0，使显示器不显示。

做输出使用时：当输入 $\overline{RBI}=0$，且 $A_3A_2A_1A_0=0000$ 时，$\overline{RBO}$ 输出为 0。将 $\overline{RBO}$ 与 $\overline{RBI}$ 配合使用，即可实现多位数码显示系统的灭 0 控制。

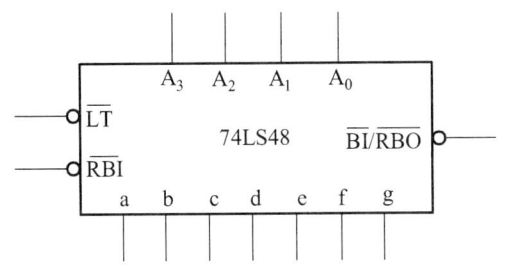

图 9.4.10　七段显示译码器 74LS48

表 9.4.5　七段显示译码器 74LS48 功能表

十进制或功能	输入						$\overline{BI}/\overline{RBO}$	输出							字形
	$\overline{LT}$	$\overline{RBI}$	A_3	A_2	A_1	A_0		a	b	c	d	e	f	g	
0	1	1	0	0	0	0	1	1	1	1	1	1	1	0	0
1	1	1	0	0	0	1	1	0	1	1	0	0	0	0	1
2	1	1	0	0	1	0	1	1	1	0	1	1	0	1	2
3	1	1	0	0	1	1	1	1	1	1	1	0	0	1	3
4	1	1	0	1	0	0	1	0	1	1	0	0	1	1	4
5	1	1	0	1	0	1	1	1	0	1	1	0	1	1	5
6	1	1	0	1	1	0	1	0	0	1	1	1	1	1	6
7	1	1	0	1	1	1	1	1	1	1	0	0	0	0	7
8	1	1	1	0	0	0	1	1	1	1	1	1	1	1	8
9	1	1	1	0	0	1	1	1	1	1	0	0	1	1	9
10	1	1	1	0	1	0	1	0	0	0	1	1	0	1	特殊符号
11	1	1	1	0	1	1	1	0	0	1	1	0	0	1	
12	1	1	1	1	0	0	1	0	1	0	0	0	1	1	
13	1	1	1	1	0	1	1	1	0	0	1	0	1	1	
14	1	1	1	1	1	0	1	0	0	0	1	1	1	1	
15	1	1	1	1	1	1	1	0	0	0	0	0	0	0	不显示
灭灯	×	×	×	×	×	×	0	0	0	0	0	0	0	0	不显示
灭零	1	0	0	0	0	0	0	0	0	0	0	0	0	0	不显示
灯测试	0	×	×	×	×	×	1	1	1	1	1	1	1	1	8

9.4.3　数据选择器

数据选择器是一种多输入、单输出的组合逻辑电路，其逻辑功能是从多路输入数据中选择一路数据送到输出端。输出对输入的选择是受选择控制变量控制的，通常，对于一个具有 N（$N=2^n$）路输入和一路输出的数据选择器，应有 n 个选择控制变量，控制变量的每一种取值组合对应选中一路输入送至输出。常用的数据选择器有 2 选 1 数据选择器、4选1数据选择器、8选1数据选择等。

8选1数据选择器74LS151逻辑符号如图9.4.11所示。其中$D_0 \sim D_7$为8个数据输入端，A_0、A_1、A_2为3个选择控制输入端，$\overline{S}$为使能输入端，Y和$\overline{Y}$为两个互补的输出端。

74LS151的真值表如表9.4.6所示。由真值表可知，在使能输入$\overline{S}$为1时，选择器不工作，输出Y为0；在使能输入$\overline{S}$为0时，选择器工作。工作情况如下：

当$A_2A_1A_0=000$时，$Y=D_0$；$A_2A_1A_0=001$时，$Y=D_1$；…$A_2A_1A_0=110$时，$Y=D_6$；$A_2A_1A_0=111$时，$Y=D_7$。其输出表达式为

$$Y = D_0 \cdot \overline{A}_2 \cdot \overline{A}_1 \cdot \overline{A}_0 + D_1 \cdot \overline{A}_2 \cdot \overline{A}_1 \cdot A_0 + \cdots + D_6 \cdot A_2 \cdot A_1 \cdot \overline{A}_0 + D_7 \cdot A_2 \cdot A_1 \cdot A_0$$
$$= \sum_{i=0}^{7} m_i D_i$$

式中，m_i为选择控制变量A_2、A_1、A_0组成的最小项，D_i为i端的输入数据。

类似地，可以写出2^n路数据选择器的输出表达式

$$Y = \sum_{i=0}^{2^n-1} m_i D_i$$

式中，m_i为选择控制变量A_{n-1}、A_{n-2}、…、A_1、A_0组成的最小项，D_i为2^n路输入中的第i路数据输入。

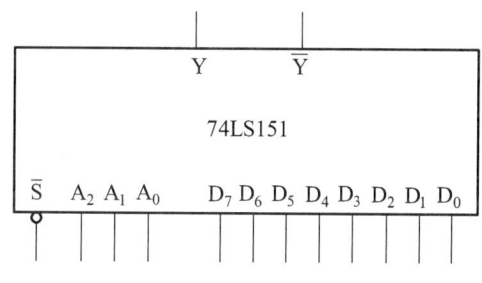

图9.4.11　8选1数据选择器74LS151

表9.4.6　8选1数据选择器的真值表

D	A_2	A_1	A_0	$\overline{S}$	Y	$\overline{Y}$
×	×	×	×	1	0	1
D_0	0	0	0	0	D_0	$\overline{D}_0$
D_1	0	0	1	0	D_1	$\overline{D}_1$
D_2	0	1	0	0	D_2	$\overline{D}_2$
D_3	0	1	1	0	D_3	$\overline{D}_3$
D_4	1	0	0	0	D_4	$\overline{D}_4$
D_5	1	0	1	0	D_5	$\overline{D}_5$
D_6	1	1	0	0	D_6	$\overline{D}_6$
D_7	1	1	1	0	D_7	$\overline{D}_7$

例 9.4.4 试用两片 8 选 1 数据选择器 74LS151 组成 16 选 1 数据选择器。其中 16 个数据输入端为 $D_0 \sim D_{15}$、4 个选择控制输入端为 A_3、A_2、A_1、A_0，输出端为 Y 和 $\overline{Y}$。

解：利用使能输入端 $\overline{S}$ 很容易扩展数据选择器的功能。用两片 74LS151 连接起来构成 16 选 1 数据选择器的逻辑图如图 9.4.12 所示。图中两个芯片的使能输入端信号相反，片 1 的使能输入端 $\overline{S}$ 接 A_3，片 2 的使能输入端 $\overline{S}$ 接 $\overline{A_3}$。当选通控制输入端 $A_3A_2A_1A_0$ 为 0×××时，片 1 工作，对应数据 $D_0 \sim D_7$ 被选送出去；当选通控制输入端 $A_3A_2A_1A_0$ 为 1×××时，片 2 工作，对应数据 $D_8 \sim D_{15}$ 被选送出去。例如：当 $A_3A_2A_1A_0$=0101 时，在使能输入端 $\overline{S}$ 的作用下，片 1 工作，对应选通控制输入端 $A_2A_1A_0$=101 的 D_5 数据被送到或门输入端；片 2 由于使能输入端无效，输出信号为 0，因此或门的输出信号为 $Y = 0 + D_5 = D_5$，完成了 16 选 1 的任务。

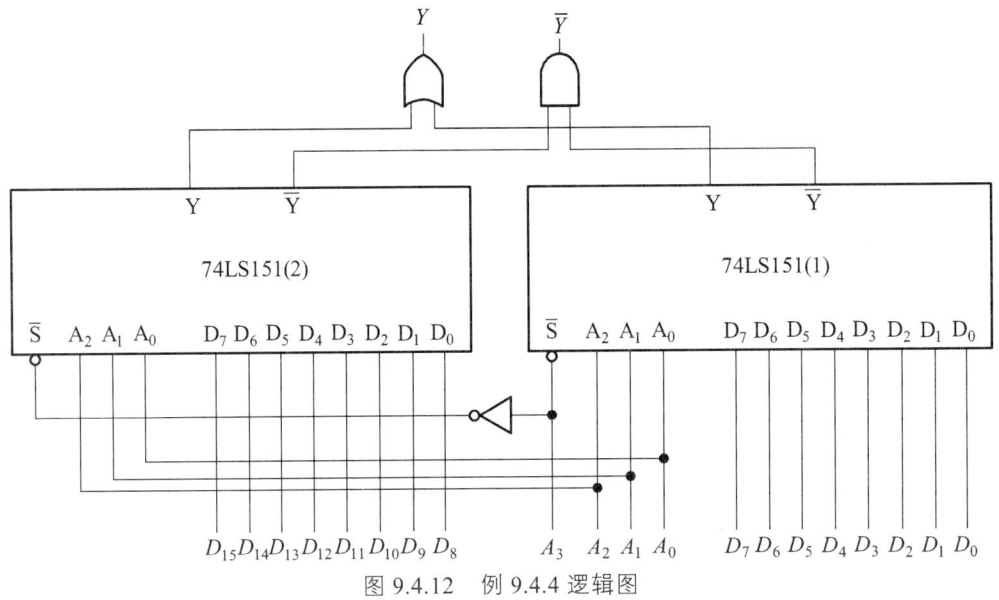

图 9.4.12 例 9.4.4 逻辑图

由数据选择器的工作原理可知，数据选择器输出函数的逻辑表达式是一个组合逻辑表达式。如 8 选 1 数据选择器的输出函数的逻辑表达式为

$$Y = D_0 \cdot \overline{A_2} \cdot \overline{A_1} \cdot \overline{A_0} + D_1 \cdot \overline{A_2} \cdot \overline{A_1} \cdot A_0 + \cdots + D_6 \cdot A_2 \cdot A_1 \cdot \overline{A_0} + D_7 \cdot A_2 \cdot A_1 \cdot A_0$$
$$= \sum_{i=0}^{7} m_i D_i$$

而任何一个组合逻辑函数都可用最小项之和来表示，所以可以用数据选择器来产生逻辑函数的全部最小项，再配合用适当的门电路，即可实现组合逻辑函数。下面通过举例说明如何利用数据选择器来实现组合逻辑函数。

例 9.4.5 用数据选择器实现逻辑函数

$$L = \overline{A} \cdot \overline{B} \cdot C + \overline{A} \cdot B \cdot \overline{C} + A \cdot \overline{B} \cdot \overline{C} + A \cdot B \cdot C$$

解：由于该函数有 3 个输入变量，所以可采用 8 选 1 数据选择器和 4 选 1 数据选择器实现。

方案一：采用 8 选 1 数据选择器。

因为 8 选 1 数据选择器的输出函数表达式为

$$Y = D_0 \cdot \overline{A}_2 \cdot \overline{A}_1 \cdot \overline{A}_0 + D_1 \cdot \overline{A}_2 \cdot \overline{A}_1 \cdot A_0 + D_2 \cdot \overline{A}_2 \cdot A_1 \cdot \overline{A}_0 + D_3 \cdot \overline{A}_2 \cdot A_1 \cdot A_0 + \\ D_4 \cdot A_2 \cdot \overline{A}_1 \cdot \overline{A}_0 + D_5 \cdot A_2 \cdot \overline{A}_1 \cdot A_0 + D_6 \cdot A_2 \cdot A_1 \cdot \overline{A}_0 + D_7 \cdot A_2 \cdot A_1 \cdot A_0$$

给定函数 $\quad L = \overline{A} \cdot \overline{B} \cdot C + \overline{A} \cdot B \cdot \overline{C} + A \cdot \overline{B} \cdot \overline{C} + A \cdot B \cdot C$

比较上述两个表达式可知，要使 $Y = L$，只需令 $A_2 = A$，$A_1 = B$，$A_0 = C$ 且 $D_1 = D_2 = D_4 = D_7 = 1$，而 $D_0 = D_3 = D_5 = D_6 = 0$ 即可。所以，根据分析可作出用 8 路数据选择器实现给定函数的逻辑图，如图 9.4.13（a）所示。

方案一给出了用具有 n 个选择变量的数据选择器实现 n 变量函数的一般方法：

首先将函数转换为最小项之和的形式，然后将函数的 n 个变量依次连接到数据选择器的 n 个选择控制输入端，最后将函数表达式中最小项对应的数据输入端接 1，剩下的数据端接 0。

方案二：采用 4 选 1 数据选择器。

因为 4 选 1 数据选择器的输出函数表达式为

$$Y = D_0 \cdot \overline{A}_1 \cdot \overline{A}_0 + D_1 \cdot \overline{A}_1 \cdot A_0 + D_2 \cdot A_1 \cdot \overline{A}_0 + D_3 \cdot A_1 \cdot A_0$$

给定函数 $\quad L = \overline{A} \cdot \overline{B} \cdot C + \overline{A} \cdot B \cdot \overline{C} + A \cdot \overline{B} \cdot \overline{C} + A \cdot B \cdot C$

比较上述两个表达式可知，要使 $Y = L$，只需令 $A_1 = A$，$A_0 = B$，且 $D_0 = C$，$D_1 = \overline{C}$，$D_2 = \overline{C}$，$D_3 = C$，即可。由此，可作出用 4 选 1 实现给定函数的逻辑图，如图 9.4.13（b）所示。

方案二给出了用具有 $n-1$ 个选择变量的数据选择器实现 n 变量函数的一般方法：

首先从函数的 n 个变量中任选 $n-1$ 个变量作为数据选择器的选择控制变量，然后根据所选定的选择控制变量将函数变换成

$$Y = \sum_{i=0}^{2^n-1} m_i D_i$$

的形式，以确定各数据输入 D_i。假定剩余变量为 X，则 D_i 的取值只可能是 0、1、X 或 $\overline{X}$ 四者之一。

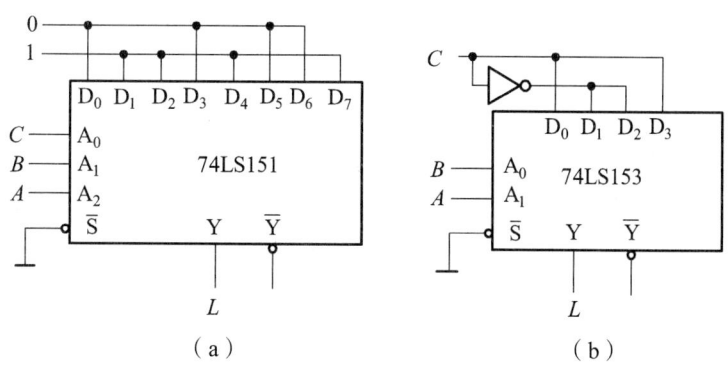

图 9.4.13　例 9.4.5 例题

9.4.4 数值比较器

能比较两个二进制数大小的逻辑电路叫数值比较器。

1 位数值比较器的真值表如表 9.4.7 所示,其中 A、B 为输入,$L_{A>B}$、$L_{A=B}$、$L_{A<B}$ 为输出。当 $L_{A>B}$ 输出 1 时,表示 $A>B$;当 $L_{A=B}$ 输出 1 时,表示 $A=B$;当 $L_{A<B}$ 输出 1 时,表示 $A<B$。

表 9.4.7 1 位数值比较器的真值表

输	入	输		出
A	B	$L_{A>B}$	$L_{A=B}$	$L_{A<B}$
0	0	0	1	0
0	1	0	0	1
1	0	1	0	0
1	1	0	1	0

根据真值表可以写出输出逻辑表达式

$$L_{A>B} = A \cdot \overline{B}$$

$$L_{A<B} = \overline{A} \cdot B$$

$$L_{A=B} = A \cdot B + \overline{A} \cdot \overline{B} = \overline{\overline{A} \cdot B + A \cdot \overline{B}} = \overline{F_{A=B} + F_{A=B}}$$

根据输出逻辑表达式可画出如图 9.4.14 所示的逻辑图。

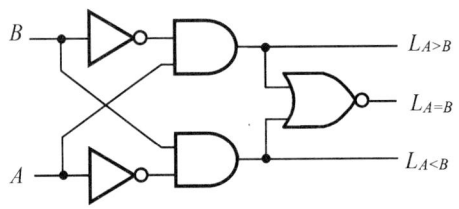

图 9.4.14 1 位数值比较器逻辑图

4 位集成数值比较器 74LS85 的逻辑符号如图 9.4.15 所示,其中 $A_3A_2A_1A_0$、$B_3B_2B_1B_0$ 为两个 4 位二进制数输入端,$L_{A>B}$、$L_{A=B}$、$L_{A<B}$ 为比较结果输出端,$I_{A>B}$、$I_{A=B}$、$I_{A<B}$ 为级联输入端,便于多片级联实现多位数据比较。表 9.4.8 为 74LS85 的真值表。从真值表可以看出,该比较器是高位优先的:当高位已经比较出大小时,就给出比较结果;只有当四位都相等时,才考虑级联信号。

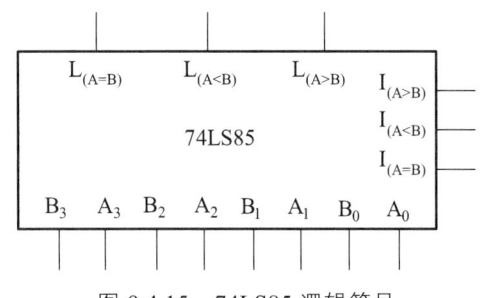

图 9.4.15 74LS85 逻辑符号

表 9.4.8 74LS85 的真值表

输入							输出		
$A_3\ B_3$	$A_2\ B_2$	$A_1\ B_1$	$A_0\ B_0$	$I_{(A>B)}$	$I_{(A<B)}$	$I_{(A=B)}$	$F_{(A>B)}$	$F_{(A<B)}$	$F_{(A=B)}$
>	×	×	×	×	×	×	1	0	0
<	×	×	×	×	×	×	0	1	0
=	>	×	×	×	×	×	1	0	0
=	<	×	×	×	×	×	0	1	0
=	=	>	×	×	×	×	1	0	0
=	=	<	×	×	×	×	0	1	0
=	=	=	>	×	×	×	1	0	0
=	=	=	<	×	×	×	0	1	0
=	=	=	=	1	0	0	1	0	0
=	=	=	=	0	1	0	0	1	0
=	=	=	=	0	0	1	0	0	1

例 9.4.6 试用两片数值比较器 74LS85 组成 8 位数值比较器。

解：根据多位数比较的规则，在高位相等时，取决于低位的比较结果。同时由表 9.4.8 可知，在 74LS85 中只有两个数的 4 位都相等时，输出才由 $I_{A>B}$、$I_{A=B}$、$I_{A<B}$ 的输入信号决定。因此，将两个数的高 4 位 $A_7A_6A_5A_4$、$B_7B_6B_5B_4$ 接到第（1）片芯片上，而低 4 位 $A_3A_2A_1A_0$、$B_3B_2B_1B_0$ 接到第（0）片芯片上，然后把第（0）片的输出端 $L_{A>B}$、$L_{A=B}$、$L_{A<B}$ 分别接到第（1）片的级联输入端 $I_{A>B}$、$I_{A=B}$、$I_{A<B}$，第（0）片的级联输入端 $I_{A>B}$、$I_{A=B}$、$I_{A<B}$ 分别接 0、1、0，第（1）片的输出 $L_{A>B}$、$L_{A=B}$、$L_{A<B}$ 作为 8 位数值比较器的输出，其接线图如图 9.4.16 所示。

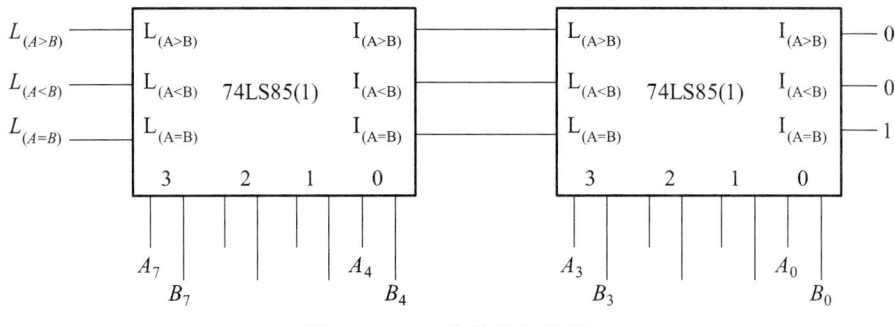

图 9.4.16　8 位数值比较器

目前生产的数值比较器产品中，也有采用其他电路结构形式的。因为电路结构不同，级联输入端的用法也不完全一样，使用时应注意加以区别。

9.4.5　加法器

加法器是计算机中不可缺少的组成单元，应用十分广泛。

1. 1 位加法器

（1）半加器。

能对两个 1 位二进制数相加而求得和及进位的逻辑电路称为半加器。半加器只考虑两个 1 位二进制数的相加，而不考虑来自低位的进位数。

按照二进制加法运算规则可以列出半加器的真值表如表 9.4.9 所示。其中 A 和 B 为两个加数，C 为进位输出，S 为和数。

表 9.4.9　半加器的真值表

输	入	输	出
A	B	C	S
0	0	0	0
0	1	0	1
1	0	0	1
1	1	1	0

由真值表可得到逻辑表达式

$$S = \overline{A} \cdot B + A \cdot \overline{B} = A \oplus B$$
$$C = A \cdot B$$

由表达式可画出半加器的逻辑图，如图 9.4.17 所示。

（2）全加器。

全加器能进行被加数、加数和来自低位的进位信号相加，并根据求和结果给出该位的进位信号。根据全加器的功能，可列出它的真值表，如表 9.4.10 所示。其中 A 和 B 分别为被加数和加数，C_i 为低位的进位，S 为本位和数，C_o 为向高位的进位数。

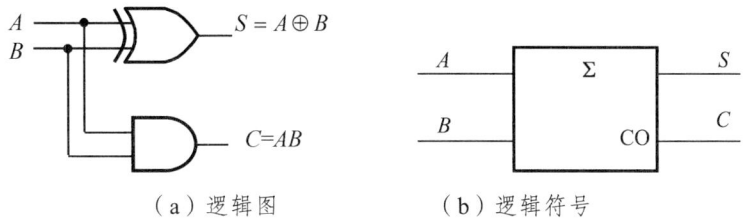

（a）逻辑图　　　　　　　（b）逻辑符号

图 9.4.17　半加器

表 9.4.10　全加器的真值表

输入			输出	
A	B	C_i	C_o	S
0	0	0	0	0
0	0	1	0	1
0	1	0	0	1
0	1	1	1	0
1	0	0	0	1
1	0	1	1	0
1	1	0	1	0
1	1	1	1	1

由表 9.4.10 可写出 S 和 C_o 的逻辑表达式为

$$S = \overline{A}\cdot\overline{B}\cdot C_i + \overline{A}\cdot B\cdot \overline{C_i} + A\cdot\overline{B}\cdot\overline{C_i} + A\cdot B\cdot C_i = A\oplus B\oplus C_i$$

$$C_o = \overline{A}\cdot B\cdot C_i + A\cdot\overline{B}\cdot C_i + A\cdot B\cdot\overline{C_i} + A\cdot B\cdot C_i = A\cdot B + B\cdot C_i + A\cdot C_i$$

由上述的逻辑表达式可画出全加器逻辑电路图和符号图，如图 9.4.18 所示。

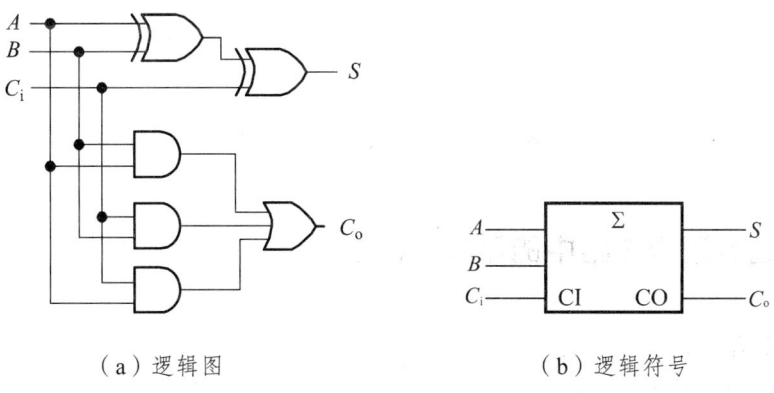

（a）逻辑图　　　　　　　（b）逻辑符号

图 9.4.18　全加器

2. 多位加法器

实现多位二进制数相加的电路称为多位加法器。根据进位方式不同,有串行进位加法器和超前进位加法器两种。

(1) 4 位串行进位加法器。

把 4 个全加器依次级联起来,便可构成 4 位串行进位加法器,如图 9.4.19 所示。

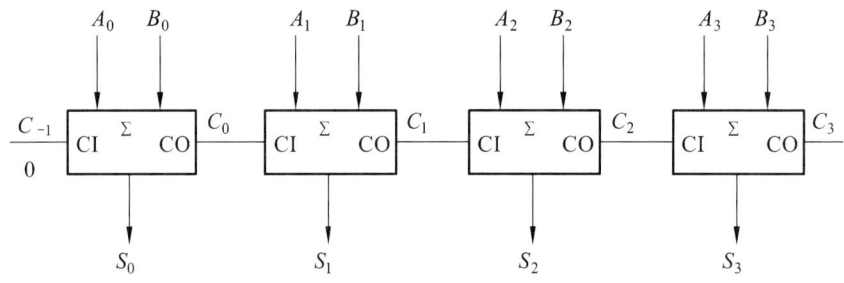

图 9.4.19 4 位串行进位加法器

这种加法器的优点是电路简单、连接方便;缺点是运算速度不高。由图 9.4.19 所示逻辑图不难理解,最高位的运算,必须等到所有低位运算依次结束,送来进位信号之后才能进行,因此其运算速度受到限制。为了提高加法运算速度,可采用超前进位方式。

(2) 超前进位加法器。

所谓超前进位加法器,就是在做加法运算时,每位的进位只由被加数和加数决定,而与低位的进位无关。74HC283 是 4 位超前进位加法器,如果进行更多位数的加法,则需要进行扩展。图 9.4.20 为用 2 片 74HC283 构成的 8 位二进制加法器。该电路把低位片(1)进位输出连接到高位片(2)进位输入,所以级间仍是串行进位方式,当级联数目增加时,会影响运算速度。

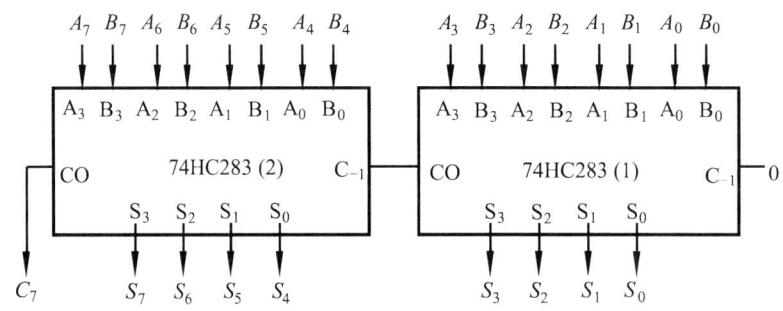

图 9.4.20 8 位二进制加法器

9.5 组合逻辑电路中的竞争—冒险

前面进行组合逻辑电路的分析与设计时,都没有考虑逻辑门的延迟时间对电路产生的影响。实际上,信号经过逻辑门电路都需要一定的时间。由于不同路径上门的级别不同,信号经过不同路径传输的时间不同,或者门的级别相同,而各个门延迟时间的差异,也会造成传输时间的不同。因此，电路在信号电平发生变换瞬间，可能与稳态下的逻辑功能不一致，产生错误输出，这种现象称为竞争—冒险。

1. 产生竞争—冒险的原因

下面通过两个简单的电路的工作情况，说明产生竞争—冒险的原因。在图 9.5.1（a）所示电路中，在稳态情况下，输出 L 始终为 0。当 A 由 0 变为 1 时，由于反相器的延迟，$\overline{A}$ 的由 1 变 0 的变化会滞后 A 的变化，因此在很短的时间间隔内，与门的两个输入端均为 1，使输出端出现一个正脉冲，工作波形如图 9.5.1（b）所示。

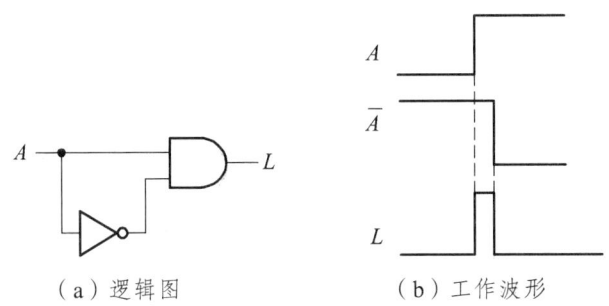

（a）逻辑图　　　　　（b）工作波形

图 9.5.1　产生正跳变脉冲的竞争—冒险

同理，在图 9.5.2（a）所示电路中，在稳态情况下，输出 L 始终为 1。当 A 由 1 变为 0 时，$\overline{A}$ 由 0 变为 1 的变化会滞后 A 的变化，因此在很短的时间间隔内，或门的两个输入端均为 0，使输出端出现一个负脉冲，工作波形如图 9.5.2（b）所示。

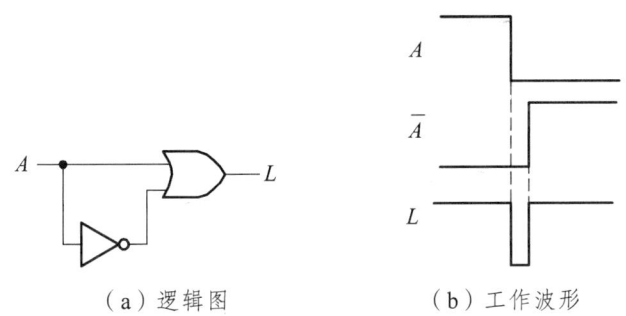

（a）逻辑图　　　　　（b）工作波形

图 9.5.2　产生负跳变脉冲的竞争—冒险

综上所述，一个逻辑门的两个输入端的信号同时向相反方向变化，而变化的时间有差异的现象，称为竞争。由竞争而可能产生输出干扰脉冲的现象称为冒险。值得注意的是，有竞争现象时不一定都会产生冒险现象。

2. 竞争—冒险现象的判断方法

（1）代数法。

如果输出端的逻辑函数在一定条件下能简化成

$$L = A + \overline{A} \quad 或 \quad L = A \cdot \overline{A}$$

则可判定存在竞争—冒险。

例 9.5.1 判断 $L_1 = A \cdot C + B \cdot \overline{C}$ 和 $L_2 = A \cdot C + B \cdot \overline{C} + A \cdot B$ 是否存在竞争—冒险。

解：当 $A=B=1$ 时，$L_1 = C + \overline{C}$，因此 C 变量与 $\overline{C}$ 变量经过的时间是不相同的，故 L_1 存在竞争—冒险现象。

当 $A=B=1$ 时，$L_2 = C + \overline{C} + 1$，由于 $A \cdot B = 1$，所以 L_2 始终为 1，故 L_2 不存在竞争—冒险现象。

（2）卡诺图法。

除上述判断方法外，还可以用卡诺图进行判断。其具体做法是：首先画出逻辑函数的卡诺图，并画出和逻辑表达式中各"与"项对应的卡诺圈，若发现某两个卡诺圈存在"相切"关系，即两个卡诺圈之间存在不被同一卡诺圈包含的相邻最小项，则该电路可能产生竞争—冒险。

例 9.5.2 已知某逻辑电路的逻辑表达式为 $L = \overline{A} \cdot D + \overline{A} \cdot C + A \cdot B \cdot \overline{C}$，试判断电路是否存在竞争—冒险。

解：画出给定函数 L 的卡诺图，并画出逻辑表达式中各"与"项对应的卡诺圈，如图 9.5.3（a）所示。

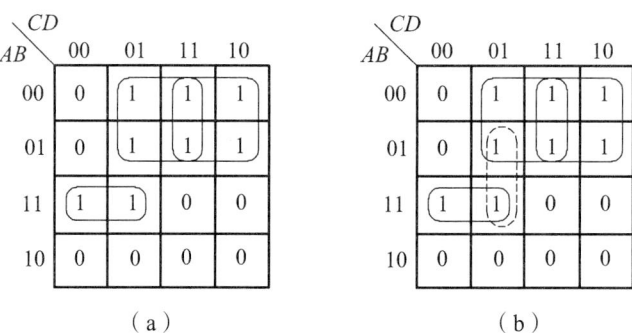

图 9.5.3 例 9.5.2 卡诺图

观察图 9.5.3（a）所示卡诺图可发现，包含最小项 m_1、m_3、m_5、m_7 的卡诺圈和包含最小项 m_{12}、m_{13} 的卡诺圈中，m_5 和 m_{13} 相邻，且 m_5 和 m_{13} 不被同一卡诺圈所包含，所以这两个卡诺圈"相切"。因此该电路存在竞争—冒险。这一结论也可用代数法进行验证，假定 $B = D = 1$，$C = 0$，代入逻辑表达式可得 $L = A + \overline{A}$，可见相应电路可能由于 A 的变化而产生冒险。

3. 竞争—冒险现象的消除方法

（1）发现并消去互补乘积项。

例如：逻辑表达式 $L = (A + B) \cdot (\overline{A} + C)$，在 $B = C = 0$ 时，$L = A \cdot \overline{A}$，所以存在竞争—冒险。如果将该式变换为式

$$L = (A + B) \cdot (\overline{A} + C) = A \cdot \overline{A} + A \cdot C + \overline{A} \cdot B + B \cdot C = A \cdot C + \overline{A} \cdot B + B \cdot C$$

将 $A \cdot \overline{A}$ 消去，就不会出现竞争—冒险。

（2）增加乘积项以避免互补项相加。

在例 9.5.2 中，将输出逻辑表达式 $L = \overline{A} \cdot D + \overline{A} \cdot C + A \cdot B \cdot \overline{C}$ 变为 $L = \overline{A} \cdot D + \overline{A} \cdot C + A \cdot B \cdot \overline{C} + B \cdot \overline{C} \cdot D$，卡诺图如图 9.5.3（b）所示，当 $B = D = 1$，$C = 0$ 时，$L = \overline{A} + A + 1$，就不会出现竞争—冒险。

（3）选通法。

可以在电路中加上一个选通信号，当输入信号变化时，输出端与电路断开，当输入稳定后，选通信号工作，使电路输出改变其状态。

（4）滤波法。

从实际的竞争冒险波形上可以看出，其输出的波形宽度非常窄，可以在输入端加上一个小电容来滤去其尖脉冲。

门电路的延时造成了竞争冒险现象，但是不是所有的竞争冒险都必须加以消除呢？答案是否定的。竞争冒险现象虽然会导致电路的误动作，但由于一般门电路的延时为纳秒（ns）数量级，这对于慢速电路来说，不会产生误动作，只有当电路的工作速度与门电路的最高工作速度在同一个数量级（或者门电路的延时与信号的周期在同一个数量级）时，竞争冒险才必须加以消除。

习　题

9.1　试分析题 9.1 图所示的电路的逻辑功能。

9.2　试分析题 9.2 图所示的电路的逻辑功能。

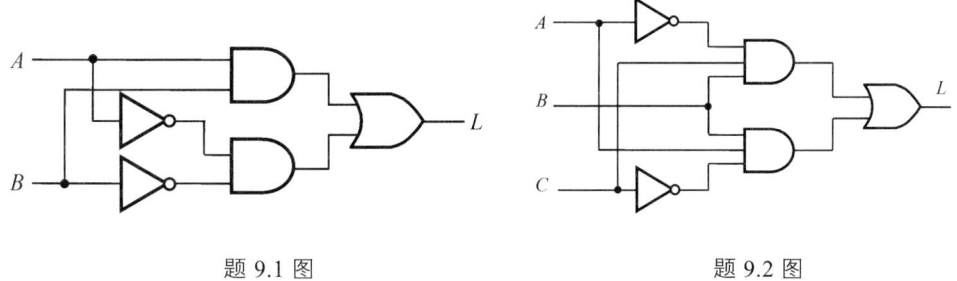

题 9.1 图　　　　　　　　题 9.2 图

9.3　试分析题 9.3 图所示的电路的逻辑功能。

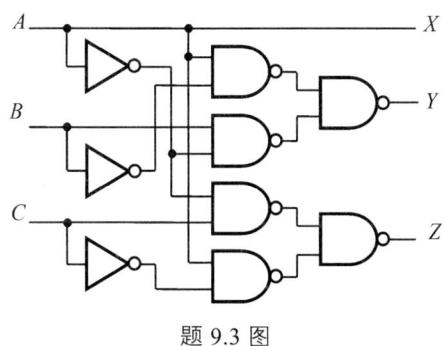

题 9.3 图

9.4 某实验室有红、黄两个故障指示灯,用来表示 3 台设备的工作情况。当只有一台设备有故障时,黄灯亮;若有两台设备有故障时,红灯亮;只有当 3 台设备都产生故障时,才会使红灯和黄灯都亮。设计一个控制灯亮的逻辑电路。

9.5 试用 2 输入与非门设计一个 3 输入的组合逻辑电路。当输入的二进制码小于 3 时,输出为 0;输入大于等于 3 时,输出为 1。

9.6 试设计一个 3 位的奇偶校验器,当 3 位数中有奇数个 1 时输出为 1,否则输出为 1。

9.7 试设计一个码转换电路,将 4 位格雷码转换为自然二进制码。

9.8 译码器 74HC138 和适当的门电路实现下列逻辑函数,画出连接图。

(1) $L = \overline{A} \cdot \overline{B} \cdot \overline{C} + \overline{A} \cdot B \cdot C + A \cdot B \cdot \overline{C}$

(2) $L = \overline{A} \cdot B + \overline{A} \cdot \overline{C} + \overline{A} \cdot B \cdot \overline{C}$

9.9 试用译码器 74HC138 和适当的门电路构成全加器电路和全减器电路。

9.10 试用 4 选 1 数据选择器实现下列逻辑函数,画出连接图。

(1) $L = \overline{A} \cdot B \cdot \overline{C} + A \cdot \overline{B} \cdot C + A \cdot B \cdot \overline{C}$

(2) $L = \overline{A} \cdot \overline{B} + A \cdot \overline{C} + \overline{A} \cdot B \cdot C$

(3) $L = \overline{A} \cdot C \cdot \overline{D} + A \cdot B \cdot \overline{C} + \overline{B} \cdot C \cdot D$

9.11 试用一片双 4 选 1 数据选择器 74HC153 扩展成 8 选 1 数据选择器。

9.12 某电子产品有 A、B、C 和 D 四项质量指标。规定 D 指标必须满足要求,其他三项指标中只要有任意两项指标满足要求,产品就合格。试用 8 选 1 数据选择器设计该产品的质量检查电路。

9.13 试用 8 选 1 数据选择器产生 11011010 的序列脉冲信号,并画出输入和输出波形,设地址端输入为自然二进制代码。

9.14 试分析图 9.14 题所示电路逻辑功能。写出输出函数 F 的逻辑表达式。

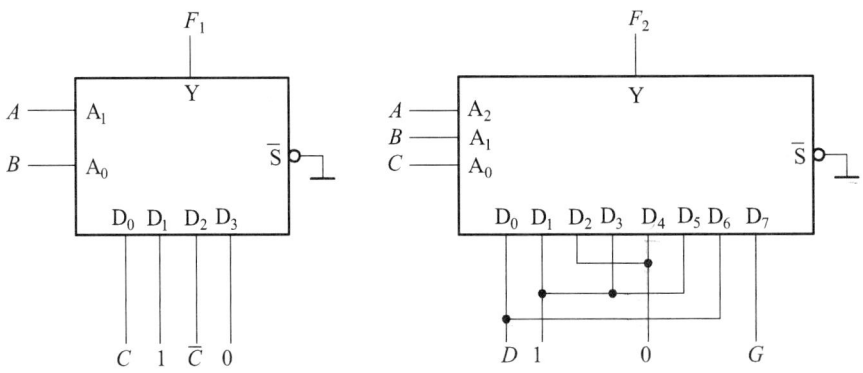

图 9.14 题

9.15 判断下列函数是否存在竞争—冒险,如果存在应如何消除。

(1) $L = A \cdot B + \overline{A} \cdot C$

(2) $L = (A + \overline{B}) \cdot (B + \overline{C})$

第 10 章 触发器

【主要内容】

触发器是构成数字电路的另一种基本逻辑单元。本章首先介绍触发器的各种电路结构，然后再从逻辑功能上对触发器进行分类，最后介绍了不同逻辑功能触发器之间实现逻辑功能转换的方法。

10.1 基本 RS 触发器

基本触发器又称为直接复位和置位触发器（有时也称为锁存器），是各种触发器电路结构中最简单的一种，也是构成其他触发器的最基本单元。

10.1.1 用或非门构成的基本 RS 触发器

如图 10.1.1（a）所示是用两个与或门交叉连接起来构成的基本 RS 触发器。R、S 是信号输入端，其中 R 称为置 0 输入端（复位输入端），S 为置 1 输入端（置位输入端）；Q、$\overline{Q}$ 为两个互补的输出端。当 $Q=1$、$\overline{Q}=0$ 时，触发器的功能置 1；当 $Q=0$、$\overline{Q}=1$ 时，触发器的功能置 0。图 10.1.1（b）为或非门构成的基本 RS 触发器的逻辑符号。下面根据 R 和 S 的 4 种输入状态组合来分析它的工作原理。

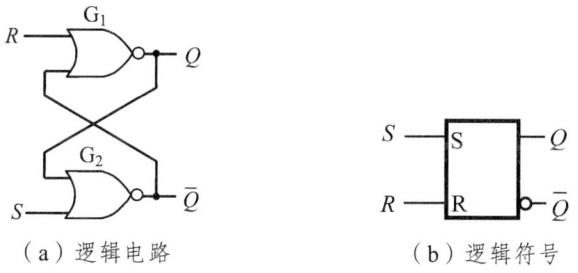

(a) 逻辑电路　　　　(b) 逻辑符号

图 10.1.1　由或非门构成的基本 RS 触发器

（1）$R=S=0$。

由逻辑电路可知：$Q=\overline{R+\overline{Q}}=Q$，$\overline{Q}=\overline{S+Q}=\overline{Q}$。所以 R、S 信号对输出 Q、$\overline{Q}$ 不起作用。故触发器的状态保持不变。

（2）$R=1$，$S=0$。

因为 R 为 1，所以 G_1 门输出 Q 为 0，该信号再反馈到 G_2 门输入端，所以 G_2 门输出 $\overline{Q}$

为 1。故触发器的状态为置 0。

（3）$R=0, S=1$。

因为 S 为 1，所以 G_2 门输出 $\overline{Q}$ 为 0，该信号再反馈到 G_1 门输入端，所以 G_1 门输出 Q 为 1。故触发器的状态为置 1。

（4）$R=S=1$。

由逻辑电路可知：$Q=\overline{R+\overline{Q}}=0$，$\overline{Q}=\overline{S+Q}=0$，触发器即非 0 态，也非 1 态。若 R 和 S 同时回到 0，则无法确定触发器是置 0 还是置 1。因此为保证触发器始终工作在定义的状态，不允许 $R=S=1$。

由上述分析可得到基本 RS 触发器的功能表，如表 10.1.1 所示。

表 10.1.1　用或非门构成的基本 RS 触发器的功能表

S	R	Q	$\overline{Q}$	功能
0	0	不变	不变	保持
0	1	0	1	置 0
1	0	1	0	置 1
1	1	0	0	非定义状态

例 10.1.1　设图 10.1.1（a）所示的基本 RS 触发器的初始状态为 0，R 和 S 端输入波形如图 10.1.2 所示，试画出输出 Q 和 $\overline{Q}$ 的波形。

解：根据表 10.1.1 可以画出 Q 和 $\overline{Q}$ 的波形如图 10.1.2 所示。

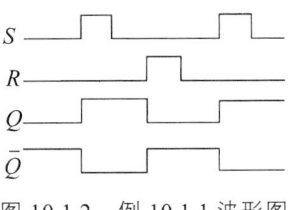

图 10.1.2　例 10.1.1 波形图

10.1.2　用与非门构成的基本 RS 触发器

基本 RS 触发器也可以用与非门构成，如图 10.1.3（a）所示。这个电路是以低电平作为输入信号，所以用 $\overline{S}$ 和 $\overline{R}$ 分别表示置 1 输入端和置 0 输入端。在图 10.1.3（b）的逻辑符号上，用输入端的小圆圈表示低电平有效。表 10.1.2 是它的功能表。

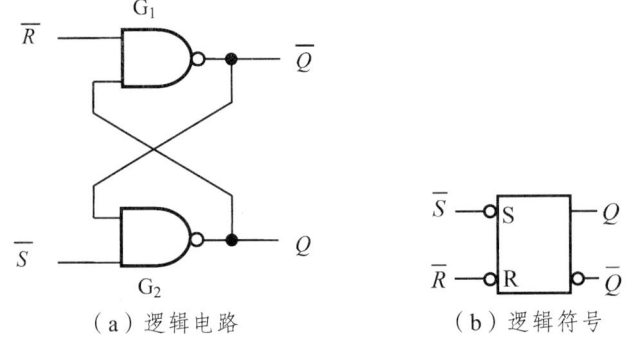

(a) 逻辑电路　　(b) 逻辑符号

图 10.1.3　由与非门构成的基本 RS 触发器

表 10.1.2　由与非门构成的基本 RS 触发器的功能表

$\bar{S}$	$\bar{R}$	Q	$\bar{Q}$	功能
1	1	不变	不变	保持
1	0	0	1	置 0
0	1	1	0	置 1
0	0	1	1	非定义状态

10.2　同步触发器

由于基本 RS 触发器的输入信号在其存在期间直接控制着 Q、$\bar{Q}$ 端的状态，因此被叫作直接置位、复位触发器，这不仅使电路的抗干扰能力下降，而且也不便于多个触发器同步工作，于是工作受时钟脉冲电平控制的同步触发器便应运而生了。

10.2.1　同步 RS 触发器

图 10.2.1（a）是同步 RS 触发器的逻辑电路图。该电路由两部分组成：由 G_1、G_2 门组成的基本 RS 触发器和由 G_3、G_4 门组成的输入控制电路。CP 为时钟脉冲。图 10.2.1（b）是同步 RS 触发器的逻辑符号。

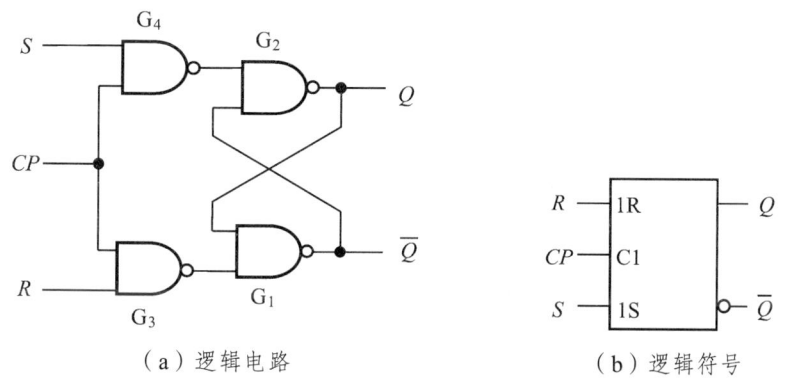

（a）逻辑电路　　　　　　（b）逻辑符号

图 10.2.1　同步 RS 触发器

从图 10.2.1（a）所示电路可以看出，当 CP=0 时，控制门 G_3、G_4 被封锁，输入信号 R、S 不会影响输出端的状态，故触发器保持原来状态不变。当 CP=1 时，R、S 信号通过 G_3、G_4 门加到基本 RS 触发器上，使 Q 和 $\bar{Q}$ 的状态跟随输入状态的变化而变化。它的功能表如表 10.2.1 所示。

表 10.2.1　同步 RS 触发器的功能表

CP	S	R	Q	$\overline{Q}$	功能
0	×	×	不变	不变	保持
1	0	0	不变	不变	保持
1	0	1	0	1	置0
1	1	0	1	0	置1
1	1	1	1	1	非定义状态

例 10.2.1　设图 10.2.1（a）所示的同步 RS 触发器的初始状态为 0，其中 R 和 S 端输入波形如图 10.2.2 所示，试画出输出 Q 和 $\overline{Q}$ 的波形。

解：根据表 10.2.1 可以画出 Q 和 $\overline{Q}$ 的波形如图 10.2.2 所示。

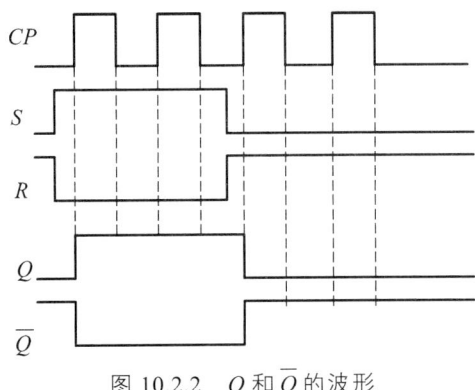

图 10.2.2　Q 和 $\overline{Q}$ 的波形

10.2.2　同步 D 触发器

R、S 之间有约束限制了同步 RS 触发器的使用，为了解决该问题便出现了电路的改进形式——同步 D 触发器，又叫作 D 锁存器。如图 10.2.3 所示是同步 D 触发器的电路图。注意观察很容易发现，在同步 RS 触发器的基础上，增加了反相器 G_5，通过它把加在 S 端的 D 信号反相之后送到了 R 端，除此之外，没有其他差异。

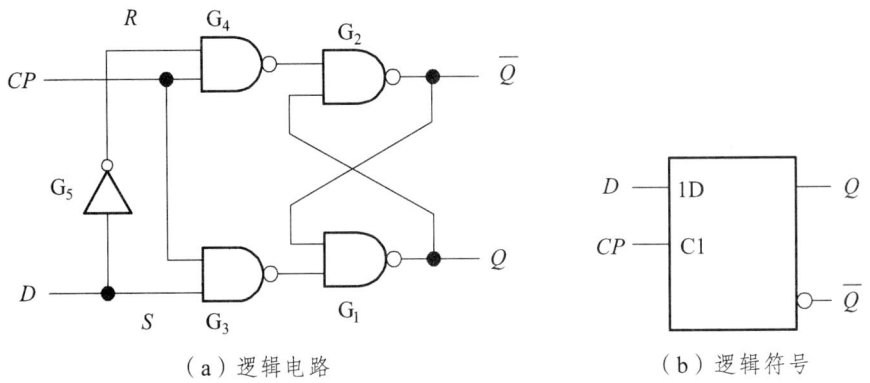

（a）逻辑电路　　　　　　　　　　（b）逻辑符号

图 10.2.3　同步 D 触发器

从图 10.2.3（a）所示电路可以看出，当 $CP=0$ 时，触发器保持原来状态不变。当 $CP=1$ 时，Q 和 $\overline{Q}$ 的状态跟随 D 的状态变化而变化：$D=0$ 时，$R=1$，$S=0$，触发器置 0；$D=1$ 时，$R=0$，$S=1$，触发器置 1。它的功能表如表 10.2.2 所示。

表 10.2.2　同步 D 触发器的功能表

CP	D	Q	$\overline{Q}$	功能
0	×	不变	不变	保持
1	0	0	1	置 0
1	1	1	0	置 1

10.2.3　同步触发器的空翻现象

对触发器加时钟脉冲的目的是要确定触发器状态变化的时刻。因此，当一个时钟触发脉冲作用时，要求触发器的状态只能翻转一次。同步触发器在 $CP=1$ 期间，随着输入信号发生变化，触发器的状态可能发生两次或两次以上的翻转，这种现象称为空翻。空翻会造成节拍的混乱和系统工作的不稳定，这是同步触发器的一个缺陷。为了克服空翻现象，实现触发器状态的可靠翻转，对触发器电路作进一步改进，产生了多种结构的触发器，应用较多和性能较好的有主从触发器和边沿触发器。

10.3　主从触发器

为了解决同步触发器空翻现象，提高触发器工作的可靠性，人们在同步触发器基础上设计了一种主从结构的主从触发器。

10.3.1　主从 RS 触发器

图 10.3.1（a）给出的是主从 RS 触发器的逻辑电路图，它是由两个同步 RS 触发器级联起来构成，其中门 $G_5 \sim G_8$ 组成的触发器称为主触发器，门 $G_1 \sim G_4$ 组成的触发器称为从触发器。主触发器的时钟信号是 CP，从触发器的时钟信号是 $\overline{CP}$。

图 10.3.1（b）为主从 RS 触发器逻辑符号，方框内的符号"⌐"表示"延迟输出"，即从触发器的状态变化延迟主触发器的状态变化，"○"表示 CP 下降沿有效。

在主从 RS 触发器中，接收输入信号和输出信号是分成两步进行的：

（1）接收输入信号过程。

当 $CP=1$，$\overline{CP}=0$ 时，主触发器控制门 G_7、G_8 被打开，故主触发器根据输入信号 R 和 S 的状态翻转；从触发器控制门 G_3、G_4 被封锁，因此其状态保持不变。

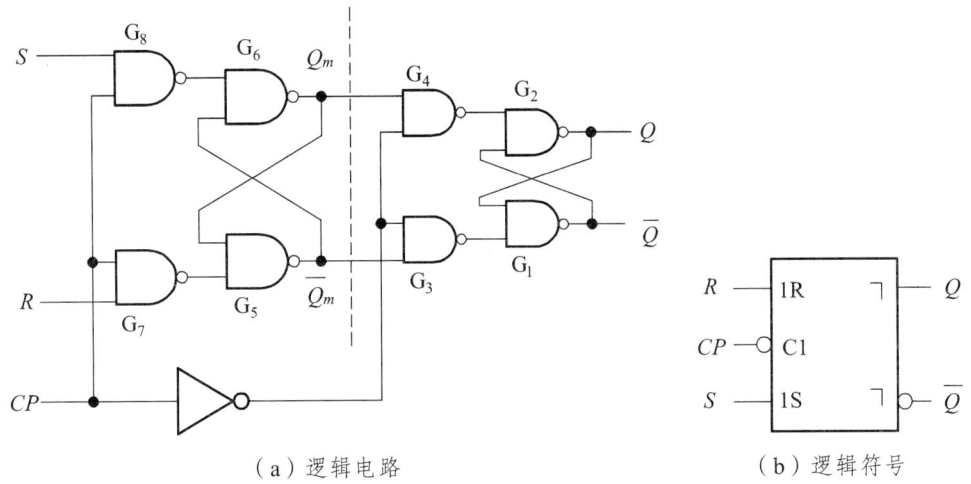

（a）逻辑电路　　　　　　（b）逻辑符号

图 10.3.1　主从 RS 触发器

表 10.3.1　主从 RS 触发器的功能表

CP	S	R	Q	$\overline{Q}$	功能
↓	0	0	不变	不变	保持
↓	0	1	0	1	置0
↓	1	0	1	0	置1
↓	1	1	0	0	非定义状态

（2）输出信号过程。

当 CP 下降沿到来时，主触发器控制门 G_7、G_8 被封锁，此后，无论 R 和 S 的状态如何变化，在 CP=0 期间主触发器的状态保持不变。同时，从触发器控制门 G_3、G_4 被打开，从触发器按照主触发器的状态翻转。

主从触发器克服了 CP=1 期间触发器输出状态可能多次翻转的问题，但由于主触发器本身是同步 RS 触发器，所以在 CP=1 期间，主触发器的输出 Q_m 和 $\overline{Q}_m$ 的状态仍然会随 R 和 S 状态的变化而多次变化，而且两个输入信号也不允许同时为 1。

10.3.2　主从 JK 触发器

主从 JK 触发器是为了解决主从 RS 触发器中 R、S 之间有约束的问题而设计的。

如图 10.3.2（a）所示是主从 JK 触发器的逻辑电路图，是在主从 RS 触发器基础上，把 $\overline{Q}$ 引回到 G_8 的输入端，把 Q 引回到 G_7 的输入端得到的。原来的 S 变成为 J，R 变成为 K，由于主从结构的电路形式未变，而输入信号变成了 J 和 K，故名主从 JK 触发器。图 10.3.2（b）为主从 JK 触发器的逻辑符号。

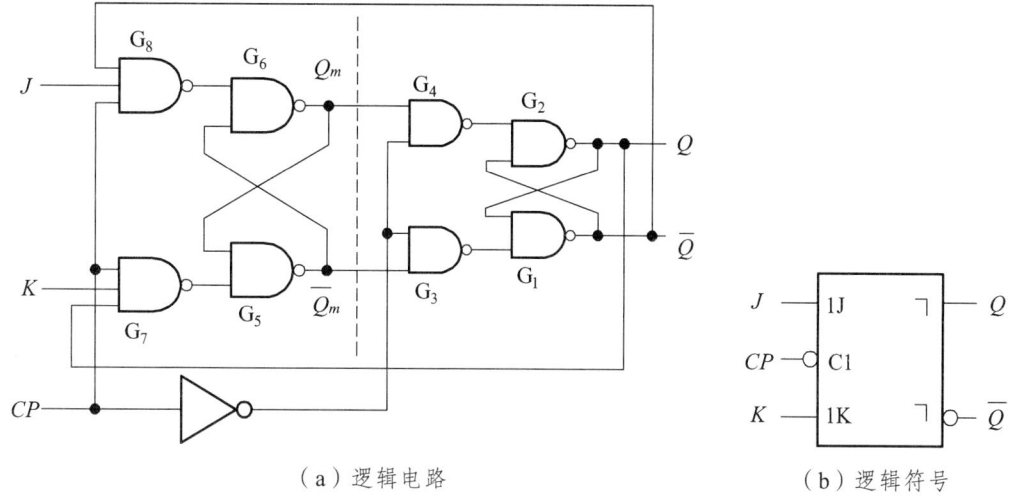

（a）逻辑电路　　　　　　　　　（b）逻辑符号

图 10.3.2　主从 JK 触发器

若 $J=1$、$K=0$，则 $CP=1$ 时，主触发器置 1（原来是 0 则置成 1，原来是 1 则保持 1），待 $CP=0$ 以后从触发器亦随之置 1。

若 $J=0$、$K=1$，则 $CP=1$ 时，主触发器置 0，待 $CP=0$ 以后从触发器亦随之置 0。

若 $J=K=0$，则 G_7、G_8 门被封锁，触发器保持原来状态不变。

若 $J=K=1$，需要分别考虑两种情况。第一种情况是初态为 0，即 $Q=0$，$\overline{Q}=1$，这时 G_7 被 Q 端的低电平封锁，$CP=1$ 时仅 G_8 门输出低电平，故主触发器置 1。$CP=0$ 以后从触发器也跟着置 1。第二种情况是初态为 1，即 $Q=1$，$\overline{Q}=0$，这时 G_8 被 $\overline{Q}$ 端的低电平封锁，$CP=1$ 时仅 G_7 门输出低电平，故主触发器置 0。$CP=0$ 以后从触发器也跟着置 0。综合以上两种情况可知，无论初态为 0 还是 1，触发器的次态均与初态相反。

表 10.3.2　主从 JK 触发器的功能表

CP	J	K	Q	$\overline{Q}$	功能
↓	0	0	不变	不变	保持
↓	0	1	0	1	置 0
↓	1	0	1	0	置 1
↓	1	1	翻转	翻转	翻转

主从 JK 触发器输入信号 J 和 K 之间没有约束，是一种使用起来十分灵活方便的触发器。但其存在一次变化问题，因此抗干扰能力尚需提高。假设触发器初态为 0，即 $Q^n=0$，$\overline{Q^n}=1$，且 $J=0$、$K=1$。如果在 $CP=1$ 期间 J、K 发生变化，使 $J=1$、$K=0$ 或 $J=K=1$，则主触发器被置成 1，而此时又恢复 $J=0$、$K=1$，则门 G_7 被 Q^n 封锁，所以主触发器无法恢复为 0 状态。当 CP 下降沿到来时，从触发器也被置成 1。所以在 $CP=1$ 期间，主触发器只能翻转一次，无论 J、K 如何变化，主触发器都不再变回来，这种现象称一次性变化。所以，一般情况下，主从 JK 触发器要求在 $CP=1$ 期间输入信号的取值保持不变。

10.4 边沿触发器

为了解决主从 JK 触发器的一次变化问题，增强电路工作的可靠性，便出现了边沿触发器。边沿触发器的电路结构较多，如利用 CMOS 传输门的边沿触发器、维持阻塞触发器、利用门电路传输延迟时间的边沿触发器等。这些触发器虽然结构不同，但边沿触发或控制的特点却是相同的，下面以利用 CMOS 传输门的 D 触发器为例，来说明边沿的工作原理和主要特点。

图 10.4.1（a）是利用 CMOS 传输门构成的一种边沿触发器。这种电路结构在形式上也是一种主从结构，但是它和前面讲过的主从结构触发器具有完全不同的特点。图 10.4.1（b）为该触发器逻辑符号，">"表示 CP 上升沿有效。

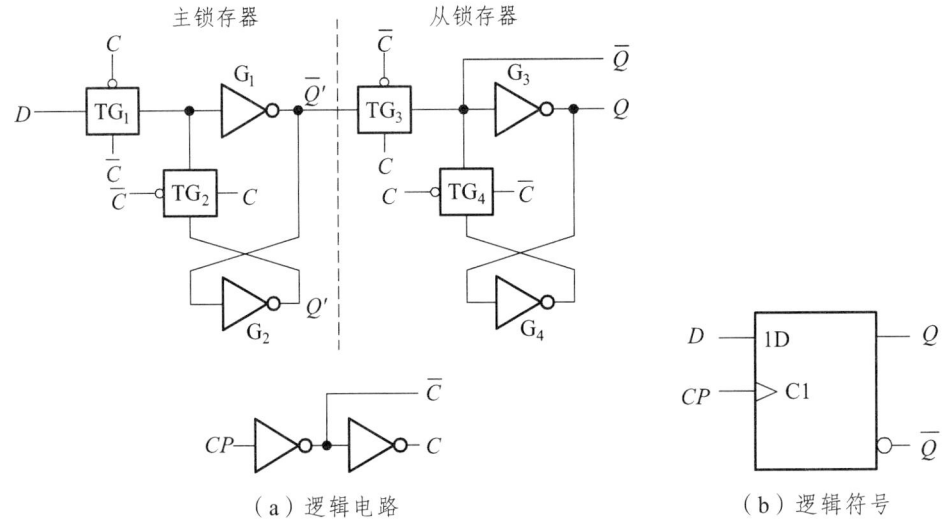

图 10.4.1 利用 CMOS 传输门的 D 触发器

从图 10.4.1 中可以看到，反相器 G_1、G_2 和传输门 TG_1、TG_2 组成主触发器，反相器 G_3、G_4 和传输门 TG_3、TG_4 组成从触发器。TG_1 和 TG_3 分别为主触发器和从触发器的输入控制门。

当 $CP=0$ 时，即 $\overline{C}=1$，$C=1$，TG_1 导通，TG_2 截止，D 端的输入信号送到主触发器中，使 $Q'=D$。但这时主触发器尚未形成反馈连接，不能自行保持，Q' 跟随 D 端的状态变化。此时 TG_3 截止，TG_4 导通，所以从触发器维持原态不变，而且它与主触发器之间的联系被 TG_3 所切断。

当 CP 的上升沿到达时，即 $\overline{C}=0$，$C=1$，TG_1 截止，TG_2 导通，由于门 G_1 的输入电容存储效应，G_1 输入端的电压不会立刻消失，于是 Q' 在 TG_1 切断前的状态被保存下来。此时 TG_3 导通，TG_4 截止，主触发器的状态通过 TG_3 和 G_3 送到输出端，使 $Q=Q'=D$。

可见，这种触发器的动作特点是输出端状态的转换发生在 CP 的上升沿，而且触发器所保存下来的状态仅仅取决于 CP 上升沿到达时的输入状态。因为触发器输出状态的转换发生在 CP 的上升沿，所以这是一个上升沿触发器的边沿触发器。

10.5 触发器的逻辑功能

触发器的逻辑功能是指触发器的次态和初态及输入信号之间在稳态下的逻辑关系，这种逻辑关系可以用特性表、特性方程和状态图来描述。根据逻辑功能的不同特点，把触发器分为 RS 触发器、D 触发器、JK 触发器、T 触发器和 T′ 触发器。需要注意的是，逻辑功能和电路结构是两个不同的概念。某一逻辑功能的触发器可以用不同的电路结构来实现，如同步 RS 触发器和主从 RS 触发器；同时，以某一种电路结构为基础，也可以构成不同逻辑功能的触发器。

1. D 触发器

以输入信号和触发器的现态为变量，以次态为函数，描述它们之间逻辑关系的真值表称为触发器的特性表。D 触发器的特性表如表 10.5.1 所示。

表 10.5.1　D 触发器特性表

D	Q^n	Q^{n+1}
0	0	0
0	1	0
1	0	1
1	1	1

触发器的逻辑功能也可以用特性方程来描述。根据表 10.5.1 可以列出 D 触发器的特性方程：

$$Q^{n+1} = D$$

触发器的逻辑功能还可以用状态图来描述。根据表 10.5.1 可以导出 D 触发器的状态图如图 10.5.1 所示。图中，圆圈内为触发器的状态 Q，分别表示为 0 和 1 的两个圆圈代表了触发器的两个状态；4 根带箭头的方向线表示状态转换的方向，分别对应特性表中的 4 行，方向线的起点为触发器的现态 Q^n，箭头指向相应的次态 Q^{n+1}；方向线的旁边标出状态转换的条件，即输入信号 D 的逻辑值。

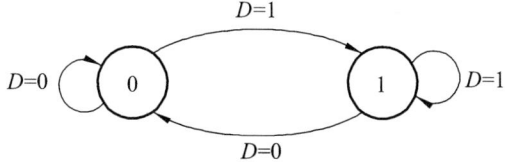

图 10.5.1　D 触发器的状态图

2. JK 触发器

表 10.5.2 是 JK 触发器的特性表。

表 10.5.2 JK 触发器的特性表

J	K	Q^n	Q^{n+1}
0	0	0	0
0	0	1	1
0	1	0	0
0	1	1	0
1	0	0	1
1	0	1	1
1	1	0	1
1	1	1	0

从表 10.5.2 可以导出 JK 触发器的特性方程：

$$Q^{n+1} = J \cdot \overline{Q^n} + \overline{K} \cdot Q^n$$

从表 10.5.2 可以导出 JK 触发器的状态图如图 10.5.2 所示。

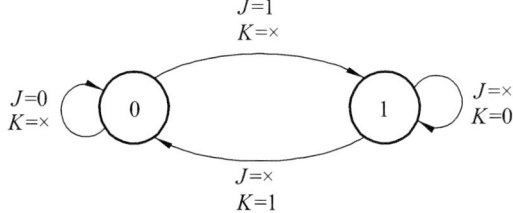

图 10.5.2 JK 触发器的状态图

3. RS 触发器

RS 触发器的特性表如表 10.5.3 所示。从表中可以看出 S=R=1 时，触发器的次态是不能确定的，如果出现这种情况，触发器将失去控制。因此，RS 触发器的使用必须遵循 RS=0 的约束条件。从特性表可导出 RS 触发器的特性方程：

$$Q^{n+1} = S + \overline{R} \cdot Q^n$$

$$RS=0（约束条件）$$

表 10.5.3 RS 触发器的特性表

S	R	Q^n	Q^{n+1}
0	0	0	0
0	0	1	1
0	1	0	0
0	1	1	0
1	0	0	1

续表

S	R	Q^n	Q^{n+1}
1	0	1	1
1	1	0	不确定
1	1	1	不确定

从特性表可以导出状态图，如图 10.5.3 所示。

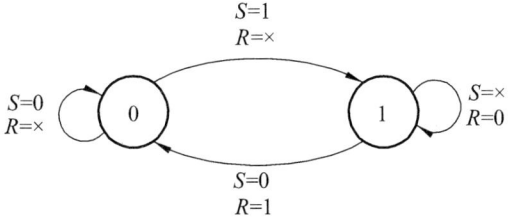

图 10.5.3　RS 触发器的状态图

4. T 触发器

在 CP 脉冲的作用下，当输入 $T=0$ 时，触发器的功能为保持状态；当输入 $T=1$ 时，触发器的功能为翻转状态。具备这种逻辑功能的触发器称为 T 触发器。

根据 T 触发器逻辑功能的定义，可列出 T 触发器的特性表，如表 10.5.4 所示。

表 10.5.4　T 触发器特性表

T	Q^n	Q^{n+1}
0	0	0
0	1	1
1	0	1
1	1	0

从表 10.5.4 可以导出 T 触发器的特性方程：

$$Q^{n+1} = T \cdot \overline{Q^n} + \overline{T} \cdot Q^n = T \oplus Q^n$$

从表 10.5.4 可以导出 T 触发器的状态图如 10.5.4 所示。

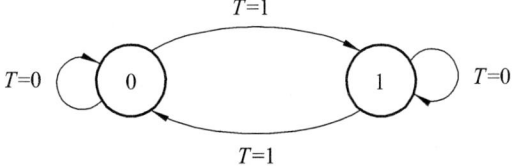

图 10.5.4　T 触发器的状态图

对于 T 触发器来说，当 $T=0$ 时，触发器保持原状态不变；当 $T=1$ 时，触发器将随 CP 的到来而翻转，具有计数功能。因此可称为可控翻转触发器。对比 T 触发器和 JK 触发器的状态方程可知，当 JK 触发器取 J=K=T，就可实现 T 触发器功能。

5. T' 触发器

当 T 触发器的 T=1 时，T 触发器的特性方程将变为

$$Q^{n+1} = \overline{Q^n}$$

也就是说，每来一个 CP 脉冲，触发器状态都将翻转一次，构成计数工作状态，这就是 T' 触发器，也称为翻转触发器。

值得注意的是，在集成触发器产品中不存在 T 触发器和 T' 触发器，而是由其他类型的触发器连接成具有翻转功能的触发器，但其逻辑符号可单独存在，以突出其特点。

6. 触发器逻辑功能的转换

触发器按逻辑功能不同可分为 RS 触发器、JK 触发器、D 触发器、T 触发器、T' 触发器，它们分别有各自的状态方程。在实际应用中，有时可以将一种类型的触发器转换为另一种类型的触发器。图 10.5.5 所示为触发器转换的示意图。其中，已有触发器为已有的包含某种结构和功能的触发器，虚线框表示为转换后的触发器。由图 10.5.5 可以看出，转换的核心是求转换电路。该转换电路的输入是新功能触发器的驱动输入，其输出是已知触发器的驱动输入。

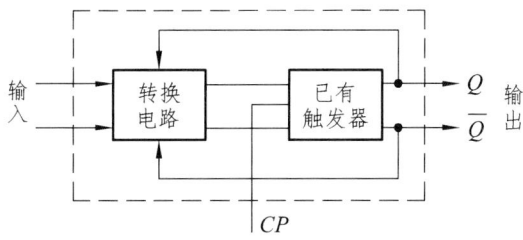

图 10.5.5　触发器转换图

下面介绍几种触发器的转换方法。

（1）D 触发器转换成 JK 触发器。

由 D 触发器和 JK 触发器的特性方程，可得到 $D = J \cdot \overline{Q^n} + \overline{K} \cdot Q^n$，转换后 JK 触发器的电路图，如图 10.5.6 所示。

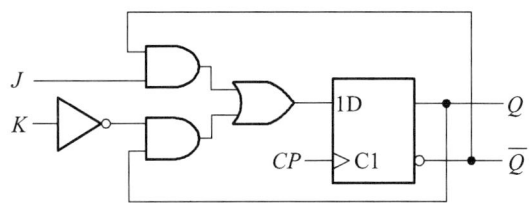

图 10.5.6　用 D 触发器转换成 JK 触发器

（2）D 触发器转换成 T 触发器。

由 D 触发器和 T 触发器的特性方程，可得到 $D = T \cdot \overline{Q^n} + \overline{T} \cdot Q^n = T \oplus Q^n$，转换后 T 触发器的电路图，如图 10.5.7。

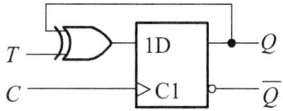

图 10.5.7　D 触发器转换为 T 触发器

（3）JK 触发器转换成 T 触发器。

因为 JK 触发器的特性方程为 $Q^{n+1}=J\cdot\overline{Q^n}+\overline{K}\cdot Q^n$，而 T 触发器的特性方程为 $Q^{n+1}=T\cdot\overline{Q^n}+\overline{T}\cdot Q^n$，比较两个等式可知需令 $J=T$、$K=T$，则其转换电路如图 10.5.8 所示。如令 $T=1$ 就得到 T' 触发器。

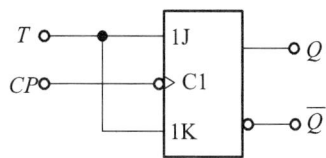

图 10.5.8　JK 触发器转换为 T 触发器电路图

（4）JK 触发器转换成 RS 触发器。

因为 JK 触发器的特性方程为 $Q^{n+1}=J\cdot\overline{Q^n}+\overline{K}\cdot Q^n$，而 RS 触发器的特性方程为 $Q^{n+1}=S+\overline{R}\cdot Q^n$，变换 RS 触发器的特性方程后比较两个等式可知需令 $S=J$、$R=K$。则可以得到 JK 触发器转换为 RS 触发器的电路图，如图 10.5.9 所示。

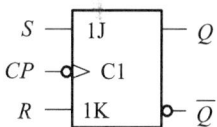

图 10.5.9　JK 触发器转换为 RS 触发器电路图

习　题

10.1　在题 10.1 图（a）所示的基本 RS 触发器中，已知输入信号 $\overline{R}$、$\overline{S}$ 的波形如图（b）所示，请画出 Q、$\overline{Q}$ 端的波形。

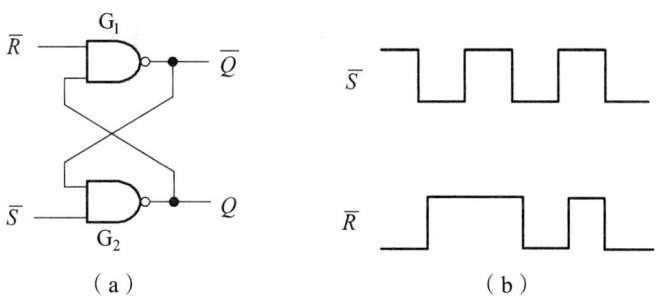

题 10.1 图

10.2 在题 10.2 图（a）所示的基本 RS 触发器中，已知输入信号 R、S 的波形如图（b）所示，请画出 Q、$\overline{Q}$ 端的波形。

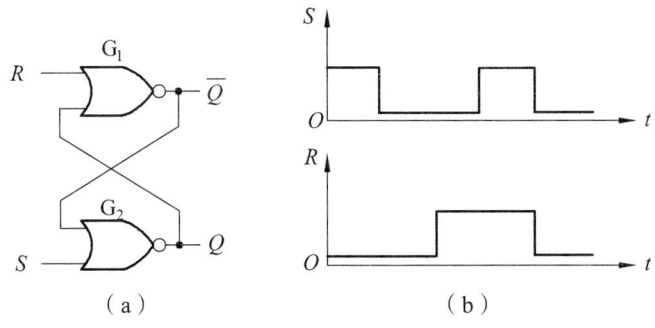

题 10.2 图

10.3 在主从 JK 触发器中，若已知波形如题 10.3 图所示，触发器起始状态 0，试画出出 Q、$\overline{Q}$ 端的波形。

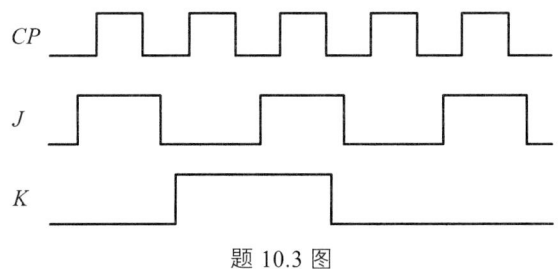

题 10.3 图

10.4 在上升沿 D 触发器中，已知 CP、D 的波形如题 10.4 图所示，试画出 Q、$\overline{Q}$ 端波形。（设触发器的初始状态为 Q=0）

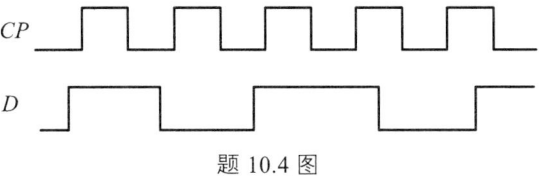

题 10.4 图

10.5 在下降沿 JK 触发器中，已知时钟和复位端波形如题 10.5 图所示，J 和 K 接高电平，试画出 Q 端波形。（设触发器的初始状态为 Q=0）

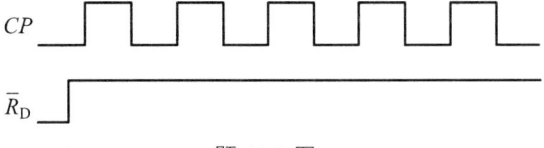

题 10.5 图

10.6 试画出题 10.6 图中各触发器在时钟信号作用下 Q 端的波形。（设触发器起始状态皆为 0）

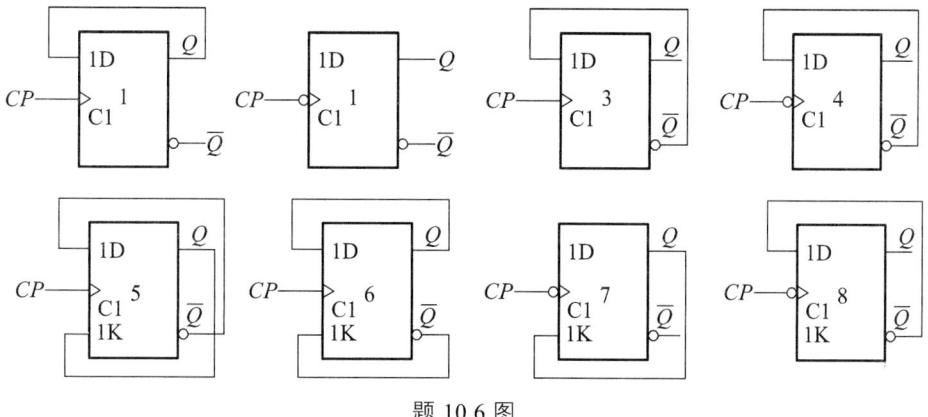

题 10.6 图

10.7 试画出如题 10.7 图所示触发器的 Q_0、Q_1 端波形。（设各触发器起始状态为 0）

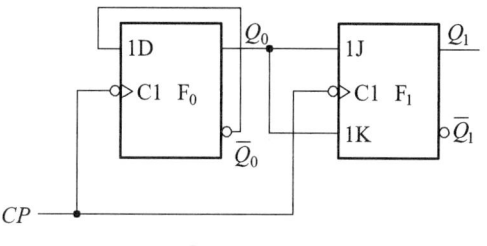

题 10.7 图

10.8 试画出如题 10.8 图所示触发器的 Q_0、Q_1 端波形。（设各触发器起始状态为 0）

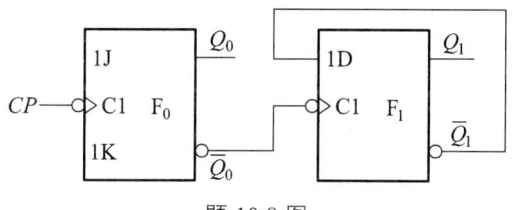

题 10.8 图

10.9 试画出如题 10.9 图所示电路 Q_0、Q_1 的波形。（设各触发器起始状态为 0）

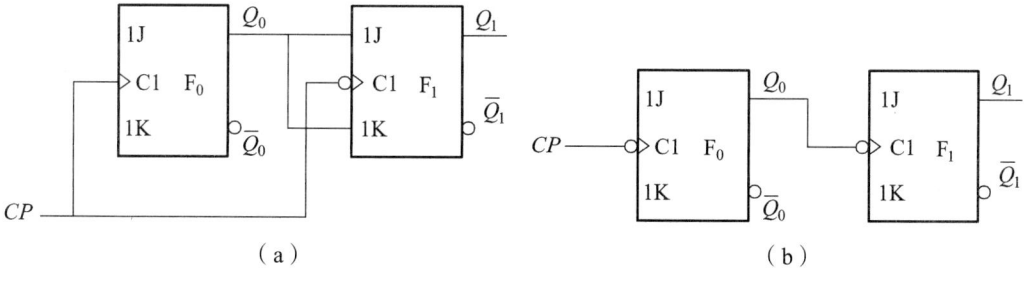

题 10.9 图

10.10 试画出如题 10.10 图所示电路 Q_0、Q_1 的波形。（设各触发器起始状态为 0）

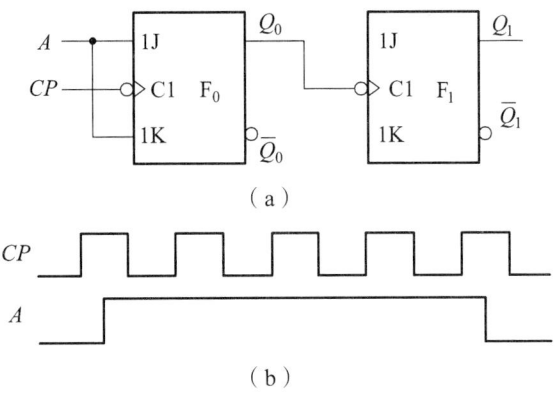

（a）

（b）

题 10.10 图

10.11 试画出如题 10.11 图所示电路 Q_0、Q_1 的波形。（设各触发器起始状态为 0）

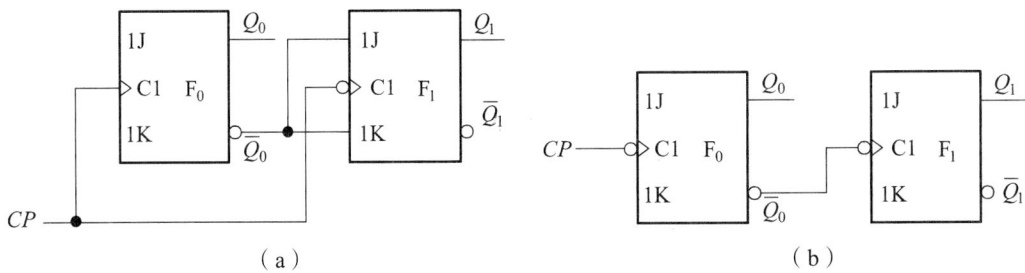

（a）   （b）

题 10.11 图

第 11 章 时序逻辑电路

【主要内容】

本章首先介绍时序逻辑电路的基本概念、分析方法和设计方法，然后介绍寄存器和计数器的逻辑功能和应用，最后介绍 555 定时器的功能和应用。

11.1 时序逻辑电路的基本概念

11.1.1 时序逻辑电路的特点

时序逻辑电路的特点是，任意时刻的输出不仅取决于该时刻的输入，而且还与电路原来的状态有关。时序逻辑电路的基本结构如图 11.1.1 所示。由图可知，时序逻辑电路在电路结构上有两个特点。第一，时序电路通常包含组合电路和存储电路两个部分，其中存储电路由锁存器或触发器组成，是时序电路必不可少的部分。第二，电路存在反馈。在时序电路中，存储电路的输出状态必须反馈到组合电路的输入端，与输入信号一起共同决定组合电路的输出和存储电路的下一种输出状态。

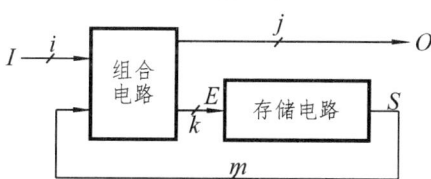

图 11.1.1 时序逻辑电路的基本结构

方便起见，基本结构图中各组逻辑变量均以向量形式表示，其中 I 表示输入信号；O 表示输出信号；E 表示存储电路的输入信号，称为激励信号或驱动信号；S 表示存储电路的输出信号，称为状态信号或状态变量。时钟脉冲有效沿到来之前存储电路的状态，称为现态或初态，用 S^n 表示；有效沿到来之后存储电路的状态，称为次态，用 S^{n+1} 表示。输入信号、输出信号、激励信号和状态信号这 4 个信号之间的逻辑关系可以用 3 组方程来描述：

$$O=h(I, S) \qquad (11.1.1)$$
$$E=f(I, S) \qquad (11.1.2)$$
$$S^{n+1}=g(E, S^n) \qquad (11.1.3)$$

式（11.1.1）描述的是输出信号与输入信号、状态变量的关系，称为输出方程；式（11.1.2）描述的是激励信号与输入信号、状态变量的关系，称为激励方程，也叫驱动方程；式（11.1.3）描述的是次态与输入信号、现态的关系，称为转换方程，也叫状态方程。

因为时序电路的输出不仅与该时刻的输入有关，而且还与电路原来的状态有关，所以这3组方程右边的状态变量都是现态，这一点尤其要注意。通常来说，一个时序电路可以通过这3组方程来确定它的逻辑功能，所以通过逻辑图可以得到这三组方程。

11.1.2 时序逻辑电路的分类

1. 按电路中触发器状态变化是否同步分类

时序逻辑电路按电路中触发器状态变化是否同步可分为同步时序逻辑电路和异步时序逻辑电路。

（1）同步时序逻辑电路。

电路状态改变时，电路中要更新状态的触发器是同步翻转的。因为在这种时序逻辑电路中，其状态的改变受同一个时钟脉冲控制，各个触发器的 CP 信号都是输入时钟脉冲。

（2）异步时序逻辑电路。

电路状态改变时，电路中要更新状态的触发器，有的先翻转，有的后翻转，是异步进行的。因为在这种时序逻辑电路中，有的触发器的 CP 信号就是输入时钟脉冲，有的触发器的 CP 信号则是其他触发器的输出。

2. 按电路输出信号的特性分类

时序逻辑电路按电路输出信号的特性可分为 Mealy（米利）型和 Moore（摩尔）型。

（1）Mealy 型时序逻辑电路。

其输出不仅与现态有关，而且还与电路的输入有关，其输出方程为 $O=h(I, S)$。

（2）Moore 型时序逻辑电路。

其输出仅决定于电路的现态，其输出方程为 $O=h(S)$。

11.1.3 时序逻辑电路中常用术语概念

1. 有效状态与有效循环

在时序电路中，凡是被利用了的状态，都叫作有效状态。由有效状态形成的循环，都称为有效循环。如图11.1.2（a）所示为有效循环，因为这6个状态都是有效状态。

2. 无效状态与无效循环

在时序电路中，凡是没有被利用的状态，都叫作无效状态。如果无效状态形成了循环，那么这种循环就称为无效循环。如图 11.1.2（b）所示为无效循环，因为这两个状态都是无效状态。

3. 能自启动与不能自启动

（1）能自启动。

在时序逻辑电路中，虽然存在无效状态，但它们没有形成循环，这样的时序逻辑电路叫作能够自启动的时序逻辑电路。

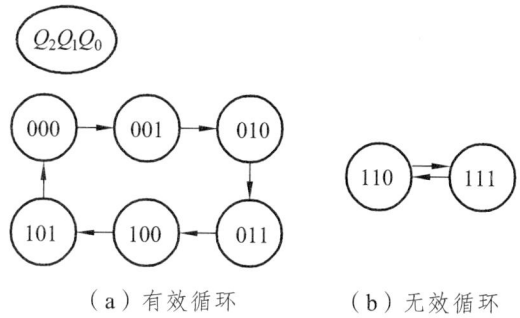

（a）有效循环　　　（b）无效循环

图 11.1.2　有效循环和无效循环

（2）不能自启动。

在时序逻辑电路中，有无效状态存在且它们之间形成了循环，这样的时序逻辑电路被称为不能自启动的时序逻辑电路。

如图 11.1.2 所示状态图中，既存在无效状态 110、111，又形成了无效循环，因此该电路是一个不能自启动的时序逻辑电路。这种时序逻辑电路一旦因某种原因（如受到干扰）落入无效循环，就再也回不到有效状态，即再也无法正常工作。

11.2　时序逻辑电路的分析

分析时序逻辑电路，就是要得到给定时序电路的逻辑功能。具体地说，就是要找到在输入变量和时钟信号的作用下，电路的状态和输出的变化规律。而这种规律通常用状态表、状态图或时序图来描述。因此，分析一个给定的时序电路，实际上是要求出该电路的状态表、状态图或时序图，以此来确定该电路的逻辑功能。

本节主要介绍由触发器构成的时序电路的分析方法。

11.2.1　同步时序逻辑电路的分析方法

同步时序电路中所有触发器都受同一个时钟信号控制，所以分析方法比较简单。一般按如下步骤进行：

① 根据给定逻辑电路写出驱动方程和输出方程；
② 将各触发器的驱动方程代入相应触发器的特性方程，即得到各触发器的状态方程；
③ 根据输出方程和状态方程，列状态表、画状态图或时序图；
④ 确定电路的逻辑功能。

上述对时序逻辑电路的分析步骤不是一成不变的，可根据电路繁简情况和分析者对电路的熟悉程度进行取舍。

例 11.2.1　试分析如图 11.2.1 所示电路的逻辑功能。

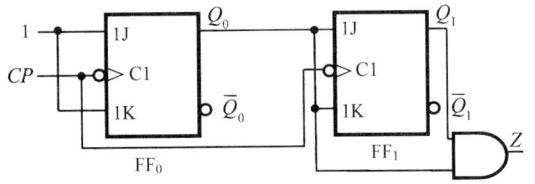

图 11.2.1 例 11.2.1 的逻辑电路图

解：这是一个由两个 JK 触发器和与门组成的 Moore 型同步时序逻辑电路，分析如下。

（1）根据逻辑图写出每个触发器的驱动方程和输出方程。

$$J_0 = K_0 = 1$$

$$J_1 = K_1 = Q_0^n$$

$$Z = Q_1^n Q_0^n$$

（2）将驱动方程代入触发器的特征方程求得触发器的状态方程。

$$Q_0^{n+1} = J_0 \overline{Q_0^n} + \overline{K}_0 Q_0^n = 1\overline{Q_0^n} + \bar{1}Q_0^n = \overline{Q_0^n}$$

$$Q_1^{n+1} = J_1 \overline{Q_1^n} + \overline{K}_1 Q_1^n = Q_0^n \overline{Q_1^n} + \overline{Q_0^n} Q_1^n = Q_0^n \oplus Q_1^n$$

（3）列出状态转换表，画出状态转换图与时序波形图。

根据状态方程和输出方程，可以列出状态表，如表 11.2.1 所示。

表 11.2.1 例 11.2.1 的状态表

Q_1^n	Q_0^n	Q_1^{n+1}	Q_n^{n+1}	Z
0	0	0	1	0
0	1	1	0	0
1	0	1	1	0
1	1	0	0	1

由此状态表可以得到：

① 状态图，如图 11.2.2 所示。

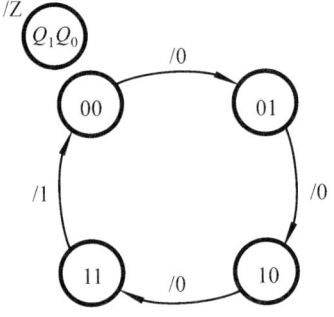

图 11.2.2 例 11.2.1 的状态图

② 时序图，如图 11.2.3 所示。

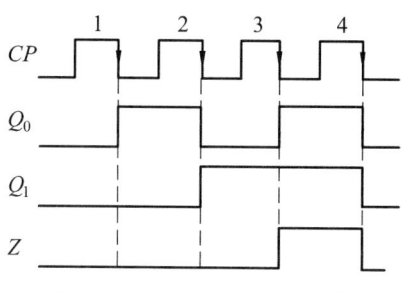

图 11.2.3　例 11.2.1 的时序图

（4）确定电路的逻辑功能。

由状态图和时序图可知，此电路是一个同步四进制加法计数器，Z 为进位输出端。

例 11.2.2　试分析如图 11.2.4 所示电路的逻辑功能。

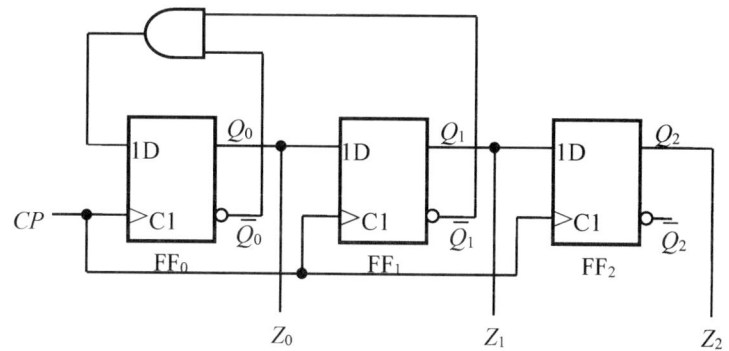

图 11.2.4　例 11.2.2 的逻辑电路图

解：

（1）根据逻辑图写出每个触发器的驱动方程和输出方程。

$$D_0 = \overline{Q_0^n}\,\overline{Q_1^n} \qquad D_1 = Q_0^n \qquad D_2 = Q_1^n$$

$$Z_0 = Q_0^n \qquad Z_1 = Q_1^n \qquad Z_1 = Q_2^n$$

（2）将驱动方程代入触发器的特征方程求得触发器的状态方程。

$$Q_0^{n+1} = \overline{Q_0^n}\,\overline{Q_1^n} \qquad Q_1^{n+1} = Q_0^n \qquad Q_2^{n+1} = Q_1^n$$

（3）列出状态转换表（表 11.2.2），画出状态转换图（图 11.2.5）与时序波形图（图 11.2.6）。

表 11.2.2　例 11.2.2 的状态表

Q_2^n	Q_1^n	Q_0^n	Q_2^{n+1}	Q_1^{n+1}	Q_0^{n+1}
0	0	0	0	0	1
0	0	1	0	1	0
0	1	0	1	0	0

续表

Q_2^n	Q_1^n	Q_0^n	Q_2^{n+1}	Q_1^{n+1}	Q_0^{n+1}
0	1	1	1	1	0
1	0	0	0	0	1
1	0	1	0	1	0
1	1	0	1	0	0
1	1	1	1	1	0

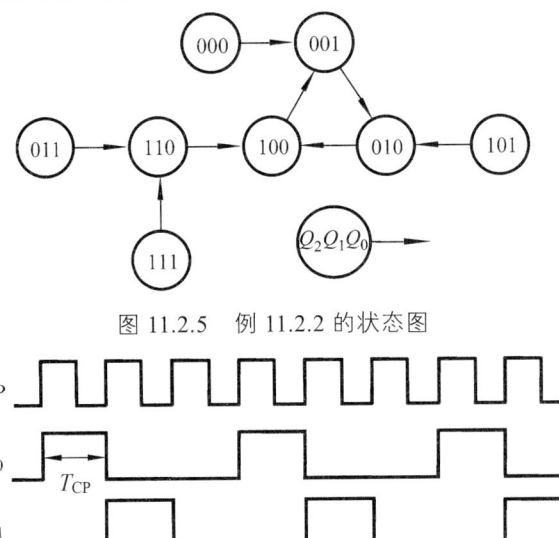

图 11.2.5　例 11.2.2 的状态图

图 11.2.6　例 11.2.2 的时序图

（4）确定电路的逻辑功能。

由状态图可见，电路的有效状态是三位循环码。从时序图可看出，电路正常工作时，各触发器的 Q 端轮流出现一个宽度为一个 CP 周期脉冲信号，循环周期为 $3T_{CP}$。电路的功能为脉冲分配器或节拍脉冲产生器。

11.2.2　异步时序逻辑电路的分析方法

异步时序电路中各触发器受不同时钟信号控制，所以分析时不仅要考虑各触发的激励信号，还要考虑各触发器的时钟信号。分析步骤如下：

① 根据给定逻辑电路写出驱动方程、输出方程和时钟方程；
② 将各触发器的驱动方程代入相应触发器的特性方程，即得到各触发器的状态方程；
③ 根据输出方程和状态方程，列状态表、画状态图或时序图；
④ 确定电路的逻辑功能。

例 11.2.3　试分析如图 11.2.7 所示电路的逻辑功能。

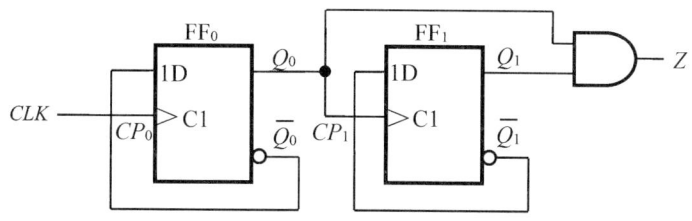

图 11.2.7 例 11.2.3 的逻辑电路图

解：该电路由 2 个上升沿触发器的 D 触发器组成，Z 为输出信号。由于触发器 FF_0 的时钟信号为 CLK，FF_1 的时钟信号为 Q_0，所以该电路为异步时序电路。分析过程如下：

（1）写出驱动方程、输出方程和时钟方程。

驱动方程：$D_0 = \overline{Q}_0^n$　　　　$D_1 = \overline{Q}_1^n$

输出方程：$Z = Q_1^n Q_0^n$

时钟方程：$CP_0 = CLK\uparrow$　　　　$CP_1 = Q_0\uparrow$

式中，符号"↑"表示信号从 0 跳变到 1。由驱动方程和时钟方程可知，触发器 FF_0 状态变化的时刻是 CLK 从 0 跳变到 1 的时刻，触发器 FF_1 状态变化的时刻是 Q_0 从 0 跳变到 1 的时刻。

（2）求状态方程。

将驱动方程分别代入 D 触发器的特性方程 $Q_i^{n+1} = D_i$，就可得到状态方程：

$$Q_0^{n+1} = \overline{Q}_0^n \qquad Q_1^{n+1} = \overline{Q}_1^n$$

在异步时序电路中，由于各触发器的输出状态变化发生在该触发器的时钟脉冲有效沿到达的时刻，因此必须在触发器的状态方程上配上时钟方程

$$Q_0^{n+1} = \overline{Q}_0^n(CLK\uparrow) \qquad Q_1^{n+1} = \overline{Q}_1^n(Q_0\uparrow)$$

上面的式子由两部分组成，前一部分描述触发器状态变化规律，后一部分（括号内）描述触发器状态变化时刻。

（3）作状态表、状态图和时序图。

作状态表的方法与同步时序电路相似，但由于异步时序电路中各触发器的时钟信号不同，所以在状态表中要把每个触发器的时钟信号列出来，如表 11.2.3 所示。首先，假设电路的初态为 00，时钟脉冲 CLK 有效沿（↑）到达时，由于 $CP_0 = CLK\uparrow$，所以 Q_0 从 0 变为 1。因此 $CP_1 = Q_0\uparrow$，所以 Q_1 也从 0 变为 1。即初态为 00 时，电路的次态为 11，根据输出方程可得此时输出 Z 为 1。然后假设电路的初态为 01，时钟脉冲 CLK 有效沿（↑）到达时，由于 $CP_0 = CLK\uparrow$，所以 Q_0 从 1 变为 0。因此 $CP_1 = Q_0\downarrow$，所以 Q_1 保持不变，仍然为 0。所以初态为 01 时，电路的次态为 00，根据输出方程可得此时输出 Z 为 0。按照相同的方法，可以确定初态为 10 时，次态为 01，输出为 0；初态为 11 时，次态为 10，输出为 0。然后作出状态表，如表 11.2.3 所示。

表 11.2.3 例 11.2.3 的状态表

CLK	Q_1^n	Q_0^n	CP_1	CP_0	Q_1^{n+1}	Q_0^{n+1}	Z
↑	0	0	↑	↑	1	1	1
↑	0	1	↓	↑	0	0	0
↑	1	0	↑	↑	0	1	0
↑	1	1	↓	↑	1	0	0

根据状态表，可作出状态图和时序图，如图 11.2.8 所示。

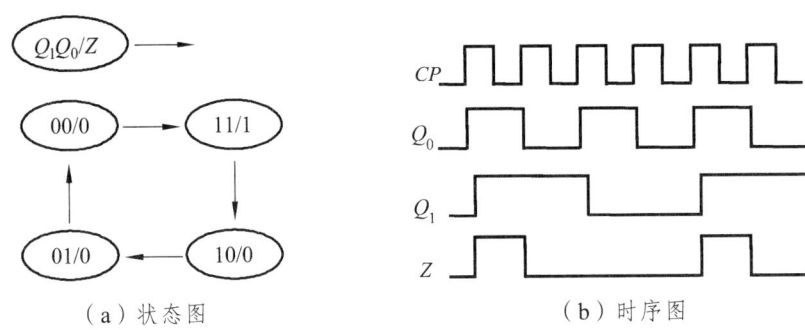

（a）状态图   （b）时序图

图 11.2.8 例 11.2.3 的状态图和时序图

（4）确定电路逻辑功能。

由状态图和时序图可知，该电路是一个异步二进制减计数器，Z 信号的上升沿可触发借位操作。

11.3 同步时序逻辑电路的设计

"设计"是"分析"的逆过程。在设计时序逻辑电路时，要求设计者根据给出的具体逻辑问题，求出完成这一逻辑功能的时序逻辑电路来。所设计出的逻辑电路应力求最简。

当选用小规模集成电路做设计时，电路最简的标准是所用的触发器和门电路的数目最少，而且触发器和门电路的输入端数目亦为最少。而当使用中规模集成电路时，电路最简的标准则是使用的集成电路数目最少、种类最少，而且相互连线也最少。

同步时序逻辑电路的设计步骤为：

① 分析设计要求，确定输入变量、输出变量及电路的状态数，建立原始状态转换图。

② 确定触发器的类型及数目。如果要设计的时序电路有 M 个状态，触发器的个数为 n，则 $2^{n-1} \leqslant M \leqslant 2^n$。

③ 选择状态编码，进行状态分配。所选择的编码要便于记忆和识别，并且遵循一定的规律。

④ 由状态编码列出状态表，由状态表画出各触发器的卡诺图，求状态方程和输出方程。

⑤ 检查时序逻辑电路是否自启动。将无效状态代入状态方程，求出状态与输出，完

成状态转换图，并判断时序逻辑电路是否能自启动。

⑥ 根据转换状态方程所选触发器类型的特征方程形式，求各触发器的驱动方程。

⑦ 画逻辑电路图。

例 11.3.1 试设计一个带有进位输出的同步五进制计数器。

解：（1）首先分析设计要求。

计数器的工作特点是在时钟信号操作下自动地依次从一个状态转为下一个状态。所以计数器没有输入信号，只有输出信号。可见，计数器是属于 Moore 型的一种简单时序逻辑电路。

取进位信号为输出逻辑变量 Y，同时规定有进位输出时 $Y=1$，无进位输出时 $Y=0$。

五进制计数器应该有 5 个状态，若分别用 S_0、S_1、S_2、S_3、S_4 表示，按题意即可画出如图 11.3.1 所示的原始状态图。

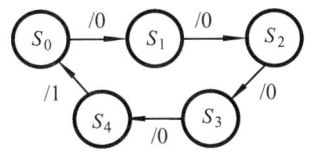

图 11.3.1 例 11.3.1 的原始状态图

因为五进制计数器必须用五个不同的状态表示已经输入的时钟脉冲数，所以状态已不能再化简。

根据要求 M 有 5 个状态，故应取触发器位数 $n=3$，因为：$2^2<5<2^3$，如无特殊要求，取自然进制数 000~100 为 S_0~S_4 的编码，于是便得到如图 11.3.2 所示的状态图。

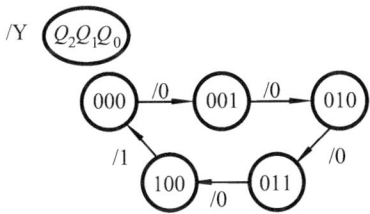

图 11.3.2 例 11.3.1 的状态图

根据图 11.3.2 画出各触发器的次态卡诺图和进位输出卡诺图，如图 11.3.3 所示。由于计数器正常工作时不会出现 101、110、111 这三种状态，所以可将这三种状态作约束项处理，在卡诺图上用"×"表示。

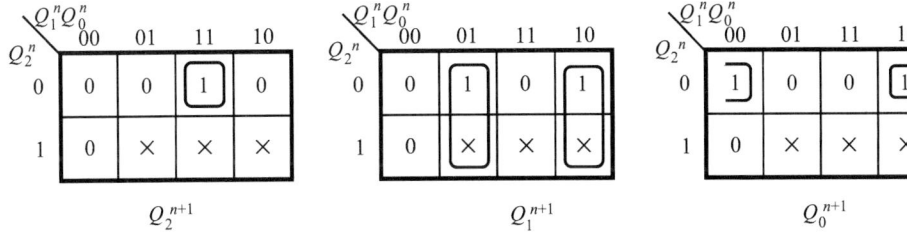

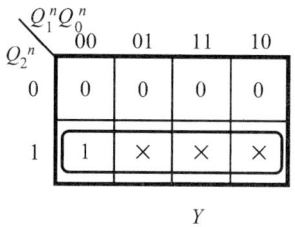

图 11.3.3 例 11.3.1 各触发器的次态卡诺图和输出卡诺图

由卡诺图可写出触发器的状态方程为

$$Q_2^{n+1} = \overline{Q}_2^n Q_1^n Q_0^n \qquad Q_1^{n+1} = \overline{Q}_1^n Q_0^n + Q_1^n \overline{Q}_0^n \qquad Q_0^{n+1} = \overline{Q}_2^n \overline{Q}_0^n$$

输出方程为

$$Y = Q_2^n$$

由于 JK 触发器的特性方程为 $Q^{n+1} = J\overline{Q}^n + \overline{K}Q^n$,将状态方程与 JK 触发器的特性方程相比较,则可以得到驱动方程为 $J_2 = Q_1^n Q_0^n$、$K_2 = 1$;$J_1 = K_1 = Q_0^n$;$J_0 = \overline{Q}_2^n$、$K_0 = 1$。

(2)接下来检查电路能否自启动。分别将无效状态 101、110、111 代入各状态方程中计算,所得次态分别为 010、010、000,图 11.3.4 是完整的状态图,故电路能自启动。

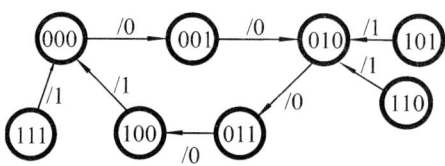

图 11.3.4 例 11.3.1 的完整状态图

(3)最后根据驱动方程与输出方程即可画出该电路的逻辑图,如图 11.3.5 所示。

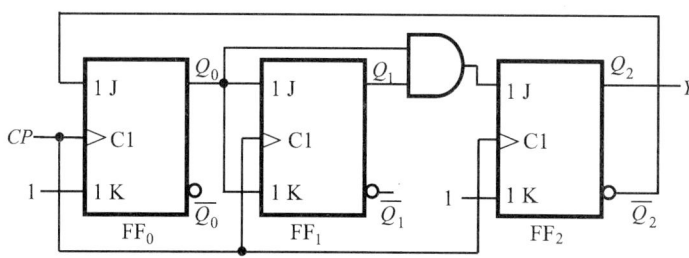

图 11.3.5 例 11.3.1 逻辑电路图

11.4 计数器

在数字电路中,能够记忆输入脉冲个数的电路称为计数器。计数器是一种应用十分广泛的时序逻辑电路,除用于计数、分频外,还广泛用于数字测量、运算和控制。从小型数字仪表,到大型数字电子计算机,计算器几乎无所不在,是任何现代数字系统中不可缺少的组成部分。

计数器的种类繁多，按计数过程中各触发器状态的更新是否同步，可分为同步计数器和异步计数器；按计数过程中数值的进位方式，可分为二进制计数器、十进制计数器和 N 进制计数器；按计数过程中数值的增减情况，可分为加法计数器、减法计数器和可逆计数器。

11.4.1 集成二进制计数器 74LVC161

4 位二进制同步加法计数器 74LVC161 的逻辑符号如图 11.4.1 所示，其中 $\overline{CR}$ 为清零输入端，CET、CEP 为计数使能输入端，$\overline{PE}$ 为预置数输入端，CP 为时钟脉冲输入端，$D_0 \sim D_3$ 为预置数据输入端，$Q_0 \sim Q_3$ 为数据输出端，TC 为进位输出端。

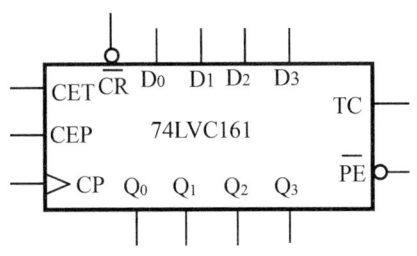

图 11.4.1　74LVC161 的逻辑符号

74LVC161 的功能表如表 11.4.1 所示。由表可知，74LVC161 有以下功能：

① 异步清零。

当 $\overline{CR}=0$ 时，不管其他输入端信号如何（包括时钟信号 CP），计数器输出 $Q_3Q_2Q_1Q_0$ 为 0000。

② 同步置数。

当 $\overline{CR}=1$，$\overline{PE}=0$ 且 CP 为上升沿时，不管其他输入端信号如何，计数器输出 $Q_3Q_2Q_1Q_0 = D_3D_2D_1D_0$。

③ 保持。

当 $\overline{CR}=\overline{PE}=1$，且 $CET \cdot CEP = 0$，计数器保持原状态不变。

④ 计数。

当 $\overline{CR}=\overline{PE}=CET=CEP=1$，且 CP 为上升沿时，计数器处于计数状态，每来一个时钟脉冲 $Q_3Q_2Q_1Q_0$ 的值加 1。

表 11.4.1　74LVC161 的功能表

输入									输出			
清零	预置	使能		时钟	预置数据输入				计数			进位
$\overline{CR}$	$\overline{PE}$	CEP	CET	CP	D_3	D_2	D_1	D_0	Q_3	Q_2	Q_1	Q_0	TC
L	×	×	×	×	×	×	×	×	L	L	L	L	L

续表

输入									输出				
清零	预置	使能		时钟	预置数据输入				计数				进位
$\overline{CR}$	$\overline{PE}$	CEP	CET	CP	D_3	D_2	D_1	D_0	Q_3	Q_2	Q_1	Q_0	TC
H	L	×	×	↑	D_3	D_2	D_1	D_0	D_3	D_2	D_1	D_0	*
H	H	L	×	×	×	×	×	×	保持				*
H	H	×	L	×	×	×	×	×	保持				L
H	H	H	H	↑	×	×	×	×	计数				*

11.4.2 用集成计数器构成任意模数计数器

在计数脉冲的驱动下,计数器中循环的状态个数称为计数器的模数。如用 N 来表示模数,则 n 位二进制计数器的模数为 $N=2^n$ (n 为构成计数器的触发器的个数);而 1 位十进制计数器的模数为 10, 2 位十进制计数器的模数为 100,依次类推。

用集成计数器(模 m)可以很方便地构成任意模数计数器(模 n)。如果 $m>n$,则只需要一个模 m 集成计数器;如果 $m<n$,则需要用多个模 m 计数器构成。下面结合例题分别介绍这两种情况的实现方法。

例 11.4.1 用 74LVC161 构成模 8 加法计数器。

解：模 8 计数器有 8 个状态,而 74LVC161 在计数过程中有 16 个状态,所以只需一片 74LVC161。具体的方法是利用反馈清零法或反馈置数法跳过多余的 8 个状态,即可实现模 8 计数器。

(1) 反馈清零法。

反馈清零法适用于有清零输入端的集成计数器。74LVC161 具有异步清零功能,在其计数过程中,不管它的输出处于哪一种状态,只要在异步清零输入端加一低电平($\overline{CR}=0$),74LVC161 的输出会立即从那个状态回到 0000 状态。清零信号消失后($\overline{CR}=1$),74LVC161 又从 0000 状态开始重新计数。

图 11.4.2(a)所示电路就是利用反馈清零法构成的模 8 计数器。图 11.4.2(b)是该计数器的有效循环状态图。由图可知,74LVC161 从 $Q_3Q_2Q_1Q_0$=0000 状态开始计数,当第 8 个 CP 脉冲上升沿到达时,输出 $Q_3Q_2Q_1Q_0$=1000,通过一个非门译码后反馈给 $\overline{CR}$ 端一个清零信号,立即使 $Q_3Q_2Q_1Q_0$ 返回到 0000 状态开始新的计数周期。这样就跳过了 1000～1111 八个状态,构成模 8 计数器。需要说明的是,因为有效循环中的状态为有效状态,每个有效状态在时间上保持一个 CP 周期,直到下一个 CP 上升沿到来才能转换进入下一状态。因此 1000 状态只是一个过渡状态,而不能作为有效状态,所以在有效循环状态图中用虚线表示。

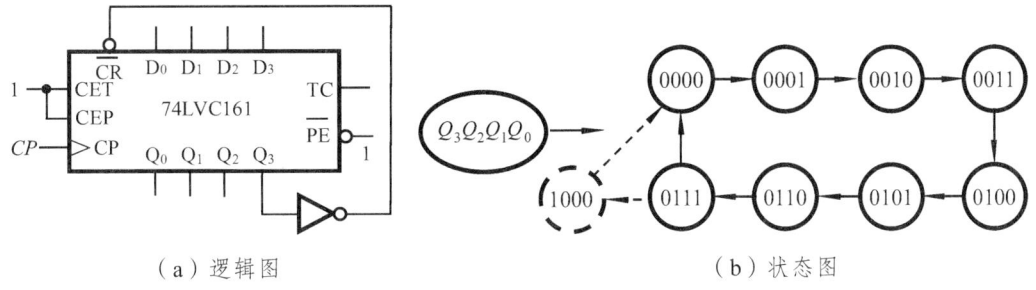

（a）逻辑图　　　　　　　　　　　　（b）状态图

图 11.4.2　用反馈清零法构成的模 8 计数器

（2）反馈置数法。

反馈置数法适用于具有预置数功能的集成计数器。对于具有同步预置数功能的计数器而言，在其计数过程中，可以根据它输出的任何一个状态获得信息，产生一个预制数控制信号反馈至预置数输入端。在下一个 CP 脉冲作用后，计数器就会把预置数输入端 D_3、D_2、D_1、D_0 的状态置入输入端。预置数控制信号消失后，计数器就从被置入的状态开始重新计数。

图 11.4.3 和图 11.4.4 都是用反馈置数法构成的模 8 计数器。其中图 11.4.3（a）所示电路的接法是把输出 $Q_3Q_2Q_1Q_0=0111$ 的状态经译码产生预置信号 0 反馈至 $\overline{PE}$ 端，在下一个 CP 脉冲上升沿到达时置入 0000 状态。图 11.4.3（b）是图 11.4.3（a）所示电路的有效循环状态图。图 11.4.4（a）所示电路的接法是将 74LVC161 计数到 1111 状态时产生的进位信号反相后，反馈到预置数端 $\overline{PE}$。预置数据输入端置成 1000 状态。该电路从 1000 状态开始计数，输入第 7 个 CP 脉冲后达到 1111 状态，此时 $TC=1$，$\overline{PE}=0$，在第 8 个 CP 脉冲作用后，$Q_3Q_2Q_1Q_0$ 被置成 1000 状态，同时使 $TC=0$，$\overline{PE}=1$。新的计数周期又从 1000 开始。图 11.4.4（b）是图 11.4.4（a）所示电路的有效循环状态图。

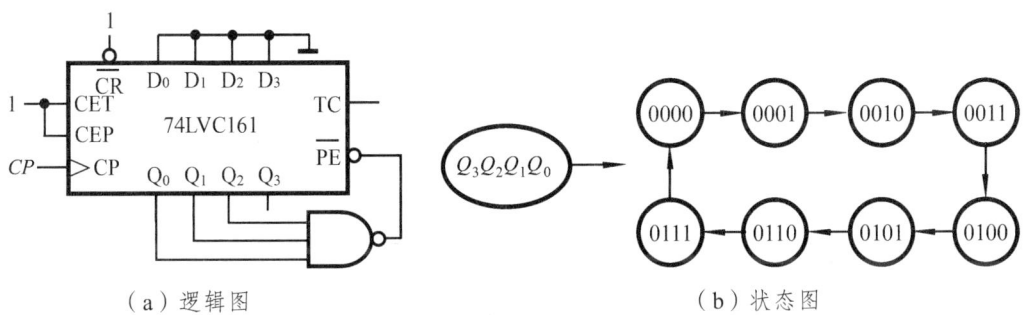

（a）逻辑图　　　　　　　　　　　　（b）状态图

图 11.4.3　用反馈置数法构成的模 8 计数器

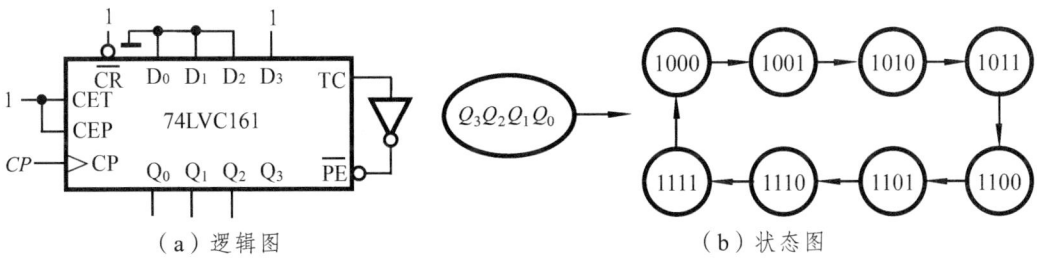

（a）逻辑图　　　　　　　　　　　　（b）状态图

图 11.4.4　用反馈置数法构成的模 8 计数器

对于 $n = 2^N$ 且 $n > 16$ 的计数器，则可将多片 74LVC161 级联构成。片与片之间的连接通常有两种：并行进位（低位片的进位信号作为高位片的使能信号，即同步计数方式）和串行进位（低位片的进位信号作为高位片的时钟脉冲，即异步计数方式）。图 11.4.5 是由 2 片 74LVC161 级联构成模 256 计数器，其中图（a）采用的是并行进位方式，图（b）采用的是串行进位方式。

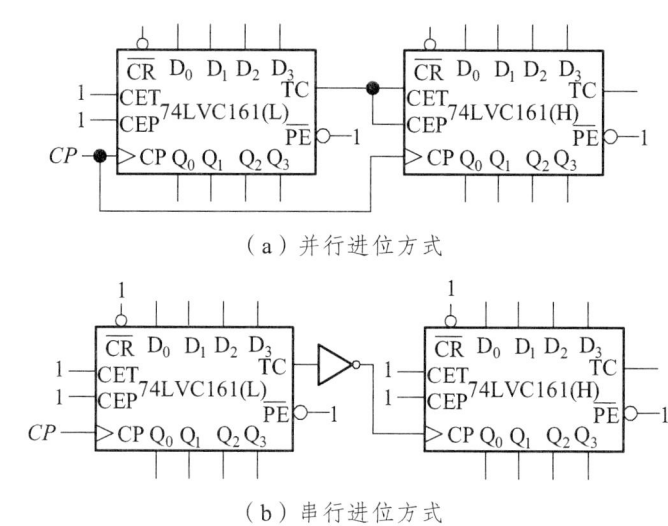

图 11.4.5 用 74LVC161 构成模 256 计数器

对于 $16 < n < 256$ 的计数器，可以先将 2 片 74LVC161 级联构成模 256 计数器，再采用整体反馈清零法或反馈置数法构成模 n 计数器。

例 11.4.2 用 74LVC161 分别组成按自然二进制码计数的模 24 计数器和按 8421BCD 码计数的模 24 计数器。

解：（1）用 74LVC161 组成按自然二进制码计数的模 24 计数器。

由于 $16 < 24 < 256$，所以先将 2 片 74LVC161 级联构成模 256 计数器，再采用整体反馈清零法构成模 24 计数器。根据按自然二进制码计数的模 24 计数器的状态图 11.4.6 可得反馈清零信号 $\overline{CR} = \overline{Q_4 Q_3}$。由此作出逻辑图，如图 11.4.7 所示。

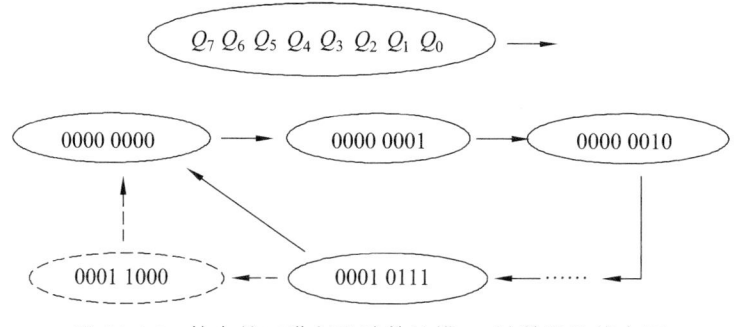

图 11.4.6 按自然二进制码计数的模 24 计数器的状态图

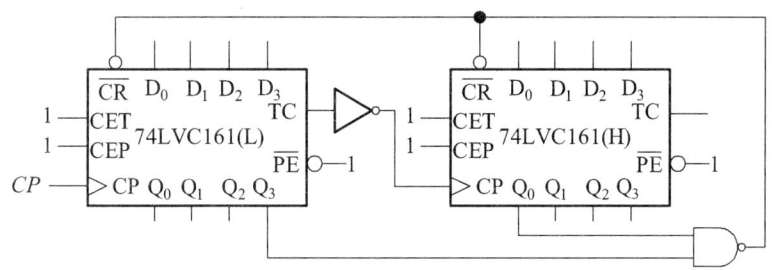

图 11.4.7 按自然二进制码计数的模 24 计数器的逻辑电路图

（2）用 74LVC161 组成按 8421BCD 码计数的模 24 计数器。

有些场合需将计数状态用数码管显示出来，这时要求计数器按 8421BCD 码计数。由于 $10 < 24 < 100$，所以用 2 片 74LVC161 组成，一片作为个位计数器，另一片作为十位计数器。先将个位计数器接成按 8421BCD 码计数的十进制计数器，然后再按串行进位方式把个位计数器和十位计数器连接起来，最后采用整体反馈清零法构成模 24 计数器。按 8421BCD 码计数的模 24 计数器的逻辑电路图如图 11.4.8 所示。

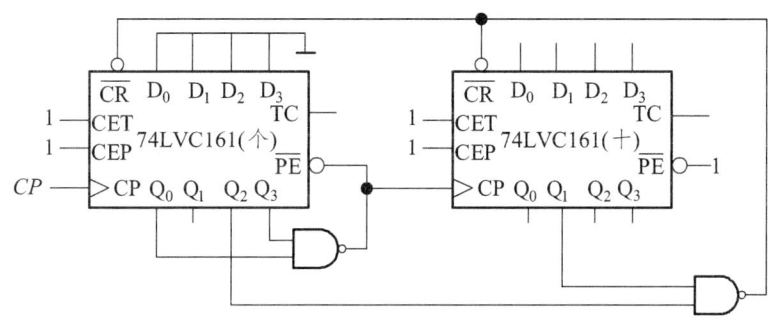

图 11.4.8 按 8421BCD 码计数的模 24 计数器的逻辑电路图

11.5 寄存器和移位寄存器

寄存器是计算机和其他数字系统中用来存储代码或数据的逻辑部件。集成寄存器产品种类也较大，按输入输出方式分，有串行输入串行输出、并行输入串行输出、串行输入并行输出、并行输入并行输出 4 种；按移位方向分为单向（左移、右移）和双向移位寄存器；按寄存器状态字长分为 4 位、8 位等；按输入输出顺序分为先入先出、先入后出等。

1. 集成寄存器功能介绍

（1）8 位寄存器 74HCT374。

由 8 个 D 触发器构成的 8 位寄存器 74HCT374 的逻辑图如图 11.5.1 所示。图中，$D_0 \sim D_7$ 为 8 位数据输入端，在 CP 脉冲上升沿作用下，$D_0 \sim D_7$ 端的数据同时存入相应触发器。当输出使能控制信号 $\overline{OE} = 0$ 时，触发器存储的数据通过三态门输出端 $Q_0 \sim Q_7$ 并行输出。74HCT374 的功能表如表 11.5.1 所示。

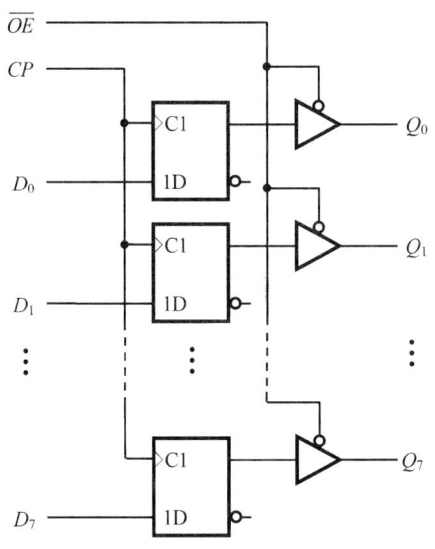

图 11.5.1　74HCT374 的逻辑图

表 11.5.1　74HCT374 的功能表

工作模式	输入			内部触发器	输出
	$\overline{OE}$	CP	D_N	Q_N^{n+1}	$Q_0 \sim Q_7$
存入和读出数据	L	↑	L	L	对应内部触发器的状态
	L	↑	H	H	
存入数据，禁止输出	H	↑	L	L	高阻
	H	↑	H	H	高阻

（2）双向移位寄存器 74HCT194。

双向移位寄存器 74HCT194 的逻辑符号如图 11.5.2 所示，其中 $\overline{CR}$ 为清零输入端，CP 为时钟脉冲输入端，S_1、S_0 为工作状态控制输入端，$D_0 \sim D_3$ 为并行数据输入端，D_{SR} 右移串行数据输入端，D_{SL} 左移串行数据输入端，$Q_0 \sim Q_3$ 为并行数据输出端。

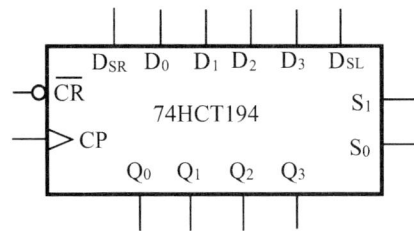

图 11.5.2　74HCT194 的逻辑符号

74HCT194 的功能表如表 11.5.2 所示。由表可知，74HCT194 有以下功能：
① 清零功能：当 $\overline{CR}=0$ 时，双向移位寄存器异步清零。
② 保持功能：当 $\overline{CR}=1$，CP=0 或 $S_1=S_0=0$ 时，双向移位寄存器保持状态不变。
③ 并行送数功能：当 $\overline{CR}=1$，$S_1=S_0=1$，CP=↑ 时，将加在 $D_0 \sim D_3$ 的数码送入寄存器 $Q_0 \sim Q_3$ 中。

④ 右移串行送数功能：当 $\overline{CR}=1$，$S_1=0=S_0=1$，$CP=\uparrow$ 时，将 D_{SR} 的值移至 Q_0 端，Q_0 原来的值移至 Q_1 端，Q_1 原来的值移至 Q_2 端，Q_2 原来的值移至 Q_3 端。

⑤ 左移串行送数功能：当 $\overline{CR}=1$，$S_1=1=S_0=0$，$CP=\uparrow$ 时，将 D_{SL} 的值移至 Q_3 端，Q_3 原来的值移至 Q_2 端，Q_2 原来的值移至 Q_1 端，Q_1 原来的值移至 Q_0 端。

表 11.5.2 74HCT194 的功能表

			输入						输出				注
$\overline{CR}$	S_1	S_0	D_{SR}	D_{SL}	CP	D_0	D_1	D_2	D_3	Q_0^{n+1}	Q_1^{n+1}	Q_2^{n+1}	Q_3^{n+1}	
0	×	×	×	×	×	×	×	×	×	0	0	0	0	清零
1	×	×	×	×	0	×	×	×	×	Q_0^n	Q_1^n	Q_2^n	Q_3^n	保持
1	1	1	×	×	↑	d_0	d_1	d_2	d_3	d_0	d_1	d_2	d_3	并行输入
1	0	1	1	×	↑	×	×	×	×	1	Q_0^n	Q_1^n	Q_2^n	右移输入 1
1	0	1	0	×	↑	×	×	×	×	0	Q_0^n	Q_1^n	Q_2^n	右移输入 0
1	1	0	×	1	↑	×	×	×	×	Q_1^n	Q_2^n	Q_3^n	1	左移输入 1
1	1	0	×	0	↑	×	×	×	×	Q_1^n	Q_2^n	Q_3^n	0	左移输入 0
1	0	0	×	×	↑	×	×	×	×	Q_0^n	Q_1^n	Q_2^n	Q_3^n	保持

2. 寄存器的应用

寄存器的应用很广，在运算电路中可以用移位寄存器和加法器共同完成乘法、除法等运算功能；在通信电路中可以用移位寄存器将串行码转换成并行码，或将并行码转换成串行码；此外，还可以用移位寄存器构成移位寄存器型计数器和顺序码脉冲发生器等电路。

例 11.5.1 分析图 11.5.3 所示电路的逻辑功能。

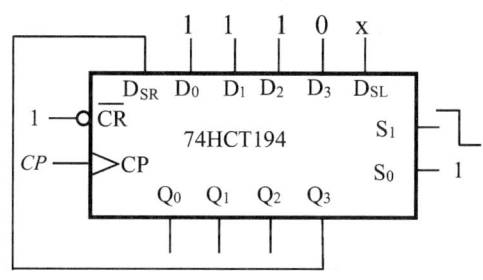

图 11.5.3 例 11.5.1 的逻辑图

解： 开始工作时，$S_1=1$，$S_0=1$，74HCT194 的功能为并行送数，所以电路的初始状态为 $Q_0Q_1Q_2Q_3 = D_0D_1D_2D_3 = 1110$。接下来，$S_1=0$，$S_0=1$，74HCT194 的功能为右移串行送数，由于 $D_{SR}=Q_3$，所以，Q_0 原来的值移至 Q_1 端，Q_1 原来的值移至 Q_2 端，Q_2 原来的值移至 Q_3 端，D_{SR}（即 Q_3 原来的值）的值移至 Q_0 端。所以 CP 端输入第一个上升沿后，输出 $Q_0Q_1Q_2Q_3=0111$；第二个上升沿后，输出 $Q_0Q_1Q_2Q_3=0011$；第三个上升沿后，输出 $Q_0Q_1Q_2Q_3=1101$；第四个上升沿后，输出 $Q_0Q_1Q_2Q_3=1110$，以此循环工作。由此可作出该电路的时序图，如图 11.5.4 所示。由该图可知，该电路的特点是输出端上的状态按一定时间、一定顺序轮流输出 0，所以该电路称为环形计数器（或脉冲配器）。

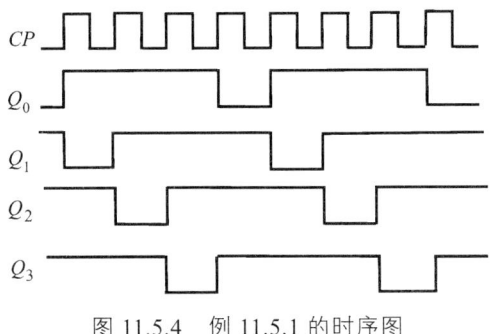

图 11.5.4　例 11.5.1 的时序图

11.6　555 定时器及其应用

555 定时器是一种模、数混合的中规模集成电路，只要在其外部配上适当阻容元件，就能很容易组成多谐振荡器、施密特触发器、单稳态触发器等脉冲产生和整形电路。555 定时器具有功能强、使用灵活和应用范围广等优点，广泛应用于工业控制、定时、家用电器、防盗报警、电子玩具乐器和数字设备等方面。

555 定时器有 TTL 型和 CMOS 型两种类型的成品，它们的结构及工作原理基本相同，没有本质的区别。一般来说，TTL 型定时器的驱动能力极强，电源电压范围为 5~16 V。而 CMOS 型定时器的电源电压范围为 3~18 V，它具有低功耗、输入阻抗高等优点。

11.6.1　555 定时器

1. 电路结构

555 定时器的电路结构如图 11.6.1（a）所示，它包括以下五个部分：

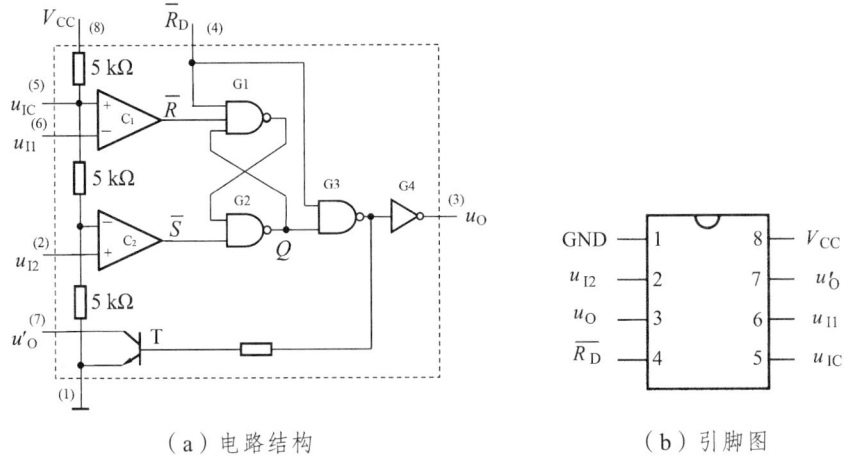

（a）电路结构　　　　　　（b）引脚图

图 11.6.1　555 定时器

（1）基准电压（分压器）。

分压器由 3 个 5 kΩ 电阻组成，作用是提供两个基准电压。u_{IC} 端为外加电压控制端，通过该端的外加电压可改变两个基准电压。通常，u_{IC} 端通过 0.01 μF 的电容接地，以减少高频干扰。

（2）电压比较器。

电压比较器由集成运放 C_1 和 C_2 组成。当比较器的两个输入端上所加的电压 $U_+ > U_-$ 时，电压比较器输出高电平（1）；而当所加的电压 $U_+ < U_-$ 时，电压比较器输出低电平（0）。

（3）基本 SR 锁存器。

基本 SR 锁存器由与非门 G_1 和 G_2 组成，其状态受电压比较器的输出控制。

（4）放电管。

放电管由 NPN 三极管 T 组成，其状态受 $\overline{Q}$ 端控制。当 $\overline{Q}$ 为 0 时 T 截止，c、e 间等效为一个断开的开关；当 $\overline{Q}$ 为 1 时 T 导通，c、e 间等效为一个闭合的开关。

（5）输出缓冲器。

输出缓冲器由非门 G_4 组成，其作用是提高定时器的带负载能力和隔离负载对定时器的影响。

555 定时器共有 8 个引脚，如图 11.6.1（b）所示，按照编号各端功能依次为：① 接地端 GND；② 触发输入端 u_{I2}；③ 输出端 u_O；④ 复位端 $\overline{R}_D$；⑤ 电压控制端 u_{IC}；⑥ 阈值输入端 u_{I1}；⑦ 放电端 u'_O；⑧ 电源端 V_{CC}。

2. 工作原理

当 $\overline{R}_D = 0$ 时，不管输入端的状态如何，G_3 门输出为 1，G_4 门输出 u_O 为 0，放电管 T 导通。

当 $\overline{R}_D = 1$，$u_{I2} < \frac{1}{3} V_{CC}$ 时，运放 G_2 输出为 0，基本 SR 锁存器的输出 Q 为 1，G_3 门输出为 0，G_4 门输出 u_O 为 1，放电管 T 截止。

当 $\overline{R}_D = 1$，$u_{I2} > \frac{1}{3} V_{CC}$，$u_{I1} > \frac{2}{3} V_{CC}$ 时，运放 G_2 输出为 1，运放 G_1 输出为 0，基本 SR 锁存器的输出 Q 为 0，G_3 门输出为 1，G_4 门输出 u_O 为 0，放电管 T 导通。

当 $\overline{R}_D = 1$，$u_{I2} > \frac{1}{3} V_{CC}$，$u_{I1} < \frac{2}{3} V_{CC}$ 时，运放 G_2 输出为 1，运放 G_1 输出也为 1，基本 SR 锁存器的功能为保持不变，所以输出 u_O 和放电管 T 的状态不变。

555 定时器的功能表如表 11.6.1 所示。

表 11.6.1　555 定时器的功能表

输入			输出	
阈值输入（u_{I1}）	触发输入（u_{I2}）	复位（$\overline{R}_D$）	输出（u_O）	放电管 T
×	×	0	0	导通
×	$< \frac{1}{3} V_{CC}$	1	1	截止

续表

输入			输出	
阈值输入（u_{I1}）	触发输入（u_{I2}）	复位（$\overline{R_D}$）	输出（u_O）	放电管 T
$>\frac{2}{3}V_{CC}$	$>\frac{1}{3}V_{CC}$	1	0	导通
$<\frac{2}{3}V_{CC}$	$>\frac{1}{3}V_{CC}$	1	不变	不变

11.6.2 用 555 定时器组成多谐振荡器

多谐振荡器是一种自激振荡电路，它在接通电源后，不需要外加触发信号，电路就能自行产生一定频率和一定幅值的矩形波。由于矩形波含有丰富的谐波分量，所以也称为多谐振荡器。

1. 电路组成

如图 11.6.2 所示是用 555 定时器构成的多谐振荡器。其中 R_1、R_2、C 是外接定时元件，触发输入端 u_{I2}（2 脚）与阈值输入端 u_{I1}（6 脚）连接起来接电容 C，放电端 u'_O（7 脚）接到 R_1 与 R_2 的连接点上。

2. 工作原理

接通电源前电容 C 上无电荷，所以接通电源瞬间，C 来不及充电，故 $u_C=0$，即 $u_{I2}<\frac{1}{3}V_{CC}$，所以输出 u_O 为 1，放电管 T 截止。接下来电源 V_{CC} 通过电阻 R_1、R_2 对电容 C 充电，u_C 增加，但只要 u_C 小于 $\frac{2}{3}V_{CC}$ 时，输出 u_O 和放电管 T 的状态都不变。而当 u_C 上升到 $\frac{2}{3}V_{CC}$ 时，输出 u_O 变为 0，放电管 T 变为导通。然后电容 C 通过电阻 R_2 和放电管 T 放电，u_C 下降，但只要 u_C 大于 $\frac{1}{3}V_{CC}$ 时，输出 u_O 和放电管 T 的状态都不变。而当 u_C 下降到 $\frac{1}{3}V_{CC}$ 时，输出 u_O 变为 1，放电管 T 变为截止。如此周而复始，于是，在电路的输出端就得到一个周期性的矩形波，电路的工作波形如图 11.6.3 所示。

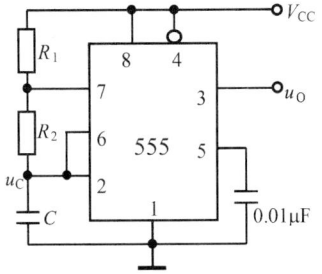

图 11.6.2 555 定时器组成多谐振荡器

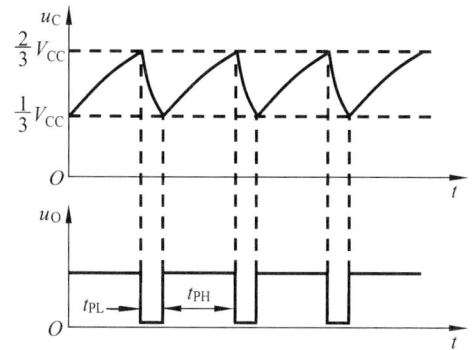

图 11.6.3 555 定时器组成多谐振荡器的工作波形

3. 振荡频率

通过分析可知,电源 V_{CC} 通过电阻 R_1、R_2 对电容 C 充电时,u_C 从 $\frac{1}{3}V_{CC}$ 增加到 $\frac{2}{3}V_{CC}$ 所需的时间为

$$t_{PH} = (R_1 + R_2)C\ln 2 \approx 0.7(R_1 + R_2)C$$

电容 C 通过电阻 R_2 和放电管 T 放电时,u_C 从 $\frac{2}{3}V_{CC}$ 下降到 $\frac{1}{3}V_{CC}$ 所需的时间为

$$t_{PL} = R_2 C \ln 2 \approx 0.7 R_2 C$$

所以,振荡周期为

$$T = t_{PH} + t_{PL} = (R_1 + 2R_2)C\ln 2 \approx 0.7(R_1 + 2R_2)C$$

电路的振荡频率为周期的倒数。

4. 占空比可调电路

脉冲波形中脉冲宽度与周期之比,称为占空比,即

$$q = \frac{t_w}{T}$$

在图 11.6.2 所示多谐振荡器电路中,由于电容 C 的充电时间常数 $\tau_1 = (R_1 + R_2)C$,放电时间常数数 $\tau_2 = R_2 C$,所以总是 $t_{PH} + t_{PL}$,u_O 的波形不仅不可能对称,而且占空比不易调节。这样给使用带来不便。为了实现脉冲波形的脉冲宽度可调,对图 11.6.2 电路加以改进,得到如图 11.6.4 所示电路。该电路中二极管的作用是把电容 C 充电和放电回路隔离开来,电位器的作用是调节占空比。

从图 11.6.4 所示电路可以看出,电容

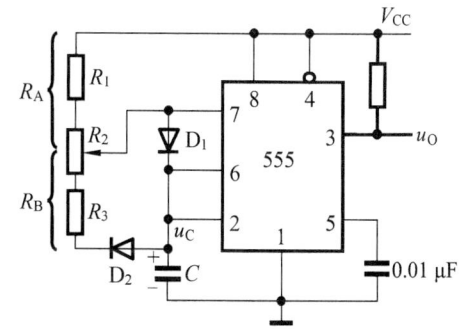

图 11.6.4 占空比可调的多谐振荡器

充电时间常数 $\tau_1 = R_A C$，放电时间常数 $\tau_2 = R_B C$，所以 $t_{pH} = 0.7 R_A C$，$t_{pL} = 0.7 R_B C$，则占空比为

$$q = \frac{t_w}{T} = \frac{R_A}{R_A + R_B}$$

只要调节变电位器活动端的位置，就可以方便地调节占空比 q。当 $R_A = R_B$ 时，$q=0.5$，u_O 将成为方波。

11.6.3 用555定时器组成施密特触发器

施密特触发器常用于波形变换、幅度鉴别等。施密特触发器具有以下工作特点：

① 施密特触发器属于电平触发器件，当输入信号达到某一定电压值时，输出电压会发生突变。

② 电路有两个阈值电压。输入信号增加和减少时，电路的阈值电压分别是正向阈值电压（U_{T+}）和负阈值电压（U_{T-}）。

根据输入、输出相位关系的不同，施密特触发器分为同相输出和反相输出类型。它们的电压传输特性及逻辑符号如图11.6.5所示。

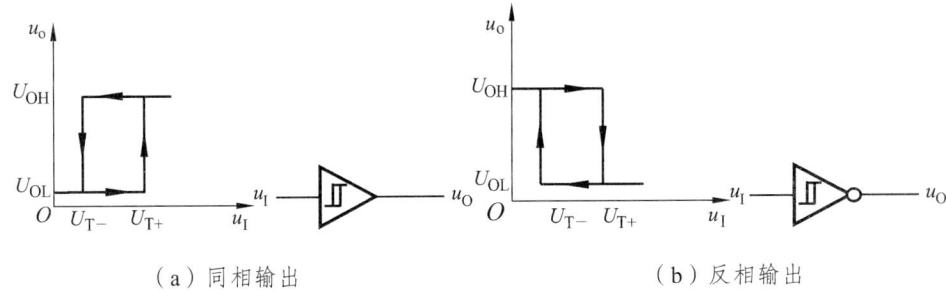

（a）同相输出　　　　　　　　　（b）反相输出

图 11.6.5　施密特触发器的电压传输特性及逻辑符号

1. 电路组成

将555定时器的触发输入端 u_{I2}（2脚）与阈值输入端 u_{I1}（6脚）连接起来作为信号输入端 u_I，便构成了施密特触发器，如图11.6.6所示。

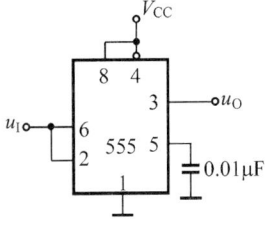

图 11.6.6　施密特触发器

2. 工作原理

如果 u_I 由 0 开始逐渐增加，当 $u_I < \frac{1}{3}V_{CC}$ 时，输出 u_O 为高电平；当 $\frac{1}{3}V_{CC} < u_I < \frac{2}{3}V_{CC}$ 时，输出 u_O 维持高电平不变；当 $u_I > \frac{2}{3}V_{CC}$ 时，输出 u_O 为低电平。

如果 u_I 由大于 $\frac{2}{3}V_{CC}$ 的电压逐渐下降，当 $u_I > \frac{2}{3}V_{CC}$ 时，输出 u_O 为低电平；当 $\frac{1}{3}V_{CC} < u_I < \frac{2}{3}V_{CC}$ 时，输出 u_O 维持低电平不变；当 $u_I < \frac{1}{3}V_{CC}$ 时，输出 u_O 为高电平。

如果输入 u_I 为三角波，电路的工作波形和电压传输特性如图 11.6.7 所示。

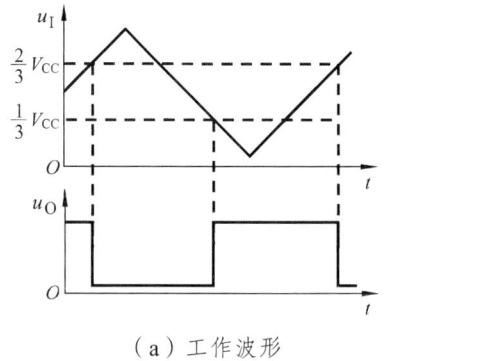 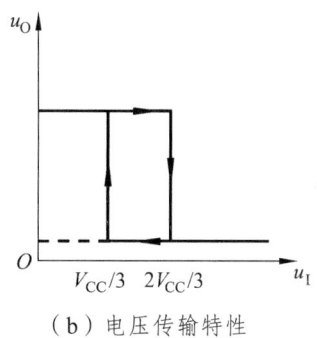

（a）工作波形　　　　　　　　（b）电压传输特性

图 11.6.7　施密特触发器的工作波形和电压传输特性

11.6.4　用 555 定时器组成单稳态触发器

单稳态触发器具有如下特点：第一，电路在没有触发信号作用时处于一种稳定状态；第二，在外来触发信号作用下，电路会由稳态翻转到暂稳态；第三，由于电路中 RC 延时环节的作用，暂稳态不能长保持，经过一段时间后，电路会自动返回到稳态。暂稳态的持续时间由 RC 参数值决定。

单稳态触发器被广泛地应用于脉冲的变换、延时和定时等。

1. 电路组成

图 11.6.8 是用 555 定时器构成的单稳态触发器。R、C 是定时元件；u_I 是输入触发信号，下降沿有效，加在 555 定时器的触发输入端 u_{I2}（2 脚）；u_O 是输出信号。

2. 工作原理

没有触发信号时，u_I 为高电平（$u_I > \frac{1}{3}V_{CC}$），如接通电源后 Q=0，$u_O = 0$，T 导通，电容通过 T 放电，使 $u_C = 0$，保持低电平不变。如接通电源后 Q=1，$u_O = 1$，T 截止，电源通过电阻 R 向电容 C 充电，当 u_C 上升到 $\frac{2}{3}V_{CC}$ 时，$u_O = 0$，T 导通，然后电容 C 放电，

u_O 保持低电平不变。因此，电路通电后，在没有触发信号时，电路处于稳态，输出 u_O 为低电平。

若触发输出端施加触发信号（$u_I < \frac{1}{3}V_{CC}$），电路的输出状态由低电平变为高电平，电路进入暂稳态，三极管 T 截止。此后电源 V_{CC} 通过电阻 R 对电容 C 充电，当电容电压 u_C 达到 $\frac{2}{3}V_{CC}$，电路的输出电压 u_O 由高电平翻转为低电平，同时 T 导通，于是电容 C 放电，电路返回到稳态。电路的工作波形如图 11.6.9 所示。

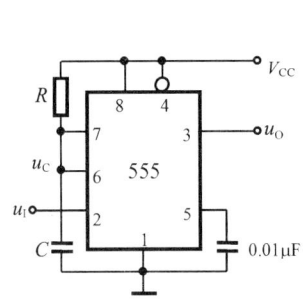
图 11.6.8　单稳态触发器

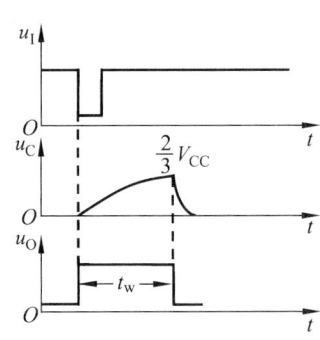
图 11.6.9　单稳态触发器的工作波形图

通过分析计算可得到脉冲宽度为

$$t_w = 1.1RC$$

习　题

11.1　试分析题 11.1 图（a）所示时序电路，列出状态表并画出状态图。设电路的初始状态为 0，试画出题 11.1 图（b）所示波形作用下 Q 的波形。

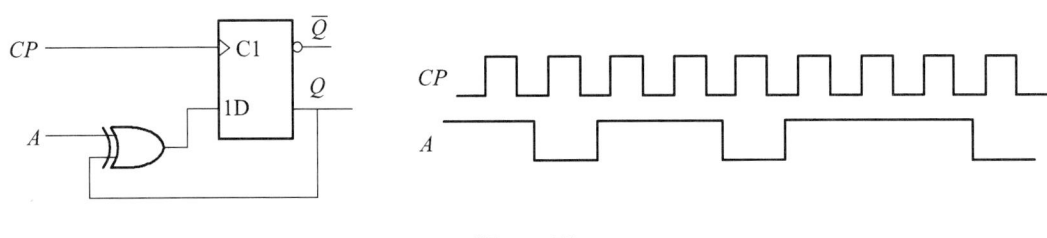

题 11.1 图

11.2　试分析题 11.2 图所示时序电路，写出驱动方程和状态方程，列出状态表、画出状态图。

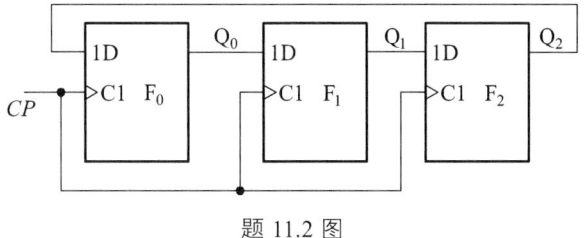

题 11.2 图

11.3 试分析题 11.3 图所示时序电路，写出驱动方程和状态方程，列出状态表、画出状态图。

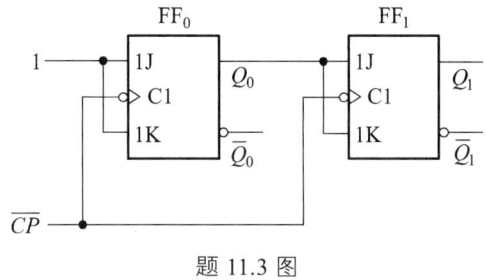

题 11.3 图

11.4 试分析题 11.4 图所示时序电路，写出驱动方程和状态方程，列出状态表、画出状态图。

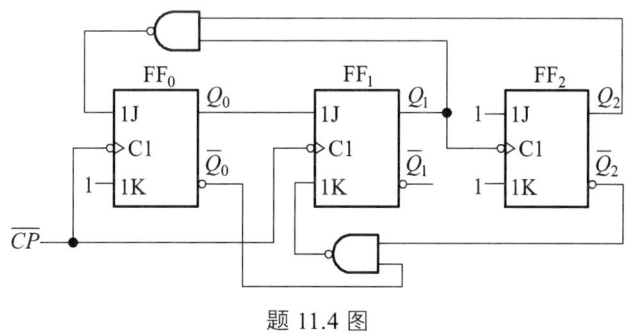

题 11.4 图

11.5 试用下降沿触发器的 JK 触发器设计一个同步时序电路，其状态图如题 11.5 图所示。

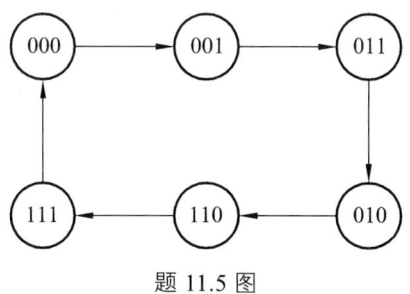

题 11.5 图

11.6 用上升沿触发的 D 触发器设计一个同步 8421BCD 加法计数器。

11.7 试画出题 11.7 图所示电路的输出（$Q_3 \sim Q_0$）的波形，并分析该电路的逻辑功能。

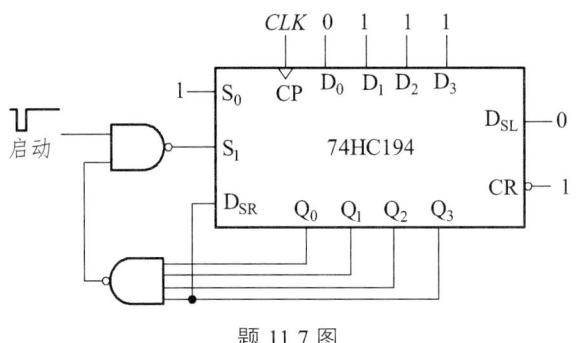

题 11.7 图

11.8 设题 11.8 图中移位寄存器保存的原始信息为 1111，试问下一个时钟脉冲后，它保存什么样的信息？多少个时钟脉冲作用后，信息循环一周？

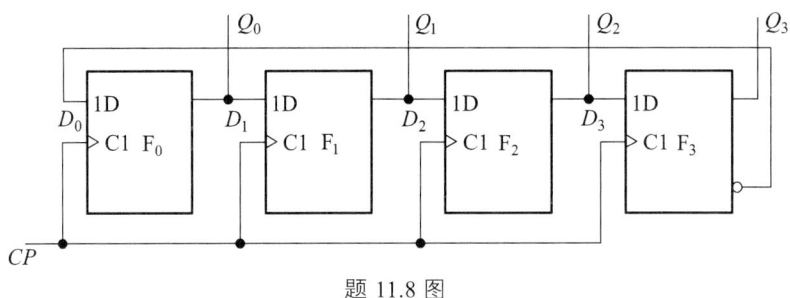

题 11.8 图

11.9 试分析题 11.9 图所示的电路，画出它的状态图，并确定它的模。

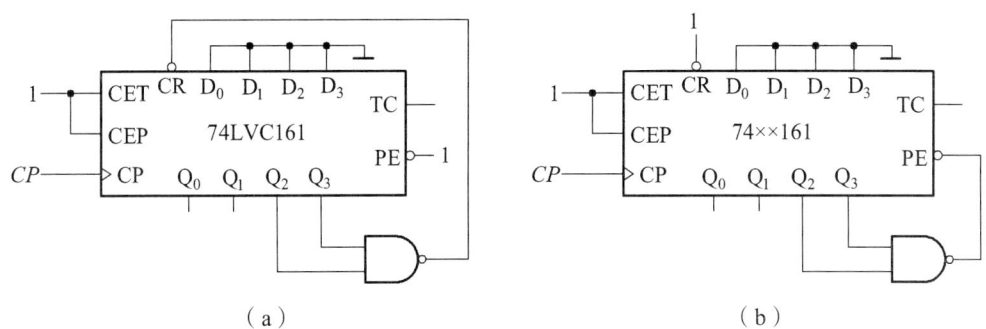

题 11.9 图

11.10 试分析题 11.10 图所示的电路，画出它的状态图，并确定它的模。

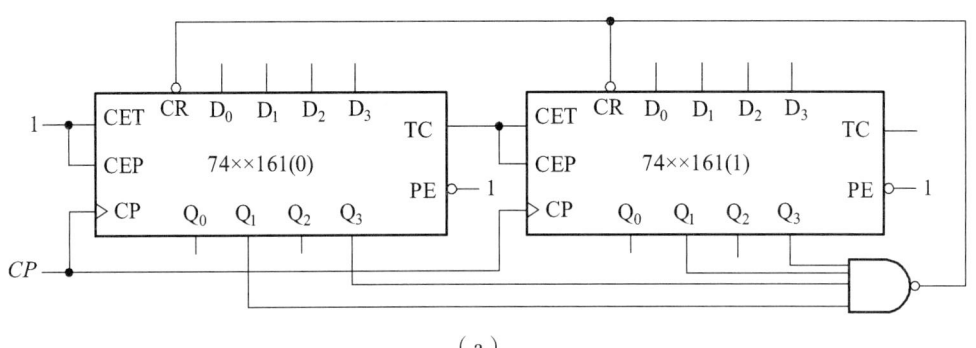

（a）

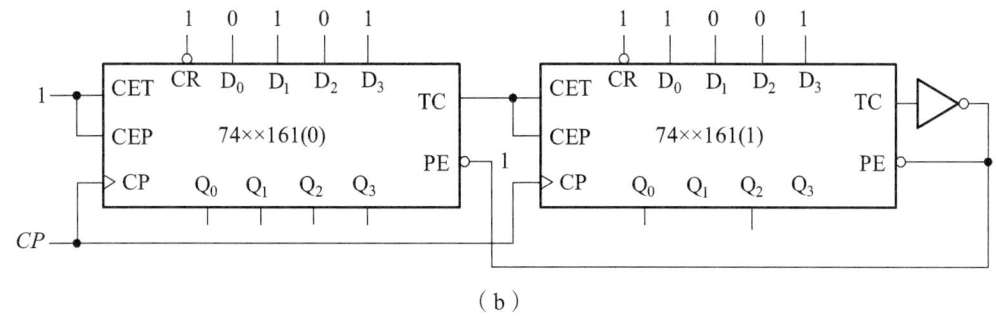

(b)

题 11.10 图

11.11 用反馈清零法把 74LVC161 接成 8421BCD 码十进制计数器。

11.12 用反馈置数法把 74LVC161 接成 8421BCD 码十进制计数器。

11.13 试用 74LVC161 分别制作按自然二进制码计数的 24 进制计数器和按 8421BCD 码计数的 24 进制计数器。

11.14 设计一个数字时钟，要求能用七段数码管显示从 0 时 0 分 0 秒到 11 时 59 分 59 秒之间的任意时刻。

11.15 设计一个可控的进制计数器，当输入控制变量 $A=0$ 时工作在五进制计数器，而当输入控制变量 $A=1$ 时工作在十三进制计数器。

11.16 试用 555 定时器设计一个振荡频率为 20 kHz，占空比为 25% 的多谐振荡器。

11.17 在图 11.6.2 所示多谐振荡器中，(1) $R_1 = R_2 = 1$ kΩ、$C=1$ μF，估算电路的工作频率 f 和输出电压 u_O 的占空比；(2) $R_1=15$ kΩ，$R_2=10$ kΩ、$C=0.05$ μF、$V_{DD}=9$ V，定性画出 u_C、u_O 的波形，估算振荡频率 f 和占空比。

11.18 如图 11.6.4 所示是占空比可调的多谐振荡器。$C=0.2$ μF，$V_{DD}=9$ V，要求其振荡频率 $f=1$ kHz，占空比 $q=0.5$，估算 R_1、R_2 的阻值。

11.19 在图 11.6.6 所示施密特触发器中，$V_{DD}=12$ V，若输入电压 u_I 为频率 $f=1$ Hz 的三角波，其最小值为 0 V，最大值为 V_{DD}，试画出 u_O 的波形；并估算电路的 U_{T+}、U_{T-}、ΔU_T。

11.20 脉冲波形产生电路如题 11.20 图所示。(1) 试简述电路各部分的功能；(2) 画出电路中 A、B、C、D 各点的对应波形。

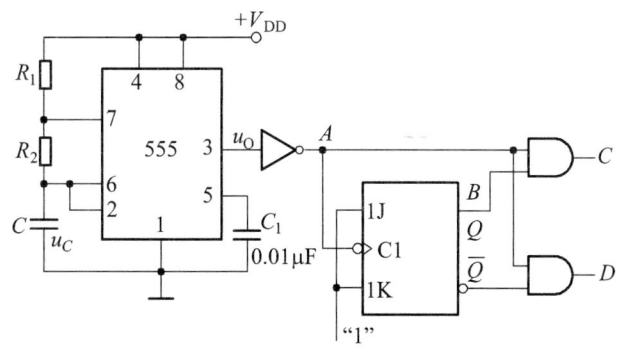

题 11.20 图

11.21　如题 11.21 图为由 555 定时器和 D 触发器构成的电路，请问：（1）555 定时器构成的是哪种脉冲电路？（2）画出 u_C、u_{O1}、u_{O2} 的波形；（3）计算 u_{O1}、u_{O2} 的频率。

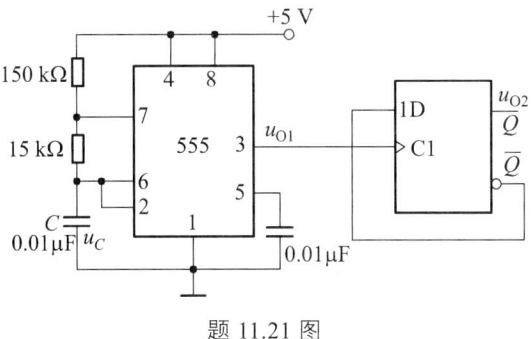

题 11.21 图

11.22　在图 11.6.8 所示单稳态触发器中，$V_{DD}=12\ \text{V}$、$R=1\ \text{k}\Omega$、$C=0.01\ \mu\text{F}$，估算输出脉冲宽度，若 u_I 的脉冲宽度为 $2\ \mu\text{s}$、周期为 $12\ \mu\text{s}$，试对应画 u_C、u_O 的波形。

第 12 章 半导体存储器

【主要内容】

半导体存储器属于大规模集成电路，在数字系统中用来存储大量二值数据。本章介绍半导体存储器的基本结构和工作原理，以及各类存储器的特点。

12.1 概　述

半导体存储器是一种能存储大量二值信息的半导体器件。

存储容量和存储周期是半导体存储器的主要技术指标。存储容量是指存储器可以容纳的二值信息量，通常用字数×字长表示。例如，一个容量为 256×4 位的存储器，有 256 个字，字长为 4 位，总共有 1 024 个存储单元。存储容量较大时，字数通常采用 K、M、G 或 T 为单位。其中 $1K=2^{10}=1\,024$，$1M=2^{10}K=2^{20}$，$1G=2^{10}M=2^{30}$，$1T=2^{10}G=2^{40}$。存储周期指的是在连续两次访问存储器时，从第一次开始访问到下一次开始访问所需的最短时间。由于计算机处理的数据量越来越大，运算速度越来越快，这就要求存储器具有更大的存储容量和更短的存储周期，目前动态存储器的容量已达 10^9 位/片，一些高速随机存储器的存储周期仅 10 ns 左右。

半导体存储器的种类很多，从存、取的功能上可以分为只读存储器（ROM）和随机存储器（RAM）两大类。

只读存储器在工作时只能从中读出信息，不能写入信息，且断电后其所存信息仍能保持。只读存储器分为掩膜 ROM（固定 ROM）、可编程 ROM（PROM）和可擦除可编程 ROM。

随机存储器在工作时既能从中读出（取出）信息，又能随时写入（存入）信息，但断电后所存信息消失。随机存储器分为静态存储器（SRAM）和动态存储器（DRAM）。

从制造工艺上半导体存储器分为双极型和 MOS 型两大类。由于 MOS 电路（尤其是 CMOS 电路）具有功耗低、集成度高的优点，所以目前使用的半导体存储器大都是采用 MOS 工艺制成的。

12.2 只读存储器

只读存储器主要特征是工作时内容不能改变、数据不易丢失、断电后 ROM 中的内容依然存在。其常用于存放固定程序或数据。

1. ROM 的基本结构

ROM 的电路结构通常包含地址译码器、存储矩阵和输出缓冲器 3 个组成部分，如图 12.2.1 所示。

存储矩阵由许多存储单元排列组成。存储单元可以用二极管构成，也可以用双极型三极管或 MOS 管构成。每个单元能存放 1 位二进制代码（0 或 1）。每一个或一组存储单元有一个对应的地址代码。

地址译码器的作用是将输入的地址代码译成相应的控制信号，利用这个控制信号从存储矩阵中选中指定的存储单元，并将里面的数据送到输出缓存器。

输出缓冲器的作用有两个，一是提高存储器的带负载能力，二是实现对输出状态的三态控制，以便与系统的总线连接。

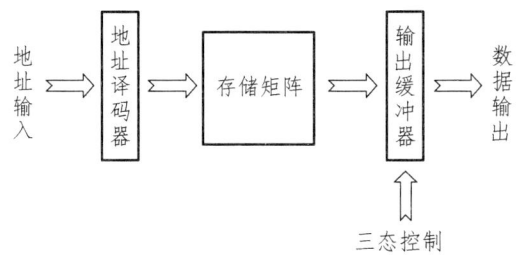

图 12.2.1　ROM 的基本结构框图

图 12.2.2 是一个二极管构成的 ROM 的结构示意图，图中，A_1A_0 为地址码，$\overline{OE}$ 为输出使能控制信号，$W_0 \sim W_3$ 为字线，$D_0 \sim D_3$ 为位线，所以该存储器的存储容量为 $4 \times 4 = 16$。

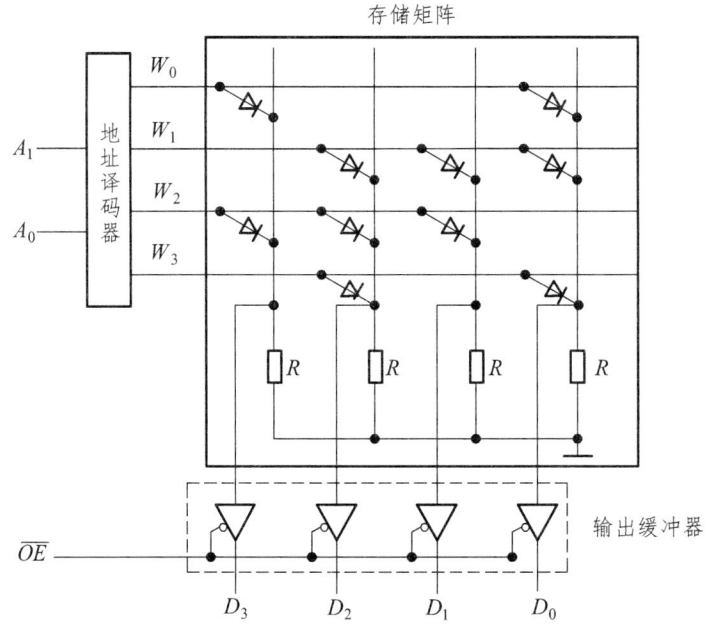

图 12.2.2　二极管 ROM 的结构示意图

读出数据时，若给定的地址码 $A_1A_0=00$，则地址译码器的输出中只有字线 $W_0=1$，则 W_0

与所有位线交叉处的二极管导通，使相应的位线变为高电平，而交叉出没有二极管的位线仍然保持低电平。此时，若 $\overline{OE}=0$，则位线电平经输出缓冲器输出，使 $D_3D_2D_1D_0=1001$。同理，当 A_1A_0 分别为 01、10、11 时，依次读出各对应字中的数据分别为 0111、1110、0101。因此，该 ROM 全部地址内所存储的数据可用表 12.2.1 表示。

表 12.2.1 ROM 中存储的数据

地址		数据			
A_1	A_0	D_3	D_2	D_1	D_0
0	0	1	0	0	1
0	1	0	1	1	1
1	0	1	1	1	0
1	1	0	1	0	1

由以上分析可知，字线与位线交叉处相当于一个存储单元，此处若有二极管存在，则存储单元存储 1，否则存储为 0。

2. ROM 的分类

ROM 分为掩膜 ROM、可编程 ROM 和可擦除可编程 ROM。

（1）掩膜 ROM。

掩膜 ROM 中存放的信息是由生产厂家采用掩膜工艺专门为用户制作的，这种 ROM 出厂时其内部存储的信息就已经"固化"在里边了，所以也称固定 ROM。它在使用时只能读出，不能写入，因此通常只用来存放固定数据、固定程序和函数表等。

（2）可编程 ROM（PROM）。

可编程 ROM 的存储矩阵由带金属熔丝的二极管构成，出厂时，PROM 存储内容全为 1（或全 0），用户根据需要，可将某些单元改写为 0（或 1）。由于熔丝烧断后不能恢复，因此 PROM 只能改写一次。

（3）可擦除可编程 ROM。

PROM 虽然可以编程，但只能编程一次。而可擦除可编程 ROM 克服了 PROM 的缺点，当所存数据需要更新时，可以用特定的方法擦除并重写。可擦除可编程 ROM 可分为光可擦除可编程 ROM（EPROM）、电可擦除可编程 ROM（E²PROM）和快闪存储器。

12.3 随机存取存储器

随机存取存储器也称随机存储器或随机读/写存储器，简称 RAM。RAM 工作时可以随时从任何一个指定的地址写入（存入）或读出（取出）信息。

12.3.1 RAM 的基本结构和工作原理

RAM 主要由存储矩阵、地址译码器和读/写控制电路 3 部分组成，其框图如图 12.3.1 所示。

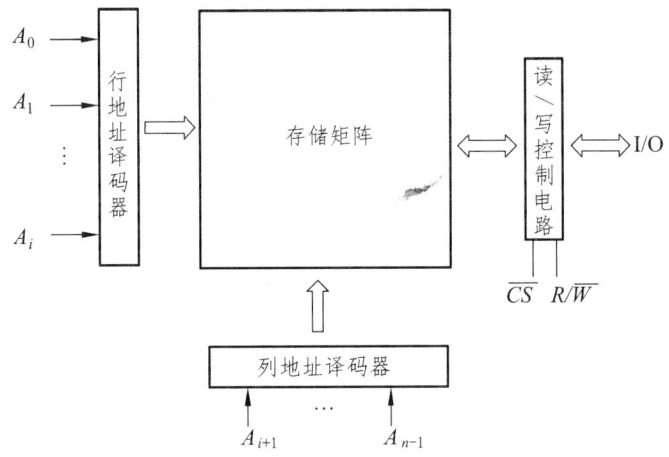

图 12.3.1 RAM 的基本结构框图

1. 地址译码器

地址译码器一般都分成行地址译码器和列地址译码器两部分。行地址译码器根据输入地址代码的 $A_0 \sim A_i$ 使某一条行选线有效，列地址译码器根据输入地址代码的 $A_{i+1} \sim A_{n-1}$ 使某一条列选线有效，由它们共同从存储矩阵中选定存储单元，使这些被选中的单元与读/写电路和 I/O（输入/输出端）接通，以便对这些单元进行读/写操作。

2. 读/写控制电路

读/写控制电路用于对电路的工作状态进行控制。$\overline{CS}$ 称为片选信号。当 $\overline{CS}=0$ 时，RAM 工作；$\overline{CS}=1$ 时，所有 I/O 端均为高阻状态，不能对 RAM 进行读/写操作。$R/\overline{W}$ 称为读/写控制信号。$R/\overline{W}=1$ 时，执行读操作，将存储单元中的信息送到 I/O 端上；当 $R/\overline{W}=0$ 时，执行写操作，加到 I/O 端上的数据被写入存储单元中。

3. 存储单元

存储矩阵由许多存储单元排列组成，RAM 的存储单元分为静态和动态两种。

（1）静态存储单元。

图 12.3.2 是 8 个 NMOS 组成的静态存储单元。其中，T_1、T_2 构成的反相器与 T_3、T_4 构成的反相器交叉耦合组成基本 RS 触发器，可存储一位二进制信息。T_5 和 T_6 是行选通管，受行选线 X_i 控制。当 X_i 为高电平时，T_5 和 T_6 导通，RS 触发器的输出 Q 和 $\overline{Q}$ 分别与位线 D 和 $\overline{D}$ 相接。T_7、T_8 是列选通管，受列选线 Y_j 控制。当 Y_j 为高电平时，T_7 和 T_8 导通，位线 D 和 $\overline{D}$ 上分别和输入输出线 I/O 和 $\overline{I/O}$ 相接。故当行地址译码器和列地址译码器选中该单元时，RS 触发器的输出 Q 和 $\overline{Q}$ 和输入输出线 I/O 和 $\overline{I/O}$ 相接。

进行读操作时，$R/\overline{W}=1$，所以三态门 A_1、A_3 为高阻状态，A_2 为工作状态，则 RS 触发器的输出 Q 被读到输入输出线 I/O 线上。

进行写操作时，$R/\overline{W}=0$，所以三态门 A_1、A_3 为工作状态，A_2 为高阻状态；将写入的信息加在 I/O 线上，经反相后 $\overline{I/O}$ 线上有其相反的信息，信息经 T_5、T_6、T_7 和 T_8 加到触发器的 Q 和 $\overline{Q}$ 端，从而使触发器触发，即信息被写入。

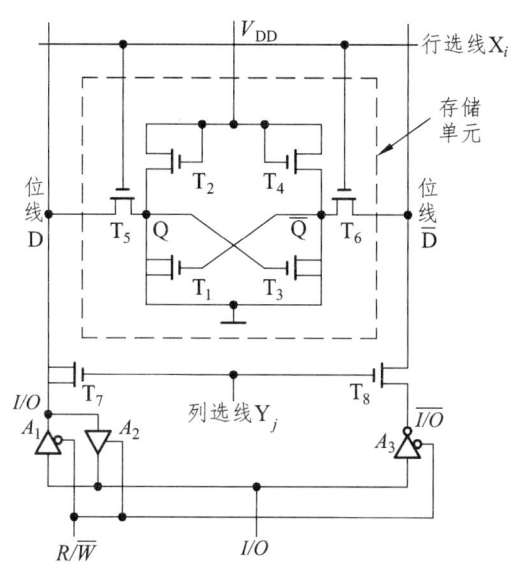

图 12.3.2　NMOS 静态存储单元

由此可见，静态存储器中数据由触发器记忆，所以只要不断电，数据就能永远保存。但是由于一个存储单元要 8 个管子，所以静态存储器功耗较大，集成度不高。

（2）动态存储单元。

动态 RAM 的存储矩阵由动态 MOS 存储单元组成。动态 MOS 存储单元有单管、三管和四管等几种结构形式。

图 12.3.3 所示为单管动态 MOS 存储单元的电路结构图。存储单元由一个 NMOS 管 T 和一个电容 C_S 组成，它是利用电容 C_S 来存储信息，电容上存有电荷时作为 1 状态，没有电荷时作为 0 状态。

在进行写操作时，字线给出高电平，使 T 管导通，位线上的数据便经过 T 被存入电容 C_S 中。

在进行读操作时，字线同样给出高电平，使 T 管导通。这时电容 C_S 经 T 管向位线上的电容 C_B 提供电荷，使位线获得读出的信号电平。

单管动态 MOS 存储单元电路是所有存储单元中电路结构最简单的一种。但由于电容 C_S 的容量很小，而漏电流又不可能绝对等于 0，所以电荷保存的时间有限。为了避免存储信息的丢失，必须定时地给电容补充电荷。通常把这种操作称为"刷新"或"再生"，因此动态 RAM 内部要有刷新控制电路，其操作也比静态 RAM 复杂。尽管如此，由于动态 RAM 存储单元的结构能做得非常简单，所用元件少，功耗低，所以目前已成为大容量 RAM 的主流产品。

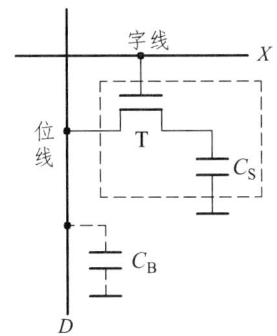

图 12.3.3　单管动态 MOS 存储单元

12.3.2　存储器存储容量的扩展

当使用一片存储器不能满足对存储容量的要求时，就需要将若干片存储器组合起来，形成一个容量更大的存储器。

1. 位数的扩展（字长扩展）

通常存储器芯片的字长为 1 位、4 位、8 位、16 位和 32 位等。当实际的存储系统的字长超过存储器芯片的字长时，需要进行位扩展。

位扩展可以利用芯片的并联方式实现，图 12.3.4 所示是用 8 片 1 024×1 位的 RAM 扩展为 1 024×8 位 RAM 的存储系统框图。其中，8 片 RAM 的所有地址线、$R/\overline{W}$、$\overline{CS}$ 分别对应地并接在一起，而每一片的 I/O 端作为整个 RAM 的 I/O 端的一位。

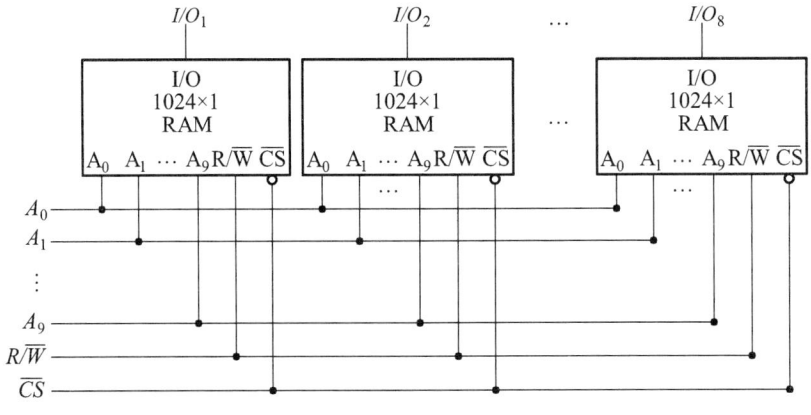

图 12.3.4　RAM 的位扩展连接法

2. 字扩展

字扩展可以利用外加反相器（或译码器）控制芯片的片选（$\overline{CS}$）输入端来实现。

图 12.3.5 所示是用字扩展方式将 2 片 256×8 位的 RAM 扩展为 512×8 位 RAM 的系统框图。其中，地址码的最高位 A_8 接 RAM（1）的片选信号 $\overline{CS}$，A_8 通过一个反相器后接 RAM（2）的片选信号 $\overline{CS}$，其余端分别对应地并接在一起。若 A_8=0 时，则 RAM（1）

片的 $\overline{CS}$=0，RAM（2）片的 $\overline{CS}$=1，故 RAM（1）工作。若 A_8=1 时，则 RAM（1）片的 $\overline{CS}$=1，RAM（2）片的 $\overline{CS}$=0，故 RAM（2）工作。

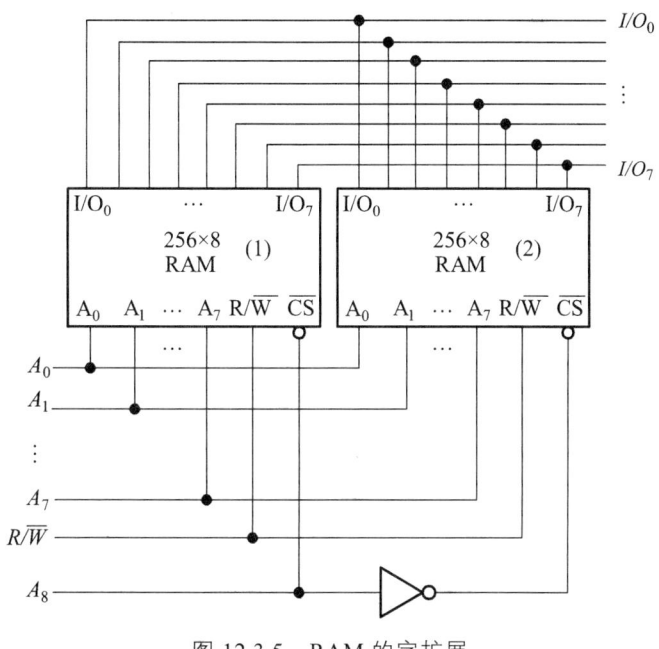

图 12.3.5　RAM 的字扩展

习　题

12.1　指出下列存储器有多少根地址线，多少根数据线和多少个存储单元？
（1）64K×8　　　（2）256K×1　　　（3）512K×16　　　（4）1M×4

12.2　设存储器的起始地址为全 0，试指出下列存储器的最高地址的十六进制地址码为多少？
（1）1K×8　　　（2）32K×4　　　（3）128K×16　　　（4）2M×1

12.3　试用 1K×4 位的 RAM 构成 1K×8 位的存储器，画出其连线图。

12.4　试用 1K×4 位的 RAM 构成 2K×4 位的存储器，画出其连线图。

12.5　试用 1K×4 位的 RAM 构成 2K×8 位的存储器，画出其连线图。

第 13 章 数模和模数转换器

【主要内容】

在电子技术中,模拟量与数字量的转换是非常重要的。本章介绍数模转换器和模数转换器的基本概念、基本原理和几种常见的典型电路。

13.1 概 述

随着数字电子技术的飞速发展,数字电子计算机、数字控制系统、数字通信设备和数字测量仪表等已经广泛应用于国民经济的各个领域。通过学习数字电子电路我们知道,数字系统或装置一般只能处理和传输数字信号。可是日常需要处理的物理量,绝大部分都是连续变化的模拟信号,例如,温度、气压、声音、图像信号等。因此,必须先把这些模拟信号转换成数字信号,才能送入电子计算机或其他数字电路中进行处理和传输。另外,经过数字电路处理后输出的数字信号,往往需要还原成模拟信号才能实现系统的功能。所以,在数字系统的输入和输出部分,一般要设有模拟信号转换成数字信号和数字信号转换成模拟信号的电路。

能将数字信号转换成模拟信号的电路称为数模转换器(Digital to Analog Converter,简称为 D/A 转换器或 DAC)。能将模拟信号转换成数字信号的电路称为模数转换器(Analog to Digital Converter,简称 A/D 转换器或 ADC)。

图 13.1.1 所示是一个简单的计算机控制系统的框图。假设被控制的物理量是温度,首先通过传感器将非电量温度转换成随之变化的模拟电信号,然后通过模拟信号向数字信号转换的电路,再将数字信号送入数字计算机进行处理;经过计算机处理后输出的数字信号又必须通过数字信号向模拟信号转换的电路,用模拟信号去推动执行元件,完成控制温度的功能。

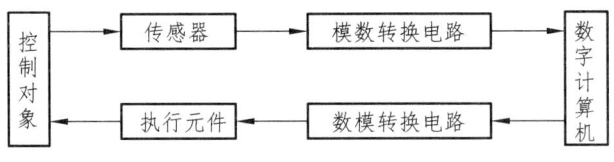

图 13.1.1 数字系统框图

13.2 数模转换器

13.2.1 数模转换器的基本原理

数模转换器是能将输入的数字量转换成模拟量输出的电路。因为数字量是用二进制数表示的，而任何一个二进制数 $D_{n-1}D_{n-2}\cdots D_1D_0$ 都可以按下式转换为十进制数

$$(N)_B = D_{n-1} \times 2^{n-1} + D_{n-2} \times 2^{n-2} + \cdots + D_1 \times 2^1 + D_0 \times 2^0$$

上式表明，要实现数模转换，首先要将输入二进制数中系数为 1 的每一位代码按其权的大小，转换成模拟量，然后将这些模拟量相加，相加所得的总量就是与数值量成正比的模拟量。这就是组成数模转换器的基本原理。

13.2.2 倒 T 型电阻网络 D/A 转换器

D/A 转换器种类很多，有权电阻网络 D/A 转换器、倒 T 型电阻网络 D/A 转换器和权电容网络 D/A 转换器等。下面我们介绍最常用的倒 T 型电阻网络 D/A 转换器。

4 位倒 T 型电阻网络 D/A 转换器的电路如图 13.2.1 所示。图中由 R 和 $2R$ 两种阻值的电阻组成倒 T 形电阻网络。$D_3D_2D_1D_0$ 为输入的 4 位二进制数，它们控制模拟开关 S_3、S_2、S_1、S_0 的状态：当 $D_i = 0$ 时，S_i 接运算放大器的同相输入端；当 $D_i = 1$ 时，S_i 接运算放大器的反相输入端。运算放大器接成反相比例运算电路，其输出为模拟量输出 u_O。U_{REF} 为参考电压，也叫基准电压。

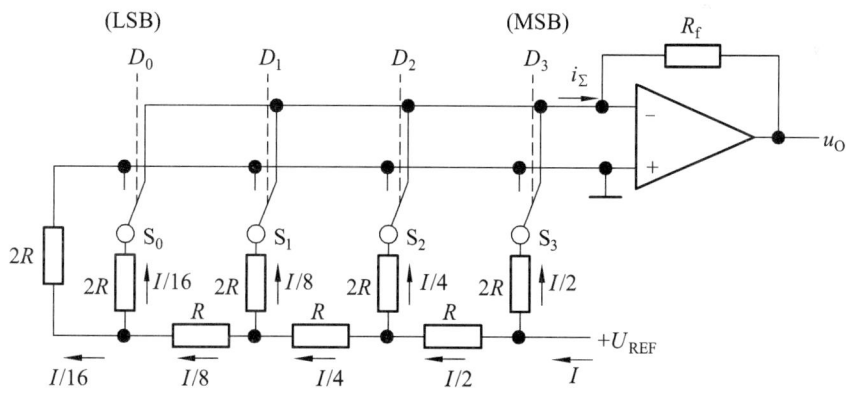

图 13.2.1 4 位倒 T 型电阻网络 D/A 转换器

由于运算放大器工作在线性区，同相输入端接地，所以反相输入端虚地。因此，无论模拟开关置于何种位置，与 S_i 相连的 $2R$ 电阻总是接"地"。倒 T 型电阻网络的等效电路如图 13.2.2 所示。

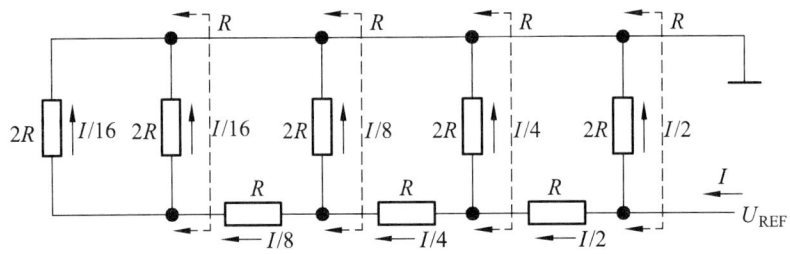

图 13.2.2　倒 T 型电阻网络的等效电路

分析图 13.2.2 所示电路可知，从每个节点向左看，每个二端网络的等效电阻为 R。因此，基准电压提供的总电流 $I=U_{REF}/R$，流过各开关支路(从右到左)的电流分别为 $I/2$、$I/4$、$I/8$ 和 $I/16$。

由于当输入数字量为 0 时，该支路上的电流流向同相输入端；当输入数字量为 1 时，该支路上的电流流向反相输入端，所以流向运算放大器反相输入端的总电流为

$$I_\Sigma = D_3\frac{I}{2} + D_2\frac{I}{4} + D_1\frac{I}{8} + D_0\frac{I}{16}$$
$$= \frac{U_{REF}}{2R}D_3 + \frac{U_{REF}}{4R}D_2 + \frac{U_{REF}}{8R}D_1 + \frac{U_{REF}}{16R}D_0 \quad (13.2.1)$$
$$= \frac{U_{REF}}{2^4 R}(2^3 D_3 + 2^2 D_2 + 2^1 D_1 + 2^0 D_0)$$

运算放大器的输出电压为

$$u_O = -I_\Sigma R_F = -\frac{U_{REF}}{2^4}\frac{R_F}{R}(2^3 D_3 + 2^2 D_2 + 2^1 D_1 + 2^0 D_0) \quad (13.2.2)$$

若取 $R_F=R$，则 D/A 转换器的输出模拟电压为

$$u_O = -\frac{U_{REF}}{2^4}(2^3 D_3 + 2^2 D_2 + 2^1 D_1 + 2^0 D_0) \quad (13.2.3)$$

如果电阻网络由 n 级组成，则 D/A 转换器的输出模拟电压为

$$u_O = -\frac{U_{REF}}{2^n}(2^{n-1} D_{n-1} + 2^{n-2} D_{n-2} + \cdots + 2^1 D_1 + 2^0 D_0) \quad (13.2.4)$$

例 13.2.1　在图 13.2.2 中，已知 $R_F=R$，$U_{REF}=8\text{ V}$，试分别求出当 $D_3D_2D_1D_0$ 分别为 0001、0101、1100 和 1111 时输出电压 u_O 的值。

解： 根据式（13.2.2）可得

$$D_3D_2D_1D_0=0001 \text{ 时}, \quad u_O = -\frac{U_{REF}}{2^4}\times 1 = -\frac{8}{2^4}=-0.5\text{ (V)}$$

$$D_3D_2D_1D_0=0101 \text{ 时}, \quad u_O = -\frac{U_{REF}}{2^4}\times 5 = -\frac{8}{2^4}\times 5 = -2.5\text{ (V)}$$

$$D_3D_2D_1D_0=1100 \text{ 时}, \quad u_O = -\frac{U_{REF}}{2^4}\times 12 = -\frac{8}{2^4}\times 12 = -6\text{ (V)}$$

$$D_3D_2D_1D_0 =1111 \text{ 时,} \quad u_O = -\frac{U_{REF}}{2^4} \times 15 = -\frac{8}{2^4} \times 15 = -7.5 \text{ (V)}$$

13.2.3 集成数模转换器

常用的 D/A 转换器有 8 位、10 位、12 位、16 位等，我们这里主要介绍 10 位 D/A 转换器 AD7533。AD7533 内部电路如图 13.2.3 所示，芯片内只有倒 T 形电阻网络、模拟开关和反馈电阻。用 AD7533 组成 D/A 转换器时，必须外接运算放大器，反馈电阻可采用片内电阻（10 kΩ）或外接电阻。

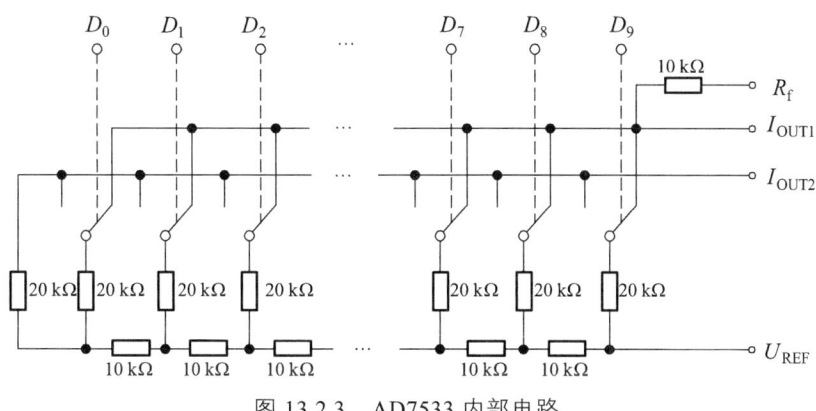

图 13.2.3　AD7533 内部电路

用 AD7533 构成的 D/A 转换的电路如图 13.2.4 所示。由于 $n=10$，$U_{REF}=10\text{V}$，$R_F = R$，根据式 13.2.4 可得输出电压为

$$u_0 = -\frac{10}{2^{10}}(2^9 D_9 + 2^8 D_8 + \cdots + 2^1 D_1 + 2^0 D_0)$$

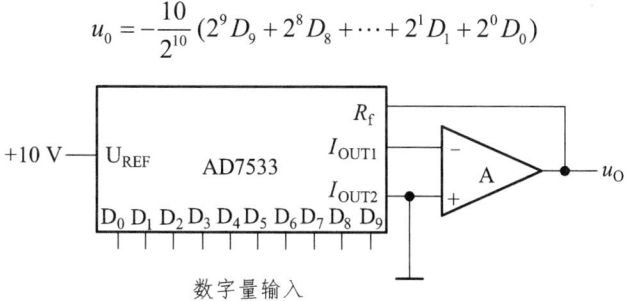

图 13.2.4　AD7533 构成的 D/A 转换的电路

13.2.4　数模转换器的主要参数

1. 分辨率

分辨率是指对输出最小电压的分辨能力。它可以用 D/A 转换器最小输出电压（输入数码仅最低有效位为 1，其余各位均为 0）与最大输出电压（输入数码全为 1，也称为满刻度输出电压）之比表示，即

$$\text{分辨率} = \frac{U_{LSB}}{U_m} = \frac{1}{2^n - 1}$$

式中，U_{LSB} 为最小输出电压，U_m 为最大输出电压。如果满刻度输出电压为 10V，那么 10 位 D/A 转换器能够分辨的最小电压为 10/1 023=9.76 mV，而 8 位 D/A 转换器能分辨的最小电压为 10/255=39 mV。可见 D/A 转换器的位数越多，分辨输出最小电压的能力越强，故有时也用输入数码的位数来表示分辨率，如 10 位 D/A 转换器的分辨率为 10 位。

例 13.2.2 已知 D/A 转换器的满刻度输出电压 U_m=10 V。
（1）当 n=8 时，求最小输出电压 U_{LSB}；
（2）如果要求能分辨的最小电压为 2 mV，试问至少应选用多少位的 D/A 转换器？

解：（1）由分辨率=$\frac{U_{LSB}}{U_m} = \frac{1}{2^n - 1}$ 可知，$U_{LSB} = \frac{1}{2^n - 1} U_m$

把 n=8，U_m=10 V 代入上式得

$$U_{LSB} = \frac{1}{2^8 - 1} \times 10 \text{ V} = 39 \text{ mV}$$

（2）将 U_{LSB}=2 mV，U_m=10 V 代入上式得

$$2 \times 10^{-3} = \frac{1}{2^n - 1} \times 10$$

解方程可得 n=13。

2. 转换精度

D/A 转换器中受到电路元件参数误差、基准电压不稳和运算放大器的零漂等因素的影响，实际输出的模拟量与理想值之间存在误差。这些误差的最大值定义为转换精度。

3. 转换速度

转换速度是指从送入数字信号起，到输出电流或电压达到稳态值所需要的时间，因此也称作输出建立时间。一般位数越多，转换时间越长。也就是说精度与速度是相互矛盾的。

13.3 模数转换器

13.3.1 A/D 转换的一般过程

模数转换器是将时间和幅度都连续的模拟量转换为时间、幅值都离散的数值量，因此模数转换过程中，对模拟信号首先要进行采样保持，然后再进行量化和编码。

1. 采样与保持

所谓采样，就是在一个微小时间内对模拟信号进行取样。采样结束后，再将此取样的模拟信号保持一段时间，使模数转换器有充分的时间进行 A/D 转换。这就是采样、保

持电路的作用。

为了保证采样后的信号能恢复为原来的模拟信号，要求采样的频率 f_S 与被采样的模拟信号的最高频率 f_{Imax} 应满足下面关系：

$$f_S \geq 2f_{Imax}$$

也就是说，采样频率 f_S 必须高于输入模拟信号最高频率 f_{Imax} 的两倍，这一关系称为采样定理。

图 13.3.1 所示是表示模拟信号、采样信号及采样后保持的信号波形图。其中 u_I 为输入模拟信号；u_S 为采样信号，频率为 $f_S = \dfrac{1}{T_S}$；u_O 为采样保持后的输出波形，每个采样值保持的时间为 T_S。只要 f_S 高于 u_I 最高频率的两倍，则从输出信号 u_O 中可以恢复出输入模拟信号 u_I。

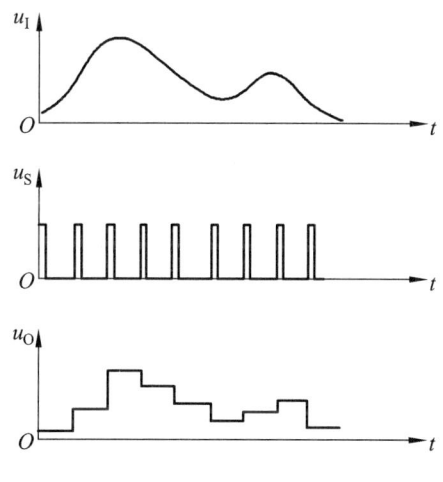

图 13.3.1　采样保持信号波形图

采样保持电路如图 13.3.2 所示。电路由一个存储电容 C，一个电子模拟开关场效应管 T 及一个电压跟随器来构成。当采样的信号 u_S 为高电平时，开关管 T 导通，输入模拟信号 u_I 通过 T 存储在电容 C 上。经过电压跟随器，使输出电压 $u_O = u_C = u_I$。当采样信号 u_S 为低电平时，开关管 T 截止，电容 C 上的电压因无放电通路，会在一段时间内保持不变。所以输出电压 u_O 也保持原数值，直到下一个采样信号 u_S 的高电平到来为止。

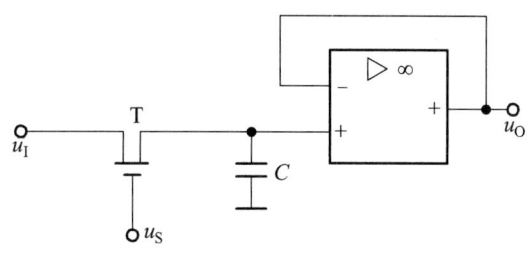

图 13.3.2　采样保持电路

2. 量化与编码

经采样保持所得的电压信号仍是模拟量，不是数字量。而量化和编码就是从模拟量产生数字量的过程。

在模数转换器中，将模拟电压转换成数字信号，其数字信号最低位 $LSB=1$ 所对应的模拟电压的大小称为量化单位△。在进行 A/D 转换时，必须把采样电压化为这个量化单位△的整数倍，这个过程称为量化。

量化是将采样保持电路输出信号 u_O 进行离散化的过程。离散后的电平称为量化电平。用二进制数表示量化电平即为编码。

一般被转换的模拟电压不可能被△整除，这种因素引起的误差我们称之为量化误差。误差的大小取决于量化的方法。而各种量化方法中，对模拟量分割的等级越细，误差则越小。

量化方法一般有两种，一种是采用只舍不入的方法，另一种是采用四舍五入的方法。

例如，量化单位为 1 mV，对于 $0.5\ \text{mV} \leqslant u_O < 1\ \text{mV}$，采用只舍不入方法取 $u_O = 0\ \text{mV}$，而采用四舍五入方法则取 $u_O = 1\ \text{mV}$。由于前者只舍不入，而后者有舍有入，所以后者较前者误差来得小。前者误差最大为 1 mV，后者为 0.5 mV。

13.3.2 并行比较型模数转换器

A/D 转换器按其工作原理的不同分为直接 A/D 转换器和间接 A/D 转换器。直接 A/D 转换器将模拟信号直接转换为数字信号，这类直接 A/D 转换器具有较快的转换速度，典型电路有并行比较型 A/D 转换器和逐次比较型 A/D 转换器。而间接 A/D 转换器则是先将模拟信号转换成某一中间量（时间或频率），然后再将中间量转换为数字量输出。此类 A/D 转换器的速度较慢，典型电路有双积分 A/D 转换器等。这里我们介绍并行比较型 A/D 转换器。

并行比较型 A/D 转换器由电阻分压器、电压比较器、数码寄存器及优先编码器等组成，如图 13.3.3 所示。电阻分压器将参考电压 U_{REF} 分为 $U_{REF}/15$、$3U_{REF}/15$、…、$13U_{REF}/15$ 不同电压值，分别作为电压比较器 $A_7 \sim A_0$ 的反相输入端的电压，电压比较器的同相输入端连在一起，作为模拟电压的输入端。电压比较器的输出送到数码寄存器中，以消除各比较器由于速度不同而产生的逻辑错误输出。优先编码器（I_7 的优先级别最高，I_0 的优先级别最低）把数码寄存器输出的信号 $Q_7 \sim Q_0$ 进行二进制编码，输出 3 位二进制数字信号。其对应关系如表 13.3.1 所示。

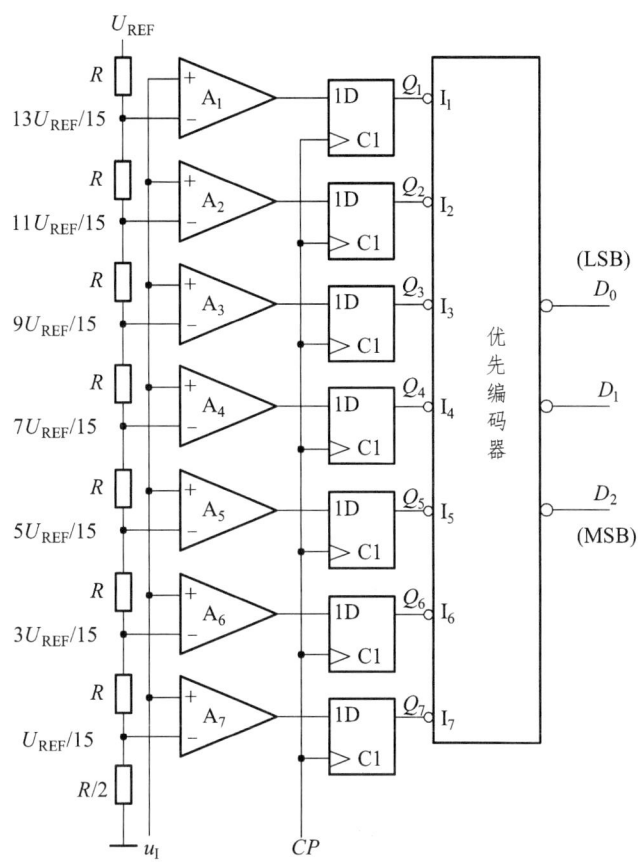

图 13.3.3 并行比较型 A/D 转换器

表 13.3.1 3 位并行比较型 A/D 转换器的输入与输出关系对照表

输入模拟电压	电压比较器输出							输出数字量		
u_I	A_7	A_6	A_5	A_4	A_3	A_2	A_1	D_2	D_1	D_0
$0 \leqslant u_I < \dfrac{1}{15}U_{REF}$	0	0	0	0	0	0	0	0	0	0
$\dfrac{1}{15}U_{REF} \leqslant u_I < \dfrac{3}{15}U_{REF}$	1	0	0	0	0	0	0	0	0	1
$\dfrac{3}{15}U_{REF} \leqslant u_I < \dfrac{5}{15}U_{REF}$	1	1	0	0	0	0	0	0	1	0
$\dfrac{5}{15}U_{REF} \leqslant u_I < \dfrac{7}{15}U_{REF}$	1	1	1	0	0	0	0	0	1	1
$\dfrac{7}{15}U_{REF} \leqslant u_I < \dfrac{9}{15}U_{REF}$	1	1	1	1	0	0	0	1	0	0
$\dfrac{9}{15}U_{REF} \leqslant u_I < \dfrac{11}{15}U_{REF}$	1	1	1	1	1	0	0	1	0	1

续表

输入模拟电压	电压比较器输出							输出数字量		
u_1	A_7	A_6	A_5	A_4	A_3	A_2	A_1	D_2	D_1	D_0
$\frac{11}{15}U_{REF} \leq u_1 < \frac{13}{15}U_{REF}$	1	1	1	1	1	1	0	1	1	0
$\frac{13}{15}U_{REF} \leq u_1 < U_{REF}$	1	1	1	1	1	1	1	1	1	1

并行比较型 A/D 转换器的特点是转换速度极快，但当输出位数增加时，所需电压比较器和触发器的数目将增加。因此并行比较型 A/D 转换器适用于高转换速度、低分辨率的场合。

例 13.3.1 在图 13.3.3 中，若 $U_{REF}=5V$，输入模拟电压为 2.8 V，试确定 A/D 转换器的输出的数值量。

解： 先计算每个电压比较器分的电压值

$$\frac{1}{15}U_{REF}=0.33 \text{ V}, \quad \frac{3}{15}U_{REF}=1 \text{ V}, \quad \frac{5}{15}U_{REF}=1.67 \text{ V}, \quad \frac{7}{15}U_{REF}=2.33 \text{ V},$$

$$\frac{9}{15}U_{REF}=3 \text{ V}, \quad \frac{11}{15}U_{REF}=3.67 \text{ V}, \quad \frac{13}{15}U_{REF}=4.33 \text{ V}。$$

由于 2.33 V<2.8<3 V，即 $\frac{7}{15}U_{REF} < 2.8 < \frac{9}{15}U_{REF}$

根据表 13.3.1 可知，输出的数值量 $D_2D_1D_0$ 为 100。

13.3.3 集成模数转换器

集成模数转换器 ADC0809 是 8 位逐次比较型模数转换器，其内部结构框图如图 13.3.4 所示。

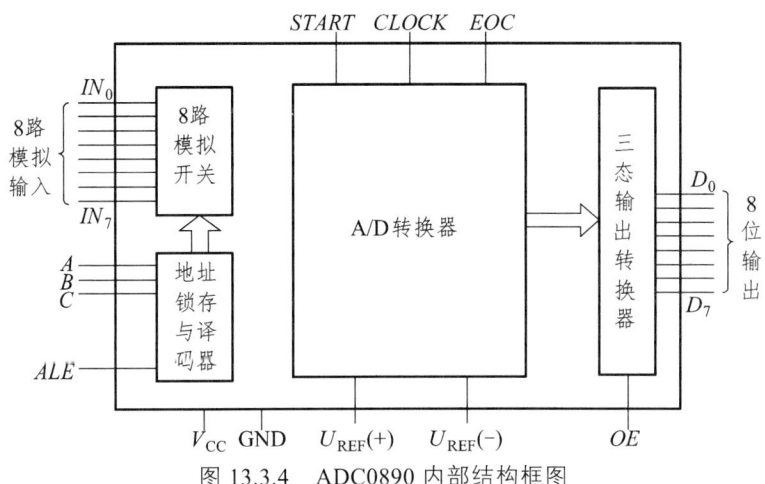

图 13.3.4 ADC0890 内部结构框图

$IN_0 \sim IN_7$：8 路模拟信号输入端。它可对 8 路模拟信号进行转换，但某一时刻只能选择一路进行转换。具体选择哪一路由地址锁存与译码器来控制。

A、B、C：地址码输入端，不同的地址码选择不同通道的模拟量输入，其对应关系如表 13.3.2 所示。

表 13.3.2 地址码与模拟通道对应关系表

C	B	A	模拟通道	C	B	A	模拟通道
0	0	0	IN_0	1	0	0	IN_4
0	0	1	IN_1	1	0	1	IN_5
0	1	0	IN_2	1	1	0	IN_6
0	1	1	IN_3	1	1	1	IN_7

ALE：地址码锁存输入端，当输入地址码稳定后，ALE 上升沿时可将地址信号锁存于地址锁存器中。

$START$：启动信号输入端。$START$ 上升沿时使 A/D 转换器内部寄存器清零，下降沿开始进行模数转换。

$CLOCK$：时钟脉冲输入端。

EOC：转换结束信号输出端。

$D_0 \sim D_7$：8 位数据输出端，D_0 为最低位，D_7 为最高位。

OE：输出允许控制输入端。当 $OE=1$ 时，三态输出锁存缓冲器的数据送到数据总线。

$U_{REF}(+)$ 和 $U_{REF}(-)$：分别为参考电压的正、负输入端。一般情况下，$U_{REF}(+)$ 接 V_{CC}，$U_{REF}(-)$ 接 GND。

V_{CC}：电源端。

GND：接地端。

13.3.4 模数转换器的主要参数

1. 分辨率

分辨率是用来表明 A/D 转换器对输入信号的分辨能力，用 LSB 所对应的电压值表示。如输入的模拟电压满量程为 5V，8 位 A/D 转换器的 LSB 所对应的输入电压为 $\frac{1}{2^8} \times 5\,\text{V}=19.53\,\text{mV}$，而 10 位 A/D 转换器则为 $\frac{1}{2^{10}} \times 5\,\text{V}=4.88\,\text{mV}$。因此 A/D 转换器位数越多，分辨率越高，所以分辨率也可以用输出二进制数的位数表示。

2. 转换时间

转换时间是指 A/D 转换器从接到转换控制信号起，到输出稳定的数字量为止所用的时间。显然转换时间越短，转换速度越快。不同类型的 A/D 转换器转换速度相差很大，并行比较型 A/D 转换器的转换速度最高，逐次比较型 A/D 转换器次之，双积分 A/D 转换器的速度最慢。

习 题

13.1 在 8 位倒 T 型电阻网络 D/A 转换器，已知 $U_{REF}=-10V$，$R_f = R$。

（1）当 $D_7 \sim D_0=10010000$ 时，u_O 是多少？

（2）当 $D_7 \sim D_0=01010000$ 时，u_O 是多少？

13.2 在 10 位倒 T 型电阻网络 D/A 转换器中，已知 $R_f = R$。

（1）求输出电压 u_O 的范围。

（2）若要求电路输入数字量为 200H 时输出电压 u_O 为 5V，求参考电压 U_{REF}。

13.3 有一个 8 位 D/A 转换器：

（1）若最小输出电压增量为 0.02 V，试问当输入二进制码 01001101 时，输出电压为多少？

（2）若其分辨率用百分数表示，则为多少？

（3）若某一系统中要求 D/A 转换器的精度优于 0.25%，试问这一 D/A 转换器能否应用？

13.4 某 8 位 D/A 转换器输出满量程电压为 6 V，那么，它的 1LSB 对应电压值是多少？

13.5 在图 13.3.3 所示的并行比较型 A/D 转换器中，参考电压 $V_{REF}=8$ V。

（1）试求电路的最小量化单位△；

（2）当输入电压 $u_1=5.28V$，求输出的数字量 $D_2D_1D_0$。

13.6 在实现 A/D 转换电路中，为什么需要加采样保持电路？对采样信号有什么要求？对保持电路有何要求？

13.7 8 位 ADC 输入满量程为 10 V，当输入下列电压值时，数字量的输出分别为多大？

（1）3.5 V；（2）7.08 V。

参考文献

[1] 康华光. 电子技术基础数字部分[M]. 6版. 北京：高等教育出版社，2018.
[2] 阎石. 数字电子技术基础[M]. 6版. 北京：高等教育出版社，2016.
[3] 李中华，邓晓. 电子技术基础[M]. 2版. 北京：中国水利水电出版社，2016.
[4] 付智辉，裴亚男. 数字逻辑与数字系统[M]. 成都：西南交通大学出版社，2015.
[5] 杨碧石，陆冬明. 数字逻辑[M]. 北京：人民邮电出版社，2014.
[6] 童诗白，华成英. 模拟电子技术基础[M]. 北京：高等教育出版社，2015.
[7] 唐华光. 电子技术基础模拟部分[M]. 6版. 北京：高等教育出版社，2013.
[8] 侯勇严，李天利. 模拟电子技术基础[M]. 北京：电子工业出版社，2017.
[9] 高海生. 模拟电子技术基础[M]. 南昌：江西科学技术出版社，2009.